Walter Teltschik

Geschichte der deutschen Großchemie

© VCH Verlagsgesellschaft mbH. D-6940 Weinheim (Bundesrepublik Deutschland), 1992

Vertrieb:
VCH, Postfach 10 11 61, D-6940 Weinheim (Bundesrepublik Deutschland)
Schweiz: VCH, Postfach, CH-4020 Basel (Schweiz)
United Kingdom und Irland: VCH (UK) Ltd., 8 Wellington Court,
Cambridge CB1 1HZ (England)
USA und Canada: VCH, 220 East 23rd Street, New York,
NY 10010-4606 (USA)

ISBN 3-527-28444-3

Walter Teltschik

Geschichte der deutschen Großchemie

Entwicklung und Einfluß in Staat und Gesellschaft

Weinheim · New York
Basel · Cambridge

Dr. Walter Teltschik
Höhenweg 14
D-6916 Wilhelmsfeld

Das vorliegende Werk wurde sorgfältig erarbeitet. Dennoch übernehmen Autor und Verlag für die Richtigkeit von Angaben, Hinweisen und Ratschlägen sowie für eventuelle Druckfehler keine Haftung.

Lektorat: Dr. Hans F. Ebel
Assistenz: Dr. Thomas Mager
Herstellerische Betreuung: Dipl.-Ing. (FH) Hans Jörg Maier
Titelbild: Das Bild zeigt Teile der Salpetersäure-Anlage des BASF-Werks Antwerpen (Abdruck mit freundlicher Genehmigung der BASF AG, Ludwigshafen).

Die Deutsche Bibliothek – CIP-Einheitsaufnahme
Teltschik, Walter:
Geschichte der deutschen Grosschemie : Entwicklung und Einfluss in Staat und Gesellschaft / Walter Teltschik. – Weinheim : VCH, 1992
   ISBN 3-527-28444-3

© VCH Verlagsgesellschaft mbH. D-6940 Weinheim (Federal Republic of Germany). 1992

Gedruckt auf säurefreiem und chlorarm gebleichtem Papier.

Alle Rechte, insbesondere die der Übersetzung in andere Sprachen, vorbehalten. Kein Teil dieses Buches darf ohne schriftliche Genehmigung des Verlages in irgendeiner Form – durch Photokopie, Mikroverfilmung oder irgendein anderes Verfahren – reproduziert oder in eine von Maschinen, insbesondere von Datenverarbeitungsmaschinen, verwendbare Sprache übertragen oder übersetzt werden. Die Wiedergabe von Warenbezeichnungen, Handelsnamen oder sonstigen Kennzeichen in diesem Buch berechtigt nicht zu der Annahme, daß diese von jedermann frei benutzt werden dürfen. Vielmehr kann es sich auch dann um eingetragene Warenzeichen oder sonstige gesetzlich geschützte Kennzeichen handeln, wenn sie nicht eigens als solche markiert sind.
All rights reserved (including those of translation into other languages). No part of this book may be reproduced in any form – by photoprinting, microfilm, or any other means – nor transmitted or translated into a machine language without written permission from the publishers. Registered names, trademarks, etc. used in this book, even when not specifically marked as such, are not to be considered unprotected by law.

Satz: Hermann Hagedorn GmbH, D-6806 Viernheim,
Druck: betz-druck gmbh, D-6100 Darmstadt 12,
Bindung: J. Schäffer GmbH & Co. KG, D-6718 Grünstadt 1
Printed in the Federal Republic of Germany

Vorwort

Über die Geschichte der deutschen Großchemie existiert keine geschlossene Darstellung. Einzelne Zeitabschnitte werden jedoch in Publikationen unterschiedlicher Zielsetzung ausführlich behandelt. Die Chemieunternehmen selbst liefern eine Fülle von Informationen über ihr erfolgreiches Wirken in der Vergangenheit. Verständlicherweise sind diese Darstellungen so abgefaßt, daß sie dem Image des eigenen Unternehmens nicht schaden.

Es gibt aber auch Veröffentlichungen, die nicht von den Chemieunternehmen kommen. Viele von ihnen behandeln die Geschichte der I.G. Farben AG, also einen Zeitabschnitt von 20 Jahren. Ein beliebtes Thema ist ihr Verhalten im Dritten Reich. Die Darstellungen sind jedoch unterschiedlich und führen nicht selten zu entgegengesetzten Aussagen. Auch andere Zeitabschnitte aus der Geschichte der chemischen Großindustrie werden unterschiedlich dargestellt und bewertet.

Der Verfasser des vorliegenden Buches, der als Mitarbeiter eines großen Chemieunternehmens von 1957 bis 1990 die Entwicklung der chemischen Industrie aktiv miterlebte, hat den Stoff gesichtet und sich bemüht, ein ausgewogenes Gesamtbild zu erstellen. Es ging ihm vor allem darum, eine Form zu finden, die dem Leser das geschichtliche Werden dieses bedeutenden Industriezweiges erschließt. Es werden Leistungen präsentiert und Irrwege aufgezeigt. Auf die Rolle der deutschen Großchemie gegenüber Staat und Gesellschaft wird besonders eingegangen.

Viele bedeutende Wirtschaftsführer und Wissenschaftler kommen durch Zitate zu Wort, insbesondere Carl Duisberg und Carl Bosch, die herausragenden Repräsentanten in der Zeit des späten Kaiserreiches und der Weimarer Republik. Zum besseren Verständnis wird an einigen Stellen ausführlicher auf die politischen Ereignisse eingegangen. Die richtige und ausgewogene Darstellung der Leistungen der einzelnen Unternehmen war nicht immer leicht, da alle Firmen dazu neigen, ihre eigenen Leistungen herauszustellen und die der Konkurrenz nicht hinreichend zu würdigen.

Das Buch umfaßt den Zeitraum von 1850 bis 1990 und ist in acht Kapitel eingeteilt. Der Abschnitt „Anmerkungen" enthält ergänzende Informationen und Literaturhinweise. Im Anhang sind einige Schaubilder und Tabellen aufgenommen.

Das Buch wendet sich vor allem an Angehörige der chemischen Industrie, die zu ihren Fachkenntnissen auch die Geschichte ihres Industriezweiges kennenlernen möchten. Auch den zahlreichen Kritikern der chemischen Industrie kann dieses Buch zur Standortbestimmung dienen und eine Hilfe für eine Neuorientierung sein.

Der Verfasser dankt Herrn Professor Dr. Carl Heinrich Krauch für seine kritischen und konstruktiven Bemerkungen und Herrn Dr. Hans F. Ebel für zahlreiche Hinweise und Anregungen.

Wilhelmsfeld, im Oktober 1991   Walter Teltschik

Inhalt

Verzeichnis der Tabellen XIII

Einleitung 1

Kapitel 1 Aufbruch (1850–1913) 3

Liebig und seine Schule 3
Farbstoff-Fabriken in England und Deutschland . . 5
Fuchsin, Alizarin und Indigo 8
Turbulenzen durch die Reichsgründung 10
England bleibt zurück 12
Über Methylenblau zu den Heilmitteln 14
Anorganische Grundchemikalien 16
Auf der Suche nach einem Stickstoffdünger 18
Das Haber-Bosch-Verfahren 20
Duisberg profiliert sich 21
Amerika tritt ins Blickfeld 25
Dreibund und Dreiverband 27
Das Rheintal – ein „Chemical Valley" 30
Das Image der frühen Chemie 31

Kapitel 2 Rückschläge (1914–1924) 35

Neid und Mißtrauen 35
Der Krieg bricht aus 37
Das Salpeterversprechen 38
Ammoniak und Kautschuk 40
Der Gaskrieg 43
Die Interessengemeinschaft 45

Die Endphase des Krieges und die Rolle Duisbergs . 48
Die Friedensverhandlungen und die Rolle Boschs . . 50
Durch die Schlupflöcher des Versailler Vertrages . . . 54
Die Tragik des Patrioten Fritz Haber 56
Das Explosionsunglück in Oppau 58
In der Not der Nachkriegsjahre 61
Germanin, Cellophan, Methanol 67
Auf der Suche nach neuen Wegen 70

Kapitel 3   Konzentration (1925–1938) 75

Die Gründung der I.G. Farben AG 75
Die Organisationsstruktur der I.G. 78
Reaktionen auf die Gründung der I.G. 80
Kunstseide und Buna 82
Staudinger und die Makromoleküle 84
Sternstunden der Chemie und Physik 87
Die Kohlehydrierung 89
Verträge mit Standard Oil, Shell und ICI 93
Düngemittel und Farbstoffe 95
Die Weltwirtschaftskrise 97
Erste Kontakte mit den Nationalsozialisten . . . 99
Der Nationalsozialismus wird akzeptiert 102
Juden in der I.G. 104
Benzin und Kautschuk 108
Der Vierjahresplan 110
Hydrieranlagen, Flugbenzin und Isooctan 113
Projekte der Wehrwirtschaft 117
Kunststoffe, Nylon, Perlon, Sulfonamide 122
Repressalien und Übergriffe 126
Carl Bosch gegen Vertreter der „Deutschen Physik" . 129

Kapitel 4   Größenwahn (1939–1945) 133

Ausländische Sympathisanten 133
Die I.G. in Österreich und im Sudetenland . . . 135
Der Weg in den Krieg 139
Die I.G. in Polen 141
Die I.G. bangt um ihren US-Besitz 144

Der Tod von Carl Bosch 147
Die I.G. in Frankreich 148
„Neuordnung Europas" 151
Produktionszwang und Arbeitskräftemangel 153
Das Bunawerk Auschwitz 156
Zyklon B 164
Die Schlacht um Leuna 167
Die Hydrier-Denkschriften Speers 169
Das Chemiker-Offizierkorps 176
C- und B-Waffen 178
Die A-Waffe 180

Kapitel 5   Neubeginn (1946–1953) 185

Besetzung und Demontage der I.G.-Werke 185
Die Alliierten auf Schatzsuche 188
Der Nürnberger Prozeß 190
Das Urteil 194
Die Entflechtung der I.G. 199
Die BASF AG 202
Die Farbenfabriken Bayer AG 204
Die Farbwerke Hoechst AG 206
Cassella, Chemische Werke Hüls, Dynamit Nobel . . 208
Zu neuen Ufern 210

Kapitel 6   Zügellosigkeit (1954–1973) 213

Acetylen, Ethylen, Propylen 213
Kunststoffe 216
Synthesefasern 220
Farbstoffe, Lacke 222
Pharmazeutika 223
Agrochemikalien, Vitamine 224
Wasch- und Reinigungsmittel, Kosmetika 227
Reproduktionstechnik 230
Rohstoffsicherung 232
Atome für den Frieden 234
Die BASF plant ein Kernkraftwerk 237
Weltweite Expansion 240

Wohlstand für alle 242
Kritik am Fortschritt 244
Drogen und Psychopharmaka 246
Flurbereinigung 248

Kapitel 7   Verunsicherung (1974–1982) 255

Der Ölpreis explodiert 255
Zurück zur Kohle? 257
Synthesegas und Methanol 260
Kunststoff-Schwemme 262
Neue Strategien 263
Soziale Spannungen 266
Umweltverschmutzung 267
Der Seveso-Unfall 269
Chemie und Krebs 273
Abluft und Abwasser 274
Umweltschutz-Technologien 278
Mangel an Selbstkritik 280
Der Verband der Chemischen Industrie 282
Die „großen Drei" 284

Kapitel 8   Schubkräfte (1983–1990) 287

Die neuen Chefs 287
Maßgeschneiderte Werkstoffe 289
Know-how von Celanese 294
Neue Kunststoffe und Fasern 295
Kunststoff-Recycling 300
Lacke, Wasch- und Reinigungsmittel 303
Kosmetika und Körperpflegemittel 306
Reproduktions- und Informationstechnik 307
Optoelektronik, Flüssigkristalle 309
Düngemittel, Pflanzenschutzmittel 312
Die Pharmaindustrie 317
Gentechnologie 319
Pharmazeutika von Bayer und Hoechst 324
Andere Pharma-Unternehmen und ihre Produkte . . 326
Die Deutschen in Amerika und Japan 331

Die Deutschen führen die Weltrangliste an 333
Unternehmensgröße und Führungsprobleme 335
Bhopal und Basel 337
Umweltbelastungen durch Chemikalien 342
Chemikalien für C-Waffen und Drogen 345
Die Glaubwürdigkeitslücke 348

Anmerkungen 351

Anhang 383

Literatur 399

Personenregister 407

Firmen- und Standortregister 413

Produkt- und Verfahrensregister 419

Verzeichnis der Tabellen

Im Text

1. Umsatzentwicklung von BASF, ... 31
   Bayer und Hoechst 1906–1913
2. Umsatzentwicklung und Umsatzstruktur der . . 47
   I.G.-Gruppe 1913–1918
3. Umsatzanteil der I.G.-Firmen 1913, 1924 76
4. Die drei größten Chemiekonzerne der Welt 1929 . 82
5. Das Mineralölgeschäft der I.G. 1932–1942 . . . 112
6. Die deutschen Hydrierwerke 120
7. Die deutschen Fischer-Tropsch-Synthesewerke . . 121
8. Belegschaftsentwicklung in der I.G. 1939–1944 . . 156
9. Ethylenproduktion 1955, 1965, 1975 215
10. Umsatzentwicklung von BASF, ... 242
    Bayer und Hoechst 1955, 1970, 1985
11. Wachstum der chemischen Industrie 1960–1974 . 251
12. Rangfolge der Chemiefirmen 1974 251
13. Kunststoffverbrauch in der westlichen 299
    Welt 1970, 1989
14. US-Geschäft von Hoechst, BASF und Bayer 1989   331
15. Die drei größten Chemieunternehmen 1989 . . . 334

Im Anhang

Die Veränderung der Umsatzstruktur der
  deutschen Großchemie 387

Die größten Chemieunternehmen in Deutschland . . 388
(West), 1990
Die größten europäischen Chemieunternehmen 1990 . 389
Chemieumsatz in ausgewählten Ländern 1990 . . . 389
Die größten Chemieunternehmen weltweit 1989 . . . 390
Entwicklung der Chemieumsätze 390
ausgewählter Länder
Umsatz und Ergebnis von BASF, ... 391
Hoechst und Bayer 1990
Umsatz und Ergebnis von BASF, ... 393
Hoechst und Bayer 1991
Umsatz, Investitionen und Beschäftigte der 395
vier größten Industriezweige in Deutschland 1990
(alte Länder)
Umsatzentwicklung der vier größten Industriezweige . 395
in Deutschland (alte Länder)
Nobelpreisträger, die Deutschland 1933–45 verließen . 396
Nobelpreise für Physik, Chemie und Medizin . . . 397

Einleitung

Schon im Altertum bedienten sich die Menschen bei der Gewinnung von Rohstoffen und bei der Herstellung von Gütern chemischer Prozesse, z. B. bei der Blei- und Silbergewinnung, bei der Keramikherstellung, beim Gerben und Färben. Daneben war die „Chemie" Gegenstand naturphilosophischer Überlegungen. *Anaxagoras* von Klazomenai postulierte, daß kein Ding entsteht oder vergeht, sondern aus vorhandenen Dingen mischt es sich und scheidet sich wieder. *Empedokles* fand die Vierzahl der Elemente und sah als erster das Wesen eines Körpers in Form und Gleichung. *Demokrit* von Abdera begründete die Atomistik und suchte durch sie das Wesen der Wirklichkeit als Vielheit und Veränderung zu erklären. *Aristoteles* unterschied zwischen dem komplexen Stoff eines Dinges und den einfachen Naturelementen, aus denen er aufgebaut ist und in die er zerlegbar ist.

Eine empirische Naturwissenschaft im heutigen Sinne konnte sich in der Antike nicht entwickeln. Antiprogressive Mythen standen dem Fortschritt im Wege, die Schicksalsgläubigkeit ließ vereinzelt aufkommenden Fortschrittsgedanken keinen Raum. Einflußreiche Philosophen erklärten die sinnliche Wahrnehmung des Menschen als unvollkommen; der Mensch kann niemals durch eigene Untersuchungen und Studien zur Erkenntnis kommen, sondern nur durch die Gottheit.

Im ersten nachchristlichen Jahrhundert entstand in Ägypten eine neue Variante der Chemie, die Alchimie (ägyptisch: ch'mi = schwarz, spätgriechisch: chemi = das schwarze Präparat), die sich aus den Prozessen der praktischen Chemie, aus der Transmutationslehre des *Aristoteles* und aus verschiedenen mythologischen Vorstellungen entwickelte. Unabhängig davon entstand in China ebenfalls eine Alchimie.

Vom 8. bis zum 12. Jahrhundert erlebte die Alchimie im arabisch-islamischen Raum eine neue Blüte. Am Ende des 12. Jahrhunderts gelangte die Alchimie über Italien nach Mittel- und Westeuropa, wo sie schließlich im 18. Jahrhundert von der wissenschaftlichen Chemie abgelöst wurde.

Der Alchimist des Mittelalters war eine schillernde Figur. Sein Hauptanliegen galt der Transmutation. Mit Hilfe einer Substanz, dem Stein der Weisen, wollte der Alchimist substantielle und spirituelle Umwandlungen vornehmen. Der Stein der Weisen war mehr als Prinzip gedacht, mit dessen Hilfe die Umwandlung von unedlen in edle Metalle, die Heilung von Krankheiten und die Erlangung eines ungewöhnlich hohen Alters gelingen sollte. Auf der anderen Seite haben die Alchimisten in ihren Laboratorien Kenntnisse erworben, die später der wissenschaftlichen Chemie zugute kamen.

Kapitel 1

Aufbruch (1850–1913)

Liebig und seine Schule

Die Grundlagen der modernen Chemie wurden im ausgehenden 18. Jahrhundert geschaffen. Es waren vor allem englische und französische Gelehrte, denen es gelang, die Chemie vom Hokuspokus der Alchimie zu befreien und eine exakte Naturwissenschaft daraus zu machen. Besondere Verdienste kamen Antoine Laurent *Lavoisier* (1743–1794) zu, der erstmals die Verbrennungsprozesse richtig deutete (1783) und die ersten Elementaranalysen durchführte (1788). Sein Scharfsinn machte ihn während der französischen Revolution verdächtig: Er wurde zum Tode verurteilt. Als *Robespierre* im Mai 1794 das Gnadengesuch der Akademie der Wissenschaften verwarf, soll er gesagt haben, die Republik brauche keine Gelehrten.

Nachdem das wissenschaftliche Fundament gelegt worden war, haben sich in verstärktem Maße Deutsche an der Weiterentwicklung der modernen Chemie beteiligt. Die deutschen Chemiker richteten ihre Experimente vorzugsweise auf die künstliche Herstellung von Produkten der lebenden Natur. Einer der ersten Pioniere auf dem Wege zur industriellen organischen Chemie war Justus von *Liebig* (1803–1873). Er wurde in Darmstadt geboren, wo sein Vater eine kleine Material- und Farbwarenhandlung betrieb. Nach seiner Schulzeit kam er zu einem Apotheker in Heppenheim an der Bergstraße in die Lehre, die er aber vorzeitig beenden mußte, da sein Prinzipal kein Verständnis für seine Knallsilber-Leidenschaft aufbrachte. In der Darmstädter Hofbibliothek, wo er nun emsig chemische Schriften studierte, fiel er einigen gelehrten Herren auf, die seinen Vater bewogen, den Jungen studieren zu lassen. *Liebig* begann sein Chemiestudium an der Universität Bonn, wechselte an die Universität Erlangen, promovierte dort mit 19 Jahren und ging dann zwei Jahre nach Paris, wo er Assistent bei Joseph Louis *Gay-Lussac* (1778–1850) wurde. Mit 21 Jahren habilitierte er an der Hessisch-Darmstädtischen Landesuniversität Gießen und wurde ein Jahr später zum ordentlichen Professor für Chemie ernannt. Dort begründete er die berühmte Gießener Schule, die er 28 Jahre leitete. Berufungen nach St. Petersburg, Wien und Heidelberg schlug er aus, weil er „nicht von Gießen wegkonnte, ohne sich mit dem Flecken der Undankbarkeit zu beschmutzen".[1] Erst 1852 nahm er einen Ruf nach München an, wo er sich nur noch wissenschaftlich betätigte; sein angegriffener Gesundheitszustand ließ eine Lehrtätigkeit nicht mehr zu.

Liebigs Arbeitsgebiete waren weit gespannt. Neben der Analyse und Charakterisierung zahlreicher chemischer Verbindungen arbeitete er an der Aufklärung des Stoffwechsels von Pflanzen und Tieren, stellte Überlegungen zur Isomerie an und griff zuweilen seiner Zeit weit vor, etwa mit dem Hinweis auf eine Kunststoffanwendung, die er in einem Brief im Jahre 1853 an seinen Sohn Georg erwähnte: „Ich habe Dir geschrieben, daß ich mit *Steinheil* Lithiongläser zu machen im Begriffe stehe und daß er Styrol, was in der Hitze fest wird und durchsichtig bleibt, zu Linsen anzuwenden versucht. Aber es ist noch in der Entwicklung."[2] *Liebigs* größtes Verdienst aber waren seine Arbeiten zur künstlichen Düngung. Damit schuf er die Grundlagen für die landwirtschaftliche Chemie. Er beriet Ministerien in Fragen der Landwirtschaft, der Industrie und des naturwissenschaftlichen Unterrichts und gab dauerhafte Richtlinien vor.[3] Seine zahlreichen wissenschaftlichen Veröffentlichungen zeichneten sich durch einen vortrefflichen Stil aus. Jakob *Grimm* hat diese klare Sprache in der Vorrede zum Deutschen Wörterbuch gewürdigt: „Die Chemie kauderwelscht in Latein und Deutsch, aber in *Liebigs* Munde wird sie sprachgewaltig."

Liebig hatte in Gießen eine erste chemische Ausbildungsstätte von Rang gegründet. Sein Laboratorium war eine der Keimzellen des jungen Fachs Chemie, in dem hervorragende Wissenschaftler ihre experimentelle analytische und synthetische Ausbildung erhielten. Diese Liebig-Schüler, wie August Wilhelm *Hofmann* (1818–1892), Carl Remigius *Fresenius* (1818–1897) oder August *Kekulé* (1829–1896) gründeten ihrerseits Schulen, von denen diejenige *Hofmanns* für die Entwicklung der chemischen Wissenschaft und der chemischen Industrie in England eine ähnlich große Bedeutung erhielt wie die Liebig-Schule in Deutschland. Auch deutsche Chemiker haben in der Hofmannschen Schule in London ihr Rüstzeug erhalten, unter ihnen Peter *Grieß* (1829–1888), Carl Alexander *Martius* (1838–1920) und Jakob *Volhard* (1834–1910).

Ein revolutionäres Experiment gelang 1828 Friedrich *Wöhler* (1800–1882), einem mit *Liebig* befreundeten Chemiker, als er Harnstoff, den bisher nur die Niere eines Lebewesens erzeugen konnte, im Laboratorium herstellte. Mit dieser Reaktion zeigte er, daß man Stoffe, die bisher nur vom Organismus synthetisiert wurden, auch im Laboratorium aufbauen kann. *Liebig* begrüßte die Wöhlersche Entdeckung als „Morgenröte eines neuen Tages". Als 1834 Friedlieb Ferdinand *Runge* (1795–1867) Phenol und Anilin aus Steinkohlenteer isolierte, waren die Voraussetzungen für die Farbstoffchemie geschaffen.

Farbstoff-Fabriken in England und Deutschland

Der erste synthetische Farbstoff wurde aber nicht in Deutschland, sondern in England produziert. Die Geschichte dieser Entdeckung begann mit dem Besuch der Königin *Victoria* in Bonn 1845 aus Anlaß der Beethovenfeier. Die Gelegenheit nutzte ihr Gemahl *Albert*, Prinz zu Sachsen-Coburg-Gotha, der in Bonn neben Staatswissenschaften auch Naturwissenschaften studiert hatte, um sich nach einem Leiter für das zu gründende Royal College of Chemistry umzusehen. Seine

Wahl fiel auf den jungen August Wilhelm *Hofmann*, einen Liebig-Schüler, der damals an der Universität Bonn mit den Produkten des Steinkohlenteers experimentierte. *Hofmann* – inzwischen verlobt mit der Nichte Liebigs – folgte dem Ruf und machte in den nächsten Jahren London zum Mekka der Aromatenchemie. Einer seiner Schüler, der begabte, erst achtzehnjährige William Henry *Perkin* (1838–1907), stellte fest, daß durch Behandlung von Anilin mit Kaliumbichromat eine schön gefärbte Substanz entstand, die er Mauvein nannte. Diese Substanz, die er in einer Seiden- und Cattunfärberei in Manchester prüfen ließ, erwies sich als echter Farbstoff: Ein mit Mauvein gefärbter Faserstoff behielt seine Farbe und war resistent gegen Sonnenlicht, Waschmittel und Alterung. Am 26. August 1856 meldete *Perkin* seine Erfindung in London zum Patent an. Erst dann unterrichtete er seinen Lehrer *Hofmann* von seiner Entdeckung, die ihm nicht in *Hofmanns* Laboratorium, sondern während der Osterferien daheim gelungen war. Er erklärte seinen Austritt aus dem Institut und errichtete zusammen mit Vater und Bruder eine Anlage für die industrielle Produktion seines Farbstoffes. Die Fabrikation von Mauvein war für *Perkin* ein voller Erfolg. Noch um die Jahrhundertwende wurden in England die Penny-Briefmarken mit *Perkins* Mauvein gefärbt.

Obwohl England alle Voraussetzungen besaß, hat es die Führungsrolle in der Farbstoffproduktion nicht übernommen. Verwöhnt von der wirtschaftlichen Prosperität – das Außenhandelsvolumen Englands war damals viermal größer als das Frankreichs, Deutschlands und Italiens zusammen – glaubte man in England an die immerwährende Vormachtstellung. Das Land verfügte in seinen Kolonien über fast alle Naturstoffe dieser Erde, und die Regierung sah deshalb keine Veranlassung, die synthetische Farbstoffproduktion zu fördern. Außerdem war in England das gesellschaftliche Ansehen der Chemiker gering und die Entlohnung entsprechend schlecht.

1861 starb der Förderer des Royal College of Chemistry, der Prinzgemahl *Albert*, erst 42 Jahre alt. Premierminister Benjamin *Disraeli* sagte damals: „Dieser deutsche Fürst hat

England 21 Jahre lang mit einer Weisheit und Energie regiert, die keiner unserer Könige jemals bewiesen hat."[4] Als vier Jahre später August Wilhelm *Hofmann* die Leitung des Instituts niederlegte und nach Deutschland zurückkehrte, waren die Weichen gestellt: die Führungsrolle fiel Deutschland zu, wo am laufenden Band Farbenfabriken gegründet wurden, u. a. 1859 Boehringer Mannheim, 1863 Bayer, Hoechst und Kalle, 1865 die Badische Anilin- & Sodafabrik, 1867 Agfa, 1870 Cassella, 1871 Schering, 1885 Boehringer Ingelheim. Schon 1856 wurde die Chemische Fabrik Griesheim-Elektron gegründet, die zunächst jedoch keine Anilinfarben, sondern anorganische Großprodukte herstellte.

Doch kehren wir noch einmal nach England zurück. In den sechziger und siebziger Jahren des vorigen Jahrhunderts spielte England eine ähnliche Rolle wie die USA in den fünfziger und sechziger Jahren dieses Jahrhunderts. Viele Kontinentaleuropäer waren von der wirtschaftlichen Leistungskraft und dem technischen Fortschritt des Inselstaates fasziniert. Wer es sich leisten konnte, absolvierte drüben einen Bildungsaufenthalt. Die meisten kehrten nach einigen Jahren wieder zurück, einige aber ließ das Wirtschaftswunder nicht mehr los. Zu ihnen gehörten die Chemiker Ivan *Levinstein* (1845–1916) und Ludwig *Mond* (1839–1909). *Levinstein*, der seine chemische Ausbildung in Berlin erhielt, ging im Alter von 19 Jahren nach England, gründete 1865 in Blackley bei Manchester eine eigene Firma und fing an, Anilinfarbstoffe zu produzieren. Als er starb, war seine Firma die größte Farbstoffherstellerin Englands. Unter seinem Sohn und Nachfolger Herbert *Levinstein* verschmolzen mehrere kleine Firmen mit Levinsteins Firma zur British Dyestuffs Corporation, die eine der Gründerfirmen der ICI wurde. Ludwig *Mond* aus Kassel studierte in Marburg und Heidelberg und gründete 1873 zusammen mit John T. *Brunner* die Firma Brunner, Mond & Co. *Monds* Firma, die vor allem Anorganika produzierte, gehörte 1926 ebenfalls zu den vier Gründerfirmen der ICI. Der Sohn Ludwig *Monds*, Alfred *Mond*, der spätere Lord *Melchett*, wurde der erste Chairman der ICI.

Unter den deutschen Chemikern, die nach einem Studienaufenthalt in England wieder nach Deutschland zurückkehrten, ragt August *Kekulé* heraus. Ihm gelangen zwei Entdeckungen, die für die stürmische Entwicklung der organischen Chemie wesentlich waren: Die Vierwertigkeit des Kohlenstoffs (1860) und die Ringstruktur des Benzols (1865). Die Entdeckung der Benzolstruktur soll das Ergebnis eines Traumes während einer langen Londoner Omnibusfahrt gewesen sein. Zwei andere Deutsche, die sich von Englands Geschäftsleben anlocken ließen und dort einige Lehrjahre verbrachten, seien hier ebenfalls erwähnt: Wilhelm *Meister* (1827–1895), der 1863 die Farbwerke Hoechst mit gründete, und Heinrich *Caro* (1834–1910), der 1868 als Chemiker in die erst drei Jahre alte BASF eintrat und später ihr erster technischer Direktor wurde.

Fuchsin, Alizarin und Indigo

Nach der Entdeckung des Mauveins durch *Perkin* setzte eine fieberhafte Suche nach synthetischen Herstellungsverfahren anderer Farbstoffe ein. 1858 entdeckten August Wilhelm *Hofmann* in London und Emanuel *Verguin* in Lyon, gleichzeitig und unabhängig voneinander, einen Triphenylmethanfarbstoff, der wegen seiner roten Farbe nach der Zierpflanze Fuchsin genannt wurde. *Verguin* meldete ihn in Frankreich zum Patent an und gründete in Lyon eine Fabrik zur Herstellung dieses prachtvollen Farbstoffes, der noch größeres Aufsehen erregte als Mauvein. 1859 wurde die Fuchsinproduktion von Alexander *Clavel* in Basel und zwei Jahre später von Friedrich *Engelhorn* in seiner neugegründeten Mannheimer Anilinfabrik – der Vorgängerin der BASF – aufgenommen. 1863 begannen dann in Höchst, *Lucius* und *Meister* und in Barmen *Bayer* und *Wescott* ebenfalls mit der Herstellung von Fuchsin in ihren neugegründeten Fabriken.

Um Alizarin, das von alters her aus der Krapp-Pflanze (*Rubia tinctorum*) gewonnen wurde, begann ein regelrechter Wettlauf. Nachdem Carl *Graebe* (1841–1927) und Carl

Liebermann (1842–1914) im Labor Adolf von *Baeyers* (1835–1917) in Berlin das natürliche Alizarin durch Reduktion mit Zink in Anthracen überführt hatten, lag es nahe, den umgekehrten Weg zu gehen und aus Anthracen synthetisch Alizarin herzustellen. Reinanthracen war jedoch in Deutschland noch kein Handelsprodukt. Erst als ein Englandreisender 1868 eine größere Probe reinen Anthracens mitbrachte, gelang es, daraus synthetisches Alizarin zu erzeugen. Zur industriellen Realisierung ihres Verfahrens wandten sich *Graebe* und *Liebermann* an die BASF. Gemeinsam mit Heinrich *Caro* entwickelten sie ein Verfahren, nach dem Anthrachinon, das Oxidationsprodukt des Anthracens, durch Erhitzen mit Schwefelsäure in Anthrachinon-2-Sulfonsäure umgewandelt wurde, die sich anschließend durch Alkalischmelze in Alizarin überführen ließ.

Auch *Perkin*, der von der erfolgreichen Umwandlung von Alizarin in Anthracen gehört hatte, nahm die Spur auf. Es gelang ihm ebenfalls, Alizarin synthetisch herzustellen. Als er seine Erfindung am 26. Juni 1869 am englischen Patentamt anmelden wollte, mußte er erfahren, daß seine deutschen Kollegen einen Tag vor ihm die gleiche Erfindung schon angemeldet hatten. Auch die Farbwerke Hoechst, die eigenständige Forschungen betrieben hatten, kamen in England zu spät. In Deutschland jedoch, wo es noch keinen Patentschutz gab, war der Andrang in das verheißungsvolle Alizaringeschäft groß. Zahlreiche Fabriken schossen aus dem Boden und überschwemmten den Markt mit Alizarin. Erbitterte Kämpfe waren die Folge, bis schließlich ein ruinöser Preisverfall – der Preis für die zehnprozentige Farbstoffpaste fiel in wenigen Jahren von 14 auf 2 Mark pro Kilogramm – den Konkurrenzkampf beendete. Die meisten Fabriken gingen bankrott oder wurden von „seriösen" aufgekauft.

1881 kam es zur Alizarin-Konvention, an der neben der BASF, Hoechst und Bayer noch sechs weitere deutsche Firmen und eine englische Firma beteiligt waren. Den Vorsitz führte der Chef der BASF, Friedrich *Engelhorn*. Von den 52 Anteilen am Gesamtumsatz erhielten die drei größten Fabriken je 10 und damit mehr als die Hälfte der Erzeugung.

In dieser Vereinbarung, in der der Alizarinmarkt aufgeteilt wurde, haben die „drei Großen" erstmals ihren Führungsanspruch demonstriert. Mit der Alizarinsynthese hatte sich die deutsche Chemie endgültig an die Spitze gesetzt. Fast alle Erfindungen in den nächsten fünfzig Jahren kamen aus deutschen Laboratorien.

Der nächste große Wurf gelang 1878 Adolf von *Baeyer* mit der synthetischen Herstellung von Indigo. Grundlage für die technische Herstellung bildeten zwei von dem in Darmstadt geborenen und in Zürich arbeitenden Chemiker Karl *Heumann* (1851–1894) aufgefundenen Verfahren, die unabhängig voneinander von der BASF und von Hoechst zur technischen Reife entwickelt wurden. Als die BASF 1897 das erste synthetische Indigo auf den Markt brachte, hatten bis dahin beide Firmen im Wettstreit miteinander 30 Millionen Mark für die Entwicklung ausgegeben.[5] Bald aber wurde das synthetische Indigo selbst ein Opfer des technischen Fortschritts. Neue Farbstoffe mit besseren Eigenschaften, zum Beispiel die 1901 von René *Bohn* (1862–1922) bei der BASF synthetisierten, besonders lichtechten Indanthren-Farbstoffe, verdrängten den alten König Indigo.[6] Nach einem bewegten Auf und Ab und einer langen Flaute nach dem Zweiten Weltkrieg erlebte Indigo in den sechziger Jahren ein Comeback, als die Bluejeans als ein Symbol der Unabhängigkeit und Unbekümmertheit von der Jugend entdeckt wurden.

Turbulenzen durch die Reichsgründung

Die politischen Ereignisse der sechziger Jahre des 19. Jahrhunderts in Deutschland, auch der Deutsch-Dänische Krieg 1864 und der Preußisch-Österreichische Krieg 1866, hatten keine Auswirkung auf die Entwicklung der jungen chemischen Industrie. Erst der Deutsch-Französische Krieg 1870/71, aus diplomatischem Anlaß entstanden, durch *Bismarck* zu einem deutschen Einigungskrieg umfunktioniert, brachte in der Folge einige Turbulenzen.

Am Ende der deutsch-französischen Auseinandersetzung

stand aber zunächst das weithin sichtbare politische Ereignis, die Reichsgründung durch die Kaiserproklamation in Versailles am 18. Januar 1871. Die Deutschen hatten jetzt endlich wieder ein gemeinsames Oberhaupt, einen Kaiser. Inhaber der Souveränität im Reich war aber nicht der Kaiser, sondern die verbündeten 22 Monarchen und die Senate der drei freien Städte. Es gab keine Reichsministerien, sondern nur einen Reichsminister, den Reichskanzler. Außer dem Reichskanzleramt und dem Auswärtigen Amt existierten 1871 noch keine Institutionen einer Reichsverwaltung. Die einzelnen Bundesstaaten behielten auch nach der Reichsgründung ihre eigenen diplomatischen Vertretungen, und zwar nicht nur untereinander, sondern auch im Ausland. Bayern und Württemberg behielten ihe eigene Postverwaltung, und der bayerische König besaß weiterhin die Kommandogewalt über die bayerischen Truppen; nur im Kriegsfalle unterstanden sie dem Kaiser. Der föderative Charakter des Deutschen Reiches war auch im Bundesrat gewährleistet. Obwohl im größten Bundesland Preußen zwei Drittel der Reichsbevölkerung lebten, hatte es nur 17 von 58 Bundesratsstimmen und konnte daher überstimmt werden. Der Reichstag, neben dem Bundesrat das zweite Element der Legislative, besaß aber noch nicht die Machtbefugnisse einer parlamentarischen Demokratie. Der Kanzler war ihm nicht verantwortlich, sondern nur dem Kaiser; dieser konnte den Kanzler ernennen oder, wenn es ihm paßte, entlassen.

Der Friedensschluß von 1871 und die zu erwartenden fünf Milliarden Goldfranc aus französischen Reparationsleistungen lösten dann eine überhitzte Konjunkturphase aus, die mit radikalen Methoden ausgetragen wurde und 1873 zum Börsenkrach führte. Die anschließende Krise warf die Wirtschaft zwar um Jahre zurück, bildete aber einen Reinigungs- und Ausleseprozeß, dem auch zahlreiche aus dem Boden geschossene chemische Fabriken zum Opfer fielen. Die vor dem Krieg geschaffenen soliden Grundlagen für eine langandauernde wirtschaftliche Prosperität hatten jedoch den Schaden begrenzt. Die Jahre 1871 bis 1873, die man auch „Gründerjahre" nennt – allein in Preußen wurden 726 Aktiengesellschaften gegründet, dagegen im Zeitraum von 1790 bis 1870 nur 300 – mündeten in die „große Depression", die bis in die neunziger Jahre anhielt. Um die Wirtschaft wieder anzukurbeln und die einheimische Industrie und Landwirtschaft zu stützen, führte *Bismarck* 1879 Schutzzölle auf Importe ein.

Kurze Zeit später erließ *Bismarck* die großen Versicherungsgesetze: 1883 das Krankenversicherungsgesetz, 1884 das Unfallversicherungsgesetz und 1889 das Gesetz über die Invaliditäts- und Altersversicherung. Durch diese vorbildlichen Sozialversicherungsgesetze wurden die Arbeiter in der Not geschützt. Ein Abbau der sozialen Spannungen und eine Aussöhnung der Arbeiter mit dem Staat gelang indes nicht. Die Sozialistische Arbeiterpartei Deutschlands unter der Führung August *Bebels* verhinderte die Integration der Arbeiterschaft in den deutschen Nationalstaat. Sie empfand die Sozialgesetzgebung als Maßnahme obrigkeitlicher Fürsorge und nicht als Ausdruck staatsbürgerlicher Gleichberechtigung.

England bleibt zurück

1877 betrug der deutsche Anteil an der Welterzeugung von Farbstoffen 50 %; bis zum Jahre 1913 erhöhte sich dieser Anteil auf 87 %. In England löste der Aufstieg der deutschen Farbenindustrie Bewunderung, aber auch Kritik an eigenen Versäumnissen aus. 1881 sagte Sir Henry *Roscoe*, ein ehemaliger Schüler Robert *Bunsens* (1811–1899) in Heidelberg, in seiner Rede vor der Royal Institution: „Für Engländer ist es ein demütigender Gedanke, daß die Rohstoffe, die zur Herstellung all dieser Kohlenteerfarbstoffe dienen, in ihrem Land gewonnen werden, daß aber die Endprodukte, die wertvollen Farbstoffe, fast alle in Deutschland hergestellt werden."[7] Im Jahre 1903, anläßlich der Einweihung des Kekulé-Denkmals in Bonn, sprach auch der Philosoph und spätere britische Kriegsminister Richard Burdon *Haldane*, der in Bonn studiert hatte. Er hob die Verdienste *Perkins* und seiner Nachfolger in Wissenschaft und Industrie hervor und versuchte das Zurückbleiben Englands durch die geringe Organisationsgabe seiner Landsleute und die mangelnde finanzielle Unterstützung der Wissenschaft durch den Staat zu erklären: „Wenn ich nach Berlin fahre und sehe die hohen Schornsteine, die in anderen Ländern auf eine Fabrik deuten würden, in Berlin jedoch zur Universität gehören, an der jetzt nicht weniger als zwölf Chemieprofessoren tätig sind und wo man eine Entdeckung nach der anderen macht, und wenn ich den Wirtschaftsnachrichten entnehme, daß Gesellschaften wie die Badische Anilin- & Soda-Fabrik Dividende auf Dividende ausschütten, dann denke ich, daß diese Arbeiten, die das Gesicht der Welt in einigen ihrer Teile verändert haben, ein Werk darstellen, auf das wir stolz sein dürfen, weil es ein Engländer eingeleitet hat."[8]

In ähnlicher Weise äußerte sich 1915 William Henry *Perkin* jun., der Sohn des großen Erfinders, der in München einige Jahre Assistent bei Adolf von *Baeyer* war: „Prüft man die Leistungen unserer Universitäten, so fällt sogleich auf, daß viele dieser berühmten Stätten, nicht ausgeschlossen die Universitäten Oxford und Cambridge, praktisch nichts zur Förderung der organischen Chemie im letzten Teil des 19. Jahrhunderts beigetragen haben ... Wie sehr verschieden ist das Bild, das sich durch die Einstellung der deutschen Universitäten zum Fach der organischen Chemie während des gesamten kritischen Zeitraums darbietet."[9] – Der Rückgang der englischen Farbstoffindustrie im letzten Drittel des 19. Jahrhunderts wird noch heute in England als „national chemical neurosis" empfunden.

Der Erfolg der deutschen chemischen Industrie war vor allem auf die engen und fruchtbaren Wechselbeziehungen zwischen der an den Universitäten und der in der Industrie betriebenen Forschung zurückzuführen. Die Hochschulprofessoren haben nicht „im stillen Kämmerlein" geforscht, sie haben ihre Kollegen in der Industrie daran teilnehmen lassen und in ständigem Austausch die Ergebnisse weitergetrieben. Vor allem haben sie die Begeisterung, einen neuen Stoff synthetisiert zu haben, auf ihre Schüler übertragen, die später als Industriechemiker erfolgreich weiterwirkten. Einer der großen Hochschullehrer jener Zeit war der schon mehrmals erwähnte Adolf von *Baeyer*. Als Schüler von *Bunsen* und *Kekulé* wurde er 1875 Nachfolger *Liebigs* an der Universität München, wo er 40 Jahre lang wirkte. Vier seiner Schüler erhielten den Nobelpreis, er selbst bekam ihn 1905 für seine Arbeiten über organische Farbstoffe und hydroaromatische Verbindungen.

Selbst wenn man das makellose Bild in der Erfolgsstory über die Chemie des 19. Jahrhunderts nicht gelten lassen will und da und dort Eitelkeit und Egoismus, Macht und Geldgier entdeckt, so muß man doch anerkennen, daß die Chemie in der Zeit ihrer stürmischen Entwicklung international war. Es gab keine englische, deutsche oder französische Chemie, die Chemie war ohne jede Nationalität. Das Netz der Bekanntschaft und Freundschaft spannte sich über ganz Europa. Nur selten stellte ein Wissenschaftler seine Nation in den Vordergrund, wie zum Beispiel Adolphe *Wurtz* (1817–1884), ein elsässischer Pfarrersohn, der in der französischen Nation aufgegangen war und sich mit Frankreich innig verbunden fühlte. In der Einleitung seines großartigen Werkes „Dictionnaire de chimie pure et appliquee" hatte er geschrieben: „La chimie est une science francaise".

Über Methylenblau zu den Heilmitteln

Perkin hatte mit seiner Entdeckung 1856 eine Produktionsflut von synthetischen Farbstoffen ausgelöst. Im Jahre 1900 wurden allein in Deutschland 15000 patentierte Farbstoffe produziert. Die Lust am Experimentieren, der Gedanke, einen noch schöneren und besseren Farbstoff zu finden, beflügelte die Phantasie der Chemiker.

Über das Methylenblau, das 1877 von *Caro* erstmals synthetisiert wurde und zum ersten Reichspatent für die BASF führte – das Reichspatentgesetz wurde am 25. Mai 1877 verabschiedet, und das Reichspatentamt konnte endlich am 1. Juli seine Tätigkeit aufnehmen – wurde ein neuer Anwendungszweig für Farbstoffe und Steinkohlenteerderivate gefunden. 1882 hatte nämlich der junge Landarzt Robert *Koch* (1843–1910) menschliches Gewebe mit Methylenblau gefärbt und damit den Tuberkelbazillus entdeckt. Sein Schüler Paul *Ehrlich* (1854–1915) verfeinerte diese Gewebefärbung und stellte fest, daß Methylenblau eine auffallende Affinität zu bestimmten lebenden Nervenzellen zeigte, die sich blau färbten. Diese Eigenschaft des Methylenblaus führte ihn auf eine neue Fährte. Vielleicht, so fragte er, gibt es auch Farbstoffe, die Krankheitserreger färben und zugleich auch vernichten, ohne dabei die Zellen zu schädigen? Er untersuchte daraufhin die Erreger der Malaria, Schlafkrankheit und Syphilis, infizierte damit Mäuse und versuchte, sie mit Azofarbstoffen zu heilen. Endlich, nach unzähligen Experimenten, fand er 1908 in einer von Ludwig *Bertheim* synthetisierten Arsen-organischen Verbindung, die den Namen „Salvarsan" (heilendes Arsen) bekam, das Wundermittel gegen Syphilis. Damit wurde *Ehrlich* der Begründer der Chemotherapie. Die Farbwerke Hoechst, die *Ehrlich* bei seiner Forschungsarbeit unterstützt hatten, nahmen sich der Produktion des Heilmittels an. Schon vorher wurden bei Hoechst andere bahnbrechende Heilmittel synthetisiert: Antipyrin (1883), Pyramidon (1896) und Novocain (1905).

Auch bei Bayer in Elberfeld begann man in einer pharmazeutischen Abteilung mit der Synthese von Heilmitteln. Initiiert wurde diese Entscheidung durch einen Hund in Straßburg, der an Staupe erkrankt war und fieberte. Zwei Straßburger Assistenzärzte, die von der fiebersenkenden Wirkung des Naphthalin gehört hatten, besorgten sich das Mittel in einer Apotheke und fütterten damit den Hund. Das Fieber ging zurück. Als man das Mittel daraufhin genauer prüfte, stellte man fest, daß es nicht Naphthalin sondern Acetanilid war. Der Apotheker hatte das Pulver verwechselt.

Diese Geschichte kam dem Laborleiter Carl *Duisberg* in Elberfeld zu Ohren, der sofort den Chemiker Oscar *Hinsberg* mit der Synthese fiebersenkender Mittel beauftragte. Schon nach einem Jahr, 1887, synthetisierte *Hinsberg* das fiebersenkende und schmerzstillende Mittel Phenacetin, das erste Arzneimittel der Farbenfabriken Bayer, das weniger giftig war und eine stärker fiebersenkende Wirkung hatte als Acetanilid. Die neue Substanz, die in freiwilligen Selbstversuchen von Elberfelder Chemikern erprobt wurde, tut bis heute ihre Wirkung, allerdings seit einigen Jahren unter dem Verdacht, bei Dauergebrauch nierenschädigend und cancerogen zu sein; in manchen Ländern wurde sie daher verboten.

Interessant ist auch die Entdeckungsgeschichte eines Barbitursäurederivats. Schon 1864 war Adolf von *Baeyer* die Synthese der Barbitursäure gelungen. 1882 stellte dann Max *Conrad* erstmals die 5,5-Diethylbarbitursäure her, aber erst 1903 entdeckte Joseph von *Mering* die einschläfernde Wirkung dieser Substanz. Er gab ihr den Namen Veronal. Dieses weltbekannte Schlafmittel und Hypnotikum, das bei Überdosis zu gefährlichen Vergiftungen führt, ist seit 1959 nicht mehr im Handel.

Zehn Jahre nach der Entdeckung des Phenacetins wurde von Felix *Hoffmann* (1868–1946) ein anderes Antipyretikum, die Acetylsalicylsäure, synthetisiert. Unter dem Namen Aspirin wurde sie zu einem Synonym für Bayer. Aspirin ist ein angesehenes Medikament geblieben, bei dem man auch heute noch nichts Verdächtiges finden konnte. Im Gegenteil, Cardiologen haben festgestellt, daß tägliche Gaben von Acetylsalicylsäure das Risiko eines Herzinfarktes senken.

Im Gegensatz zu Bayer und Hoechst, die beide in den achtziger Jahren des vorigen Jahrhunderts Pharmasparten eröffneten und ihre Forschung verstärkt auf die Synthese von Heilmitteln ausrichteten, begnügte sich die BASF mit der Farbstoffproduktion. Gleichzeitig aber entwickelte sie mit viel Spürsinn großtechnische Anlagen für Grundprodukte, zunächst für anorganische Grundchemikalien, die für die Farbstoffproduktion benötigt wurden, an erster Stelle Schwefelsäure.

Anorganische Grundchemikalien

Die Produktion der anorganischen Grundchemikalien Schwefelsäure und Soda wurde schon etwa 50 Jahre vor dem

Entstehen der Farbstoffchemie im industriellen Maßstab betrieben. Großabnehmer war die Textilindustrie. Die stürmische Entwicklung der Teerfarbenindustrie hat auch der anorganischen chemischen Industrie einen Wachstumsschub gebracht und neue Entwicklungen ausgelöst.

Bisher wurde Schwefelsäure nach dem in England entwickelten Bleikammerverfahren gewonnen. Nach diesem Verfahren wird aus Schwefeldioxid mit Hilfe von Stickoxiden als Katalysator eine 60- bis 80prozentige Schwefelsäure gewonnen. Der von einer Schweizer Firma in die BASF übergetretene Rudolf *Knietsch* (1854–1906), ein recht eigenwilliger Chemiker, der daheim in Oppeln die Schmiede seines Vaters übernehmen sollte, dann aber doch Chemie studierte, arbeitete in den neunziger Jahren ein neues großtechnisches Verfahren aus, nach dem über einem Platinkontakt Schwefeldioxid mit Luftsauerstoff zu Schwefeltrioxid umgesetzt wird, aus dem wiederum durch Wasseraufnahme Schwefelsäure entsteht. Nach diesem Kontaktverfahren gewinnt man eine 98prozentige Schwefelsäure. Der teure Platinkontakt wurde später durch den billigeren, aber ebenso effizienten Kontakt (Katalysator) aus Vanadiumpentoxid ersetzt.

Neben Schwefelsäure war Soda für fast alle Zweige der wachsenden Industrie eine wichtige Universalchemikalie. Schon im ausgehenden 18. Jahrhundert konnten die natürlichen Vorräte an Soda den steigenden Bedarf nicht mehr decken. Da gelang es dem französischen Chemiker Nicolas *Leblanc* (1742–1806), Soda aus Kochsalz, Schwefelsäure, Kreide (Kalkstein) und Kohle synthetisch herzustellen. Aber nur wenige Wochen nach der Inbetriebnahme der Fabrik im Jahre 1791 wurde sie konfisziert, und der Finanzier und Gönner, der Herzog von Orleans, wurde guillotiniert. *Leblanc* beging im Armenhaus Selbstmord. Die Engländer haben das Verfahren übernommen und weiterentwickelt. In Deutschland wurde die erste Sodafabrik im Jahre 1843 in Magdeburg gebaut. 1861 demonstrierte Ernest *Solvay* (1837–1922) in Brüssel ein neues Verfahren, nach dem Soda aus einer ammoniakalischen Kochsalzlösung wesentlich billiger hergestellt werden konnte. Der einstige Vorteil, der das Leblanc-Verfahren gegenüber dem Solvay-Verfahren auszeichnete, der Anfall von Chlorwasserstoff für die Chlorgewinnung, wurde durch die Chloralkalielektrolyse bedeutungslos.

Nach dem Elektrolyse-Verfahren wird mit Hilfe des elektrischen Stromes aus einer wäßrigen Kochsalzlösung gleichzeitig Chlor, Natronlauge und Wasserstoff erzeugt. Die Natronlauge ersetzte in vielen Anwendungsbereichen die Soda und wurde ein wichtiger Hilfsstoff bei Synthesen, zum Beispiel bei der Herstellung von chemischen Fasern. Ohne Chloralkalielektrolyse wäre der Aufstieg der Kunstseide nicht möglich gewesen. Mit dem Wasserstoff, der als Kuppelprodukt entsteht, füllte man lange Zeit Fesselballons und lenkbare Luftschiffe. Später wurde er für Hydrierreaktionen und im Synthesegas verwendet.

Die Entwicklung der Chloralkalielektrolyse ging 1885 von der Chemischen Fabrik Griesheim-Elektron aus. Pionierarbeiten wurden aber auch in den USA (*Castner*) und in Österreich (*Kellner*) geleistet.

Auf der Suche nach einem Stickstoffdünger

Nach dem von *Liebig* 1840 aufgefundenem „Gesetz des Minimums" benötigt die Pflanze von den drei Hauptnährstoffen Stickstoff, Kali und Phosphor je eine Mindestmenge; wird sie unterschritten, so verkümmert die Pflanze, auch wenn die anderen Nährstoffe im Überschuß vorhanden sind. Diese Erkenntnis gab der aufkommenden Düngemittelindustrie wichtige Impulse. Die ersten mineralischen Phosphatdünger, Superphosphat und Thomasmehl, kamen in England zur Anwendung. In Deutschland begann man die in Staßfurt vorkommenden Kalisalze zu verarbeiten. Und in Chile, wo der einzige stickstoffhaltige Naturdünger, der Chilesalpeter (Natriumnitrat), in großen Mengen vorkam, begann man die Lagerstätten auszubeuten. Um die Jahrhundertwende exportierte Chile insgesamt eine Million Tonnen Salpeter jährlich, davon nach Deutschland etwa ein Drittel. Unter dem Eindruck der drohenden Erschöpfung der Salpetervorkommen sann die junge chemische Industrie nach Methoden, den praktisch in unbegrenzter Menge vorhandenen Stickstoff in der Luft zu gewinnen. 1898 hielt Sir William *Crookes* vor der British Association for the Advancement of Science eine später berühmt gewordene Rede in Bristol: „Die Weizenernte der Welt hängt von Chiles Salpeterlagerstätten ab. ... Wenn es nicht gelingt, Stickstoffdüngemittel in großer Menge zu produzieren, wird in 20 bis 30 Jahren eine Hungersnot über die Welt kommen. Es ist der Chemiker, der der bedrohten Menschheit zu Hilfe kommen muß. Durch das Laboratorium kann Hungersnot schließlich in Überfluß verwandelt werden. ... Es ist klar, daß wir hier einem Riesenproblem gegenüberstehen, das den Scharfsinn der Klügsten herausfordert."[10]

Die Lage wurde zunächst entschärft durch das Auffinden zweier Verfahren, bei denen jedoch große Mengen elektrischer Energie verbraucht werden: Die Oxidation des Luftstickstoffs im elektrischen Lichtbogen (Birkeland-Eyde-Verfahren) und die Herstellung von Kalkstickstoff aus Calciumcarbid (Frank-Caro-Verfahren).

Im Jahre 1900 behauptete Wilhelm *Ostwald* (1853–1932), Chemieprofessor in Leipzig, daß sich freier Stickstoff (z. B. aus der Luft) mit Wasserstoff bei hohen Temperaturen, „vermehrtem" Druck und Eisen als Katalysator zu Ammoniak verbinde. *Ostwald* wandte sich an die BASF mit der Bitte, das Verfahren zu überprüfen. Der junge Chemiker Carl *Bosch* (1874–1940), der mit der Überprüfung beauftragt worden war, kam zu dem Ergebnis, daß nach dem beschriebenen Verfahren kein Ammoniak entsteht. Darüber beklagte sich Ostwald bei der BASF-Direktion: „Ja wenn Sie einen frisch eingetretenen, unerfahrenen Chemiker beauftragen, der nichts kann, dann wird natürlich nichts herauskommen."[11] Eine Wiederholung des Versuches gab jedoch *Bosch* recht.

Aus dem „unerfahrenen" Chemiker Carl *Bosch* wurde einer der genialsten Forscher, der mit neuen Techniken der Chemie weite Arbeitsgebiete erschloß. Er stammte aus einer alten schwäbischen Familie und er fühlte sich immer als

Schwabe, obwohl er in Köln geboren wurde, wo sein Vater Inhaber einer Leitungsartikelhandlung war. Nach dem Abitur an der Oberrealschule in Köln und einer Schlosserlehre in Kotzenau in Schlesien studierte er Hüttenkunde und Maschinenbau in Charlottenburg und anschließend Chemie in Leipzig. 1898 promovierte er bei Johannes *Wislicenus* (1835–1902) mit summa cum laude und trat ein Jahr später als Chemiker in die BASF ein, wo er Mitarbeiter von *Knietsch* wurde. Es sei auch erwähnt, daß Robert *Bosch* (1861–1942), der Bruder seines Vaters, 1886 die bekannte Magnetzünderfabrik in Stuttgart gründete.

Das Haber-Bosch-Verfahren

1908 verwandte Fritz *Haber* (1868–1934), ein Schüler Carl *Liebermanns*, Osmium als Katalysator für die Synthese von Ammoniak aus Luftstickstoff. *Bosch*, der auch diesmal das Verfahren überprüfte, konnte *Habers* Ergebnisse bestätigen. Der BASF fiel nun zunächst die Rolle zu, für das teure Osmium einen billigeren Katalysator zu finden. Und siehe da, *Bosch* und Alwin *Mittasch* (1869–1953) fanden, daß Eisen ebenso wirksam wie Osmium ist. Allerdings mußten dem Eisen einige Prozent Tonerde zugegeben werden.

Die Übersetzung des Verfahrens aus dem Labormaßstab in die Großtechnik bereitete zahlreiche, schier unüberwindliche Schwierigkeiten. Die größte Aufgabe, die sich *Bosch* und seinen Mitarbeitern stellte, war die Konstruktion des Reaktors, der bei dem hohen Druck und der hohen Temperatur dem Wasserstoff standhalten mußte und nicht platzen durfte. Die Lösung hieß: Doppelrohrreaktor, bei dem ein chemisch widerstandsfähiges Weicheisenrohr von einem drucktragenden Stahlrohr ummantelt wurde. Damit konnte im großtechnischen Maßstab bei einem Druck von 200 bar und einer Temperatur von 600 °C Ammoniak aus den Elementen Stickstoff und Wasserstoff erzeugt werden. Das Verfahren ist unter dem Namen Haber-Bosch-Verfahren berühmt geworden. 1910 entstand die erste technische Versuchsapparatur, 1913 lief die Produktion im Werk Oppau mit einer Tagesleistung von 30 Tonnen Ammoniak an.

Karl *Winnacker* charakterisierte das Haber-Bosch-Verfahren wie folgt: „Ausgehend von theoretischen Grundlagen wurde für die Ammoniaksynthese erstmalig und in kürzester Zeit ein katalytisches Verfahren unter extremen Bedingungen wie hohen Drücken und hohen Temperaturen entwickelt, für das alle technischen Voraussetzungen wie Hochdruck-Reaktoren, -Kompressoren und -Pumpen und eine vollständig neue Meß- und Regeltechnik geschaffen werden mußten."[12]

Boschs Ideenreichtum und Durchhaltevermögen hatten ihm Erfolg beschert. Sein Aufstieg war, trotz gelegentlicher schwerer Rückschläge, unaufhaltsam. Wie kein anderer hat er als Industriechemiker die Arbeitsweise in der deutschen chemischen Industrie bestimmt. Es entstanden Arbeitsgruppen von höchster Leistungskraft. Keine Aufgabe war zu groß oder zu schwer. Diese effizienten Arbeitsgruppen, die sich durch Wagemut und Selbstvertrauen auszeichneten, haben sich später auch in anderen Werken der deutschen Großchemie bewährt und wirken mit ihrer Tradition bis in unsere Tage.

Duisberg profiliert sich

Als Carl *Bosch* 1899 in die BASF eintrat, war Carl *Duisberg* (1861–1935) bei Bayer schon Direktor und Leiter der wissenschaftlichen Laboratorien. Sein Vater war Bandwirker in Barmen, der auch aus seinem Sohn einen Bandwirker machen wollte. Auf Betreiben seiner Mutter durfte er jedoch die Realschule besuchen; dort kam er mit der Chemie in „innigsten Kontakt". Im Gegensatz zu *Bosch* war *Duisberg* kein Vorzugsschüler. Nach dem Abitur besuchte er ein Jahr die Fachschule für Chemie und bezog dann die Universität in Göttingen. Schon nach einem Jahr wechselte er an die Universität Jena, wo er sich nicht nur der chemischen Studien befleißigte, sondern auch philosophische Vorlesungen hörte und die exzentrischen Kollegs über die neue naturwissenschaftliche Weltanschauung des berühmten Professors für Zoologie, Ernst *Haeckel*[13], besuchte. *Duisberg* unterlag auch dem Zauber des Ortes und der stark national eingefärbten Burschenherrlichkeit. Der Rheinländer *Duisberg* suchte die Geselligkeit. Das unterschied ihn von dem schwäbisch geprägten *Bosch*, der Zeit seines Lebens ein Einzelgänger blieb.

Nach dem Doktorexamen, das *Duisberg* im Hauptfach Chemie mit „Recht gut" bestand – anstatt des für einen Chemiker traditionellen Nebenfachs Physik hatte er Nationalökonomie gewählt[14] – bemühte er sich vergebens um eine Stelle als Industriechemiker. Schließlich nahm er in Jena eine Privatassistentenstelle an, gab sie aber bald auf und ging nach München, um sein Jahr als Einjährig-Freiwilliger abzudienen. Da ihn der militärische Dienst offenbar nicht ausfüllte, durchstreifte er die Münchner Museen, machte Ausflüge in die Berge und ergatterte schließlich mit einer alten Visitenkarte von Ernst *Haeckel*, die er zur Empfehlungskarte umfunktioniert hatte, einen halben Arbeitsplatz im chemischen Laboratorium des bekannten Chemieprofessors Adolf von *Baeyer*.

Aber auch nach dem Münchner Jahr fand er keine Anstellung in der chemischen Industrie. Schließlich verschaffte ihm seine Mutter, die mit Friedrich *Bayer*, dem Gründer der Elberfelder Farbenfabriken, die Schulbank gedrückt hatte, eine Stelle als Fabrikchemiker im Bayerwerk. Das war im September 1883. Sein Jahresgehalt betrug 1800 Mark.

Er bekam zunächst den Auftrag, an der Universität Straßburg – die Bayerwerke hatten damals noch kein eigenes Laboratorium – Indigo aus Isatin zu synthetisieren. Er kam zu dem Ergebnis, daß dieser Weg zum Indigo nicht beschritten werden konnte, da er zu kostspielig war. *Duisbergs* Zukunft war ungewiß. „Ob ich zurückkehren werde nach Straßburg oder vielleicht einer anderen Universität zuzueilen das Vergnügen haben werde, oder ob gar ein dumpfes Tor mich von früh bis spät in öde Fabrikmauern mit lärmenden und keuchenden Maschinen einschließen soll, weiß ich noch nicht."[15] *Duisberg* mußte noch einmal nach Straßburg. Diesmal sollte er Benzidinsulfondisulfonsäure in guter Ausbeute synthetisieren. Aber auch hier konnte er kein wirtschaftlich tragbares Verfahren finden. Er wurde zurückgeholt und in die Azofarbenabteilung gesteckt, wo ihm zwei patentfähige Erfindungen gelangen, die jedoch nicht verwertet werden konnten.[16]

Sein drittes Produkt, der Farbstoff Benzopurpurin 4B, brachte patentrechtlichen Ärger. Die Firma Agfa in Berlin erhob gegen die Erteilung des Patents Einspruch und verwies auf das eigene Patent für die Synthese des Farbstoffes Kongorot, das auch die Synthese des chemisch verwandten Benzopurpurin abdeckte. Es kam zu Verhandlungen zwischen beiden Firmen und zu einer Einigung: Die Farbenfabriken Bayer überließen ihre Erfindung der Berliner Agfa, die hierfür ein Zusatzpatent zu ihrem Kongorot-Patent erhielt. Als Gegenwert durften die Bayerwerke Benzopurpurin und andere Agfa-Farbstoffe produzieren und auf den Markt bringen.

Das Zustandekommen dieser Interessengemeinschaft und die Vorteile, die daraus für beide Firmen entstanden, haben *Duisberg* tief beeindruckt. Es war für ihn ein Schlüsselerlebnis, das später sein Handeln bestimmte. Der eher mittelmäßige Chemiker Carl *Duisberg*, der eine Vorliebe für lange und pathetische Reden hatte und seine Person und seine persönlichen Erlebnisse vorteilhaft in den Vordergrund zu stellen wußte, stieg mit der Idee „Interessengemeinschaft", die er geschickt und energisch einsetzte, zu einem wegweisenden Wirtschaftsführer auf.

Zwei einflußreiche Männer haben *Duisberg* den Weg geebnet: Friedrich *Bayer*, der Sohn des Firmengründers, mit dem er sich anfreundete, und Carl *Rumpff*, Aufsichtsratsvorsitzender des Unternehmens, dessen Nichte er 1888 heiratete. *Duisberg* wurde Laborleiter und Prokurist. Auf dem Weg nach oben hat er auf sehr unterschiedlichen Gebieten Aufgaben angepackt: Er baute ein modernes Boxenlaboratorium in Elberfeld,[17] er richtete die Arbeitsgebiete der Firma neu aus und er verfaßte Vorschriften für seine Mitarbeiter, sogar eine Dienstvorschrift für den Pförtner.

Um die schwelenden Patentstreitigkeiten mit der BASF aus dem Wege zu schaffen, fuhr er 1893 mit Friedrich *Bayer* zur BASF, der damals größten chemischen Fabrik der Welt. „Es ist nicht zu leugnen", schrieb er nachher, „daß das Verwaltungsgebäude außerordentlich großartig und vielleicht auch praktisch gebaut ist, obgleich wir sicherlich noch praktischer bauen und nicht so raumverschwenderisch wie die Badische Direktion sein würden."[18] Die Verhandlungen verliefen ergebnislos, die Ludwigshafener lehnten die von *Duisberg* vorgeschlagene Preisbindung auf Alizarinfarbstoffe ab. Auch ein erneuter Versuch, mit Ludwigshafen zu einer Einigung zu kommen, brachte kein befriedigendes Resultat.

Als die Enge im Elberfelder Werk keine Ausdehnung mehr zuließ, plante und baute *Duisberg* ein Werk an dem neuen Standort Leverkusen. In einer Denkschrift machte er Angaben über Größe, Form und Bauweise der Gebäude, die Stärke der Mauern, die Aufstellung der Apparate und die Rechte und Pflichten der Arbeiter. „Es muß als selbstverständliche Voraussetzung gelten, daß der Betriebsführer seine Aufseher (= Vorarbeiter bzw. Schichtführer) nach jeder Richtung hin gegen Insubordnination der Arbeiter schützt und in Zweifelsfällen immer dem Aufseher vor den Arbeitern Recht gibt."[19] Als 1907 der Nobelpreisträger Emil *Fischer* (1852–1919) das Werk in Leverkusen besichtigte, stellte er fest: „Es ist zweifellos die schönste chemische Fabrik, die ich jemals gesehen habe."[20]

Endlich, mit Wirkung vom 1. Januar 1900, wurde *Duisberg* in den Kreis der Vorstandsmitglieder aufgenommen. Schon ein halbes Jahr vorher hatte er den drei amtierenden Vorstandsmitgliedern eine Denkschrift vorgelegt, in der er die Arbeitsaufteilung unter den Vorstandsmitgliedern, zu denen er sich bereits zählte, festlegte. Grundlage waren gleiche Rechte und gleiche Pflichten. Gemäß der in der Denkschrift verordneten Arbeitszuweisung teilten sich *Bayer* und *Duisberg* die technische Leitung des Unternehmens zu etwa gleichen Teilen.

Amerika tritt ins Blickfeld

Vor und nach der Ernennung zum Vorstandsmitglied unternahm *Duisberg* je eine Reise in die Vereinigten Staaten. Seine erste Reise fiel ins Jahr 1896, als er den Auftrag bekam, das Farben- und Arzneimittelgeschäft der Farbenfabriken Bayer in den USA zu ordnen. Während dieser Reise besuchte er auch Produktionsbetriebe unterschiedlicher Branchen. *Duisberg* war von der Größe und den modernen Einrichtungen der Produktionsbetriebe überwältigt: „Was aber in dieser amerikanischen Industrie immer wieder auffällt, das ist einerseits die weitgehendste Arbeitsleistung und andererseits die weitgehendste Verwendung der Maschinenarbeit, zwei Momente, welche nicht zum wenigsten beigetragen haben zu dem enormen Aufschwung, welchen drüben die Industrie genommen."[21]

Duisberg hatte auch Gelegenheit, in einem Vortrag vor der Society of Chemical Industry seine Ansichten über die Ausbildung der Chemiker in Deutschland kund zu tun, die er später als Denkschrift niederlegte. Darin heißt es: „Im Gegensatz zu vielen meiner Freunde stehe ich auf dem Standpunkt, daß nichts schlimmer ist, als aus einem Chemiker einen Ingenieur-Chemiker zu machen, wie dies in Frankreich geschieht, oder einen Chemie-Ingenieur, wie so oft in England. Das Feld der Chemie, das der Chemiker beherrschen muß, ist gegenwärtig so groß, daß es für ihn praktisch unmöglich ist, gleichzeitig auch noch Mechanik zu studieren, die Sache des Ingenieurs ist. ... In unseren Werken in Elberfeld und Leverkusen, in denen wir für unser Spezialgebiet fast ausschließlich junge Chemiker von den Hochschulen auswählen, bevorzugen wir diejenigen, die nach ihrem Examen noch ein oder zwei Jahre für einen der Professoren gearbeitet haben, mit denen wir in Verbindung stehen. Wenn dann ein solcher Chemiker bei uns eintritt, erwarten wir nicht – angenommen er sollte in die Farbenabteilung kommen – daß er auch nur weiß, was ein Farbstoff ist. Wir haben es als sehr zweckmäßig erfahren, wenn wir selbst den jungen Mann auf unserem Spezialgebiet ausbilden."[22]

Diese Grundsätze, die Duisberg mit leichten Übertreibungen formulierte, gelten in der deutschen Großchemie mit zeitgemäßen Abwandlungen heute noch. Wenn man bedenkt, daß die deutsche Chemie in der Welt einen Spitzenplatz belegt, muß man *Duisberg* nachträglich recht geben. Männer wie Carl *Bosch*, die neben dem Fach Chemie auch Physik und Technik gleichermaßen beherrschten, blieben die Ausnahme.

Duisberg hatte eine natürliche Scheu vor den mathematischen Wissenschaften. Zeitlebens hatte er auch eine Abneigung gegen die physikalische Chemie, die in Deutschland um die Jahrhundertwende vor allem durch Jacobus *van't Hoff* (1852–1911), Wilhelm *Ostwald*, Walther *Nernst* (1864–1941) und Fritz *Haber* an Bedeutung gewann. Physik in der Chemie, so glaubte *Duisberg*, würde der Chemie schaden und sie mit unnötigen Theorien belasten. Die Chemie könnte dadurch sogar entarten. In diesem Punkt stand er in verdächtiger Nähe zu dem Experimentalphysiker Philipp *Lenard* (1862–1947), der für seine Arbeiten über Kathodenstrahlen 1905 den Nobelpreis für Physik erhielt. *Lenard* war ein Gegner der neuen theoretischen Physik, insbesondere der *Einstein*schen Relativitätstheorie, die er aus der Physik heraushalten wollte.

Die zweite Reise in die Vereinigten Staaten unternahm *Duisberg* 1903 gemeinsam mit Friedrich *Bayer*. Sie wollten dort einen geeigneten Standort für die Errichtung einer pharmazeutischen Fabrik suchen, konnten aber keinen finden. Das Interesse verlagerte sich schließlich auf den Erwerb von zwei amerikanischen Farbenfabriken am Hudson River, die noch im selben Jahr gekauft wurden. 1905 begann dort die Herstellung von Phenacetin und Aspirin.

Während seines zweiten Amerikaaufenthalts wurde *Duisberg* aus Anlaß der Zentenarfeier des Geburtstages *Liebigs* gebeten, im Chemist Club of New York einen Vortrag zu halten. Mit pathetischen Worten schilderte er den Einfluß *Liebigs* auf die Entwicklung der chemischen Industrie, wobei er die Überlegenheit der deutschen chemischen Industrie herausstrich: „Wir würden die hohe Stellung, welche die deutsche chemische Industrie heute in der Welt einnimmt, nicht erreicht haben und vor allem nicht behaupten können, wenn nicht dieser wissenschaftliche Geist, der eine Eigenart des deutschen Nationalcharakters zu sein scheint, uns und unsere Tätigkeit beherrsche."[23] Das war nicht sehr taktvoll. Die national eingefärbte Rede wurde von der amerikanischen Presse schlecht zensiert.[24]

Auf seiner Rundreise durch die Vereinigten Staaten studierte *Duisberg* auch die Trusts, die wie Pilze aus dem Boden schossen. „Man sah in ihnen das Allheilmittel, um durch Zusammenlegung von gleichartigen Betrieben durch einheitliche Leitung und Kontrolle und durch Vereinigung des Verkaufs in einer Hand die Konkurrenz in Fabrikationsartikeln aller Art, zumal solchen mit gedrückten Preisen, zu beseitigen und höheren Nutzen zu erzielen, ohne eine wesentliche Erhöhung der Verkaufspreise vorzunehmen."[25] *Duisberg* erkannte auch, welche industrielle Kraft in Amerika heranwuchs und wie wenig dem Deutschland entgegenzusetzen hatte. Für ihn wurde es während dieser Reise klar: Wenn die deutsche chemische Industrie ihre Vormachtstellung behalten wollte, müßte sie sich zusammenschließen.

Daheim formulierte er seine Idee in einer Denkschrift.[26] Er legte die Schwächen der deutschen Farbstoffindustrie bloß und verordnete auch gleich ein Allheilmittel: Uneingeschränkte Fusion und Gründung einer Aktiengesellschaft, etwa unter dem Namen „Vereinigte deutsche Farbenfabriken". In dem neuen Firmenverband wollte er aber das Konkurrenzprinzip nicht ausschalten. Jedes wichtige Produkt sollte von jeweils zwei Betrieben hergestellt werden, so daß weiterhin Produktions- und Kostenvergleiche durchführbar wären. Einkaufs- und Verkaufsapparat aber müßten zusammengelegt und zentralisiert werden.

Dreibund und Dreiverband

Mit der Gründung eines Chemietrusts sollte ein für alle mal der ruinöse Konkurrenzkampf in Deutschland ein Ende haben. *Duisberg* lud Vertreter von BASF, Hoechst und Agfa in den Berliner Kaiserhof ein und trug seine bestechende Idee vor. Zunächst waren alle begeistert. Als sie wieder daheim in ihren Werken waren, erlahmte das Interesse an einer Fusion. Besonders Hoechst äußerte sich skeptisch und kam zu dem Schluß, eine solche Vereinigung wäre ein Schritt ins Dunkel, den man – wenn sich die Erwartungen nicht erfüllten – nie mehr zurücknehmen könnte. Gustav von *Brüning* (1864–1913), Generaldirektor von Hoechst, erteilte *Duisberg* eine Absage. Hinter verschlossenen Türen aber verhandelte von *Brüning* mit der Firma Leopold Cassella & Co und brachte zwischen Hoechst und Cassella eine Interessengemeinschaft zustande. Das erfuhr *Duisberg* während seines Urlaubs in Italien aus der Frankfurter Zeitung. Die Nachricht erreichte ihn „wie ein Blitz aus heiterem Himmel". Duisberg faßte den Entschluß, mit Ludwigshafen zu einer ähnlichen Interessengemeinschaft zu kommen. Die Idee einer Fusion hatte er aufgegeben.

Duisbergs erneutes Werben um die Gunst der BASF war nun erfolgreich. Es kam zu einer Interessengemeinschaft, der sich die Berliner Agfa zu einem Dreibund (1904) anschloß. Da *Duisberg* auch ein Auge auf die Firma Kalle & Co in Wiesbaden-Biebrich geworfen hatte, eine Firma vor der Hoechster Haustür gelegen, konnte Hoechst nicht untätig bleiben, warb ebenfalls um die Braut und holte sie heim (1907). So entstand neben dem Dreibund ein Dreiverband, der als Wettbewerber ernst zu nehmen war.

Dreibund und Dreiverband, die Keimzellen der späteren I. G. Farben AG, arbeiteten unter ähnlichen Bedingungen. Jedes Jahr wurde eine Quotenverteilung festgelegt, die Gewinne wurden zusammengelegt und nach einer bestimmten Formel aufgeteilt. Anfängliche Schwierigkeiten in der Zusammenarbeit innerhalb des Dreibundes veranlaßten *Duisberg* zu der Feststellung: „Ich bin froh, daß wir nicht sogleich zur Fusion geschritten sind, da ich nicht wüßte, wie die schon jetzt auf vielen Gebieten sich bemerkbar machenden Schwierigkeiten auf einmal hätten behoben werden können. Die Interessengemeinschaft ermöglicht eine langsame und allmähliche Anpassung der Personen und Verhältnisse."²⁷ Die Idee der Fusion hat ihn aber nicht losgelassen. In einem Schreiben an Emil *Fischer* heißt es: „... daß die von uns geschlossene I. G. im Laufe der Jahre zur Fusion nicht nur unserer drei Gesellschaften, sondern der ganzen deutschen Farbenindustrie führt, unterliegt keinem Zweifel."²⁸ Die Leitung des Dreibundes übernahm als Geschäftsführer der Vorstandsvorsitzende der BASF, Heinrich von *Brunck* (1847–1911); *Duisberg* wurde sein Stellvertreter.

Die Zusammenschlüsse zum Dreibund und zum Dreiverband brachten neue Innovationen und ermöglichten die zügige Durchführung großer Projekte, insbesondere die Ammoniaksynthese bei der BASF, die Kinofilmproduktion bei Agfa in der neuerrichteten Filmfabrik Wolfen und das Kautschukprojekt bei Bayer. 1909 glückte nämlich Fritz *Hofmann* (1866–1956) die vollständige Synthese des Isoprens, des Grundbausteins des Kautschuks, und kurze Zeit darauf gelang ihm die Synthese des Kautschuks selbst. Ein Jahr später stellte er fest, daß man auch aus Methylisopren einen Kautschuk erhält, den Methylkautschuk, der dem Naturkautschuk ebenbürtig zu sein schien, vor allem aber technisch leichter zugänglich war. *Duisberg* selbst erprobte im Sommer 1911 an seinem Auto Reifen aus Methylkautschuk. Das Interesse an dem Produkt war groß; bald fuhr auch der deutsche Kaiser mit Reifen aus Methylkautschuk. Die New York Tribune kommentierte dieses Ereignis: „Der deutsche Kaiser fährt ein Auto, dessen Reifen aus einem Stoff hergestellt sind, der aus Whisky gewonnen wird." Bald aber zeigte sich, daß der Methylkautschuk früher altert als der natürliche Kautschuk. Als auch noch die Preise für den natürlichen Kautschuk sanken, stellte die Gummiindustrie ihre Produktion auf natürlichen Kautschuk um, und Bayer beschränkte sich auf dem Kautschukgebiet auf Laboratoriumsarbeiten.

Das Rheintal – ein „Chemical Valley"

Um die Jahrhundertwende wurde England im industriellen Wettstreit auf vielen Gebieten von Deutschland überholt. Die Chemie war besonders weit vorgeprescht. 1913 betrug der Anteil der Farbstoffexporte aus Deutschland 88,5 %, aus der Schweiz 9,5 %, aus Großbritannien 1,5 % und aus Frankreich 0,5 %. Die Exportquote Deutschlands für alle chemischen Produkte betrug 70 %. Der größte Auslandsmarkt waren die USA; es folgten Rußland, China, Großbritannien, Frankreich und Österreich-Ungarn.

Drei Dinge haben den Aufstieg der deutschen Chemie ermöglicht. Erstens die sehr frühe Einrichtung von Laboratorien in den neugegründeten Fabriken, die in enger, befruchtender Zusammenarbeit mit den Instituten an den Hochschulen systematische Forschungsarbeit betrieben,[29] zweitens die Rückwärtsintegration, d. h. die Eigenherstellung von Grund- und Zwischenprodukten und die Zusammenfassung dieser Produktionen in leistungsfähige und innovative Grundchemikalien- und Zwischenprodukteabteilungen, von denen bald Wege zu neuen Produktklassen führten,[30] und drittens ein aufnahmefähiger, weltweiter Markt für die synthetischen Produkte, von den Farbstoffen über die Medikamente bis zu den Düngemitteln. Im Gegensatz zu den deutschen (und Schweizer) chemischen Fabriken beschränkten sich die englischen und französischen zunächst nur auf die Herstellung der Endprodukte und ihre Vermarktung.

Innerhalb von 60 Jahren hatte sich aus der Töpfchen-Chemie am Rhein eine machtvolle chemische Industrie entwickelt. Der Rhein war seit Jahrhunderten pulsierendes Leben. Mit seinen Burgen und Schlössern, Städten und Domen verkörperte er die Größe und Macht Deutschlands. In der zweiten Hälfte des 19. Jahrhunderts entstand nun im Rheintal ein gigantisches „Chemical Valley" mit Forschungslaboratorien und Fabriken. Von hier aus wurden die chemischen Betriebe in Mittel- und Ostdeutschland aufgebaut und gelenkt, hierher kamen englische, französische und amerikanische Wissenschaftler und Geschäftsleute, diskutierten und

Tabelle 1. Umsatzentwicklung (Mio Mark) von BASF, Bayer und Hoechst

Jahr	BASF	Bayer	Hoechst
1906	78	72	57
1907	84	78	68
1908	82	75	62
1909	95	89	67
1910	98	92	72
1911	105	95	80
1912	114	107	84
1913	121	113	91

forschten gemeinsam, schlossen Verträge und kauften Lizenzen, oder, wenn es sich gerade traf, wie nach den beiden Kriegen, bedienten sie sich unentgeltlich, demontierten Anlagen und beschlagnahmten Produkte, Patente und Schutzrechte. Nach den Erschütterungen des Zweiten Weltkrieges und der Plünderung danach blühte das „Chemical Valley" noch einmal auf und hat bis heute eine gewisse Anziehungskraft behalten. Erst in jüngster Zeit, als man die chemische Industrie in der Bundesrepublik durch Gesetze übermäßig reglementierte und einschnürte, stockte die Entwicklung: Die deutsche Großchemie verlegte ihre neuen Forschungszweige in zunehmendem Maße ins Ausland, vorzugsweise in die Vereinigten Staaten.

Das Image der frühen Chemie

Die weitverbreitete Meinung, die Chemie habe vor hundert Jahren im Gegensatz zu heute ein positives Image besessen, ist nicht richtig. Auch damals wurde die chemische Industrie als gesundheitsschädlich und umweltzerstörend empfunden. Carl *Duisberg* hat sich wiederholt gegen die in der Öffentlichkeit weit verbreitete Ansicht gewandt, die Arbeit in der chemischen Industrie sei gesundheitsschädlich: „Obgleich die Statistik zeigt, daß die Gefahr nach dieser Richtung hin sehr gering ist und die Gesundheitsverhältnisse in unseren Fabriken durchaus nicht ungünstiger sind als zum Beispiel bei Krupp oder in der Textilindustrie, ist nun einmal die öffentliche Meinung geneigt, Gegenteiliges anzunehmen und die Aufsichtsbehörde nach dieser Richtung hin zu beeinflussen."[31]

Auf der Konferenz der Zentralstelle für Arbeiter-Wohlfahrts-Einrichtungen des Jahres 1905 hat der Vortrag eines „Sachverständigen" *Duisberg* so in Harnisch gebracht, daß er sich dazu hinreißen ließ, die Ungefährlichkeit der Arbeit in einer chemischen Fabrik an seiner eigenen Person zu demonstrieren.[32] Er scheute sich auch nicht, der SPD und der Presse eine Lektion zu erteilen: „Die chemischen Fabriken, ob in Elberfeld, in Frankfurt, in Mannheim oder sonstwo gelegen, heißen schon jetzt in der sozialdemokratischen Presse die ‚Gifthütten' und sind dieserhalb verschrien, weil wir ihnen nicht zu Diensten sind. Sie benutzen die Giftigkeit der Stoffe, die wir fabrizieren müssen, ohne daß aber eine Giftgefahr bei uns besteht, in der scheußlichsten und gemeinsten Weise zu Angriffen gegen uns. Das Wort ‚Gift' wirkt ja an sich schon auf jeden Menschen unangenehm. Wenn Sie nun durch Leute, die keine Kenntnis der Stoffe haben, die die Bedeutung der Giftigkeit nicht kennen, die nicht begreifen können und werden, wieweit eine Giftgefahr vorhanden ist – wenn Sie, sage ich, durch solche in dieser Beziehung unwissend wirkende Menschen belehrend wirken wollen, dann werden Sie das Gegenteil von dem erreichen, was Sie erstreben. Sie werden eine Flucht der Arbeiter aus der chemischen Industrie in andere Industriezweige hervorrufen und die große, für Deutschland bedeutungsvolle chemische Industrie, auf die wir alle stolz sind, wird gezwungen sein, ins Ausland auszuwandern. Meine Herren! Das ist eine viel größere Gefahr als Sie annehmen. ... Was nun endlich die Presse angeht, so kann ich sie mit einem Worte abtun, und dazu rechnet nicht nur die sozialdemokratische Presse, sondern auch leider manches bürgerliche Blatt. Sie ist nach meinen Erfahrungen auf dem Arbeitergebiet eine viel größere Giftgefahr als die

Giftgefahr, mit der wir uns hier beschäftigt haben. Auf sie rechne ich nicht nur nicht als Bundesgenosse, sondern sie ist meines Erachtens eine Gegnerin in dem Kampfe, den wir Arbeitgeber seit vielen Jahren auf dem Gebiete der Beseitigung der Giftgefahr im Interesse unserer Arbeiter und in unserem Interesse kämpfen."[33]

Auch damals, in der Zeit der stürmischen Entwicklung, besaß die chemische Industrie ein schlechteres Image als andere Industriezweige. Das makellose Bild von der Chemieakzeptanz jener Zeit, wie es heute noch in Büchern oder auf chemischen Kongressen gemalt wird, zeigt bei näherer Betrachtung Schrammen. Aus der Sicht der Arbeitnehmer kommen obendrein häßliche Aspekte zum Vorschein.

Über die Verschmutzung der Umwelt durch die chemische Industrie hat man sich damals wohl Gedanken gemacht, Gegenmaßnahmen wurden jedoch nur in seltenen Fällen ergriffen. Heinrich von *Brunck*, Vorstandsvorsitzender der BASF, unter dessen Ägide Pioniertaten wie die Indigo- und Indanthrensynthese und der Kontakt-Schwefelsäureprozeß gelungen sind, züchtete in seinem Garten in der Friesenheimer Straße in Ludwigshafen Orchideen und andere seltene, empfindliche Pflanzen. Wenn ihn Besucher fragten, warum er so viel Zeit für seine Blumen verwende, pflegte er zu antworten: „Ich muß doch untersuchen, ob unsere Fabrikluft wirklich die Vegetation vergiftet, wie es die Menschen behaupten."[34]

Schon vor hundert Jahren haben Menschen vor der Chemie gewarnt und auf die Gefahr hingewiesen, die von ihr ausgeht. Daraus hat sich eine negative Einstellung zur Chemie und insbesondere zur chemischen Großindustrie entwickelt, die sich wie ein roter Faden durch die Jahrzehnte zieht, streckenweise verdeckt durch kriegerische Ereignisse oder Notzeiten.

Kapitel 2

Rückschläge (1914–1924)

Neid und Mißtrauen

Das wirtschaftliche Aufblühen Deutschlands steigerte das Selbstbewußtsein der Deutschen. Überall in der Welt drängten sie nach vorn, auf fast allen Gebieten waren sie erfolgreich. Man riß sich um die deutschen Waren, denn sie waren billiger und oft auch besser als die englischen. Das Zeichen „made in Germany", das seit 1887 vorgeschriebene Signum für alle Waren, die aus Deutschland nach England eingeführt wurden und die man auf diese Weise deklassieren wollte, hatte sich als Bumerang erwiesen.

Der wirtschaftliche Erfolg Deutschlands erzeugte im Ausland Neid und Mißtrauen. Ein politischer Führer von Format und mit Augenmaß an der Spitze des aufstrebenden Staates hätte auf das Ausland beruhigend und vertrauensbildend einwirken können. Deutschland aber wurde von einem jungen, eigensinnigen Kaiser regiert, der das alte *Bismarck*sche Sicherheitssystem abstreifte und Deutschland durch ungeschicktes Taktieren in die Isolation drängte. Vor allem Rußland wurde mißtrauisch, löste sich von Deutschland und ging mit Frankreich ein Militärbündnis ein. Beide Mächte warfen schon seit langem begehrliche Blicke auf Landstriche, die sie eigentlich nur durch einen Krieg bekommen konnten: Frankreich Elsaß-Lothringen und Rußland die Meerengen am Schwarzen Meer. Rußland wurde auch zusehends von den slawischen Völkern der Donaumonarchie vor den Wagen des Panslawismus gespannt, der letzten Endes das Ziel hatte, Österreich-Ungarn, den letzten Verbündeten Deutschlands, zu zerschlagen. Der deutsche Kaiser aber schockierte immer wieder das Ausland durch seine protzigen und taktlosen Reden.[1]

Als Deutschland daran ging, die Flotte auszubauen, um seine Industrieprodukte weltweit gesichert absetzen zu können, fühlte sich England bedroht. Der englische Außenminister Edward *Grey* sagte dazu 1909: „Für Deutschland würde eine starke Flotte Vermehrung des Ansehens, Vermehrung des diplomatischen Einflusses, Vermehrung des Handelsschutzes bedeuten. Sie ist für Deutschland aber durchaus keine absolute Existenzfrage wie für uns. Die gewaltigste Überlegenheit der englischen Seemacht könnte uns nie in die Lage versetzen, die Unabhängigkeit Deutschlands anzutasten, da unsere Armee ohne Bundesgenossen auf dem Festland nichts ausrichten könnte. Wäre aber die deutsche Flotte der unseren überlegen, so würde das bei der Stärke des deutschen Heeres unsere Unabhängigkeit und unsere Existenz aufs schwerste bedrohen."[2] 1912 kam der britische Kriegsminister Richard B. *Hardane* nach Berlin, um eine deutschbritische Verständigung in der Flottenfrage zu erreichen. Die Verständigung scheiterte, vor allem am Widerstand des Großadmirals Alfred von *Tirpitz*.

Der Kaiser sah im Aufbau einer starken Kriegsflotte nicht nur militärische Notwendigkeiten, sondern auch eine technische Großtat, die Bestätigung, daß Deutschland alles kann. Dieses Verhalten entsprach durchaus seiner Fortschrittsgläubigkeit und seiner Begeisterung für alles Neue. Die Marine verkörperte die moderne Zeit, sie war die Waffengattung der Ingenieure.[3]

Der Kaiser-Wilhelm-Gesellschaft, die 1911 gegründet wurde, lieh der Kaiser nicht nur seinen Namen. Bei Besuchen zeigte er großes Interesse an den Forschungsarbeiten. Anläßlich der Einweihung des Kaiser-Wilhelm-Instituts für Chemie im Jahre 1912 zeigte Otto *Hahn* (1879–1968) dem Kaiser ein paar radioaktive Präparate, u. a. 300 mg reines Mesothorium, das er auf einem Tablett ohne jeden Strahlenschutz präsentierte. *Hahn* bemerkte später: „Ja, wenn ich das heute täte, käme ich ins Gefängnis oder ins Zuchthaus. Aber damals gab es noch keine Strahlenschutzbestimmungen. Nun, der Kaiser hat die Szene überlebt, und ich lebe auch noch, obwohl ich ständig mit solchen Präparaten gearbeitet habe."[4]

Die meisten Deutschen konnten nicht verstehen, warum die europäischen Mächte Deutschland an seiner Entfaltung hindern wollten. Tüchtigkeit, gepaart mit Überheblichkeit, konnte aber auf Dauer den Nachbarn Deutschlands nicht zugemutet werden. Die nationalen Töne wurden lauter, schriller. Auch Wirtschaftsführer von Rang haben immer häufiger in dieses Horn gestoßen.[5] Schon wurde ein Krieg als Erlösung aus dieser beklemmenden Situation ins Kalkül gezogen, nicht nur in Deutschland, auch in Frankreich und England. Bezeichnend ist eine kleine Geschichte, die sich in der deutschen Botschaft in Paris zugetragen hatte. Bei einem Besuch betrachtete der französische Kriegsminister Gaston Marquis de *Gallifet* aufmerksam das Gemälde des Kaisers, der in der Paradeuniform der Garde du Corps dargestellt war. Als er vom Botschafter gefragt wurde, ob ihm das Protrait gefalle, antwortete *Gallifet:* „Porträt? Das ist kein Porträt, das ist eine Kriegserklärung!"[6]

Der Krieg bricht aus

Die Ermordung des österreichischen Thronfolgers und seiner Gattin in Sarajewo am 28. Juni 1914 durch einen von Serbien aus gesteuerten Attentäter heizte die Stimmung an und führte schließlich zum Krieg. Die Völker fühlten sich erlöst, jubelten ihren Herrschern zu und zogen begeistert ins Feld. Wiederum machte der deutsche Kaiser die schlechteste Figur. Österreich hatte in Absprache mit Deutschland Serbien den Krieg erklärt; eigentlich wäre nun Rußland oder auch Frankreich mit einer Kriegserklärung am Zuge gewesen. *Wilhelm* aber konnte in seiner ungestümen Art nicht zuwarten und erklärte von sich aus Rußland und Frankreich den Krieg. Nur seinen englischen Onkel *Eduard* VII. ließ er aus. Der aber wollte sich die Gelegenheit nicht entgehen lassen und erklärte seinerseits seinem Neffen *Wilhelm* den Krieg. Der anfängliche Übereifer des deuschen Kaisers kam der gegnerischen Propaganda gelegen, die jetzt einseitig Deutschland als Friedenbrecher hinstellen konnte. *Wilhelm* hätte dies beachten müssen und diese psychologische Waffe nicht leichtsinnig aus der Hand geben dürfen. Ihre Wirkung war allen wohl bekannt, nicht zuletzt ihm selbst. Schon 1908 hatte er sich anläßlich eines Besuches seines Onkels *Eduard* beim Zaren in Reval geäußert: „Er will Krieg. Aber ich soll anfangen, damit das Odium nicht auf ihn kommt."[7]

Der Krieg war eine Flucht aus dem politischen Konflikt. Vordergründig ging es um die alten machtpolitischen Ziele, die fest in der Geschichte der einzelnen Staaten und Völker verankert waren. Dahinter aber stand der Wunsch, der wirtschaftlichen Expansion Deutschlands endlich Einhalt zu gebieten.

Wie gut war Deutschland 1914 für einen länger andauernden europäischen Krieg vorbereitet? Deutschland hatte wohl genügend Waffen, aber es hatte keine Rohstoffe. Wenn es diesen Zweifrontenkrieg nicht verlieren wollte, mußte es sehr schnell im Westen eine Entscheidung herbeiführen, bevor sich die russischen Armeen formieren und losschlagen konnten. Man zog also den alten Schlieffenplan aus der Schublade und versuchte das Glück mit dem starken rechten Flügel an der Westfront. Wäre Frankreich erst besiegt, würde England schon klein beigeben. Aber sechs Wochen nach Kriegsbeginn kam der deutsche Vormarsch an der Marne ins Stocken. Für die Franzosen war ein Wunder geschehen. Die Fronten erstarrten. Nachdem sich die Armeen eingegraben hatten und ein baldiges Kriegsende nicht in Sicht war, sah es für Deutschland schlecht aus. Höchstens bis zum Frühjahr 1915 reichte die Munition, denn der Rohstoff dafür, der Chilesalpeter, konnte wegen der Seeblockade durch England nicht mehr bezogen werden.[8]

Das Salpeterversprechen

Auf die Auswirkungen des fehlenden Chilesalpeters machte zuerst Walther *Rathenau* aufmerksam. Wegen Einmischung

in rein militärische Angelegenheiten erhielt er dafür von der Generalität einen Verweis. Nachdem aber die Schlacht an der Marne verlorengegangen war, kam eine Konferenz zwischen Sachverständigen und Militärs zustande, zu der auch Carl *Bosch*, Vorstandsmitglied der BASF, eingeladen wurde. „Was er dort erlebte war niederschmetternd. ... Die Offiziere im Kriegsministerium waren sich nicht klar darüber, daß man zur Munitionsherstellung Salpetersäure braucht und daß bis dahin alle Salpetersäure aus Chilesalpeter gewonnen wurde. Als Bosch bemerkte: ‚Wenn die Vorräte an Chilesalpeter zu Ende gehen, sind wir fertig', entgegnete man ihm: ‚Wir haben doch die großen Kalisalzlager in Staßfurt!' Die Offiziere hatten offensichtlich Salpeter für dasselbe wie Kalisalz gehalten. Es war ein unvorhergesehener Glücksfall für die oberste militärische Führung, daß ein paar Tage später Antwerpen fiel und dort größere Bestände von Chilesalpeter erbeutet wurden."[9]
Zusammen mit den Vorräten der chemischen Industrie und der Landwirtschaft „reichten die Vorräte nun bis Mitte 1915, dann waren wir ganz am Schluß, dann waren wir endgültig verloren. Da haben die deutschen Chemiker eingegriffen; sie haben alles daran gesetzt, was sie konnten, um diesen frühzeitigen Zusammenbruch zu verhindern," bemerkte Carl *Duisberg* in seiner Erinnerung. Der leitende Chemiker war damals Carl *Bosch*. Nach Rücksprache mit seinen Mitarbeitern in Ludwigshafen gab er das berühmte Salpeterversprechen. „Er teilte der obersten Heeresleitung in Berlin mit, daß die BASF ein Verfahren ausarbeiten könne, mit dem es möglich sein werde, Salpetersäure in großen Mengen herzustellen. Nie zuvor ist auf dem Gebiet der chemischen Technik ein kühneres, mit größerem Wagemut verbundenes Versprechen abgegeben worden. Als *Bosch* die Verantwortung dafür übernahm, war noch kein einziges Kilogramm Salpetersäure nach dem geplanten Verfahren hergestellt worden. Es war keine Anlage vorhanden, und niemand hatte eine Vorstellung davon, wie die Apparatur im einzelnen aussehen müsse, in der so gewaltige Mengen von Salpetersäure erzeugt werden konnten. Kein Bleistiftstrich war zur Planung der erforderlichen Bauten und Apparate bislang getan."[10]

Als nach Wochen noch keine befriedigenden Ergebnisse in Sicht waren, klagte Carl *Bosch* voller Verzweiflung: „Jetzt habe ich das Versprechen gegeben und kann es nicht halten. Das überlebe ich nicht!"[11] Aber der Erfolg stellte sich bald ein und schon im Mai 1915 lief in Ludwigshafen die erste Großanlage zur Herstellung von 150 Tonnen Salpetersäure pro Tag an.

Nach diesem Verfahren, das von Wilhelm *Ostwald* vorbeschrieben und von Carl *Bosch* und seinen Mitarbeitern in den großtechnischen Maßstab übertragen wurde, wird Ammoniak mit Luftsauerstoff bei einer Temperatur von etwa 900 °C zu Stickstoffmonoxid (NO) oxidiert. Der von *Ostwald* vorgeschriebene Platinkontakt in Form eines Netzes mußte jedoch wegen Platinmangels durch einen Eisen-Wismut-Mangan-Kontakt ersetzt werden, den Alwin *Mittasch* rechtzeitig gefunden hatte und der dem Platin fast ebenbürtig war. Das durch die Ammoniakoxidation entstandene NO gibt mit weiterem Luftsauerstoff Stickstoffdioxid (NO_2). Daraus erhält man in Rieseltürmen unter Zufuhr von Wasser und Luft eine 40–50 %ige Salpetersäure. In den zwanziger Jahren wurden die Ammoniakverbrennungsöfen auf Kontaktnetze aus einer Platin-Rhodium-Legierung umgestellt.

Ammoniak und Kautschuk

Durch die uneingeschränkte britische Seeblockade wurde Deutschland auch von der Lebensmittelzufuhr abgeschnitten (Hungerblockade). Diese Maßnahme war mit der geltenden Vorstellung von der Freiheit der Meere nicht vereinbar. Proteste mehrerer neutraler Staaten waren vergebens. Für die Versorgung der deutschen Bevölkerung mit Lebensmitteln mußte nun die einheimische Landwirtschaft verstärkt aufkommen. In dieser Situation erkannte die Reichsregierung die Bedeutung des Ammoniaks und forderte die Gründung eines Stickstoff-Handelsmonopols, in dem alle Stickstofferzeuger mit der Kalkstickstoffindustrie zusammengeschlossen werden sollten. *Bosch* war entschieden dagegen, da ein

Monopol die verheißungsvolle Entwicklung der neuen, auf der synthetischen Ammoniakfabrikation aufbauenden Düngersorten hemmen würde. In einer Denkschrift führt er aus, daß diese Entwicklung nur in der chemischen Industrie zum Erfolg führen kann: „Mit derselben streng wissenschaftlichen Methodik, durch welche sich die chemische Industrie Deutschlands ihre überragende Stellung in der Welt geschaffen hat, werden wir auch das Gebiet der Herstellung neuer Stickstoffdünger bearbeiten. Unsere tüchtigen Kräfte sind damit betraut, neue Stickstoffverbindungen und deren zweckmäßigste Herstellungsart aufzufinden, und unsere Agrikulturchemiker untersuchen die neuen Körper auf ihren Düngewert. Obwohl wir erst am Anfang dieser Entwicklung stehen, haben wir bereits zahlreiche Erfahrungen und Fortschritte von höchster Wichtigkeit gemacht. In gleicher Weise bearbeiten wir die Herstellung kombinierter Dünger. Es unterliegt für uns keinem Zweifel, daß der deutschen chemischen Industrie auch auf diesem neuesten und wichtigsten Arbeitsgebiet eine große Zukunft beschieden ist."[12] *Bosch* konnte schließlich die Regierung davon überzeugen, daß die Entwicklung neuer Dünger bei der chemischen Industrie bleiben müsse. Der Plan der Gründung eines Stickstoff-Handelsmonopols wurde fallen gelassen.

Am 27. Mai 1915 erfolgte der erste französische Fliegerangriff auf die Stadt Ludwigshafen. Bald kamen die Flieger regelmäßig und bombardierten auch die Betriebe der Ammoniak- und Salpetersäurefabrik. Obwohl durch die Angriffe nur kleinere Schäden verursacht wurden, war der Betrieb der Anlagen sehr erschwert. Da der Bedarf an Ammoniak und Salpetersäure aber beständig stieg, plante man den Bau einer neuen Fabrik. Auf Vorschlag von Carl *Bosch* wählte man als Standort das bei Merseburg gelegene Dorf Leuna an der Eisenbahnlinie Frankfurt-Halle-Berlin, weit genug weg von der französischen Grenze, um den Fliegerangriffen zu entgehen.

Planung und Bau dieses Werkes gehörten zu den großen organisatorischen Leistungen *Boschs* und seiner Mitarbeiter. Trotz kriegsbedingten Mangels an Baumaterial und Bauarbeitern sowie langen Schlechtwetterperioden konnte das Werk elf Monate nach Baubeginn am 29. April 1917 in Betrieb gehen. Die Kapazität war zunächst auf 36 000 Jahrestonnen Stickstoff ausgelegt, wurde aber schon während der Bauzeit auf 75 000 Jahrestonnen erhöht und nach dem Krieg auf 130 000 Jahrestonnen erweitert. Das neue Werk firmierte als „Badische Anilin- & Soda-Fabrik, Ammoniakwerk Merseburg", später als „Ammoniakwerk Merseburg GmbH, Leunawerke, Kreis Merseburg".

Fachleute auf der ganzen Welt fanden begeisterte Worte der Anerkennung. Sogar aus dem damals im Kriege gegen Deutschland befindlichen England haben sich führende Wissenschaftler und Politiker anerkennend geäußert, wie zum Beispiel Sir William *Pearce* 1917 im englischen Unterhaus: „Es ist tatsächlich eine wunderbare Errungenschaft. Ich bin sogar nicht sicher, ob es nicht eine der größten Errungenschaften des deutschen Geistes während des Krieges ist. Deutschland hat der Welt einen neuen Fortschritt gezeigt, der den Chilesalpeter in den Hintergrund zu drängen im Begriffe steht."[13]

1917 wurde in Ludwigshafen ein großes, modernes Forschungslaboratorium, das Ammoniaklaboratorium, errichtet. Ein amerikanischer Besucher berichtete darüber: „Wir wurden durch das Forschungslaboratorium der Haber-Anlage geführt. Direktor *Gaus*, der Leiter des Werkes, sagte uns, daß das Gebäude und seine Ausstattung zweieinhalb Millionen Dollar gekostet habe, und er schien stolzer darauf zu sein, als auf die Fabrik selbst. Für jede Art von Forschung in Chemie und Physik war Vorsorge getroffen."[14]

Nicht nur in der BASF, auch in allen anderen chemischen Werken mußte die Produktion den Bedürfnissen des Krieges angepaßt werden. Vor allem mußte wegen der wirksamen englischen Seeblockade Rohstoff-Ersatz beschafft werden. Neben Stickstoff als Vorprodukt für Pulver und Sprengstoffe war Kautschuk von großer Bedeutung. Schon vor dem Krieg hatte Bayer Methylkautschuk hergestellt, die Produktion aber bald wieder eingestellt, da dieser synthetische Kautschuk dem natürlichen unterlegen war. Da das Kautschukprojekt in der Zwischenzeit ruhte, mußte man auf den alten Methylkautschuk zurückgreifen. Für die deutschen Chemiker, denen sonst alles gelang, war es fast ein Makel, keinen vollwertigen Ersatz für den Naturkautschuk gefunden zu haben. Man versuchte daher, Naturkautschuk, trotz Seeblockade, aus anderen Ländern hereinzubekommen. Vor Eintritt der Vereinigten Staaten in den Krieg gelang es dem U-Boot „Deutschland" zweimal, aus amerikanischen Häfen Kautschuk gegen Salvarsan, Novocain und verschiedene Farbstoffe einzutauschen und nach Deutschland zu bringen.

Der Gaskrieg

Eine üble, selbst ausgedachte Rolle spielte die deutsche Chemie im Gaskrieg. Der geniale Forscher Fritz *Haber*, der sich gleich zu Beginn des Krieges dem Kriegsministerium als Chemie- und Rohstoffberater andiente und in kurzer Zeit ein effizientes Beratungsbüro mit den Nobelpreisträgern Emil *Fischer*, Walther *Nernst* und Richard *Willstätter* (1872–1942) einrichtete, litt als glühender Patriot an den verpaßten Siegen im Sommer und Herbst 1914. *Haber* überlegte, wie er Deutschland, noch bevor die Munition knapp wird, zu einem schnellen Sieg verhelfen könne und zog den Einsatz von Giftgasen in Betracht.

Haber schlug der obersten Heeresleitung vor, in einem ausgesuchten Frontabschnitt bei günstigen Windverhältnissen Chlorgas aus transportablen Stahlflaschen abzublasen. Die Offiziere der kaiserlichen Armee lehnten dieses Ansinnen als unehrenhaft ab. *Haber* aber ließ nicht locker und bestand auf einem Giftgaseinsatz, mit dem er eine Wende in der Kriegführung herbeiführen wollte. Schließlich räumte das Militär dem besessenen Chemiker einen Frontabschnitt bei Ypern in Belgien ein. Haber rückte nun mit seiner Gaskampftruppe an, brachte 5000 chlorgefüllte Stahlflaschen in Stellung und wartete, bis Windrichtung und -stärke den Erfolg versprachen.

Am 22. April 1915, gegen 17 Uhr, nach heftigem Trommelfeuer, wurden die Ventile der Stahlflaschen geöffnet. Das

Chlor wälzte sich in grünlichen Schwaden über die französischen Schützengräben. Die Wirkung war verheerend. 5000 Mann wurden getötet, 10 000 waren kampfunfähig.[15] Eine breite Bresche von zehn Kilometern klaffte in der Front des Gegners. Die deutschen Truppenführer waren verblüfft, nutzten aber die Chance nicht. Später behauptete *Haber*, die Deutschen hätten den Krieg gewinnen können, wenn sie seinem Rat gefolgt wären und anstelle des „Experiments" einen großangelegten Gasangriff gestartet hätten. Als *Haber* seinen zweiten Gasangriff, diesmal an der Ostfront, vorbereitete, bat ihn seine Frau Clara, von dem schrecklichen Vorhaben abzulassen. Er aber entgegnete, daß es seine Pflicht sei, Deutschland mit allen Mitteln zu helfen. Daraufhin beging Clara *Haber* Selbstmord.

Chlor wurde bald von wirksameren Kampfstoffen wie Phosgen (Grünkreuz) und Senfgas (Gelbkreuz) abgelöst.[16] Um die Erprobung von Phosgen hatte sich *Duisberg* persönlich gekümmert. An Major Max *Bauer*, den Verbindungsmann der Armee zur deutschen Schwerindustrie, schrieb er am 3. März 1915: „Wie unangenehm es wirkt, ersehen Sie am besten daraus, daß ich fast acht Tage zu Bett gelegen habe, weil ich nur einige Male dieses scheußliche Zeug eingeatmet habe. ... Wenn man nun stundenlang den Gegner mit diesem giftigsten aller gasförmigen Produkte behandelt, so werden meiner Meinung nach die Gegner, wenn sie nicht, was wahrscheinlich der Fall ist, sofort ausreißen, nachträglich krank werden und fiebrige Bronchitis bekommen."[17] Besonderes Engagement zeigte *Duisberg* auch bei der Entwicklung und Herstellung von Gasmaskeneinsätzen. Im Laufe des Krieges hat das Werk Leverkusen 30 Millionen Gasmaskeneinsätze geliefert. Auch Gasschutzkurse für das Armeepersonal wurden in Leverkusen regelmäßig abgehalten. Über die Zusammenarbeit der deutschen chemischen Industrie mit der Armee sagte *Lefebure*, der englische Fachmann für chemische Kriegführung: „Deutschland benötigte keinen umständlichen Verwaltungsapparat für die Bereitstellung neuer Kriegschemikalien ... da in den Chemiefirmen schon eine schlagkräftige Organisation vorhanden war."[18]

In der Haager Konvention von 1907 hatten sich Deutschland, Frankreich, England, Rußland und vierzig andere Länder verpflichtet, in kriegerischen Auseinandersetzungen kein Giftgas zu verwenden. Deutsche Chemiker haben sich im Ersten Weltkrieg über diese Konvention hinweggesetzt und den Generalstab zum Gaskrieg überredet. Natürlich haben auch die Gegner Deutschlands Giftgase produziert und eingesetzt, aber das war eine Folgehandlung, sie spielte bei der Bewertung der Schuld, die die Nationen im Ersten Weltkrieg auf sich geladen haben, eine untergeordnete Rolle. Die Propaganda der Gegner konnte nun die Deutschen recht glaubwürdig als skrupellos und hinterhältig hinstellen und damit die Kampfmoral der eigenen Soldaten stärken. Im Gaskrieg 1915–1918 wurden insgesamt 125 000 Tonnen Kampfstoffe eingesetzt. Die Zahl der Toten belief sich auf 100 000, die der Verletzten auf 1,2 Millionen; einer, der durch das Inferno des Gaskrieges ging, war Adolf *Hitler*.

Die Interessengemeinschaft

Mitten im Krieg griff Carl *Duisberg* seine Überlegungen zu einem umfassenden Zusammenschluß der deutschen Farbenfabriken wieder auf. Durch die Blockade war der Export der chemischen Industrie stark zurückgegangen. Einige Länder, die nun nicht mehr beliefert werden konnten, begannen eigene Farbstoffproduktionen aufzubauen. Der deutschen Farbstoff-Industrie erwuchs auf diese Weise für die Zeit nach dem Krieg eine starke Konkurrenz, der man, so *Duisbergs* Überlegungen, durch einen Zusammenschluß begegnen müsse. In einer Denkschrift führte er aus: „Der deutschen Farbenindustrie steht ein großer Kampf bevor. Da ist es eine vaterländische Pflicht aller deutschen Teerfarbenfabriken, Mittel und Wege zu suchen, eine bevorstehende Zersplitterung zu vermeiden und die Konkurrenzkraft der deutschen Teerfarbenindustrie zu erhalten. Deshalb müssen sie zusammentreten, um zu überlegen, wie dieses Ziel zu erreichen ist. Der Weg ist jetzt, wo die I. G. des Dreibundes zehn Jahre besteht und sich glänzend bewährt hat, gegeben. Es hängt nur vom Willen der Leiter dieser Firmen ab, ob sie in ähnlicher Weise, wie es bei Gründung dieser I. G. geschehen ist, in einem Austausch ihrer Bilanzen, Reservestellungen etc. eintreten wollen, um so die beiden vorhandenen Interessengemeinschaften zu einer einzigen größeren zu verschmelzen oder ein noch innigeres Verhältnis miteinander einzugehen."[19]

Am 18. August 1916 kam es zur Gründung der Interessengemeinschaft der deutschen Teerfabriken. Ihr gehörten die drei Firmen des Dreibundes (BASF, Farbenfabriken Bayer und Agfa), die drei Firmen des Dreiverbandes (Farbwerke Hoechst, Cassella & Co und Kalle & Co) sowie die Chemische Fabrik Griesheim-Elektron und die Chemische Fabriken vorm. Weiler-ter Meer an. Die Selbständigkeit der Firmen und ihre Organisationsstruktur blieben bestehen. Aus dem Gemeinschaftsgewinn erhielten die Firmen nach dem Beteiligungsschlüssel ihren endgültigen Gewinn. Neuere Arbeitsgebiete, deren Entwicklung noch nicht zu übersehen war, wurden nicht in die gemeinsamen Umlagen einbezogen. Dazu gehörte das Arbeitsgebiet Ammoniak in Ludwigshafen und das Arbeitsgebiet Calciumcarbid bei Hoechst und Knapsack. Oberste Instanz der Interessengemeinschaft war der Gemeinschaftsrat, der über Investitionen, Akquisitionen, Marktstrategien und Geldangelegenheiten entschied. Bayer wurde im Gemeinschaftsrat durch Carl *Duisberg*, die BASF durch Carl *Bosch* und Hoechst durch Adolf *Haeuser* vertreten. Da *Haeuser* im Gegensatz zu seinen Ratskollegen *Duisberg* und *Bosch* kein Chemiker, sondern Jurist war, war Hoechst in produktionstechnischen Angelegenheiten nicht immer gut vertreten.

Bei diesen Sitzungen lernte *Duisberg* den um 13 Jahre jüngeren *Bosch* näher kennen, den er bald in seiner überbetonten Art umwarb und für seine Ziele zu gewinnen suchte. 1917, nach der Besichtigung der neuen Ammoniakanlage in Merseburg, ließ *Duisberg* seinen Gefühlen freien Lauf und schrieb dem kühlen *Bosch* einen überhitzten Brief: „Wie seinerzeit in Oppau, so habe ich diesmal in Merseburg einen tiefen und

Tabelle 2. Umsatzentwicklung und Umsatzstruktur
der I. G.-Gruppe

		1913	1914	1915	1916	1917	1918
Umsatz	Mio Mark	559	477	546	945	1312	1616
Farbstoffe	%	63	64	33	16	9	
Pharma + Photo	%	9	10	8	7	6	
Chemikalien	%	26	23	21	21	19	
Salpeter	%	–	–	8	13	11	
Kriegsmaterial	%	2	0	25	37	46	
Sonstige	%	2	3	5	6	9	
Umsatz	%	100	100	100	100	100	

mich gewaltig technisch erregenden Eindruck mit nach Hause genommen, in dem ich jetzt noch lebe und von dem ich noch zehre. Wie glänzend haben Sie diese Reaktion der Vereinigung von Wasserstoff und Stickstoff und der Reindarstellung dieser beiden Produkte ausgebildet. ... Dafür gebührt Ihnen unser aller und des Vaterlandes herzlicher Dank und weitgehende Anerkennung."[20]

Die Mitglieder der Interessengemeinschaft der deutschen Teerfarbenfabriken haben sich im Laufe des Krieges zu den Hauptlieferanten für Munition entwickelt (Tabelle 2). Im Herbst 1917 lieferten die Werke der I. G.-Gruppe 77 % aller Sprengstoffe. Die größten Sprengstoffhersteller waren die Farbenfabriken Bayer mit 39 % und die Chemische Fabrik Griesheim-Elektron mit 24 %. Auf der gegnerischen Seite war Du Pont der größte Sprengstoff- und Pulverproduzent. Im Gegensatz zu den I. G.-Werken produzierte Du Pont schon vor dem Krieg Sprengstoffe und Pulver. Seit Beginn des Krieges war Du Pont Hauptlieferant von Militärsprengstoffen an die Entente-Armeen. Insgesamt lieferte die Firma im Krieg 680 400 Tonnen Militärsprengstoffe an die alliierten Streitkräfte, deutlich mehr, als die gesamte deutsche Sprengstoffindustrie während des Krieges produzierte.[21]

Die Endphase des Krieges und die Rolle Duisbergs

Im Sommer 1916, nach der verlorenen Schlacht an der Somme, wurde Generalstabschef von *Falkenhayn* durch Paul von *Hindenburg*, den Sieger von Tannenberg, abgelöst. Ihm zur Seite stand als Erster Generalquartiermeister Erich von *Ludendorff*, der künftig die Industrie stärker in die Kriegsführung einband. Bevorzugte Kontaktpersonen waren *Krupp* von Bohlen und Halbach, *Stinnes* und *Duisberg*.

Am 12. Dezember 1916 schlug die deutsche Regierung den Kriegsgegnern vor, Verhandlungen über die Beendigung des Krieges einzuleiten. Die Zurückweisung dieses Angebots durch die Alliierten wurde von vielen Deutschen, vor allem von Hochschullehrern, begrüßt. *Duisberg* reagierte in seiner Tischrede vom 13. Januar 1917 in sehr eindeutiger Weise: „Jetzt sind hoffentlich die Freunde des ewigen Friedens endgültig davon überzeugt, daß es wirklich um Sein oder Nichtsein eines jeden von uns geht. ... Man muß wirklich annehmen, daß Kriegspsychose die Gegner alle befallen hat, daß sie eigentlich in eine Zwangsjacke gesteckt und dem Irrenhaus überwiesen werden müßten. Ich habe keinen anderen Ausdruck dafür. Unsere Feinde haben ohne Skrupel und Bedenken ihre räuberischen Ziele, ihre ganze brutale Eroberungspolitik offenbart.... Auch die Entscheidung muß jetzt fallen, ob wir die schärfste Waffe, die wir noch besitzen, den spitzesten Pfeil, den wir im Köcher haben, einsetzen dürfen oder nicht. Nun meine Herren, auch darüber gibt es kein Schwanken und Zaudern mehr, auch die U-Boote müssen jetzt wirklich heraus. Ich habe das feste Vertrauen zu unserer obersten Heeresleitung und zu unserem obersten Kriegsherren, daß der rücksichtslose U-Bootkrieg jetzt beginnen wird. Unseren größten Feind, unseren schärfsten Gegner, England, können wir nur so ins Herz- und Nervenzentrum treffen."[22]

Am 6. April 1917 erklärten die USA Deutschland den Krieg. *Wilson*, der 1916 seine Wiederwahl mit dem Motto „Er hielt uns aus dem Krieg heraus" gewonnen hatte, begründete den Kriegseintritt durch den verschärften U-Bootkrieg

Deutschlands. Die Begründung war unglaubwürdig. Hinter der Entscheidung der Kriegserklärung stand vor allem das Großkapital, das den Ententemächten in großem Umfang Rüstungsmaterial auf Kreditbasis geliefert hatte und um sein Geld bangte. Der Krieg gegen Deutschland mußte deshalb gewonnen werden.

Nach dem amerikanischen Kriegseintritt war der Sieg der Alliierten nur noch eine Frage der Zeit. Der Physikochemiker und Nobelpreisträger Walther *Nernst*, der kurz vor der amerikanischen Kriegserklärung von einem längeren Amerikaaufenthalt heimgekehrt war, unterrichtete in einer Sonderaudienz den Kaiser, *Hindenburg* und *Ludendorff* über seine Eindrücke: Amerika sei Deutschland technisch weit überlegen und besäße ein unübersehbares Arsenal an Kriegsgerät. Seiner Meinung nach müsse man nun Frieden schließen. Gegen Amerika könne Deutschland den Krieg nicht gewinnen. Der Kaiser soll sehr ernst geworden sein, *Ludendorff* aber bezweifelte *Nernst*s Aussage und hielt ihr die Stärke der deutschen Industrie entgegen.

Die Parole „Frieden ohne Sieg" fand in Deutschland Anhänger. Am 19. Juli 1917 bekannte sich die Reichstagsmehrheit zu einem Frieden der Verständigung und dauernden Versöhnung der Völker: „Mit einem solchen Frieden," so hieß es in der Resolution, „sind erzwungene Gebietsabtretungen, politische, wirtschaftliche und finanzielle Vergewaltigungen unvereinbar. Der Reichstag weist auch alle Pläne ab, die auf die wirtschaftliche Absperrung und Verfeindung der Völker nach dem Frieden ausgehen. Die Freiheit der Meere muß sichergestellt werden. Nur ein Wirtschaftsfriede wird dem freundschaftlichen Zusammenleben der Völker den Boden bereiten. Der Reichstag wird die Schaffung internationaler Rechtsorganisationen tatkräftig fördern."[23]

Zu Verhandlungen mit den Gegnern ist es jedoch nicht gekommen, da die Oberste Heeresleitung immer noch an einen Siegfrieden glaubte und dabei von maßgebenden Wirtschaftsführern, u. a. auch von *Duisberg*, unterstützt wurde. Für *Duisberg* war es unvorstellbar, daß Deutschland, das in friedlichem Wettstreit fast alle Nationen überflügelt hatte, im

Krieg unterliegen und alles wieder verlieren sollte. *Duisberg* hatte die Lage völlig verkannt. Er konnte nicht verstehn, daß die Deutschen längst kriegsmüde waren. Die Durchhalteparolen, die er und andere Wirtschaftsführer von sich gaben, haben den Krieg mit schlimmen Folgen für Deutschland verlängert. Noch während des Krieges wurden *Duisberg* wegen seiner verhängnisvollen Fehlprognosen und verzerrten Darstellungen Vorwürfe gemacht.[24]

Erst nachdem *Ludendorff* und *Hindenburg* aufgegeben hatten – am 3. Oktober 1918 bestand *Hindenburg* in einem Brief an den Reichskanzler auf einem sofortigen Waffenstillstand[25] – gab auch *Duisberg* auf.[26] Einige Monate später bekannte er: „Wie heute die Lage ist, wäre es sicherlich für uns alle besser, wir hätten uns nicht so angestrengt, oder es wäre uns nicht gelungen. Dann wäre der Krieg schon bald nach seinem Ausbruch zu Ende gewesen. Damit wäre sowohl für uns als auch für die ganze Kulturwelt, vor allem für diejenige Europas, jener traurige Zustand vermieden worden, unter dem wir heute alle leiden, nicht nur wir, sondern auch die anderen Völker."[27]

Die Friedensverhandlungen und die Rolle Boschs

Am 9. November 1918 war der Krieg aus und für Deutschland verloren. Der Kaiser dankte ab und begab sich nach Holland ins Exil. Der sozialdemokratische Politiker Philipp *Scheidemann* rief die Republik aus. Mitglieder des Spartakusbundes versuchten, einflußreiche Wirtschaftsführer, die sich als „Kriegstreiber" betätigt hatten, zu verhaften und in die Zentrale der Spartakisten nach Magdeburg zu bringen. *Duisberg* mußte zweimal aus Leverkusen fliehen, um der Verhaftung zu entgehen. Als Vertreter der chemischen Industrie war er ausersehen, für die Waffenstillstandsverhandlungen und die anschließenden Friedensverhandlungen zur Verfügung zu stehen. *Duisberg* aber lehnte ab und schlug *Bosch* für diese unangenehme Aufgabe vor.

Da *Bosch* unter den quälenden Gedanken litt, er habe

durch die Erfüllung seines Salpeterversprechens den Krieg unnötig verlängert, nahm er diese Aufgabe auf sich. Er hegte auch die Hoffnung, in dieser Mission die Not, die über das deutsche Volk gekommen war, abmildern zu können. Er schloß sich der deutschen Delegation unter der Leitung von Kurt Freiherr von *Lersner* an und fuhr nach Spa in Belgien, wo die alliierte Waffenstillstandskommission tagte. Da die deutschen Delegierten kein Mitspracherecht hatten, war ihr Einfluß gering.

Als *Bosch* im Januar 1919 nach Deutschland zurückkehrte, bot sich ihm ein erschreckendes Bild. Die Bevölkerung hungerte, Lebensmittel aus dem Ausland durften nicht eingeführt werden und die eigene Versorgung reichte bei weitem nicht aus. In Berlin überlegte die Regierung, die Stickstoffindustrie zu sozialisieren. *Bosch* trat diesem Ansinnen entschieden entgegen und machte klar, daß durch diesen Eingriff die Effizienz der Betriebe zurückgehen würde und der für die Brotversorgung notwendige Stickstoffdünger nicht in ausreichender Menge produziert werden könnte. *Bosch* setzte sich für die Gründung eines Stickstoffsyndikats ein, in dem außer Vertretern der Industrie auch Vertreter der Reichsregierung, der Landwirtschaft und der Gewerkschaften Sitz und Stimme haben sollten. Eine wesentliche Aufgabe des Syndikats sollte sein, alle Landwirte frachtfrei nach jeder deutschen Bahnstation mit Stickstoffdünger zu beliefern.

Die sozialen Unruhen in Deutschland nahmen zu. Die Revolutionäre waren mit der bisherigen Entwicklung unzufrieden. Sie forderten die konsequente Sozialisierung wichtiger Industriezweige und riefen zum Streik auf. Von der Streikwelle wurde vor allem Mitteldeutschland erfaßt. Das Leunawerk stellte sich an die Spitze eines Generalstreikes vom 25. Februar bis 8. März 1919. *Bosch* konnte nicht begreifen, daß seine Leunaarbeiter trotz der umfangreichen sozialen Fürsorge, auf die er immer stolz gewesen war, mitmachten. Noch vor wenigen Monaten war er fest davon überzeugt, daß die großen Chemieunternehmen gegen soziale Unruhen gefeit wären. Bald sollte es aber noch schlimmer werden: Leuna wurde zu einem Bollwerk des Kommunismus.

Im März 1921 kam es in Leuna zu einem bewaffneten Aufstand der in Wohnbaracken hausenden Arbeiter, die menschenwürdigere Unterkünfte forderten und für die Erhaltung des Achtstundentages gestreikt hatten. Die Situation spitzte sich zu. Es wurden Arbeiterbataillone gebildet, die, mit Gewehren und Maschinengewehren bewaffnet, am 23. März das Werk besetzten. Aus allen Teilen Deutschlands mußten Polizeieinheiten zusammengezogen werden, die das Werk regelrecht belagerten und dabei Artillerie einsetzten. Am 29. März mußten sich die Aufständischen ergeben. Diese Kämpfe haben auf beiden Seiten große Verluste gefordert.

Doch kehren wir zurück ins Jahr 1919. Am 8. April, noch vor Abschluß des Stickstoffsyndikats in Berlin, fuhr *Bosch* mit der deutschen Delegation nach Versailles, wo die Friedensverhandlungen stattfanden. Man glaubte, auf die Friedensverhandlungen noch Einfluß nehmen zu können, aber die Sieger verhandelten unter sich und zogen nur selten deutsche Sachverständige hinzu. Am 12. Mai erfuhren die Mitglieder der deutschen Delegation die Friedensbedingungen. *Bosch* war, wie alle anderen Sachverständigen, schockiert. Sein Kommentar war: „Die Friedensbedingungen *Clemenceaus* sind in jeder Beziehung fürchterlich und unannehmbar."[28] Gegenvorschläge der deutschen Delegation wurden zurückgewiesen. Die Delegation mußte am 16. Juni unverrichteter Dinge wieder abreisen.

Nach der Festlegung der Friedensbedingungen wurde die Deutsche Nationalversammlung in Weimar von den Siegern aufgefordert, zwei Beauftragte zur Unterzeichnung des Vertrages nach Versailles zu entsenden. Als die Bedingungen in Weimar bekannt wurden, rief der Reichsministerpräsident Philipp *Scheidemann* vor der Nationalversammlung aus: „Der Vertrag ist unerträglich und unerfüllbar. Welche Hand müßte nicht verdorren, die sich und uns in solche Fesseln legte." Um nicht weitere Repressalien oder gar die Besetzung und Aufteilung Deutschlands in Kauf zu nehmen, beugte sich schließlich die Mehrheit der Nationalversammlung dem alliierten Druck.[29]

Außenminister Hermann *Müller* und Kolonialminister

Johannes *Bell* traten den schweren Gang nach Versailles an. Über die Unterzeichnung des Vertrages im Spiegelsaal des Versailler Schlosses am 28. Juni 1919, genau fünf Jahre nach der Ermordung des österreichischen Thronfolgers, berichtete Harald *Nicolson*, ein Mitglied der britischen Delegation: „... Und dann, abgesondert und bedauernswert, kommen die beiden deutschen Delegierten. Die Stille ist beklemmend. Ihre Schritte auf den Parkettstreifen zwischen den Savonnerie-Teppichen hallen hohl im Doppeltakt wider. Sie halten die Blicke von diesen zweitausend sie anstarrenden Augen weggerichtet, zum Deckenfries empor. Sie sind totenbleich. Sie schauen nicht aus wie die Repräsentanten eines brutalen Militarismus ... Das Ganze ist höchst peinvoll." Nach den beiden Deutschen unterzeichneten 70 Vertreter für die 27 Siegerstaaten. Nicolson berichtete weiter: „Wir blieben noch sitzen, während die Deutschen abgeführt wurden wie Sträflinge von der Anklagebank ... Wir reden kein Wort miteinander. Das Ganze ist zu widerlich gewesen."[30]

Die Deutschen, Österreicher und Ungarn hatten sich auf der Grundlage der 14 Punkte *Wilsons* einen milden Frieden erhofft. Jedoch sie bedachten nicht, daß sie den Krieg verloren hatten und die 14 Punkte nur für die Sieger galten. Besonders schmachvoll empfand man den Kriegsschuldartikel, nach dem Deutschland und seinen Verbündeten die alleinige Kriegsschuld zugeschrieben wurde, sowie die Forderung nach Auslieferung von 895 „Kriegsverbrechern", vom deutschen Kaiser über *Hindenburg* und *Ludendorff* bis zum letzten U-Bootkommandanten.

Da die Alliierten am Ende des Krieges keinen glanzvollen militärischen Sieg vorweisen konnten – kein einziger alliierter Soldat befand sich auf deutschem Boden, sieht man einmal von Elsaß-Lothringen ab – mußte Deutschland im Friedensvertrag gedemütigt werden. Deutschland war wohl für einen Augenblick betäubt, aber bald flossen ihm neue Kräfte zu, genährt von dem Willen, den Friedensvertrag zu revidieren. Im Schatten von Versailles konnten sich bald Kräfte entwickeln, die weit über das Ziel einer Revision hinausschossen und die Welt letzten Endes erneut ins Unglück stürzten.

Durch die Schlupflöcher des Versailler Vertrages

Im Versailler Vertrag wurden auch die Reparationen, die die deutsche chemische Industrie zu erbringen hatte, geregelt. Zunächst verlor sie entschädigungslos alle Produktionsstätten in Frankreich, u. a. Neuville/Saône (BASF), Flers (Bayer), Creil/Oise (Hoechst), St. Fonz (Agfa), Lyon (Cassella) und Tourcoing (Weiler-ter Meer). Sodann verlangten die Alliierten, daß von den Vorräten an Farbstoffen und chemisch-pharmazeutischen Produkten die Hälfte sofort abgeliefert und von der laufenden Produktion für die Dauer von fünf Jahren ein Viertel zu den jeweilig billigsten Marktpreisen abgegeben werden müssen. Außerdem sollten alle Fabrikationsgeheimnisse offengelegt und alle Rüstungsbetriebe zerstört werden. Dazu rechneten die Alliierten auch die Stickstoffwerke in Ludwigshafen und Leuna. Diese letzte Forderung mußte rückgängig gemacht werden, wenn die deutsche chemische Industrie nicht in die Bedeutungslosigkeit zurückfallen wollte.

Wiederum begab sich eine Delegation deutscher Wirtschaftssachverständiger nach Versailles, um mit den Alliierten über die Auslegung der Forderungen zu verhandeln. Carl *Bosch*, der kurz vorher zum Vorstandsvorsitzenden der BASF gewählt worden war, war auch diesmal dabei. Die deutsche Delegation wurde wieder im stacheldrahtumzäunten Hotel de Reservoir in Schutzhaft genommen.

Bosch war optimistisch. Zum Delegationsleiter von *Lersner* bemerkte er: „Das Versailler Diktat fordert die Auslieferung der gesamten chemischen Industrie und aller ihrer Fabrikationsgeheimnisse. Verlassen Sie sich darauf, die chemische Industrie wird nicht zugrunde gehen."[31] *Bosch* sah eine Chance in einem direkten Gespräch mit Joseph *Frossard*, dem Leiter der staatlichen Gesellschaft Compagnie Nationale des Matières Colorantes et des Produits Chimiques, in der die konfiszierten deutschen Chemieanlagen zusammengefaßt waren. Da es der deutschen Delegation verboten war, das Hotel zu verlassen, kletterte er des nachts über Stacheldrahtzaun und Mauer und suchte *Frossard* in seinem Hotel auf. Er bot ihm die sorgsam gehüteten Produktionsgeheimnisse an, ohne die die Franzosen die konfiszierten Fabriken nur schwer betreiben konnten, und verlangte als Gegenleistung, daß die deutschen Fabriken erhalten bleiben. Zwei Stunden verhandelte *Bosch* mit *Frossard*; dann kehrte er auf demselben Weg wieder ins Hotel zurück.

Auf Fürsprache von *Frossard* wurde nun *Bosch* von General *Patard* nach Paris eingeladen. Es gelang ihm, den General zu überzeugen, daß die Ammoniakfabriken keine Rüstungsbetriebe seien; sie seien vielmehr für die Ernährung der Welt von eminenter Bedeutung und dürfen daher nicht zerstört werden. Das Ernährungsproblem sei so prekär, daß darüber hinaus überall in der Welt neue Fabriken errichtet werden müßten. Ein Handel bahnte sich an. Die Alliierten erklärten sich bereit, Ludwigshafen und Leuna nicht zu zerstören, wenn sich die BASF bereit erklärte, eine entsprechende Stickstoffabrik in Frankreich zu bauen, alle Apparate zu liefern und geschultes Personal zur Verfügung zu stellen. *Bosch* sagte zu. Schon wenige Monate später wurde zwischen der BASF und der Office National Industrial de l'Azote (ONIA) der Vertrag zur Errichtung einer Ammoniakfabrik in Toulouse unterzeichnet.

Die Zusammenarbeit mit Frankreich dehnte sich auch bald auf die Farbstofferzeugung aus. *Bosch* glaubte an eine Verständigung mit Frankreich und darüber hinaus mit allen anderen Industriestaaten. Er wollte die internationalen Gepflogenheiten der Achtung und Anerkennung, wie sie unter den Wissenschaftlern üblich waren, auch auf die Industrie übertragen. Nur so könnten die großen Weltprobleme, wie die Sicherstellung der Ernährung, gelöst werden. Gegenüber einem französischen Journalisten äußerte er: „Es gibt keinen Naturstoff, der sich nicht einmal synthetisch gewinnen ließe. Gestern waren es die Farbstoffe, heute sind es die Düngemittel, morgen wird es das Eiweiß sein. Die menschliche Ernährung wird revolutioniert werden. Die deutsche chemische Industrie hat dabei nicht die geringste Furcht vor einem Wettbewerb. Sie begrüßt ihn sogar."[32]

Die Ammoniakproduktion stieg seitdem steil an. 1913 produzierte Ludwigshafen 40 000 Tonnen, 1920 Ludwigshafen und Leuna zusammen 122 000 Tonnen, 1929 635 000 Tonnen. 1989 wurden nach dem Haber-Bosch-Verfahren auf der ganzen Welt 150 Millionen Tonnen Ammoniak produziert. Das Verfahren, das im Laufe der Zeit modifiziert und optimiert wurde, hat wie kein anderes der Menschheit Nutzen gebracht und ihr Weiterbestehen gesichert.

Das Haber-Bosch-Verfahren ist aufs engste verknüpft mit der Entwicklung eines neuen Zweiges der Chemie, der technischen Chemie, mit den Schwerpunkten Meß- und Regeltechnik, Hochdrucktechnik und Katalyse. Im Haber-Bosch-Verfahren fanden sich auch die Grundlagen für eine Anzahl neuer Synthesen, wie des Methanols, der Gewinnung von Treibstoffen aus Kohle sowie der Kautschuk- und Kunststofferzeugung.

Die Tragik des Patrioten Fritz Haber

Der Erfinder des für den Fortbestand der Menschheit wichtigsten Verfahrens, Fritz *Haber*, wurde 1918 mit dem Nobelpreis bedacht, der ihm 1919 verliehen wurde. Als die Welt davon erfuhr, erhoben sich in England und Frankreich Proteste, zumal Fritz *Haber* auch auf der Liste der Kriegsverbrecher stand und abgeurteilt werden sollte.[33] Das englische wissenschaftliche Magazin *Nature* bemerkte: „Es bleibt unvergessen, daß es Geheimrat *Haber* war, der vor der Schlacht von Ypern am Kaiser-Wilhelm-Institut für die Förderung der Wissenschaften jene Versuche mit Giftgas unternahm, die ein Kapitel der Kriegführung einleiteten, in dem auf ewig die Schande der Deutschen niedergeschrieben wurde."[34] Zwei französische Nobelpreisträger sollen erklärt haben, sie würden die Preise zurückgeben, falls *Haber* damit geehrt werden sollte. Das schwedische Nobelpreiskomitee aber ließ sich nicht beirren und bestand darauf, daß die Haber-Methode zur Herstellung von Ammoniak billiger sei als alle anderen Methoden, daß die Herstellung billigen Stickstoffdüngers von weltweiter Bedeutung für die Ausweitung der Nahrungsproduktion und somit *Habers* Erfindung von größtem Wert für die gesamte Menschheit sei. *Haber* erhielt den Nobelpreis für Chemie. Der Nobelpreis für Physik wurde im gleichen Jahr Max *Planck* (1858–1947) für die Entdeckung des Wirkungsquantums verliehen. Nach der Preisverleihung wurde Fritz *Haber* aus der Liste der Kriegsverbrecher gestrichen. Die Ethik des Gaskrieges war weiter heftig umstritten. *Haber* war zeitlebens der Überzeugung, daß diese Waffe nicht inhumaner sei als beispielsweise die Blockade der Zivilbevölkerung.

Der geniale Erfinder und glühende Patriot Fritz *Haber* bekam in Deutschland, für das er sich sein ganzes Leben lang eingesetzt hatte, keinen Dank. Als Deutschland nach dem Krieg die Reparationsforderungen nicht erfüllen konnte, wollte er seinem Vaterland helfen und nach einer von ihm erdachten Methode Gold aus dem Goldgehalt des Meerwassers gewinnen. Nach sechsjähriger intensiver Arbeit mußte das Projekt aufgegeben werden. Der Goldgehalt war zu gering, die Aufarbeitung aussichtslos. Seine große Sorge nach dem Krieg galt auch dem Wiederaufbau der Wissenschaft und Technik. Den Glauben an Deutschland hat er nie verloren. Er setzte auf den Fleiß und die Energie seiner Landsleute: „Die deutsche Welt hatte das Nachdenken in der Schule Kants, die Naturbeobachtung am Vorbild Humboldts gelernt. Man war durch Jahrzehnte der Wehrpflicht, des Einfügens in große Organisationen, in der Schule des Lebens auf kargem Boden der harten Arbeit gewohnt worden."[35]

1933, als *Hitler* zur Macht kam, glaubte *Haber*, daß er aufgrund seiner vaterländischen Verdienste bleiben und unbehindert weiterarbeiten dürfe. Bald aber fühlte er sich unter dem neuen Regime nicht wohl: „Das ist wie die Fahrt in einem Autobus über schwierige Gebirgsstraßen mit Fahrern, die nicht voll zurechnungsfähig sind."[36] Da es *Haber* „nicht möglich sei, als Deutscher zweiter Klasse hier zu existieren", sah er sich veranlaßt, um seine Versetzung in den Ruhestand zu bitten. Als *Bosch* davon hörte, schrieb er an *Haber* und bot seine Hilfe an: „Ich habe mit großem Bedauern in Berlin hören müssen, wie sehr Sie persönlich von den augenblicklichen Verhältnissen sich bedrückt fühlen. Daß ich selber von mir aus alles Mögliche versucht habe, um die Maßnahmen gegen die Wissenschaftler einigermaßen erträglich zu machen, dürfte Ihnen bekannt sein, und ich brauche nicht zu versichern, daß die persönliche Seite der Bewegung mir außerordentlich nahegeht. Es ist allerdings eine harte Aufgabe der Nerven, und bei Ihrem vorgeschrittenen Alter und vor allem bei Ihrer angegriffenen Gesundheit kann ich verstehen, daß der innere Kampf nicht leicht durchzuführen ist. Sollte ich Ihnen irgendwie nach einer Richtung behilflich sein können, so stehe ich Ihnen selbstverständlich gerne zur Verfügung."[37] Im November 1933 emigrierte Fritz *Haber* nach England. Im Januar 1934 erlag er in der Schweiz einem Herzleiden.

Carl *Bosch*, der *Habers* Verfahren zur technischen Reife gebracht hatte, wurde im September 1918 von der königlich bayrischen Regierung der Professorentitel verliehen. Durch diese Ernennung fand sein exaktes wissenschaftliches Arbeiten auf dem Felde der Großchemie seine erste Anerkennung. Den Nobelpreis erhielt er 1931 „als Anerkennung seiner Verdienste um die Entstehung und Entwicklung chemischer Hochdruckmethoden". Das war der angemessene Lohn für seine Pionierarbeit, auf der sich die chemische Industrie zu der heutigen Vielfalt und Größe entwickeln konnte. Der Tag, an dem er den Nobelpreis entgegennehmen durfte, war sein glücklichster Tag.

Das Explosionsunglück in Oppau

Zehn Jahre vorher, am 21. September 1921, erlebte Carl *Bosch* seinen schwersten Tag, als im Werk Oppau ein Silo mit Ammonsulfatsalpeter (Doppelsalz aus Ammoniumnitrat und Ammoniumsulfat) explodierte. Bei dieser Explosion wurden mehr als 500 Menschen getötet und das Werk Oppau verwüstet. An der Stelle, wo das Silo stand, befand sich ein riesiger Krater. *Bosch*, der die Explosion in seiner Villa in Heidelberg gehört hatte, war sofort zum Unglücksort gefahren und hat – glaubt man den Berichten – in „überlegener Kaltblütigkeit" seine ersten Entscheidungen zum Wiederaufbau des Werkes getroffen. „Als er nachmittags nach Heidelberg zurückkehrte, soll er gleich in seine Werkstatt gegangen sein, um für die alte Nähmaschine seiner Mutter einige Spulen an der Drehbank anzufertigen."[38]

Vier Tage später wurden die Toten auf dem Ludwigshafener Friedhof zur letzten Ruhe gebettet. Reichspräsident Friedrich *Ebert* war persönlich erschienen. *Bosch* hielt die Gedenkrede: „Mit schwerem Herzen trete ich heute vor Sie hin im Auftrage des Vorstandes der Anilinfabrik, von der die erschütternde Katastrophe ausging, um deren Opfern heute die letzte Ehre zu erweisen. Doppelt schwer wird es mir selbst, dem Erbauer des Oppauer Werkes, weil es mein Lebenswerk betrifft, an dem ich mit allen Fasern meines Herzens hänge, dessen Werdegang ich von Anfang an erlebt habe, vereint mit meinen Mitarbeitern, die mir all die langen Jahre der Entwicklung hindurch in Freud und Leid getreulich zur Seite standen." Er schilderte die harte Arbeit, die schließlich zum Erfolg führte und stellte fest, „daß all unsere Arbeit und unsere Bemühungen doch nur eitles Menschenwerk waren, daß sich die Natur ihre letzten Geheimnisse nicht mit Hebeln und Schrauben hatte abzwingen lassen, daß wir zuletzt immer wieder vor dem dunklen Tor des Ungewissen stehen. Kein Kunstfehler und keine Unterlassungssünde hat die Katastrophe herbeigeführt. Neue, uns auch jetzt noch unerklärliche Eigenschaften der Natur haben all unseren Bemühungen gespottet. Gerade der Stoff, der bestimmt war, Millionen unseres Vaterlandes Nahrung zu schaffen und Leben zu bringen, den wir seit Jahren hergestellt und versandt haben, hat sich plötzlich als grimmiger Feind erwiesen aus Ursachen, die wir noch nicht kennen. ... Und wenn uns etwas trösten kann in unserer bitteren Not, so ist es das Bewußtsein, daß die harten Aufgaben, die unser auch fernerhin harren, der Erhaltung unseres Vaterlandes gelten, dessen Kampf um seine Existenz heute schwerer ist als je, nachdem sich die Folgen des Krieges erst richtig auswirken. Und einer der wichtigsten Faktoren und Bedingungen für die Möglichkeit, überhaupt weiterleben zu können, sind unsere Stickstoffwerke. Wenn wir auch heute vor Trümmern stehen, so müssen wir doch unverdrossen und nicht mutlos an unsere Arbeit gehen, eine Arbeit, die nur nach außen ruhmvoll und glänzend, in Wirklichkeit dornenvoll ist und bleiben wird. ..."[39]

Die Untersuchungen ergaben, daß die Explosion durch örtliche Sprengungen des festgebackenen Düngersalzes im Silo ausgelöst wurde. Künftig wurden Sprengungen unterlassen, festgebackenens Salz durfte nur noch mechanisch abgebaut werden. Mit dem Wiederaufbau des Werkes beauftragte *Bosch* Carl *Krauch*, der sich schon bei der Inbetriebnahme des Leunawerkes ausgezeichnet hatte. Nach drei Monaten war das Oppauer Werk so weit hergestellt, daß die Produktion anlaufen konnte. Während dieser Zeit litt *Bosch* unter Gemütsstörungen; er konnte erst im Juni 1922 seine Arbeit wieder voll aufnehmen.

Dieses Explosionsunglück drei Jahre nach dem Ersten Weltkrieg war eine der schrecklichsten Katastrophen der Industriegeschichte. Eine zweite ereignete sich drei Jahre nach dem Zweiten Weltkrieg, ebenfalls in der BASF, als ein Kesselwagen mit Dimethylether explodierte. Nur eine Katastrophe war noch fürchterlicher, die im Jahre 1984 im fernen Bhopal in Indien. Die beiden Unfälle in Deutschland ereigneten sich in Zeiten, die noch ganz von dem grausamen Geschehen des Krieges überschattet waren. Die Menschen damals haben die Chemiekatastrophen als unabwendbare Naturereignisse empfunden. Würde ein Unglücksfall dieses Ausmaßes heute in Deutschland passieren, hätte dies einschneidende Maßnahmen für die weitere Entwicklung der deutschen chemischen Industrie zur Folge.

Als 1921 das Düngemittelsilo bei der BASF in die Luft flog, verbreiteten sich bei den Alliierten Gerüchte, wonach die BASF mit einer schrecklichen neuen chemischen Waffe experimentiert hätte. Im Leitartikel der New York Times vom 31. Oktober 1921 war zu lesen: „Drei Jahre nach dem Waffenstillstand wurde die berüchtigte Anlage von Oppau durch die Explosion eines geheimnisvollen Stoffes in Stücke gerissen und 3000 Menschen sind tot, verwundet oder vermißt. Professor *Haber* und die anderen Wissenschaftler wissen nicht, wie es geschehen konnte, können es nicht erklären. Es mag nie zur vollen Zufriedenheit ehrbarer Wissenschaftler erklärt werden, aber wenn man sich vor Augen hält, daß es in Deutschland immer noch eine Gruppe unverbesserlicher und reaktionärer Militaristen gibt, die nach einem neuen Krieg trachten, um ihre verhängnisvolle Macht wiederzuerlangen, und daß diese gefährlichen Reaktionäre die Entdeckung tödlicher Gase von gewaltiger Wirkung durch ihre Chemiker begrüßen würden, ist es nicht unvorstellbar, daß die Katastrophe von Oppau durch heimliche Experimente dieser Chemiker ausgelöst wurde."[40]

In der Not der Nachkriegsjahre

Als Deutschland den Reparationsforderungen nicht mehr nachkam und mit den Abgaben an Gold und Devisen in Verzug geriet, dehnte Frankreich seine im Friedensvertrag festgelegte Besatzungszone aus und besetzte das Ruhrgebiet. Im Zuge dieser Aktion wurden im März 1923 das Werk Hoechst und im Mai die Werke Ludwigshafen und Oppau besetzt und die Fabrikationsanlagen stillgelegt. In allerletzter Minute konnte in Oppau die neue Versuchanlage zur Erzeugung von Methanol abmontiert und in einem Boot über den Rhein geschafft werden. In Leuna wurde sie wieder aufgebaut, und die Versuche wurden fortgeführt.

In Ludwigshafen sollten die leitenden Herren der BASF verhaftet werden. Da die Vorstandsmitglieder gewarnt worden waren und nach Mannheim, und später, als auch Mannheim besetzt wurde, nach Heidelberg auswichen, wurden einige Chemiker und Ingenieure, deren man habhaft wurde, festgesetzt. Farbstoffe, Düngemittel, Hilfsstoffe, Baustoffe, Säcke und vieles andere wurden verladen und nach Frankreich transportiert. Die Vorstandsmitglieder wurden in Abwesenheit von einem französischen Militärgericht zu einer Freiheitsstrafe von je acht Jahren verurteilt. General *Patard* mußte dieses Urteil aber bald revidieren, da *Bosch* zu dringenden Besprechungen über das französische Ammoniakgeschäft nach Ludwigshafen kommen mußte.

Leverkusen wurde schon 1919 von Neuseeländern besetzt, denen englische Truppen folgten. Die Offiziere wurden in der Villa Duisberg untergebracht. „Mir blieben nur zwei Schlafzimmer und einige Räume im Keller. Dennoch blieb ich im Hause." *Duisberg* klagte weiter: „Es herrschte Belagerungszustand. Wir alle konnten nicht ungehindert uns zu unseren verschiedenen Werken begeben. Wir waren gezwungen, ständig neue Ausweise und Pässe zu beantragen."[41]

Über die chemischen Werke in Deutschland gab *Duisberg* im Jahre 1919 folgenden Situationsbericht: „Ein großer Teil unserer Werke ist schon heute, weil ohne Kohlen, nicht mehr in der Lage zu arbeiten. Schon heute muß eine Großzahl der am Oberrhein oder in der Nähe des Rheins gelegenen Werke, die also eigentlich vermöge der großen Wasserstraße und der auf beiden Seiten des Rheins vorhandenen Schienenwege am besten mit Kohle versorgt sein sollten, feiern. Schon liegen von der chemischen Industrie still die Fabriken von Cassella, Griesheim-Elektron, Kopp in Östrich, Kuhnheim in Rheinau und die Zellulosefabrik in Waldhof, ferner die Sodafabrik zu Wyhlen in Baden und die Werke des Vereins chemischer Fabriken zu Heilbronn und Neuschloß. In ähnlicher Lage sind noch eine ganze Reihe anderer Firmen unserer Industrie, darunter auch die Hoechster Farbwerke, die mit allen anderen Betrieben stilliegen und nur noch pharmazeutische Produkte herstellen können. Selbst die Fabriken am Niederrhein, wie wir in Leverkusen, leben von der Hand in den Mund, arbeiten nur noch teilweise und sehen der Zeit entgegen, wo wir auch ganz zum Erliegen kommen werden."[42]

Wiederholt rechnete *Duisberg* mit den Wirtschaftspraktiken der Alliierten ab. Vor allem klagte er die ehemaligen englischen und amerikanischen Geschäftsfreunde an und bezichtigte sie der Ausplünderung der deutschen chemischen Industrie. „Neue, geradezu teuflische Pläne sind geschmiedet worden, um die deutsche Teerfarben-Industrie, und zwar diesmal gründlich und sicher, ins Herz zu treffen. Sie bringen ihre Aktion in Zusammenhang mit der Abrüstungskonferenz in Washington und führen aus, die deutsche Teerfarben-Industrie bedeute eine Gefahr für den Weltfrieden, so habe sie sich im Kriege in kürzester Frist auf die Fabrikation von Sprengstoffen umgestellt und große Mengen von Gaskampfstoffen erzeugt. Das könne sie jederzeit wieder tun, insbesondere die gefährlichen Gaskampfstoffe wieder herstellen. Deshalb müßten gemäß dem Versailler Friedensvertrage die Einrichtungen der deutschen Teerfarben-Fabriken so weit zerstört und vernichtet werden, daß nur noch der Verbrauch Deutschlands darin erzeugt und damit befriedigt werden könne. Diese gemeinste aller Forderungen, die die Weltgeschichte je gesehen, wurde zuerst in den Vereinigten Staaten von Nord-Amerika und noch dazu auf einem wissenschaftlichen Kongreß, auf dem Kongreß der American Chemical Society and British Society of Chemical Industry im September d. J. von dem früheren Alien Property Custodian Francis *Garvan* erhoben."[43]

In seinem Jahresbericht 1921 bemerkte *Duisberg*: „Der Wirtschaftskrieg hat den menschenmordenden Krieg abgelöst. Überall in der Welt gehen die Geschäfte schlecht. Überall herrscht Arbeitslosigkeit und Mangel an Aufträgen."[44]

Aus jener Zeit stammen auch *Duisbergs* Überlegungen über den Zusammenschluß aller Kulturvölker der Erde zu einer weltwirtschaftlichen Gemeinschaft, einer Interessengemeinschaft aller Wirtschaftsvölker. Immer wieder warnte er die Verfechter der Sozialisierung der deutschen Wirtschaft: „Sozialismus ist Glaube ... Sie glauben, daß Sie damit die Menschen glücklich machen, und wir glauben, daß das nicht der Fall sein wird. Im Gegenteil, wir fürchten wirtschaftlichen Rückschritt, nicht Produktionssteigerung, sondern Produktionsverminderung. ... Es gibt auch andere Lösungen. Der Gegensatz ist auch nicht: hie Sozialismus – hie Kapitalismus. Es muß vielmehr heißen: Individualwirtschaft oder sozialistische Gemeinwirtschaft. Diese beiden Wirtschaftsbegriffe stehen sich gegenüber. Die Individualwirtschaft hat die Erfahrung für sich, sie hat sich auf vielen Gebieten bewährt. ... Mit der Gemeinwirtschaft ist es überall, wo sie ausprobiert wurde, selbst wenn es eine Zeit lang gut ging, schließlich schief gegangen."[45]

Duisberg machte sich über vieles Gedanken und Sorgen. Für fast alle Probleme bot er Lösungsmöglichkeiten an. Oft traf er den Nagel auf den Kopf. Manchmal hatte er auch neumodische Therapien parat: „Die Psychologie spielt in der Nationalökonomie eine viel größere Rolle, als man früher angenommen hat. Es sind doch menschliche Wesen, mit denen wir es in der Volkswirtschaft zu tun haben."[46] Kraft seiner bevorzugten Stellung an der Spitze der deutschen Chemie fühlte er sich verpflichtet, seine Ratschläge und Warnungen über die Grenzen seiner Branche hinaus dem ganzen deutschen Volk zu Gehör zu bringen. In bilderreichen Sätzen verkündete er seine Botschaften, fast immer unter einem Motto, wie „Maß halten" oder „Nie den Mut verlieren".

Mit besonderer Vorliebe beschäftigte sich *Duisberg* nach dem Kriege mit Vereinen und Verbänden und deren Weiterwirken in vaterländischem Sinn. Er machte sich auch Gedanken über die Besetzung vakanter Lehrstühle an den Universitäten. Als 1919 der führende Organiker Deutschlands, Emil *Fischer*, starb und sein Berliner Lehrstuhl durch Fritz *Haber* neu besetzt werden sollte, bezog *Duisberg* massiv Stellung. In einem Brief an den Präsidenten der Kaiser-Wilhelm-Gesellschaft zur Förderung der Wissenschaften, Adolf von *Harnack*, schrieb er: „Ich halte aber auch, offen gestanden, die Idee, das bisher im wesentlichen organisch-chemische Institut der Universität an einen Vertreter der physikalischen Chemie zu übertragen, selbst wenn dieser, auch während des Krieges, sich allgemein chemisch betätigt hat, für sehr gefährlich. ... Wenn aber die erste chemische Stelle Deutschlands jetzt aus den Händen eines Organikers in die des Anorganikers ode gar des physikalischen Chemikers übergeht, wie dies das Bestreben der Vertreter dieser Richtung schon lange ist, so bedeutet das, wie ich fürchte, den schon durch den Krieg und noch mehr durch den Friedensvertrag besiegelten Untergang der großen chemischen Industrie Deutschlands."[47] *Harnack* wollte an *Haber* festhalten, *Duisberg* aber drohte: „Ich fürchte, ... daß sich dann die Industrie, die bis jetzt in erster Linie und hauptsächlich die großen Mittel für Forschung und vor allem für die chemische Ausbildung bereitgestellt hat, zurückziehen wird, und nicht mehr, wie sie es vor hatte, für solche Zwecke zu haben ist."[48] *Haber* wurde nicht berufen. Schließlich einigte man sich auf Wilhelm *Schlenk* (1879–1943) aus Wien. Als *Duisberg* auch über dessen Nachfolge mitbestimmen wollte, wurde ihm von seinen deutschen Kollegen, insbesondere von Walther *Nernst*, Einhalt geboten.

In der Not der Nachkriegsjahre wurden drei wichtige Gesellschaften gegründet, die als Fördervereine der deutschen chemischen Wissenschaft hilfreich unter die Arme griffen: Die Justus-von-Liebig-Gesellschaft zur Förderung des chemischen Unterrichts, die Emil-Fischer-Gesellschaft zur Förderung der chemischen Forschung und die Adolf-von-Baeyer-Gesellschaft zur Förderung der chemischen Literatur. Die Verwaltungsausschüsse wurden paritätisch aus Vertetern von Industrie und Wissenschaft gebildet, so daß ein reger Austausch garantiert war. Die Emil-Fischer-Gesellschaft sorgte vor allem für die finanzielle Unterstützung des Kaiser-Wilhelm-Instituts für Chemie in Berlin-Dahlem, dem wichtigsten deutschen chemischen Forschungsinstitut. „Die Finanzierung erfolgte durch eine anteilige Abgabe vom Lohne aller Arbeiter und Angestellten der Mitglieder-Firmen, wodurch die Gesellschaften durch alle Stürme der Inflation und Konjunkturumschwünge heil hindurchkamen."[49]

Die Inflation Anfang der zwanziger Jahre machte der deutschen Wirtschaft schwer zu schaffen. Eigentlich begann die Inflation mit dem Ausbruch des Krieges, als die Reichsbank den Umtausch von Banknoten in Gold sperrte. Da der Krieg im wesentlichen durch Kriegsanleihen und nur zu einem geringen Teil durch Steuern finanziert wurde, stiegen die ungedeckten Schulden stark an. Nach dem Krieg heizten die Reparationsforderungen und die ungünstige Zahlungsbilanz die Inflation weiter an. Sie erreichte ihren Höhepunkt, als die Reichsbank das erforderliche Geld für die hungernde Bevölkerung im besetzten Ruhrgebiet aus den Druckerpressen holte. Löhne und Gehälter waren wertlos, bevor man sie in Ware umsetzen konnte. Große Unternehmen sahen sich veranlaßt, eine eigene Währung, die man Notgeld nannte, herauszugeben. Die BASF wartete mit einem „Anilindollar" auf, der auf Verlangen der französischen Besatzungsmacht durch Devisen im Ausland gedeckt sein mußte. Entsprechend dem täglichen Index konnte dieses Notgeld in Papiermark eingelöst werden. Am 15. November 1923 wurde der Inflation ein Ende gesetzt, als die Reichsbank unter ihrem Präsidenten Hjalmar *Schacht* eine neue Währung, die Rentenmark, herausgab. Sie stützte sich auf die Verpfändung des deutschen Grund und Bodens und wurde auf ein stabiles Kursverhältnis zu fremden Währungen festgesetzt.

Mit Kriegseintritt der USA waren alle deutschen Fabriken, Patente und Schutzrechte von der Alien Property Custodian (Treuhänder für Feindvermögen) übernommen und nach dem gewonnenen Krieg an amerikanische Firmen verteilt worden. Für die uneingeschränkte Ausbeutung der Patente fehlte aber oft das verfahrenstechnische Know-how. Die Firma Du Pont löste das Problem, indem sie Ende 1920 vier Leverkusener Farbstoffchemiker dazu brachte, ihre Bayer-Verträge zu brechen. Zwei von ihnen gelang es, unbehelligt in die USA auszureisen, die beiden anderen, die von der deutschen Polizei beschattet wurden, schmuggelte der amerikanische Geheimdienst über die Grenze. Der Arbeit dieser Bayer-Chemiker verdankte Du Pont den Aufschwung und den Erfolg auf dem Farbstoffgebiet.

Im Zuge der Enteignung in den USA fiel das Bayer-Vermögen an Sterling Drug, von der Bayer im Jahre 1923 alle Rechte in Lateinamerika, England und Australien zurückkaufen konnte. In den USA blieben jedoch der Name Bayer und alle Bayer-Rechte bei Sterling Drug. 1988 hatte Bayer für 25 Millionen Dollar von Sterling Drug das Recht erworben, seinen Namen auch in den USA zu benutzen; ausgenommen aber blieben Pharmazieprodukte und Konsumgüter. Nachdem die Verhandlungen mit Sterling Drug über einen vollen Rückkauf der Namensrechte gescheitert waren, entschloß sich die Bayer AG, ihre amerikanischen Tochtergesellschaften ab

1. Januar 1992 unter dem Dach einer einzigen Gesellschaft, der „Miles Inc.", zusammenzufassen. Damit wurde ein Schlußstrich unter einen jahrzehntelangen Namensstreit gezogen.

Von den zahlreichen entschädigungslos enteigneten deutschen Zweigwerken haben einige die ehemaligen deutschen Muttergesellschaften weit überflügelt. Die Firma Röhm (bis 1970 Röhm und Haas), die 1907 von Otto *Röhm* (1876–1939) und Otto *Haas* in Darmstadt gegründet wurde, gründete ihrerseits 1909 in den USA ein Zweigwerk, aus dem nach dem Krieg die selbständige amerikanische Firma Rohm & Haas entstand. 1989 hatte Röhm 6500, Rohm & Haas 13 000 Beschäftigte, der Umsatz betrug 1,45 Milliarden DM bzw. 2,66 Milliarden Dollar. Ein anderes Beispiel ist die Firma E. Merck in Darmstadt, die schon 1827 von Heinrich Emanuel *Merck* (1794–1855) gegründet wurde. Das in den USA entstandene Zweigwerk firmierte nach der Enteignung als Merck & Co, Inc., und entwickelte sich zu einem der größten Pharmaunternehmen der Welt, das 1989 einen Umsatz von 6,6 Milliarden Dollar erzielte; der Umsatz von E. Merck, Darmstadt, betrug 3,47 Milliarden DM.

Germanin, Cellophan, Methanol

Trotz großer Einschränkungen und Behinderungen in den Nachkriegsjahren wartete die deutsche chemische Industrie bald mit sensationellen Produkten auf. 1923 brachte Bayer Germanin, die erste wirksame Tropenmedizin gegen die Schlafkrankheit, auf den Markt. Oskar *Dressel* (1865–1942) und Richard *Kotke* haben in unzähligen Versuchen Harnstoff-Sulfonsäuren synthetisiert, bis sie das Suramin-Natrium fanden, das die durch Trypanosomen ausgelöste, in Afrika weitverbreitete Schlafkrankheit zu heilen vermochte. Diesen Erfolg würdigte der bekannte Oxforder Biologe Julian *Huxley*: „Auf lange Sicht wird diese Entdeckung für die Alliierten mehr finanziellen Wert haben als die gesamte von ihnen ursprünglich geforderten Reparationszahlungen."[50] In Anbetracht der Reparationsforderungen von 226 Milliarden Goldmark konnte dieser Vergleich nur rhetorische Bedeutung haben. – Germanin wird heute noch veterinär gegen Trypanosomeninfektionen eingesetzt. In der Humanmedizin wurde es durch Pentamidin-Präparate verdrängt.

Bei der Firma Kalle wurde 1924 die Produktion von Cellophan aufgenommen. Dieser Cellulosekunststoff wurde schon 1908 von dem Schweizer Jacques Edwin *Brandenberger* gefunden, der damit Baumwollgeweben eine schmutzabweisende Appretur verleihen wollte. Er erhielt aber keine mit der Faser festverbundene Schutzschicht, sondern eine durchsichtige Haut; er gab seinen Versuchen eine neue Richtung, und bald gelang ihm die Herstellung hauchdünner, glasklarer Folien. Die von der Firma Hoechst 1924 erworbene Lizenz wurde ab 1925 von Kalle ausgewertet. In den fünfziger und sechziger Jahren betrug der Cellophananteil am Foliengeschäft fast 50 Prozent. Aus Gründen der Rationalisierung und infolge verschärfter Umweltschutzauflagen wurde die Produktion 1985 eingestellt.

Bei der BASF in Ludwigshafen erarbeitete Fritz *Winkler* (1888–1950) in den Jahren nach dem Ersten Weltkrieg die Grundlagen der Wirbelschichttechnik. Eine Wirbelschicht entsteht, wenn auf perforierten, waagrecht angeordneten Böden feinkörniges Schüttgut von unten von Gasen mit einer bestimmten Geschwindigkeit durchströmt wird. Es stellt sich ein Zustand ein, bei dem, wie in einer kochenden Flüssigkeit, die Teilchen ständig auf- und abwirbeln. Dadurch wird zwischen dem Feststoff der Wirbelschicht und dem Gas ein hoher Wärme- bzw. Stoffaustausch erzielt. Der Feststoff kann als Katalysator oder als Wärmeübertragungsmittel wirken, oder er kann selbst an der Reaktion teilnehmen. Das Wirbelschichtverfahren eignete sich für viele Prozesse wie die Kohlevergasung und Kohleverflüssigung, die Fischer-Tropsch-Synthese, die Rohölspaltung zu Ethylen und Propylen, das Rösten sulfidischer Erze und die Entschwefelung von Gasen. Heute wird das Wirbelschichtverfahren für aromaschonende Trocknung und Röstung von Nahrungs- und Genußmitteln und bei der Verbrennung von Abfällen, Müll und Klärschlamm verwendet.

In Ludwigshafen wurden damals, aufbauend auf den Erkenntnissen und Erfahrungen der Ammoniaksynthese, zwei weitere Hochdrucksynthesen zur technischen Reife gebracht: Die Erzeugung von Harnstoff aus Ammoniak und Kohlendioxid und die Erzeugung von Methanol aus Wasserstoff und Kohlenoxid. Die Entwicklungsarbeiten zur Harnstoffsynthese wurden schon 1914 von *Bosch* angeregt, der den nach dem Haber-Bosch-Verfahren hergestellten Ammoniak möglichst kostengünstig in Stickstoffdünger umwandeln wollte.

Die Ausarbeitung dieses Verfahrens, das bei einem Druck von 150 bar und einer Temperatur von 200 °C ablief, bereitete große technische Schwierigkeiten, vor allem was die Korrosion anbetraf. Erst 1922 konnte die erste Produktionsanlage mit einer Kapazität von 40 Tagestonnen in Ludwigshafen in Betrieb gehen.

Die synthetische Herstellung von Methanol gelang im gleichen Jahr Matthias *Pier* (1882–1965) und Alwin *Mittasch* durch katalytische Hydrierung von Kohlenmonoxid. Die Ende 1922 aufgenommenen Versuche führten in überraschend kurzer Zeit zu handfesten Ergebnissen. Bei dieser Reaktion entstand auch Eisencarbonyl, das sich auf dem mit Chromdioxid aktivierten Zinkoxidkatalysator ablagerte und mit der Zeit seine Wirksamkeit herabsetzte. Das Problem wurde gelöst, indem die Apparatur mit Kupfer, später mit Kupfermanganblech ausgekleidet wurde. Schon im Februar 1923 konnte sehr reines Methanol gewonnen werden. Eine größere Versuchsapparatur wurde gebaut und erfolgreich betrieben. Sie wurde, als die Franzosen das Werk besetzten, rechtzeitig vor dem Zugriff nach Leuna gebracht. Dort wurde auch eine großtechnische Methanolanlage, zum Teil unter Verwendung vorhandener, in Reserve stehender Apparate der Ammoniakanlage, installiert. Schon am 26. September 1923 verließ der erste Kesselwagen mit Methanol das Werk. Es war ein Husarenritt, wie später *Pier* bemerkte.

Durch die Methanolsynthese wurde wiederum ein Rohstoffmonopol der Natur gebrochen. Bisher wurde Methanol, das man Holzgeist nannte, durch Destillation von Holz gewonnen. Die größte Herstellerin, die Holzverkohler-Industrie Aktiengesellschaft (HIAG), besaß das Monopol und wachte auch darüber, daß die Methanol-Folgeprodukte in ihrem Einflußbereich blieben. Mit dem Beginn der synthetischen Herstellung des Methanols erlosch dieses Monopol und die Folgeprodukte, vor allem das Formaldehyd, gerieten in eine stürmische Entwicklung, von der vor allem die Kunststoffharze profitierten. Zu dem 1909 von dem amerikanischen Chemiker belgischer Herkunft Leo Hendriks *Baekeland* (1863–1944) gefundenen Phenol-Formaldehydharz (Bakelite) setzte die BASF 1931 das Harnstoff-Formaldehydharz, das sich als Kauritleim einen Namen machte.

1989 betrug die weltweite Methanolproduktion 15 Millionen Tonnen. In den letzten Jahren ist man vom alten *Pier*-schen Hochdruckverfahren (300 bar, 350 °C, Zinkoxid-Chromdioxid-Katalysator) abgekommen; bevorzugt wird das Niederdruckverfahren (100 bar, 250 °C, Kupfer-Katalyse). Methanol wurde immer wieder als Alternativ-Kraftstoff für den Ottomotor getestet. In Langzeitversuchen hat es sich als Beimischung im Benzin bis zu 15 % bewährt. Schon *Pier* hatte dies demonstriert, als er 1923 mit seinem Auto von Leuna nach Ludwigshafen mit einem Benzin-Methanol-Gemisch fuhr.

Auf der Suche nach neuen Wegen

Während *Pier* die Methanolsynthese zum Siege führte, fuhr *Bosch* in Absprache mit *Duisberg* im September 1923 nach Amerika. Bei der Ankunft in New York hatten sich zahlreiche Reporter eingefunden, um das neueste aus dem Munde des Repräsentanten der deutschen Chemie über die Situation und Entwicklung dieses Industriezweiges zu erfahren. Darüber berichtet der Bosch-Biograph Karl *Holdermann*: „Auf die Frage, ob die Franzosen die Ludwigshafener Fabriken allein ohne deutsche Hilfe betreiben könnten, antwortete er wütend, ohne die deutschen Arbeiter und Betriebsführer wären die Fabriken für die Franzosen nicht mehr Wert als ein

Haufen Backsteine. Am nächsten Tag stand in großer Aufmachung in den Zeitungen zu lesen, er habe geäußert, die Franzosen könnten in Ludwigshafen nur Backsteine herstellen. Diese Formulierung machte die Runde durch alle amerikanischen Zeitungen und wurde auch in Deutschland bekannt. In Anbetracht der Besetzung des Werkes durch die Franzosen war der Vorstand der BASF von der Antwort betroffen und bat telegraphisch um Aufklärung."[51]

Von den führenden Herren der chemischen Industrie in Amerika wurde *Bosch* freundlich empfangen. Er durfte die Anlagen besichtigen, aber für sein Anliegen, die Zusammenarbeit der chemischen Industrie beider Länder zu fördern und durch Verträge abzusichern, stieß er auf taube Ohren. Ihm wurde bedeutet, die öffentliche Meinung in Amerika hätte dafür kein Interesse. Enttäuscht fuhr er zurück nach Europa und dachte über einen engeren Zusammenschluß der deutschen chemischen Industrie nach. Daheim fand er *Duisbergs* Denkschrift über eine neue Form der Interessengemeinschaft vor, in der eine Holding-Gesellschaft unter Fortbestand der alten Firmen vorgeschlagen wurde. *Bosch* aber wollte jetzt mehr, er wollte eine einheitliche Firma. Damit nahm er die Position ein, die früher von *Duisberg* vertreten wurde. Die Rollen waren nun vertauscht. Noch ein ganzes Jahr verging, bis man sich auf die endgültige Form des Zusammengehens, auf die Vollfusion, einigte. Bevor hier die Organisation und die strategischen Ziele dieser Mammutgesellschaft beschrieben werden, sei ein kleiner Rückblick gestattet.

Der Versailler Vertrag, der Deutschland demütigte und wirtschaftlich zurückwarf, ist von fast allen Parteien verurteilt und bekämpft worden. Auch bedeutende Schriftsteller haben sich vehement für eine Revision des Versailler Vertrages eingesetzt, wie Kurt *Tucholsky* als Wahlkämpfer in Oberschlesien vor der Volksabstimmung 1921 und Thomas *Mann*, etwa in einer Rede 1930: „Der Versailler Vertrag war ein Instrument, dessen Absichten dahin gingen, die Lebenskraft eines europäischen Hauptvolkes auf die Dauer der Geschichte niederzuhalten. ... Es ist kein haltbarer Zustand, daß inmitten von lauter bewaffneten und auf ihren Waffenglanz stolzen Völkern Deutschland allein waffenlos dasteht. ... Diese Ungerechtigkeit ist die erste, die man nennen muß, wenn man dem deutschen Gemütszustand gerecht werden will; aber es ist nur zu leicht, fünf, sechs andere aufzuzählen, die sein Gemüt verdüstern, wie die absurden Grenzregelungen im Osten, das niemandem heilsame, auf das vae victis stumpfsinnig aufgebaute Reparationssystem, die völlige Verständnislosigkeit des jakobinischen Staatsgedankens für die deutsche Volksempfindlichkeit in der Minderheitenfrage, das Problem des Saargebietes, das keines sein dürfte, und so fort."[52]

Heute urteilen die Deutschen über den Versailler Vertrag großmütiger. Und in der Tat, der Vertrag enthielt auch positive Elemente. Zunächst hatte er Deutschland von einem Ballast befreit, von den Kolonien, die weder Rohstoffe lieferten noch „Lebensraum" sein konnten. Schon um die Jahrhundertwende wurde es sichtbar: Für einen Industriestaat sind nicht die Kolonien, sondern andere Industriestaaten wichtig, weil nur sie über Kaufkraft und aufnahmefähige Märkte verfügen. Außerdem hat der Vertrag durch die Reparationsforderungen Deutschland von alten, oft veralteten Industrieanlagen befreit. Die deutsche Industrie wurde zu Modernisierungen gezwungen, während sich Frankreich mit den alten demontierten Apparaten begnügte. Das Überlegenheitsgefühl, das die Sieger lange Zeit beherrscht hatte, war innovationshemmend. Auch die neue staatliche Konstellation Europas bot Deutschland eine Chance. Rußland war auf lange Sicht als Machtfaktor ausgeschaltet und weit nach Osten abgedrängt worden. In dem zersplitterten Ost-Mitteleuropa hätte Deutschland leicht eine wirtschaftliche, kulturelle und politische Vormachtstellung erreichen können. Stattdessen rieb sich Deutschland permanent an dem „Schanddiktat" und wollte seine alten Grenzen im Osten wieder erringen, auch auf das Risiko eines neuen Krieges hin.[53]

Einer der wenigen, die die verborgenen Chancen des Versailler Vertrages erkannten, war Walther *Rathenau*, der bald nach dem Kriege versuchte, der Wirtschaft Deutschlands neue Wege zu weisen. *Rathenau* war ein Mann vieler Eigenschaften und Fähigkeiten. Er hatte bei Hermann *Helmholtz* (1821–1894) Physik und bei August Wilhelm *Hofmann* Chemie studiert. Nach der Promotion 1889 wandte er sich dem neuen Industriezweig der Elektrochemie zu, übernahm 1893 die Leitung der Elektrochemische Werke GmbH, Bitterfeld, wurde 1900 Direktor und später Präsident der AEG. Im Ersten Weltkrieg, als Leiter der Kriegsrohstoffabteilung im Kriegsministerium, war er für die Koordinierung der deutschen Wirtschaft verantwortlich. Er preßte die einzelnen Wirtschaftszweige in Systeme und richtete sie auf ein effizientes Wirtschaften aus. Der Zusammenschluß einzelner Fabriken zu Kartellen war die Folge. Nach dem Kriege war er überzeugt, daß die Wirtschaft nur mit Hilfe solcher Systeme gesunden kann.

Am 28. September 1921 hielt *Rathenau* vor dem Reichsverband der Deutschen Industrie einen Vortrag, in dem er *Napoleons* Diktum, die Politik sei das Schicksal, korrigierte: „Dieses große Wort ist hundert Jahre lang wahr geblieben, es ist in den letzten Jahren der Kriegsentscheidung auf einen Gipfel gestiegen und es lastet mit seiner ganzen Schwere auf uns. Aber auch dieses Wort hat seine begrenzte Dauer. Es wird der Tag kommen, wo es sich wandelt und wo das Wort lautet: Die Wirtschaft ist das Schicksal. Schon in wenigen Jahren wird die Welt erkennen, daß die Politik nicht das letzte Wort entscheidet."[54]

Rathenau, der 1921 als Aufbauminister in das Kabinett *Wirth* eintrat, dann Außenminister wurde und am 16. April 1922 den Vertrag von Rapallo unterzeichnete, einen Freundschaftspakt zwischen den beiden Parias Deutschland und Rußland, wurde am 24. Juni 1922 von fanatischen Nationalisten ermordet. Er hat die große Fusion der deutschen chemischen Industrie, die ganz in seinem Sinne war, nicht mehr erlebt.

Kapitel 3

Konzentration (1925–1938)

Die Gründung der I.G. Farben AG

In der Gemeinschaftssitzung am 13. und 14. November 1924 wurde die Fusion der acht seit 1916 in einer losen Gemeinschaft operierender Chemiefirmen beschlossen. *Duisberg* führte zwar noch einmal seine Argumente für die von ihm favorisierte Holding-Gesellschaft ins Feld, aber *Bosch* gelang es, die Mehrheit der I.G.-Firmen für eine sofortige Fusion zu gewinnen. *Duisberg* konnte sich, wie 1904, nicht durchsetzen.

Vorher war es schon wiederholt zu offenen Meinungsverschiedenheiten zwischen *Duisberg* und *Bosch* gekommen, vor allem in der Frage der Art der Organisation. *Duisberg* legte in Denkschriften die künftige Organisation bis ins letzte Detail fest, *Bosch* aber lehnte die penible Festlegung aller Entscheidungsschritte ab. *Duisberg* wollte von dieser Frage seine Teilnahme an der Fusion abhängig machen. Er empfand die Angriffe auf seine ausgefeilte Organisation als persönliche Kränkung und legte in einem Temperamentsausbruch seinen Vorsitz in der Geschäftsleitung nieder.

Turnusgemäß übernahm *Bosch* die Geschäftsleitung und damit die Aufgabe, die Organisationsform festzulegen. Für *Duisberg* war die Organisation ein Erziehungsmittel, das die Menschen zwingen soll, ihre Eigenwilligkeit und ihre egoistischen Ziele zugunsten des Gesamtwohls aufzugeben; nichts soll sie dem Zufall überlassen. *Bosch* dagegen wollte die Organisation dem Menschen anpassen: „Organisation ist bestmögliche Verteilung der zu leistenden Arbeit unter die gerade zur Verfügung stehenden Persönlichkeiten. Kein Programm wird so vollkommen sein, daß es für alle Zeiten Gültigkeit haben kann, und kein Aufsichtsrat und kein Vorstand wird es mit seiner Verantwortung vereinbaren können, in festgefahrenen Geleisen ein Unternehmen leiten zu sollen."[1]

Nach diesen Grundsätzen organisierte *Bosch* das neue Unternehmen und legte zunächst die Aufgaben von Vorstand und Aufsichtsrat fest: „Der Hauptträger der Verantwortung und der Aktivität in der neuen Gesellschaft ist der engere Vorstand und soll es auch alleine sein. Der Aufsichtsrat hat die ihm durch das Gesetz vorgeschriebenen Pflichten zu erfüllen ... Eine weitergehende Tätigkeit, insbesondere Mitarbeit an der Geschäftsleitung, sei es auch nur mit beratender Stimme, ist nicht zuzulassen."[2] Aus diesen Formulierungen entnahm *Duisberg*, daß ihm *Bosch* den Posten des Vorsitzenden im Aufsichtsrat zugedacht hatte.

Am 9. Dezember 1925 wurde die Fusion vollzogen. Die BASF als größte und wichtigste Firma – infolge des sich ausweitenden Düngemittelgeschäftes nach dem Krieg hat sie Bayer und Hoechst weit hinter sich gelassen (Tabelle 3) – erhöhte ihr Aktienkapital auf 646 Millionen Reichsmark und übernahm das Vermögen der Farbenfabriken Bayer in Leverkusen, der Farbwerke Hoechst, der Agfa in Berlin, der Chemischen Fabriken vorm. Weiler-ter Meer in Uerdingen und der Chemischen Fabrik Griesheim-Elektron in Frankfurt am Main. Die Firma Leopold Cassella & Co und die Firma Kalle & Co wurden nicht in die Fusion einbezogen,

Tabelle 3. Umsatzanteile der I. G.-Firmen

	1913	1924
BASF	21,5 %	45,1 %
Bayer	20,3 %	14,2 %
Hoechst	18,4 %	13,6 %
Die 5 anderen Firmen	39,8 %	27,1 %
Zusammen	100,0 %	100,0 %

weil sich ihre Geschäftsanteile und Aktien bereits weitgehend im Besitz der übrigen Firmen befanden.

Die neue Gesellschaft, in der *Bosch* den Vorsitz im Vorstand und *Duisberg* den Vorsitz im Aufsichtsrat übernahmen, firmierte als „I. G. Farbenindustrie Aktiengesellschaft" und erzielte 1925, im ersten Jahr ihres Bestehens, einen Umsatz von 1010 Millionen Reichsmark. Sie verfügte über 70 Tochterunternehmen. Die wichtigsten waren die Ammoniak Merseburg GmbH, die Knapsack AG, die Gewerkschaft Auguste Viktoria, die Rheinische Stahlwerke AG, die Duisburger Kupferhütte AG, die Dr. Alexander Wacker GmbH, die Titangesellschaft Leverkusen und das Aluminiumwerk Bitterfeld.

Schon 1926 wurde das Aktienkapital der I. G. Farben AG auf 1100 Millionen Reichsmark erhöht. Das Geld mußte bereitgestellt werden, um die mitteldeutschen Braunkohlegruben zu erschließen, um wichtige Forschungs- und Entwicklungsprojekte weiterzuführen und um Firmen mit modernen Produkten zu kaufen. Zu den Neuerwerbungen gehörten u. a. die Köln-Rottweil AG, einst eine Sprengstoffherstellerin, die nach dem Krieg ihre Produktion auf Kunstseide, Vulkanfiber und Linoleum umgestellt hatte, die drei Kunstseidefabriken Bobingen, Rottweil und Premnitz, die Vulkanfiber- und Linoleumfabrik Düneburg, die Dynamit AG vorm. Alfred Nobel & Co sowie die Rheinisch-Westfälische Sprengstoff AG.

Die Erwerbskampagne der I. G. Farben AG machte auch vor den Grenzen nicht halt. Heimlich kaufte sie Aktien des französischen Renommierunternehmens Kuhlmann auf. Dazu hatte Finanzdirektor Hermann *Schmitz* (1881–1960) in der Schweiz und in Holland Scheinfirmen eröffnet, die im Verborgenen den Kuhlmann-Konzern anknabberten. Der Angriff auf Kuhlmann löste in Frankreich eine große Unruhe aus. Die New York Times berichtete darüber: „Für das französische Kriegsministerium wäre es untragbar, wenn sich ein lebenswichtiger Teil der Landesverteidigung in den Händen des früheren Feindes befände. Jetzt, da die französischen Chemieunternehmen die Gefahr erkannt haben, besteht

Grund zu der Annahme, daß jede Möglichkeit zur Unterbindung der deutschen Pläne genutzt wird."³ Der deutsche Angriff wurde dadurch abgewehrt, daß Kuhlmann 100 000 neue Aktien herausbrachte, die allein das Stimmrecht trugen und nur an Franzosen verkauft und namentlich gezeichnet werden mußten. Das französische Parlament hatte dafür extra im Eilverfahren ein Gesetz verabschiedet. Die Kontrolle über Kuhlmann kam wieder in französische Hände.

Die I. G. war mit Abstand das größte deutsche chemische Unternehmen. Man muß sich aber hüten, die I. G. mit der chemischen Industrie Deutschlands gleichzusetzen, denn am Umsatz der deutschen chemischen Industrie hatte sie nur einen Anteil von etwa 30 %. Am Exportumsatz dagegen hatte die I. G. einen Anteil von fast 60 %. Dieses überdurchschnittliche Exportgeschäft trug neben den Investitions- und Akquisitionsaktivitäten mit dazu bei, daß besonders das Ausland keine Unterschiede zwischen der I. G. und der deutschen chemischen Industrie machte.

Die Organisationsstruktur der I. G.

Je größer ein Unternehmen wird, umso eher neigt es zum Zerfall. Nach jeder Fusion muß daher das neuentstandene, größere Unternehmen neu ausgerichtet und stabilisiert werden. In der Regel müssen Kompetenzen von der Zentrale auf dezentrale Stellen übertragen werden.

In der I. G. dauerte es einige Jahre, bis die optimale Organisationsstruktur gefunden wurde. Zunächst setzte es *Bosch* durch, daß sich an der Spitze der I. G. eine kleine Gruppe von Managern als strategischer Kopf des Unternehmens etablierte. Durch diesen Arbeitsausschuß (AA), dem „Rat der Götter", wurde die zentrale Integration gewährleistet. Die dezentrale Komponente wurde durch eine divisionale Gliederung geschaffen. Dazu wurden die Arbeitsgebiete drei großen Sparten zugeordnet.

Sparte I umfaßte die Arbeitsgebiete Stickstoff, Methanol, synthetische Kraftstoffe und Öle, Schmiermittel, Metallcarbonyle, Nickel; ferner Steinkohlen und Braunkohlen aus I. G.-Grubenbesitz.

Zu Sparte II gehörten die Arbeitsgebiete Schwerchemikalien, Pigmente, Magnesium, organische Zwischenprodukte, Farbstoffe, Pharmazeutika, Schädlingsbekämpfungsmittel, Lösungsmittel, Weichmacher, Kunststoffe, synthetischer Kautschuk, Waschmittel, synthetische Gerbstoffe, komprimierte Gase, autogene Schweiß- und Schneideapparaturen.

Sparte III umfaßte die Arbeitsgebiete Photographische Artikel (Amateur- und Kinofilm, Platten, Papier, Kameras, Filmgeräte), Cellulose, Kunstseide und Kunstfasern, Celluloid, Vulkanfiber, Kunststoffverarbeitung.

Als Leiter der Sparten berief *Bosch* drei besonders befähigte, jüngere Chemiker: Carl *Krauch* (1887–1968), Fritz ter *Meer* (1884–1967) und Fritz *Gajewski* (1885–1965). Sie überwachten die Ausgabeetats ihrer Werke mit dem Schwergewicht Investitionskontrolle, sie schlugen die technischen Direktoren und Prokuristen ihrer Sparte vor und ernannten die Leiter der wissenschaftlichen und produktionstechnischen Arbeitskreise. Alle drei haben als Spartenleiter erfolgreich gewirkt. ter *Meer* und *Gajewski* waren bis 1945 Mitglieder des Vorstands, *Krauch* bis 1940; von da an bis 1945 war *Krauch* Vorsitzender des Aufsichtsrates.

Eine zweite dezentrale Komponente besaß die I. G. in ihrer regionalen Gliederung. Das Unternehmen war in fünf Betriebsgemeinschaften eingeteilt: Oberrhein (Ludwigshafen und Oppau), Mittelrhein (Hoechst), Niederrhein (Leverkusen, Elberfeld, Dormagen), Mitteldeutschland (Bitterfeld und Wolfen/Farben) und Berlin (Wolfen/Film und die Kunstseidefabriken). Jedes Großwerk wurde von ein oder zwei Vorstandsmitgliedern, die ihren Sitz im Werk hatten, geleitet. Sie verfügten über eigene wissenschaftliche Abteilungen und Versuchseinrichtungen, eigene Einkaufsbüros, eigene Rechts- und Patentabteilungen, eigene Bibliotheken, eigene Energie- und Hilfsbetriebe.

Da der Arbeitsausschuß wegen seiner Größe nicht effizient genug arbeitete und letzte, große Entscheidungen nur mühsam treffen konnte, wurde 1930 ein nur mit acht Vorstandsmitgliedern besetzter Zentralausschuß (ZA) gebildet. Diese acht führenden Vorstandsmitglieder, zu denen auch die drei Spartenleiter gehörten, sollten nach *Bosch*s Vorstellungen in der Lage sein, durch ihre „persönlichen Qualitäten die letzten Angelegenheiten der Firma zu entscheiden". Der Zentralausschuß befaßte sich daher auch nur mit den großen Linien der Unternehmenspolitik, während der Arbeitsausschuß weiterhin für Routineangelegenheiten einschließlich der Investitionsentscheidungen zuständig war.[4]

Zum Sitz der I. G. Farbenindustrie AG wurde Frankfurt am Main bestimmt. In der Reichshauptstadt Berlin wurde lediglich eine administrative Stabsorganisation eingerichtet.

Reaktionen auf die Gründung der I.G.

Die Gründung der I. G. Farbenindustrie AG erregte in der ganzen Welt Aufsehen und wurde von zahlreichen kritischen Stimmen begleitet. Die *Vossische Zeitung* meinte: „Wenn es jetzt zum Zusammenschluß dieser vielseitigen industriellen Gebilde unter einer Flagge kommt, so sind es auch in diesem Fall die schwierigen Zeitverhältnisse, die zu einer möglichen Verbilligung der Produktionen und zu einer Vereinfachung bzw. Verbesserung der Organisationen drängen, die treibende Kraft. ... Daß die neue Organisation sich bewähren wird, ist bei der genialen Leitung des Trusts wohl mit Sicherheit zu erwarten."

Der sozialdemokratische *Vorwärts* stellte dagegen fest: „Den Marxismus totzusagen, ist das vergebliche Bemühen der privatkapitalistischen Unternehmer. Wie lebendig er ist, beweist die chemische Industrie Deutschlands. Für seine Kerntheorie, die Konzentrationstendenz des Kapitals, bedeutet die jetzt eingetretene Umwandlung der Interessengemeinschaft des Anilinkonzerns in eine Vollfusion ... ein Beweisdokument von epochaler Bedeutung. Nicht innere Krankheit der Glieder, wie bei der Rheinisch-Westfälischen Montantrustbildung, sondern die von der technischen Entwicklung begünstigte innere Gesundheit, die durch Jahrzehnte von der I. G. bei den Gliedern gepflegt wurde, ist die Ursache des Zusammenschlusses."[5]

Ein wesentlicher Grund für den Zusammenschluß war die Notwendigkeit einer Rationalisierung im Farbstoffgeschäft. Wichtig war auch, besonders für *Bosch*, die Erschließung finanzieller Mittel für die Weiterentwicklung großtechnischer Verfahren und für das Vordringen in bisher unerforschte Gebiete der Chemie. Oberstes Ziel war es, den Spitzenplatz auf technischem Gebiet zu halten und auszubauen. Die Fusion ist nicht durch eine besondere Notlage entstanden. Die I. G. war kein Kind der Not.[6]

Die Fusion deutscher Chemiefirmen zur I. G. Farben AG provozierte Nachahmungen in anderen europäischen Ländern, z. B. 1926 in England, wo durch den Zusammenschluß der bedeutendsten chemischen Firmen zur „Imperial Chemical Industries" (ICI) ein mächtiges Chemieimperium geschaffen wurde. Wie einer der Gründer der ICI erklärte, sollte dieses britische Pendant zur I. G. die chemische Unabhängigkeit des Empires sichern.

Die ICI und die I. G. unterhielten von Anfang an freundschaftliche Beziehungen, obwohl sich die Firma Brunner, Mond & Co. vor der Fusion das Haber-Bosch-Verfahren illegal angeeignet hatte. „1927 war man fast soweit, einen Zusammenschluß der beiden Unternehmen durchzuführen, wobei Sir Alfred *Mond* auf seiten der ICI und Carl *Bosch* bei der I. G. die Verhandlungen führten."[7]

Auch im Inland formierten sich durch Zusammenschlüsse neue chemische Unternehmen. 1926 bildeten die Betriebsgesellschaften der Kali-Industrie durch Fusion die Wintershall AG mit Beteiligungen in der Stickstoff- und Mineralölindustrie, und 1927 entstand durch Fusion der Oberschlesischen Kokswerke und der Chemischen Fabriken AG die Kokswerke und Chemische Fabriken AG, zu der auch die Schering-Kahlbaum AG gehörte.

Zu den großen deutschen Chemiekonzernen der zwanziger und dreißiger Jahre gehörten u. a. auch die Rütgerswerke AG, die Deutsche Gold- und Silberscheide Anstalt (Degussa), die Kali-Chemie AG, die Henkel & Co GmbH,

Tabelle 4. Die drei größten Chemiekonzerne der Welt 1929

		I. G.	Du Pont	ICI
Umsatz	Mio. $	350	203	170
Beschäftigte		80 000	35 000	57 000
Bilanzgewinn	Mio. $	25	78	28

die Deutsche Solvay Werke AG und die Vereinigte Glanzstoff Werke AG. Zur Gruppe der mittleren und kleineren Chemieunternehmen gehörten u. a. van Heyden, Riedel de Haen, Boehringer Ingelheim und Boehringer Mannheim. Über allen stand die I. G., die eigentlich nur mit den anderen beiden Weltchemiekonzernen Du Pont und ICI verglichen werden kann (Tabelle 4). Betrachtet man den Umsatz und die Beschäftigtenzahl, nahm die I. G. den ersten Platz ein. Du Pont jedoch wies einen weitaus höheren Ertrag aus. Die I. G. und Du Pont wuchsen in den dreißiger Jahren schneller als ICI. Dann fiel die I. G. zurück; in den Kriegsjahren wuchsen DuPont und ICI erheblich schneller als die I. G., die ja 1945 erlosch.

Kunstseide und Buna

1926 machten sich die ersten Anzeichen einer wirtschaftlichen Besserung in Deutschland bemerkbar. Vom November 1926 bis August 1927 ging die Zahl der Arbeitslosen von 1,3 auf 0,6 Millionen zurück. Auch in der chemischen Industrie waren positive Anzeichen zu erkennen.

In der neugegründeten I. G. wurden die einzelnen Werke gründlich durchforstet. Unrentabel arbeitende Betriebe wurden stillgelegt oder an einen neuen, günstigeren Standort verlegt. Der Produktionsverbund an den einzelnen Standorten wurde optimal genutzt. Von den insgesamt 32 000 Farbstoff-Handelstypen wurden 60 % gestrichen. Die bis dahin unrentabel produzierenden Kunstseidefabriken wurden organisatorisch gestrafft und nach dem strategischen Gesamtkonzept ausgerichtet. *Bosch* sah für das Arbeitsgebiet der chemischen Fasern, Kunstseide und Zellwolle einen stark wachsenden Markt.

In dieser Periode wurden auch große Projekte angepackt. 1926 nahm die I. G.-Dormagen eine Kunstseidefabrik nach dem Kupferoxidammoniakverfahren in Betrieb. Im gleichen Jahr brachte Bayer Plasmochin, ein Mittel gegen Malaria, und Vigantol, ein Mittel gegen Rachitis, auf den Markt. 1927 begann die I. G.-Tochter Aceta GmbH in Lichtenberg mit der Produktion von Acetatseide, und die I. G.-Bitterfeld stellte im halbtechnischen Maßstab PVC her. 1928 begann Walter *Reppe* (1892–1969) in der I. G.-Ludwigshafen mit systematischen Untersuchungen über Acetylen-Druckreaktionen und begründete die nach ihm benannte Reppe-Chemie. Im gleichen Jahr nahm die I. G.-Hoechst die großtechnische Produktion von Polyvinylacetat auf. Polyvinylacetate gehören neben den Synthesekautschuken zu den frühesten vollsynthetischen Kunststoffen. Schon 1912 hatte Fritz *Klatte* (1880–1934) in der Chemischen Fabrik Griesheim-Elektron ein technisches Verfahren zur Herstellung von Polyvinylacetat aus Acetylen und Essigsäure gefunden.

Acetylen, das man bisher hauptsächlich für Beleuchtungszwecke verwandte, wurde nun zu einem der wichtigsten Grundstoffe der chemischen Industrie. Eines der wichtigsten Großprodukte auf Acetylenbasis war Buna.

Schon vor dem Ersten Weltkrieg wurde bei Bayer der Methylkautschuk synthetisiert, der aber gegenüber dem Naturkautschuk (Isoprenkautschuk) Nachteile aufwies. Da Isopren, der im Naturkautschuk enthaltene Grundbaustoff, wirtschaftlich schwer zugänglich war, ging man künftig bei der Kautschuksynthese von Butadien aus. 1926 fand Georg *Ebert* (1887–1970) im I. G.-Werk Ludwigshafen ein diskontinuierliches Verfahren für die durch Natrium katalysierte Polymerisation des Butadiens zu Zahlen-Buna (die Bezeichnung Buna entstand aus Butadien und Natrium). Das 1929 in Leverkusen von Eduard *Tschunkur* (1874–1946) und Walter *Bock* (1895–1946) synthetisierte Buna S (Buchstaben-Buna), das durch Emulsationspolymerisation aus Butadien und

Styrol entsteht, war dem Zahlen-Buna überlegen und besaß die gleichen Eigenschaften wie der Naturkautschuk. Seit 1931 wurde Buna S1, ein Mischpolymerisat mit 30 % Styrol, großtechnisch produziert. Andere Kautschukmodifikationen kamen im Laufe der Jahre hinzu. Insgesamt entstanden drei große Produktionsanlagen für Synthesekautschuk: Die Buna-Werke Schkopau (1937), die Buna-Werke Hüls (1938) und eine Produktionsanlage in Ludwigshafen (1942). Das vierte Buna-Werk in Auschwitz konnte nicht mehr fertiggestellt werden. Die Gesamtkapazität der drei Buna-Werke betrug 170 000 Jahrestonnen, produziert wurden maximal (1943) 137 000 Tonnen. In den USA wurde der Synthese von Butadienkautschuk zunächst keine Beachtung geschenkt. Umso intensiver wurde das Projekt Synthesekautschuk während des Krieges betrieben.

Deutschland produzierte von 1937 (Produktionsbeginn) bis Kriegsende 470 000 Tonnen, die USA aber von 1941 (Produktionsbeginn) bis Kriegsende 1 400 000 Tonnen synthetischen Kautschuk, also in einem wesentlich kürzeren Zeitraum dreimal mehr. Daraus erkennt man das gewaltige Produktionspotential der Kautschuksynthese der USA.

Staudinger und die Makromoleküle

Die ersten fundierten wissenschaftlichen Erkenntnisse über Polymere stammen von dem in Worms geborenen Hermann *Staudinger* (1881–1965), Chemieprofessor in Zürich und Freiburg. 1920 erschien seine berühmte Arbeit „Über Polymerisation", 1921 beschrieb er den Kautschuk als hochmolekularen Kohlenstoff, 1922 prägte er den Begriff Makromolekül. Er wies nach, daß die polymeren Kunststoffe Verbindungen sind, in denen sich die Molekülbausteine zu fadenförmigen Riesenmolekülen verketten. *Staudinger* wurde mit diesen grundlegenden Arbeiten zum Begründer der makromolekularen Chemie.

Neben *Staudinger* haben sich auch zwei Forscher im I. G.-Werk Ludwigshafen, der Organiker Kurt *Meyer* (1883–1952) und der Physikochemiker Hermann *Mark* (1895–1992) mit der Aufklärung der Struktur hochpolymerer Stoffe beschäftigt. Im Gegensatz zu *Staudinger* sahen sie in den Hochpolymeren keine Makromoleküle, sondern Hauptvalenzketten. 1928 brach zwischen *Staudinger* und den beiden I. G.-Forschern ein Streit über die richtige Charakterisierung hochpolymerer Moleküle aus, der in einen Prioritätenstreit ausartete und in polemischen Artikeln seinen Niederschlag fand. 1932, ein Jahr vor der Machtergreifung *Hitlers,* haben *Meyer* und *Mark* die I. G. verlassen; *Meyer* nahm eine Professur in Genf, *Mark* eine in Wien an.[8]

Auch dem „Arier" *Staudinger* begegnete man in Deutschland mit Mißtrauen, nicht erst 1933, sondern schon 1925. In diesem Jahr wurde die Professur für Chemie an der Universität Freiburg vakant, und man erwog eine Berufung *Staudingers,* der seit 1912 an der ETH in Zürich lehrte. Vor seiner Berufung nach Freiburg wollte man jedoch ein klares Bild über seine Einstellung zu Deutschland gewinnen, weil von Fachgenossen Bedenken erhoben wurden. *Staudinger* hatte nämlich 1919 in der *Revue International de la Croix Rouge* einen Artikel veröffentlicht, in dem er den Einsatz von Gaskampfstoffen scharf kritisierte. Fritz *Haber,* der Erfinder des Gaskrieges, fühlte sich zutiefst verletzt. Hinzu kam noch, daß *Staudinger* unmittelbar nach Eintritt der USA in den Krieg im Jahre 1917 die Niederlage Deutschlands prophezeit und einen sofortigen Friedensschluß gefordert hatte. Er machte auch kein Hehl daraus, in der Chemie auch Gefahren zu sehen. „Ich habe den Eindruck, daß es sehr nützlich wäre, wenn die leitenden Kreise in den verschiedenen Ländern nicht nur die Bedeutung, sondern auch die Gefahren der Chemie etwas besser würdigten",[9] schrieb er 1920 an Carl *Engler* (1842–1925), Professor für Chemische Technologie an der TH Karlsruhe.

Auch die Schweizer Staatsbürgerschaft wurde *Staudinger* von einigen deutschen Kollegen angekreidet. Der Aufforderung, seine politische Einstellung zu erläutern, kam er auf der Hauptversammlung des *Vereins Deutscher Chemiker* nach. Gleichzeitig überließ er Heinrich *Wieland* (1877–1957) seinen

Bericht über den Gaskrieg, den *Wieland* mit folgenden Worten zurückschickte: „Es bedarf wohl kaum der Erwähnung, daß sich in dieser Zusammenfassung nicht das Geringste findet, was selbst für einen deutschen Hochschulchemiker in diesem Zusammenhang Grund zu irgendeiner Einwendung in politischer Hinsicht geben könnte. Ferner darf ich Ihnen sagen, daß die Herren von meiner Fakultät, mit denen wir neulich zusammen waren, auch von Ihrer schriftlichen Mitteilung durchaus befriedigt waren. Mir selbst war es sehr erwünscht, daß der Sachverhalt klargestellt wurde und daß ich jetzt anhand von festem Material gegen Verleumdungen vorgehen kann, deren Opfer Sie zweifellos geworden sind."[10] – Heinrich *Wieland* war Chemieprofessor an der Universität München; 1927 erhielt er den Chemie-Nobelpreis für seine Arbeiten über die Konstitution der Gallensäuren und verwandter Substanzen.

Staudinger hatte den Test bestanden und wurde nach Freiburg berufen. 1933 geriet er wieder in die Schußlinie. Die Nationalsozialisten hatten nach ihrer Machtübernahme das *„Gesetz zur Wiederherstellung des Berufsbeamtentums"* erlassen, das als Rechtsgrundlage zur Entlassung jüdischer Beamter aus dem Staatsdienst diente, das aber auch auf mißliebige Deutsche angewandt werden konnte. Der damalige Rektor der Freiburger Universität, der Philosoph Martin *Heidegger,* war der Überzeugung, daß auch *Staudinger* kritisch überprüft werden müsse, und schaltete die Gestapo ein. Den Ermittlungsbericht, der im wesentlichen *Staudingers* Veröffentlichungen über den Gaskrieg und den Kriegsausgang sowie negative Beurteilungen durch den deutschen Generalkonsul in Zürich enthielt, leitete *Heidegger* mit folgendem Begleittext an das Kultusministerium: „Diese Tatsachen erfordern schon an sich die Anwendung des § 4 des Gesetzes ... Da sie seit den Erörterungen über die Berufung *Staudingers* nach Freiburg weiten deutschen Kreisen bekannt geblieben sind, verlangt auch das Ansehen der Universität Freiburg ein Einschreiten, zumal sich *Staudinger* als ein einhundertzehnprozentiger Freund der nationalen Erhebung ausgibt. Es dürfte eher Entlassung als Pensionierung in Frage kommen."[11] Zwei Monate später gab *Heidegger* eine zweite, abgeschwächte Erklärung ab und empfahl für *Staudinger* eine Pensionierung.

Mit Rücksicht auf sein Ansehen, das *Staudinger* im Ausland genoß, beließ man ihn im Amt. Er arrangierte sich mit den Regierenden und nahm eine „völkische Haltung" an. So konnte er fast ungestört seine Arbeiten als Inhaber des Lehrstuhls für Chemie an der Universität Freiburg fortsetzen. 1953 wurde Hermann *Staudinger* für seine grundlegenden Arbeiten auf dem Gebiet der Polymerenchemie mit den Nobelpreis für Chemie ausgezeichnet.

Sein Versuch, ein makromolekulares Forschungsinstitut im Rahmen der Kaiser-Wilhelm-Gesellschaft zu gründen, schlug fehl, obwohl er das Projekt auch für die Nationalsozialisten recht attraktiv darstellte, u. a. mit dem Hinweis, daß die Polymerenforschung die Grundlage für die synthetische Herstellung von Textilien, Kunststoffen, Kautschuk und Benzin abgebe; eine gesicherte Herstellung polymerer Ersatzstoffe würde die Importabhängigkeit des Reiches stark vermindern.

Die Polymerenchemie hat sich seitdem stürmisch entwickelt. Kunststoffe, Kunstharze, Lacke, Elastomere und Synthesefasern gehören heute zu den wichtigsten Erzeugnissen der chemischen Industrie. 1930 betrug die Weltkunststoffproduktion weniger als 100 000 Tonnen, 1960 erreichte sie sieben Millionen und 1989 fast 65 Millionen Tonnen.

Sternstunden der Chemie und Physik

Die deutsche Chemie befand sich in der zweiten Hälfte der zwanziger Jahre in einer Aufbruchstimmung. Es war eine Epoche, in der grundlegende Forschungs- und Entwicklungsarbeiten geleistet wurden. 1925 fanden im Kaiser-Wilhelm-Institut für Kohleforschung in Mühlheim an der Ruhr Franz *Fischer* (1877–1947) und Hans *Tropsch* (1889–1935) ein Verfahren zur Synthese von Benzin und anderen flüssigen

Kohlenwasserstoffen durch katalytische Kondensation von Wasserstoff und Kohlenmonoxid; diese Fischer-Tropsch-Synthese, die bei einem Druck von 10 bar und einer Temperatur von 200 Grad Celsius über einem Kobaltkatalysator abläuft, wurde in den dreißiger Jahren bei der Ruhrchemie zur technischen Reife entwickelt. 1927 gelang Hans *Fischer* (1881–1945), der in Wien und München über die Strukturaufklärung der Blut- und Blattfarbstoffe arbeitete, die Synthese von Hämin. Im gleichen Jahr entdeckte und entwickelte Otto *Diels* (1876–1954) gemeinsam mit Kurt *Alder* (1902–1958) die Diensynthese. Ebenfalls 1928 begann in Ludwigshafen Walter *Reppe* mit seinen Arbeiten über die katalytischen Reaktionen des Acetylens, und bei Röhm und Haas in Darmstadt stellte Walter *Bauer* durch Polymerisation von Methacrylsäuremethylester erstmals Plexiglas her. 1929 gelang es Adolf *Butenandt* (* 1903), das Sexualhormon Oestron zu isolieren und dessen Konstitution aufzuklären. Im gleichen Jahr entdeckte in England Alexander *Fleming* (1881–1955) das Penicilin. Die bahnbrechenden Arbeiten von Hermann Staudinger auf dem Gebiet der makromolekularen Chemie wurden schon erwähnt.

Auch die Physik, die Schwesterdisziplin der Chemie, erlebte damals eine Glanzzeit. Die Entdeckung des Wirkungsquantums durch Max *Planck* im Jahre 1900 und die berühmte Masse-Energie-Gleichung $E = m \cdot c^2$, die Albert *Einstein* (1879–1955) 1905 aus der speziellen Relativitätstheorie ableitete, haben der physikalischen Wissenschaft ganz neue Felder eröffnet. Niels *Bohr* (1885–1962) entwickelte ein Atommodell, nach dem erstmals die Spektralserien erklärt und die Energien verschiedener Atomzustände berechnet werden konnten. Immer sensationellere Erkenntnisse in immer kürzeren Zeitabständen wurden gewonnen. 1924 entdeckte Louis de *Broglie* (1892–1987) die Wellennatur der Elektronen. 1925 begründete Werner *Heisenberg* (1901–1976) die Quantenmechanik und Wolfgang *Pauli* (1900–1958) formulierte das Ausschließungsprinzip: Alle Elektronen in einem Atom müssen sich mindestens in einer Quantenzahl unterscheiden. Dieses „Pauli-Verbot" erklärt die Elektronenverteilung in den Orbitalen der Atomhülle und damit den Aufbau des Periodensystems. 1926 gelang es Erwin *Schrödinger* (1887–1961), mit Hilfe eines mathematischen Modells (Schrödinger-Gleichung) die Elektronenzustände im Atom zu berechnen. 1927 postulierte Werner *Heisenberg* seine Unschärfe-Relation, nach der es unmöglich ist, für ein Teilchen gleichzeitig dessen Impuls und dessen Ort beliebig genau zu messen. Im gleichen Jahr gelang es Walter Heinrich *Heitler* (1904–1981) und Fritz *London* (1900–1954), die homöopolare chemische Bindung auf wellenmechanischer Grundlage zu erklären. 1928 entwickelte Arnold *Sommerfeld* (1868–1951) das Elektronengas-Modell der Metalle, und Hans *Geiger* (1882–1945) konstruierte ein Zählrohr (Geiger-Zähler) zur Messung radioaktiver Strahlung. 1929 erfand Walther *Bothe* (1891–1957) die Koinzidenzmethode, mit der wesentliche Entdeckungen auf dem Gebiet der Elementarteilchen gelangen.

Die Kohlehydrierung

In der chemischen Industrie war das gewaltigste Entwicklungsprojekt jener Jahre das Verfahren zur Treibstoffherstellung aus Kohle, die Kohlehydrierung. Die Idee, Benzin synthetisch aus Kohle zu gewinnen, entsprang der Sorge, der natürliche Rohstoff Erdöl werde bald nicht mehr zur Verfügung stehen. In Amerika hatte man nämlich die Erdölvorräte auf nur sieben Jahre geschätzt. Die Motorisierung aber nahm unaufhaltsam zu und verlangte eine sichere, unerschöpfliche Benzinquelle. Man mußte also versuchen, einen in der Natur vorkommenden Rohstoff synthetisch zu erzeugen, genau so wie man früher die natürlichen Düngesalze durch synthetische ersetzen mußte. Diesmal konnte man nicht auf die Luft zurückgreifen, man brauchte dazu Kohle.

Carl *Bosch,* der die Herausforderung auch diesmal annahm und auf das Projekt seine damals besten Mitarbeiter Carl *Krauch* und Matthias *Pier* ansetzte, konnte allerdings nicht wissen, daß er von falschen Voraussetzungen ausging. Die später gefundenen riesigen Ölvorräte in den USA, im Nahen Osten und in anderen Gegenden haben die gewaltigen Anstrengungen, Benzin aus Kohle zu gewinnen, zu einer Episode werden lassen, die allerdings *Hitler* in die Lage versetzte, den Zweiten Weltkrieg sechs Jahre lang durchzustehen. Aus späterer Sicht war also der Weg, den *Bosch* einschlug, nicht nur unnötig, sondern auch folgenschwer. Gerechterweise aber muß man auch sagen, daß im Zuge der Entwicklung des Kohlehydrierungsprojektes zahlreiche Erkenntnisse über verfahrenstechnische Grundoperationen gewonnen und hochwirksame Katalysatorensysteme entwickelt wurden, die heute noch in der Raffinerietechnik weltweit angewandt werden.

Schon im Jahre 1913 hatte Friedrich *Bergius* (1884–1949) an der Technischen Hochschule in Hannover aus Steinkohle durch Einwirkung von Wasserstoff unter hohem Druck flüssige Reaktionsprodukte erhalten. 1921 gründete er die Erdöl- und Kohleverflüssigungs AG und versuchte, sein Verfahren in den technischen Maßstab zu übertragen. Er hatte keinen Erfolg, wahrscheinlich deshalb, weil er den hydrierenden Abbau der Kohle rein thermisch erreichen wollte. *Pier* schlug einen anderen Weg ein: Er versuchte, eine Lenkung der Reaktionen durch Einsatz von Katalysatoren zu erreichen. Nach den ersten aussichtsreichen Versuchen erwarb die BASF die Schutzrechte von *Bergius*.

Im Herbst 1924 begann *Pier* mit den systematischen Versuchen zur Kohlehydrierung im historischen Bau Lu 35, in dem auch schon die Versuche zur Ammoniak- und Methanolsynthese stattfanden. Nach den ersten Erfolgen mit Braunkohlenteer als Rohstoff im Jahr 1925 informierte *Bosch* die Standard Oil Company of New Jersey (seit 1973: Exxon) über die Ergebnisse. Er wollte wissen, was die größte Erdölgesellschaft der Welt von der Kohle- und Teerhydrierung halte und ob sie gegebenenfalls an einer gemeinsamen Verwertung der Ergebnisse interessiert sei.

Frank A. *Howard,* der Leiter der Standard Oil Development Co, erkannte, daß es sich hier um bahnbrechende Versuche handelte und reiste im Frühjahr 1926 nach Ludwigshafen. Über diesen Besuch berichtete er: „Ich verbrachte den ganzen Tag mit Besichtigung der Laboratorien und Versuchsanlagen in Ludwigshafen, kehrte früh in mein Hotel zurück und verfaßte einen kurzen Bericht, den ich sofort nach Paris sandte, wo, wie ich wußte, Mr. Walter C. *Teagle*, der Präsident meiner Gesellschaft, und einige andere hohe Beamte, gerade zu Besuch weilten. Ich bat sie dringend, so schnell wie möglich zu mir zu kommen. Einige Tage darauf trafen wir uns in dem lieblichen mittelalterlichen Heidelberg und setzten uns zusammen, um zu überlegen, welche Bedeutung die erstaunlichen wissenschaftlichen Entdeckungen in dem zehn Meilen entfernten Ludwigshafen auf die Ölindustrie der Welt haben würden. Es schien klar zu sein, daß das deutsche Hydrierungsverfahren und die neuen Horizonte, die es erschloß, von gewaltiger Bedeutung waren – vielleicht mehr als irgend ein anderer chemischer Einfluß, der bis dahin in der Ölindustrie eingeführt worden war."[12]

An anderer Stelle schilderte er die Eindrücke, die Ludwigshafen auf ihn gemacht hat: „In Ludwigshafen stieß ich auf eine gigantische Welt der Forschung und Entwicklung, wie ich sie nie gesehen hatte. Die BASF war zu dem Schluß gekommen, daß die ergiebigste aller ihrer Investitionen in umfassender technischer Forschung liege. Die BASF hatte Katalysatoren aufgefunden, die nicht nur bewirken, daß sich Wasserstoff mit Kohle verband und sie in Öl umwandelte, sondern es auch fertigbrachten, Schweröl zu zersetzen und gleichzeitig mit Wasserstoff so reagieren zu lassen, daß Benzin, Korosin und Dieselöl entstanden."[13]

Die I. G. und die Standard Oil waren grundsätzlich über eine gemeinsame Verwertung der Ergebnisse einig. Ein Vertrag kam jedoch nicht zustande, da es für Standard Oil unmöglich war, „eine große Summe zu bieten für ein Verfahren, das noch im frühesten Entwicklungsstadium war und auf der Chemie der Katalyse beruhte, die völlig außerhalb des Bereichs unserer Erfahrung lag."[14]

Schon früh hatte *Pier* erkannt, daß die Hydrierung von Kohle nicht mehr mit der alten Prozeßführung einer katalytischen Hochdruckreaktion zu meistern war. Bei der Ammoniaksynthese wird Wasserstoff an Stickstoff, bei der Methanolsynthese Wasserstoff an Kohlenoxid angelagert. Bei der Druckhydrierung von Kohlen und Teeren handelt es sich um eine Wasserstoffanlagerung an ein Gemenge sehr unterschiedlicher Kohlenstoffverbindungen, wobei die im Prozeß entstehenden Moleküle auch gespalten werden müssen. Bei der Ammoniaksynthese kann nur ein einziges Produkt, nämlich Ammoniak, entstehen. Bei der Methanolsynthese können sich auch höhere Alkohole und andere Kohlenwasserstoffe bilden. Der Katalysator muß nicht nur beschleunigen, sondern auch die Richtung weisen, nämlich auf Methanol. Bei der Kohlehydrierung sind sehr viele Reaktionen möglich. Es müssen nicht nur gasförmige, sondern auch flüssige und feste Ausgangsprodukte verarbeitet werden, damit das gewünschte Produkt, das Benzin, entsteht.

Pier löste dieses äußerst komplexe Problem der Kohlehydrierung, indem er den Prozeß in zwei getrennten Stufen durchführte. In der ersten Stufe, der Sumpfphase, wurde die mit Öl angeteigte Kohle zu Ölen mittleren Siedebereichs gespalten, die dann in der zweiten Stufe, der Gasphase, über einen fest angeordneten, spezifischen Katalysator zu Benzin verarbeitet wurden. An die Apparatur wurden dabei extreme Anforderungen gestellt. Sie mußte nicht nur, wie bei der Ammoniak- und Methanolsynthese, heißem Wasserstoff bei hohem Druck widerstehen, sondern auch Schwefel, der als Verunreinigung in der Kohle enthalten ist. Von den legierten Stählen, die entwickelt wurden, eignete sich ein sechsprozentiger Chromstahl mit einem halben Prozent Molybdän und einer Spur Vanadium am besten. Tag und Nacht liefen die Versuche, immer größere Hochdrucköfen wurden erprobt. 1927 umfaßte die Belegschaft der „Hochdruckversuche" 2200 Personen, darunter 1100 Schlosser. Noch im gleichen Jahr wurde in Leuna eine Großversuchsanlage mit einer Kapazität von 100 000 Jahrestonnen Benzin aus Braunkohle in Betrieb genommen.

Verträge mit Standard Oil, Shell und ICI

Im Sommer 1927 kam der erste Vertrag zwischen der Standard Oil Co und der I. G. Farbenindustrie AG zustande. Mit Hilfe der bei der I. G. ausgearbeiteten Druckhydrierung konnten nun in den Raffinerien der Standard Oil wasserstoffarme Schweröle zu Benzin umgearbeitet werden. Dazu wurden drei Hydrieranlagen errichtet, zwei in Baton Rouge, Louisiana, und eine in Baytown, Texas.

Vertieft wurde die Zusammenarbeit, nachdem am 9. November 1929 der Hauptvertrag zwischen der Standard Oil Co, der I. G. Farbenindustrie AG und der neugegründeten gemeinsamen Tochtergesellschaft Standard-IG Co geschlossen worden war, der außer der Ölhydrierung auch die Hydrierung der Kohle und ihrer Produkte umfaßte und die Zusammenarbeit über das Hydriergebiet hinaus auf das gesamte Kohlenwasserstoffgebiet ausdehnte. Am 23. Oktober 1930 wurde schließlich eine gemeinsame Forschungsgesellschaft, die Joint American Study Company (JASCO), mit Sitz in Baton Rouge, gegründet: „It is the desire and intention of the parties to develop and exploit their new chemical processes jointly on the basis of equality (50–50) ..."[15] Die Gemeinsamkeiten gingen so weit, daß von Standard Oil ständige Vertreter bei den Hochdruckversuchen in Ludwigshafen anwesend waren.

Auch andere Industrieunternehmen zeigten nun Interesse an der Kohlehydrierung, vor allem Shell und ICI. Selbst in Südafrika und Australien entfachte die Kunde von dem Benzin aus Kohle emsige Aktivitäten. Die Royal Dutch Shell Company, die sich schon an den halbtechnischen Versuchen von *Bergius* beteiligt hatte, verfolgte die Entwicklung mit großer Aufmerksamkeit. Das in Leuna hergestellte „Leunabenzin" wurde von der Deutschen Gasolin AG, einer Tochtergesellschaft der I. G., vertrieben. Standard Oil und Shell beteiligten sich an dieser Gesellschaft zu je 25 %. Wenn das Hydrierverfahren wirtschaftlich oder technisch fehlschlagen sollte, dann waren die beiden Gesellschaften verpflichtet, mit ihren Produkten einzuspringen, um einen Leerlauf des

Absatzapparates zu vermeiden. Sollte aber die Produktion des synthetischen Benzins die 100 000-Tonnen-Marke pro Jahr überschreiten, dann mußten die beiden Gesellschaften den Überschuß durch ihre deutschen Vertriebsgesellschaften vermarkten.

Zur besseren Patentverwertung wurde die International Hydrogen Patents Co (IHP) gegründet, an der Standard Oil und Shell je zur Hälfte beteiligt waren. Die IHP verwaltete die Patentrechte auf dem Hydriergebiet für alle Länder mit Ausnahme für Deutschland und die Vereinigten Staaten; für diese Länder waren die I. G. und die Standard Oil alleine zuständig. Es entwickelte sich bald ein reger chemisch-technischer Erfahrungsaustausch zwischen der Hochdruckversuchsabteilung in Ludwigshafen und den Lizenznehmern des Hydrierverfahrens, der bis zum Jahr 1939 bestand.

Der Prototyp der Hydrieranlage entstand in Leuna. Die Hydrieröfen hatten eine Höhe von 18 Meter und einen Durchmesser von 80 Zentimeter; später, nach jahrelanger Betriebserfahrung, wurden die Öfen durch solche mit einem Durchmesser von einem Meter ersetzt. Die Kapazität der Anlage betrug zuletzt 650 000 Tonnen Benzin pro Jahr. Zum Einsatz kamen neben Braunkohlen auch Braunkohlenschwelteer, Steinkohlenteeröle und Rohöle. Der für die Hydrierung benötigte Wasserstoff wurde in Winkler-Generatoren nach dem Wirbelschichtverfahren durch Vergasung von Braunkohle mit Sauerstoff erzeugt.

Ein besonderes Interesse an der Kohlehydrierung hatte die ICI. Durch eigene Versuche in der neugebildeten Oil Division wollte das Unternehmen den etwa dreijährigen Vorsprung der I. G. aufholen. Eine Kooperation mit Shell nach dem Vorbild Standard Oil-I. G. kam nicht zum Tragen, da sich Shell an die I. G. anlehnte. Alfred *Mond,* der Präsident der ICI, soll in einer Art Torschlußpanik geäußert haben, als Gegenleistung für den Zugang der Erfahrungen der I. G. das gesamte Farbstoffgeschäft aufzugeben.

Am 3. Februar 1932 kam es schließlich zwischen ICI und der I. G. zu einem Engineering-Agreement. Im Rahmen dieser Vereinbarung konnte ICI in Ludwigshafen mit englischer

Steinkohle Versuche durchführen, die so ermutigend waren, daß ICI in Billingham eine Hydrieranlage baute. 1935 wurde die Anlage als erste Steinkohlen-Hydrieranlage der Welt in Betrieb genommen.

In den dreißiger Jahren wurde das Kohlehydrierverfahren stetig verbessert. Die Ausbeute an Benzin erreichte 60 % von der eingesetzten Hydrierkohle. Rechnet man den Kohleverbrauch für die Erzeugung des Wasserstoffs und für die für den Prozeßablauf notwendige Energie hinzu, so betrug der Gesamtkohlebedarf für die Erzeugung von einer Tonne Benzin etwa fünf Tonnen Steinkohle (bei Braunkohle entsprechend mehr).

Das Kohlehydrierverfahren hatte der Mineralölindustrie, der Kohlenwasserstoffchemie und der chemischen Technik eine Fülle wichtiger Erkenntnisse gebracht. Die Entwicklung dieses Verfahrens stellte die bis dahin größte Leistung in der chemischen Industrie dar.

Düngemittel und Farbstoffe

Nicht nur auf dem Gebiet der Kohlehydrierung, sondern auch auf dem Stickstoffgebiet hat die neu gegründete I. G. Farbenindustrie AG wichtige internationale Verträge abgeschlossen. Auf einer Dampferfahrt in der Adria im Mai 1928 besprachen die wichtigsten Düngemittelproduzenten Europas die Grundlagen für die Bildung eines Stickstoffsyndikats. 1929 schloß die I. G. ein Abkommen mit der ICI über Preise und Verkaufsmärkte von Düngemitteln; noch im gleichen Jahr trat die Norsk Hydro dem Syndikat bei. Dieser deutsch-englisch-norwegischen Gruppe schlossen sich 1930 während einer Konferenz in Ostende weitere Düngemittelproduzenten an. Es kam zur Gründung der Convention de l'Industrie de l'Azote (CIA), die Preise, Produktionen und Märkte festlegte.

Auch auf dem Farbstoffgebiet kam es zu Vereinbarungen zwischen den großen europäischen Farbstoffproduzenten, zunächst zwischen der I. G. und den beiden französischen

Farbstoffherstellern, der Etablissement Kuhlmann und der Société des Matières Colorantes de St. Denis. Das Kartell wurde 1929 durch die drei Schweizer Firmen Ciba, Sandoz und Geigy erweitert. Diese sechs Firmen produzierten 1927 zusammen 80 % aller in der Welt hergestellten Farbstoffe. Anfang 1932 trat auch die ICI dem europäischen Farbstoffsyndikat bei. Die Quoten in diesem Vierer-Kartell waren wie folgt aufgeteilt: I. G. 64,74 %, Schweizer Firmen 19,27 %, Frankreich 7,92 % und ICI 8,07 %.

Bis Ende der zwanziger Jahre hatte sich die I. G. Farbenindustrie AG zu einem internationalen, weltweit operierenden Trust entwickelt. Bei den Chemieunternehmen im Ausland stand sie in hohem Ansehen. Beachtung und Bewunderung fanden vor allem die großen Syntheseverfahren. Auch auf dem Farbstoff- und Heilmittelsektor war die I. G. immer noch tonangebend. 1929 wurden 110 000 Mitarbeiter in der I. G. beschäftigt, der Umsatz betrug 1435 Millionen Reichsmark, der Exportanteil 53 %. China war mit 4,1 % der größte Auslandsmarkt. Es folgten die USA, Japan, Britisch Indien, Italien, die Tschechoslowakei, Großbritannien, die Sowjetunion, die Schweiz und Frankreich.

1930 bezog die I. G. in Frankfurt am Main ihr neues Verwaltungsgebäude am Grünbergplatz. Der gewaltige Stahlskelettbau mit Plattenverkleidung, „eines der schönsten Gebäude dieser Art in Deutschland", wurde von dem berühmten Architekten Hans *Poelzig* erbaut.

Über die „Zukunftspläne unserer chemischen Großindustrie" äußerte sich Carl *Bosch* am 24. April 1927 in einem Artikel des Wirtschaftsheftes der *Frankfurter Zeitung*. Darin betonte er, daß die unabdingbare Voraussetzung für die deutsche chemische Großindustrie eine exakte wissenschaftliche Forschung ist. „Stets gilt es, vorwärts zu streben und neue Gebiete zu erschließen." Er zählte die Aufgaben auf, die von der Großchemie bewältigt werden müssen, von der Entwicklung neuer Waschmittel bis zur biochemischen Herstellung von Eiweißfuttermitteln. Und er kam zu dem Schluß, „daß ein großes chemisches Unternehmen kein Spielball egoistischer Tendenzen sein darf, und daß in erster Linie für das größere Morgen, weniger für das Heute gearbeitet werden muß."[16]

Die Weltwirtschaftskrise

Am 19. Oktober 1929, dem schwarzen Freitag, begann mit dem Börsenkrach in New York eine Wirtschaftskrise, die die ganze Welt erschütterte. Die Periode der Prosperität ging jäh zu Ende. Mit dem unaufhaltsamen Kurssturz schwand das Vertrauen; Absatzschwierigkeiten traten auf, die Vorräte stiegen, die Produktion mußte gedrosselt werden, die Kosten explodierten. Die Unternehmen führten Kurzarbeit ein. Arbeiter mußten entlassen werden, die Arbeitslosigkeit stieg steil an. Deutschland wurde besonders hart getroffen. Es kam zu einer politischen Radikalisierung. Bei der Reichstagswahl im September 1930 erhielten die Nationalsozialisten statt der bisherigen 12 Mandate 107. Sie hatten die Parteien der Mitte überflügelt und waren nach den Sozialdemokraten die stärkste Partei geworden. Die Kommunisten konnten die Anzahl ihrer Mandate von 54 auf 77 erhöhen.

Durch die Auswirkungen der Weltwirtschaftskrise gerieten die meisten deutschen Konzerne in finanzielle Schwierigkeiten. Auch die I. G. mußte einschneidende Maßnahmen treffen: Vorzeitige Pensionierungen, Kurzarbeit und schließlich auch Entlassungen, besonders in Leuna. Im Zentral-Ausschuß der I. G. wurde erwogen, die Hydrieranlage, die „Pier-Brauerei", stillzulegen. Schließlich setzte sich die Erkenntnis durch, daß bei einer Stillegung die Verbundwirtschaft gestört sein würde und die Kosten für andere Syntheseverfahren ansteigen würden. Da außerdem von den Chemikern geringere Produktionskosten in Aussicht gestellt wurden, entschied sich der Zentral-Ausschuß im Dezember 1931 für den Weiterbetrieb der Hydrieranlage.

In jener Zeit, als die Wirtschaftskrise kulminierte, wurde Carl *Bosch* mit dem Nobelpreis für Chemie ausgezeichnet; am 10. Dezember 1931 nahm er ihn aus den Händen des schwedischen Königs entgegen. Annähernd zur selben Zeit entwickelte Carl *Duisberg* ein Konzept zur Erneuerung der Wirtschaft. In mehreren Zeitungen veröffentliche er Aufrufe unter verschiedenen Überschriften, wie „Voraussetzungen für den Wiederaufstieg", „Ein Führerprogramm der deutschen Wirtschaft" oder „*Duisbergs* sechs Gebote". Unter diesen Geboten verstand er Maßnahmen zur Überwindung der Krise: (1) Ausgabenabbau, (2) Verwaltungseinschränkungen, (3) Vertrauen in die eigene Kraft, (4) neuer Unternehmungsgeist und Leistungswille, (5) Ausnutzung aller Möglichkeiten der handelspolitischen Situation, (6) Revision des Versailler Vertrages und Änderung des Young-Planes.[17]

Duisbergs Ziel war ein funktionierendes Weltwirtschaftssystem. Er trat für die Schaffung von Großwirtschaftsräumen ein: „Erst ein geschlossener Wirtschaftsblock von Bordeaux bis Sofia wird Europa das wirtschaftliche Rückgrat geben, dessen es zur Behauptung seiner Bedeutung in der Welt bedarf."[18] 60 Jahre nach *Duisbergs* Vision nimmt dieser Wirtschaftsraum durch den Zusammenschluß der EG-Staaten Gestalt an. Auch der Führer der abgewirtschafteten kommunistischen Länder, Michail *Gorbatschow,* nahm diese Idee auf und erklärte im Sommer 1989 vor der Versammlung des Europarates in Straßburg: „Ich halte die Schaffung eines riesigen Wirtschaftsraumes vom Atlantik bis zum Ural für realistisch."

Auch um den Führungsnachwuchs in der chemischen Industrie machte sich *Duisberg* Gedanken. Dabei ließ er sich von seiner Grundüberzeugung leiten, daß alle großen Taten der Weltgeschichte, also auch auf dem wirtschaftlichen Gebiet, einzelnen überragenden Männern zu verdanken sind. Er war ein entschiedener Verfechter des Führerprinzips: „Führer sein erfordert in unserer Zeit neben hervorragenden Berufskenntnissen und Wissen auf den verschiedenen Nachbargebieten Einsicht in die großen Zusammenhänge des Wirtschaftslebens, Übersicht über die großen Fragen unseres Geisteslebens, dazu gutes Gedächtnis, rasche Auffassungsgabe, vor allem Charakterfestigkeit, Energie und Weitblick und nicht zuletzt einen gesunden, kräftigen Körper – und soziales Empfinden."[19]

Von verschiedener Seite wurde damals vorgeschlagen, geeignete Persönlichkeiten auf ihre Führungsaufgabe in Ausbildungsinstituten nach dem Vorbild von Kadettenanstalten vorzubereiten. Diesem Ansinnen trat *Duisberg* entschieden entgegen: „Der Führer wird nicht erzogen, er wird geboren. Wichtig ist nur, die zum Führen geeigneten jungen Leute rechtzeitig zu erkennen, um sie dann, so bald als möglich, an die richtige Stelle zu bringen."[20] Den Direktoren der großen Unternehmen empfahl er, gut veranlagte junge Leute als Adjutanten zu sich zu nehmen und sie in das Führungsgeschäft einzuweisen; an die Hochschulen richtete er Appelle, nicht Berufsspezialisten heranzuzüchten.

Im Gegensatz zu *Duisberg* war *Bosch* kein Vertreter des Führerprinzips. Auch der autoritäre Führungsstil war ihm suspekt. Darüber berichtet sein Biograph *Holdermann*: „Die Methode, allein mit Befehlen, aufgebaut auf Macht, zu regieren, anstatt zu überzeugen, reizte Carl *Bosch* zum Widerspruch. Schon die autoritäre Art, mit der *Bismarck* manchmal dem Volkswillen entgegengehandelt hatte, erregte seinen heftigen Unwillen. Er konnte darum *Bismarck* nicht leiden. In den Ruf nach dem starken Mann hatte er nie mit eingestimmt. ... Unter diesen Umständen mußte das Aufkommen einer totalitären Bewegung, die blindlings von vornherein mit allen Befehlen sich einverstanden erklärte, in dem sie den Grundsatz ‚Führer befiehl, wir folgen' zum Leitgedanken erhob, auf Carl Bosch wie ein Entzug eines Lebenselementes wirken."[21]

Erste Kontakte mit den Nationalsozialisten

Die Wirtschaftskrise der frühen dreißiger Jahre und die Wahlerfolge der NSDAP brachten es mit sich, daß sich die Wirtschaftsunternehmen für das Programm der Nationalsozialisten zu interessieren begannen.

Die erste große Begegnung führender Männer der deutchen Wirtschaft mit den Führern der Nationalsozialisten, bei der *Hitler* den Großindustriellen seine wirtschaftlichen Pläne vortrug, fand am 27. Januar 1932 in Düsseldorf statt. Die I. G. war auf diesem Industrieklub-Treffen noch nicht vertreten. *Bosch* war nicht bereit, sich den Nationalsozialisten anzubiedern.

Im Rückblick fällt es schwer, den führenden Männern der deutschen Industrie während des Dritten Reiches gerecht zu werden. Zunächst aber muß klargestellt werden, daß *Hitler* nicht durch die Großindustrie, schon gar nicht durch die I. G. Farben, an die Macht finanziert wurde. Diese früher häufig vertretene Meinung dürfte durch die fundierte Arbeit von Henry A. *Turner*[22] endgültig widerlegt sein. Großunternehmen haben ganz überwiegend die Deutsche Demokratische Partei (DDP), die rechtsliberale Deutsche Volkspartei (DVP) und die konservative Deutschnationale Volkspartei (DNVP) bedacht.

Auch die leitenden Herren der I. G. waren in der Mehrzahl diesen Parteien der Mitte, vor allem den beiden Wirtschaftsparteien DDP und DVP, verbunden. *Bosch* selbst war Mitglied der DVP, die er auch finanziell unterstützte; eine parteipolitische Tätigkeit kam jedoch für ihn nicht in Frage. Nach der Reichstagswahl von 1928 saßen insgesamt vier Vertreter der I. G. als Abgeordnete der bürgerlichen Parteien im Reichstag.

Infolge der internationalen Verflechtung der I. G. und des relativ hohen Anteils jüdischer Mitglieder im Aufsichtsrat war der Konzern ein bevorzugtes Ziel nationalsozialistischer Angriffe und Gegenstand bissiger Karrikaturen. Als 1927 der NS-Gauleiter und nachmalige Führer der Deutschen Arbeitsfront (DAF) Robert *Ley*, der als Chemiker in der I. G.-Leverkusen beschäftigt war, wegen seiner politischen Aktivitäten auf Betreiben des jüdischen Aufsichtsratsmitgliedes Max Moritz *Warburg* entlassen worden war, verstärkte sich die Hetze. Die I. G. wurde als Werk jüdischer und internationaler Finanzkreise bezeichnet. Kritisiert wurde auch die staatliche Hilfe für das Benzinprojekt.

Als sich ein Sieg der Nationalsozialisten abzuzeichnen begann, beschloß *Bosch* aus Sorge um das Benzinprojekt, direkt bei *Hitler* vorstellig zu werden. Dieses größte Projekt der I. G. konnte nämlich nur weitergeführt werden, wenn die Zölle auf Importbenzin weiterhin auf hohem Niveau belassen wurden. Für die Kontaktaufnahme mit *Hitler* bestimmte *Bosch* Heinrich *Gattineau*, einen Mitarbeiter aus der Öffentlichkeitsarbeit, und Heinrich *Bütefisch*, den technischen Direktor des Leuna-Werkes. Über die Begegnung der beiden Herren mit *Hitler* berichtet *Turner:* „Am vereinbarten Tag im Juni 1932 holte ein Auto *Gattineau* und *Bütefisch* in ihrem Münchener Hotel ab und brachte sie zu *Hitlers* Privatwohnung. Wie *Bütefisch* sich später erinnerte, kam *Hitler* spät und erschöpft von einer Wahlkampfreise zurück. Nach Aussagen sowohl von *Bütefisch* als auch von *Gattineau* erwärmte er sich aber sofort für ihr Anliegen und trug ihnen ausführlich seine Pläne für die Motorisierung Deutschlands und den Bau neuer Autobahnen vor. Er ließ sie wissen, daß die Herstellung synthetischen Benzins hervorragend in seine Pläne passe. Dann erkundigte er sich bei *Bütefisch* bis in alle Einzelheiten nach den technischen Aspekten des Verfahrens und nahm sich für seine Besucher zweieinhalb Stunden Zeit anstelle der halben Stunde, die vorgesehen war. Als sie schließlich eine Gelegenheit fanden, ihn zu fragen, ob er die Angriffe gegen das Hydrierungsprojekt der I. G. Farben stoppen und die Importzölle auf Erdöl aufrechterhalten werde, wenn die NSDAP an die Macht komme, antwortete *Hitler* bejahend. Damit war das Gespräch beendet. Später, in Nürnberg, betonte *Bütefisch*, daß weder die Politik noch der finanzielle Bedarf der NSDAP erwähnt worden seien. Als er *Bosch* über diesen Besuch bei *Hitler* unterrichtete, so erinnerte sich *Bütefisch* in Nürnberg, habe dieser gesagt: ‚Dann erscheint ja der Mann vernünftiger als ich gedacht habe.' Bald darauf entschied sich die I. G. Farben, mit der Entwicklung synthetischen Benzins weiterzumachen."[23]

Bei der Reichstagswahl im Juli 1932 gewann *Hitler* auf Anhieb 230 von den 608 Reichstagsmandaten und die NSDAP wurde stärkste Partei Deutschlands. Trotz des Wahlerfolges hatte Reichspräsident *Hindenburg* gezögert, *Hitler* zum Reichskanzler zu ernennen. Wohl sahen einige Großindustrielle in der Kanzlerschaft *Hitlers* einen notwendigen

Ordnungsfaktor für das Wirtschaftsleben, aber *Hindenburg* beauftragte Kurt von *Schleicher* mit der Regierungsbildung. Als dieser bei der Bildung einer parlamentarischen Mehrheit scheiterte, mußte ihn *Hindenburg* fallen lassen. Am 30. Januar 1933 ernannte *Hindenburg Hitler* zum Reichskanzler. Die Dauer der Kanzlerschaft *Hitlers* hing vom Ausgang der nächsten Wahl ab, die *Hindenburg* auf den 5. März angesetzt hatte. *Hitler*, der mit dem Programm zur Beseitigung der Arbeitslosigkeit angetreten war, ging als Sieger aus dieser Wahl hervor. Er bekam zwar nicht die absolute Mehrheit, aber 44 % der Deutschen entschieden sich für ihn und sein Programm.

Der Nationalsozialismus wird akzeptiert

Der Nationalsozialismus lebte und wuchs aus mehreren Wurzeln. Eine Wurzel war die in Deutschland nach dem Ersten Weltkrieg aufkommende Hinwendung zur Natur. Die schnelle Industrialisierung und die mörderischen Materialschlachten des Krieges ließen bei jungen Menschen eine Technikfeindlichkeit aufkommen. Der junge Nationalsozialismus, so glaubten anfangs viele, könne die Sehnsüchte nach einem natürlichen Leben erfüllen. Auch namhafte Schriftsteller, Künstler und Philosophen waren für den Nationalsozialismus anfällig, wie etwa Martin *Heidegger*[24], Gottfried *Benn*[25] und Knut *Hamsun*[26]. Eine weitere Kraft, die sich nach dem Ersten Weltkrieg verstärkte und *Hitler* zugute kam, war der Antisemitismus, der im Programm festgeschrieben war.[27] Dagegen hatte ein anderer Programmpunkt, die Revision des Versailler Vertrages, keine besondere Zugkraft, da auch fast alle anderen Parteien dieses Ziel verfolgten.[28]

Ausschlaggebend für den Sieg des Nationalsozialismus war jedoch nicht das überspitzte nationale Programm, sondern die Weltwirtschaftskrise und wie sie *Hitler* zu seinem Vorteil nutzte. 1932, auf dem Höhepunkt der Krise, gab es in Deutschland sechs Millionen Arbeitslose. Das Vertrauen in die Altparteien war geschwunden, Hoffnung sahen viele

Arbeitslose nur noch in der NSDAP und KPD. Auch viele Angestellte, Beamte und Handwerker wandten sich von den Parteien der Mitte ab und in ihrer Mehrzahl der NSDAP zu, der, im Gegensatz zur KPD, die Rolle einer Volkspartei zufiel.[29]

Viele glaubten damals, die Nationalsozialisten werden bald wieder aus dem Parlament verschwinden und den alten Parteien Platz machen müssen. Das war ein Trugschluß, dem vor allem zahlreiche national eingestellte und verdiente jüdische Mitbürger unterlagen. *Hitler* war keine bloße Randerscheinung, sondern eine tiefwurzelnde Realität. Viele deutsche Intellektuelle in der Emigration haben ihn unterschätzt.

Nach der Machtübernahme *Hitlers* hat sich auch die I. G. mit dem neuen Regime arrangiert. Ihre führenden Männer paßten sich mehr oder weniger an. Sie verhielten sich nicht anders wie die führenden Männer anderer Großunternehmen. Wirtschaftsunternehmen versuchen immer und überall Frieden mit den Herrschenden zu machen.

In seiner Regierungserklärung versprach *Hitler*, an den Grundsätzen der Privatwirtschaft festzuhalten. Am 7. April 1933 verkündete daher *Bosch* vor dem Aufsichtsrat, daß es Pflicht eines jeden verantwortungsbewußten Unternehmers sei, an der neuen Entwicklung mitzuarbeiten. Im Mai 1933 fand ein Treffen *Hitlers* mit prominenten Wirtschaftsführern statt, an dem auch *Bosch* teilnahm. Während dieser Aussprache bekannte sich *Hitler* ausdrücklich zur Privatwirtschaft. Die Prinzipien und die Interessen der Privatwirtschaft müßten gewahrt bleiben. *Hitler* ging es bei diesem Treffen vor allem um geeignete Maßnahmen für eine Wirtschaftsbelebung und Arbeitsbeschaffung.[30] Auch im September 1933, vor dem einberufenen Generalrat der Wirtschaft, bekannte sich *Hitler* zur Privatwirtschaft. Er betonte, daß er die Aufgabe des Staates auf die Vorgabe von Rahmenbedingungen begrenzen werde. In den ersten beiden Jahren seiner Regierungszeit hat er diese Rahmenbedingungen auf die Ankurbelung der Wirtschaft und die Beseitigung der Arbeitslosigkeit ausgerichtet. Später setzte er der Wirtschaft weiterführende Ziele: Maßnahmen zur Erlangung einer weitgehenden Rohstoffautarkie und Umstellung auf „Wehrhaftmachung" und Aufrüstung.

Obwohl *Bosch* aus seiner ablehnenden Haltung gegenüber dem Nationalsozialismus kein Hehl machte, hatte er in *Hitler* doch eine gewisse Hoffnung gesetzt. Er glaubte an sein Versprechen, der Wirtschaft freie Hand zu lassen. Auch die erste Erfahrung bei der Bekämpfung der Arbeitslosigkeit stimmte ihn hoffnungsfroh. In einem Aufsatz der *Frankfurter Zeitung* verbreitete er Zuversicht: „Den Grund dafür sehe ich darin, daß zum ersten Mal nach dem Kriege eine deutsche Regierung nicht nur Versprechungen macht, sondern auch handelt."[31] Und er begrüßte das Ethos der deutschen Arbeit und lobte den von *Hitler* eingeführten freiwilligen Arbeitsdienst.

Der Wirtschaftsaufschwung setzte bald mit Macht ein. Die Arbeitslosigkeit ging zurück und die Unternehmen machten wieder ansehnliche Gewinne. Das kapitalistische System funktionierte, das Privateigentum wurde nicht angetastet. Die Normalität im zivilen Bereich blieb praktisch erhalten. Die Nationalsozialisten mußten Rücksicht auf die Wirtschaft nehmen, denn sie waren auf ihre Leistungsfähigkeit angewiesen. Auch die Einstellung zu den Siegermächten war eher moderat. Der Erbfeind Frankreich und das perfide Albion waren nicht im Visier. Der Englandhaß verlor sich.

Nach den ersten Erfolgen der neuen Regierung änderten die Westmächte ihre Politik der harten Bandagen in eine Politik der Gleichberechtigung. Dem nationalsozialistischen Deutschland wurde eine Sympathie zuteil, die der Weimarer Republik versagt geblieben war. Die Deutschen, die man unter der neuen Regierung wieder achtete und respektierte, hatten keine Veranlassung gehabt, die alten Zustände, selbst wenn es möglich gewesen wäre, wieder herbeizuführen.

Juden in der I. G.

Schon bald nach der Machtübernahme wurde deutlich, daß für die jüdischen Mitbürger im nationalsozialistischen Deutschland kein Platz war. Durch vom Staat unterstützte

Hetze, durch Diskriminierungen und Drohungen wurde ihnen das Leben schwer gemacht. Mit dem „Gesetz zur Wiederherstellung des Berufsbeamtentums" wurde eine Rechtsgrundlage für die Entlassung jüdischer Beamten geschaffen. Als Konzession an den Reichpräsidenten *Hindenburg* waren zunächst solche Juden ausgenommen, die a) seit dem 1. August 1914 Beamte waren, b) im Weltkrieg Frontkämpfer waren, c) Vater oder Sohn im Krieg verloren hatten. Nach dem Tode *Hindenburgs* wurden auch diese Ausnahmen nicht mehr gemacht.

In den ersten Jahren der nationalsozialistischen Herrschaft, als es überall in Deutschland wirtschaftlich bergauf ging, war der weitaus größte Teil der Bevölkerung überzeugt, daß *Hitler* für Deutschland ein Segen war. Auch wenn er da und dort die persönliche Freiheit einengte oder eine kleine Bevölkerungsgruppe diskriminierte, konnte er damit rechnen, daß sich niemand dagegen auflehnen würde. In dieser Aufschwungphase, am 15. September 1935, wurden die Nürnberger Rassengesetze erlassen, in denen festgelegt wurde, wer Jude ist. Von nun an konnten Juden keine Reichsbürger sein, und die Eheschließung von Juden mit Angehörigen „deutschen oder artverwandten Blutes" wurde verboten. Diese verbrecherische Diskriminierung der Juden und ihre allmähliche Entrechtung sprengten alle bisherigen Sittlichkeitsnormen.

Der durch Gesetze sanktionierte Terror führte zu einer Abwanderung jüdischer Spitzenkräfte, zunächst aus dem Beamtentum und der Wissenschaft, später auch aus der Wirtschaft. Einige Wissenschaftler konnten vorübergehend in der Wirtschaft unterkommen, denn in Großunternehmen war in den ersten Jahren des Dritten Reiches immer noch Platz für politisch Andersdenkende und rassisch Verfolgte.[32] Dies galt besonders für die I. G. Hier wurden auch jüdische Direktoren nicht, wie in einigen anderen Unternehmen, in Pension geschickt, sondern im Unternehmen gehalten oder in ausländische Tochtergesellschaften versetzt. Von den Aufsichtsratsmitgliedern der I. G. waren im Zeitraum von 1926 bis 1938 fast 25 % jüdischer Herkunft.[33]

Bedeutende und angesehene Nichtjuden setzten sich mutig für ihre jüdischen Kollegen ein. Carl *Bosch* versuchte für besonders verdienstvolle Männer Ausnahmeregelungen zu erreichen. Als Mitglied des von den Nationalsozialisten geschaffenen Generalrats der Wirtschaft nutzte er die Begegnung mit *Hitler* und „wies auf die schwere Beeinträchtigung des künftigen Wettbewerbs hin, die durch Nachlassen der technischen Leistungsfähigkeit zu erwarten sei, wenn hervorragende Wissenschaftler ohne Rücksicht auf ihre Verdienste gezwungen würden, das Land zu verlassen. Er habe größte Besorgnis für die Zukunft von Physik und Chemie in Deutschland. Als er schließlich einige Vorschläge machte, wie man den Folgen der eingeschlagenen Politik entgehen könnte, fiel ihm *Hitler* mit dem Einwurf ins Wort ‚Davon verstehen Sie nichts!' und hielt nun seinerseits eine lange Rede. Als *Bosch* wieder eine Gegenäußerung wagte, klingelte *Hitler* seinem Adjutanten und sagte bei dessen Erscheinen: ‚Der Geheimrat wünscht zu gehen.'" Dies berichtete der Bosch-Biograph Karl *Holdermann*.[34] Er erwähnte auch, daß sich *Bosch* besorgt über diese Aussprache äußerte.

Auch Max *Planck* hat während eines Gespräches mit *Hitler* auf den durch die Emigration jüdischer Wissenschaftler entstehenden Schaden hingewiesen. Ihm soll er gesagt haben: „Unsere völkische Politik wird weder rückgängig gemacht noch abgeändert werden, auch nicht für die Wissenschaftler. Wenn die Entlassung jüdischer Wissenschaftler die Vernichtung der zeitgenössischen deutschen Wissenschaft bedeutet, dann werden wir eben einige Jahre ohne Wissenschaft auskommen."[35]

Am 29. September 1933 wurden in Leverkusen zwei verdiente Männer der I.G. geehrt: Carl *Duisberg* und Arthur von *Weinberg* (1860–1943). Beide feierten ihr 50. Dienstjubiläum, und *Bosch* hielt die Festrede. Trotz der zweifellos größeren Verdienste *Duisbergs* wurden beide Männer fast wörtlich mit dem gleichen Lob bedacht. Am Ende seiner Rede brachte *Bosch* das Leben beider Männer auf einen Nenner: „Jedenfalls kann man das von Ihnen beiden sagen: Was ein Menschenleben überhaupt hat erfüllen können, das ist bei

Ihnen in Erfüllung gegangen. Sie können auf ein reiches Leben zurückblicken, und wir freuen uns, daß Sie hier unter uns weilen."³⁶

Duisbergs Leben war in der Tat mit vielerlei Ideen und Tätigkeiten ausgefüllt, die ihm viel Anerkennung und Ruhm einbrachten. Auch heute noch wird die Erinnerung an ihn durch Preise und Einrichtungen, die seinen Namen tragen, wachgehalten. Und es dürfte ganz in seinem Sinne sein, daß man vor kurzem im Carl-Duisberg-Park zu Leverkusen das Bayer-Kommunikationszentrum eingerichtet hat.

An Arthur von *Weinberg*, den ehemaligen Cassella-Chef, erinnert heute fast nichts mehr. Als er in Leverkusen geehrt wurde, war er Mitglied des Aufsichtsrats der I. G. Farbenindustrie AG. 1937 wurde er gemeinsam mit den anderen jüdischen Aufsichtsratsmitgliedern der I. G., darunter war auch sein Bruder Carl von *Weinberg* (1861–1943), seines Amtes enthoben. Allen gelang es, Deutschland zu verlassen. Nur Arthur von *Weinberg*, der bei seiner Tochter in Deutschland geblieben war, wurde 1942 verhaftet und ins Konzentrationslager Theresienstadt eingeliefert.

Krauch und *Schmitz* intervenierten bei *Himmler*, bekamen ihn aber nicht frei. Schließlich erhielten sie die Nachricht, *Weinberg* sei an den Folgen einer Gallenblasenoperation gestorben. Dieser Vorfall hat *Krauch* zeit seines Lebens sehr bedrückt. *Weinbergs* Bruder Carl, der noch im Jahr 1934 gegenüber Besuchern der Firma Du Pont geäußert hatte, daß er dem Nationalsozialismus seine volle Zustimmung gebe, konnte 1939 zu seiner Schwester Maria Gräfin *Paolozzi di Calboli* nach Italien fliehen, wo er bis zu seinem Tod über eine italienische Firma Pensionszahlungen der I. G. erhielt.

Bemerkenswert war der späte Eintritt leitender Herren der I. G. in die NSDAP. 1933 gehörten drei der 17 ordentlichen Vorstandsmitglieder der Partei an: *Gajewski, Kühne* und *Otto*. Erst 1937/38 erklärten elf weitere Vorstandsmitglieder ihren Beitritt: *Ambros, Bürgin, Bütefisch. Ilgner, Jähn, Krauch, Lautenschläger,* ter *Meer, Schneider,* von *Schnitzler* und *Wurster*. Offenbar wollten einige damit demonstrieren, daß sie mit dem Regime im allgemeinen und seiner Einstellung zur Wirtschaft einverstanden sind.[37] Irritierend ist allerdings, daß dieser Kollektivbeitritt zeitlich mit dem Ausscheiden der letzten jüdischen Mitglieder aus Aufsichtsrat und Vorstand zusammenfiel.[38]

Benzin und Kautschuk

Um das größte Projekt der I. G., die Kohlehydrierung, voranzubringen, scheute man sich nicht, die neuen Machthaber stärker daran zu interessieren. Max *Ilgner*, ein Neffe von Hermann *Schmitz*, nahm deshalb Kontakt zum Luftfahrtministerium auf, um auf das synthetische Flugbenzin aufmerksam zu machen. Carl *Krauch* verfaßte eine Denkschrift zur Ausweitung der Produktion einheimischer Treibstoffe und übergab sie am 14. September 1933 an Staatssekretär Erhard *Milch* von Luftfahrtministerium. Am 14. Dezember 1933 kam dann der vielbeachtete Benzinvertrag zustande, der von *Bosch* und *Schmitz* als Vertreter der I. G., Graf Schwerin von *Krosigk* als Reichsminister der Finanzen und Staatssekretär *Feder* vom Reichswirtschaftsministerium unterzeichnet wurde. Darin verpflichtete sich das Werk Merseburg, seine Anlagen zur Erzeugung synthetischen Benzins bis zum 31. Dezember 1935 auf 350 000 Tonnen pro Jahr zu vergrößern und diese Produktionshöhe während der Vertragsdauer von zehn Jahren aufrecht zu erhalten. Das Reich garantierte die Abnahme und einen den Gestehungskosten entsprechenden Preis. Am 10. Januar 1934 wurde der Benzinvertrag *Hitler* vorgelegt.

Dieser Vertrag paßte in *Hitlers* Konzept. Bei den Maßnahmen zur Beseitigung der Arbeitslosigkeit hatte er, der Autonarr, vor allem auf das Auto gesetzt. Am 10. April 1933 wurden per Gesetz alle neu zugelassenen Personenwagen und Motorräder von der Kraftfahrzeugsteuer befreit. Die Zahl der Zulassungen stieg von 41 000 im Jahr 1932 auf 82 000 im Jahr 1933 und weiter auf 159 000 im Jahr 1934. Am 27. Juni 1933 wurde das Gesetz zum Bau der Reichsautobahnen erlassen; der Straßenbau als arbeitsintensives Gewerbe ließ die Zahl der Arbeitslosen stark schrumpfen. Der Ausbau der Straßen und die Maßnahmen zur Ankurbelung der Autoindustrie bedingten eine Zunahme des Treibstoffbedarfs, der nur mit einem erhöhten Devisenaufwand gedeckt werden konnte. Devisen aber waren knapp. Eine weitgehende Selbstversorgung mit Treibstoffen war daher wünschenswert.

Devisen mußten auch für andere Importgüter ausgegeben werden. Im gleichen Maße, wie die Arbeitslosigkeit überwunden wurde, stieg die Kaufkraft der Bevölkerung und damit auch der Devisenaufwand. In dieser Situation überlegte man, auch andere heimische Rohstoffquellen zu erschließen. Nicht nur Treibstoffe und andere Mineralölprodukte, sondern auch Kautschuk und Textilien sollten tunlichst im Lande erzeugt werden.

Zunächst paßten die nationalsozialistischen Programme in das Bild zur Belebung der deutschen Friedenswirtschaft. Die I. G. profitierte von dem Aufschwung. Sie konnte nun die entlassenen und beurlaubten Mitarbeiter wieder einstellen und neue Projekte in Angriff nehmen. Die politischen Begleitumstände aber trübten das Bild der aufgehenden Konjunktursonne und ließen erkennen, daß das großangelegte Autarkiekonzept vor allem Schutz vor ausländischen Einflüssen und Boykottmaßnahmen bieten sollte. Unter diesem Schutz konnte schließlich eine konsequente Aufrüstung betrieben werden.

Im Frühjahr 1934 fand in Berlin die große Ausstellung „Deutsches Volk, deutsche Arbeit" statt. Auf dem Ausstellungsstand der I. G. wurde auch ein Modell der neuen Hydrieranlage des Leunawerkes gezeigt. *Hitler* ließ es sich erklären und fragte dann nach dem Projekt zur künstlichen Herstellung von Kautschuk. Am 23. Juli 1934 verlangte das Reichswirtschaftsministerium von der I. G., so schnell wie möglich mit dem Bau einer Synthesekautschukfabrik zu beginnen, mit der Begründung, der Devisenmangel gefährde den Kautschukimport und damit die Motorisierung. Am 4. August 1934 verlangte das Reichswirtschaftsministerium auch den Ausbau der Kapazitäten der Kunstfasern, um die Importabhängigkeit bei Textilrohstoffen zu verringern.

Ende Oktober 1934 wurde der Wirtschaftsbeauftragte

Hitlers, Wilhelm *Keppler*, zum Sonderbeauftragten für die Rohstoffindustrie ernannt. Er drängte nun die I. G. zum sofortigen Bau einer Kautschukanlage, aber erst ein Jahr später begann die I. G. mit dem Bau einer Versuchsanlage am Standort Schkopau, unweit Leuna.[39] Das Finanz- und das Wirtschaftsministerium garantierten Preise und Abnahme, die Wehrmacht übernahm die Entwicklungskosten. Zum Leiter dieses Projektes „Buna" berief *Bosch* Otto *Ambros* (1901–1990), einen seiner begabtesten Chemiker.

Der Vierjahresplan

Am 4. April 1936 wurde Hermann *Göring* von *Hitler* als politischer Schiedsrichter für die Rohstoff- und Devisenpolitik eingesetzt. Er wurde durch einen Rohstoff- und Devisenstab beraten, dem auch Carl *Krauch* als Chemiesachverständiger angehörte. Der in Darmstadt geborene *Krauch* hatte bis dahin schon eine glänzende Karriere gemacht. Nach seinem Studium der Chemie in Gießen und Heidelberg, wo er 1912 promovierte, trat er ins Hauptlabor der BASF ein. 1917 wurde er mit der technischen Inbetriebnahme des Leunawerkes beauftragt, 1920 übernahm er die technische Leitung des Werkes Oppau, 1926 wurde er Leiter des Bereiches Hochdruck-Chemie und 1929 Leiter der neugeschaffenen Sparte I sowie Mitglied des Vorstands und des Zentralausschusses des Vorstands. Mit der Entsendung *Krauchs* in die staatliche Rohstoffplanung wollte die I. G. primär ihr Interesse gegenüber staatlichen Eingriffen absichern. *Bosch* befürwortete die Freistellung Krauchs, weil er überzeugt war, daß dieser Mann seines Vertrauens der I. G. und der deutschen chemischen Industrie in dieser Funktion unter den herrschenden politischen Verhältnissen am besten dienen könne.[40]

Am 9. September 1936 verkündete *Hitler* auf dem Reichsparteitag in Nürnberg den Vierjahresplan. In der Monatszeitung der I. G. Farbenindustrie AG *Von Werk zu Werk* wurde *Hitler* auf der Titelseite neben seinem Konterfei zitiert: „Und ich stelle dies nun heute als das neue Vierjahresprogramm auf: In vier Jahren muß Deutschland in allen jenen Stoffen vom Ausland gänzlich unabhängig sein, die irgendwie durch die deutsche Fähigkeit, durch unsere Chemie und Maschinenindustrie sowie durch unseren Bergbau selbst beschaffen werden können."[41]

Aufgaben und Anweisungen zur Durchführung des Vierjahresplanes wurden von *Hitler* in einer geheimgehaltenen Denkschrift festgelegt. Darin formulierte er in außergewöhnlicher Klarheit seine Absichten: „Es ist gänzlich belanglos, immer wieder festzustellen, daß uns Lebensmittel oder Rohstoffe fehlen, sondern es ist entscheidend, jene Maßnahmen zu treffen, die für die Zukunft eine endgültige Lösung, für den Übergang eine vorübergehende Entlastung bringen können. Die endgültige Lösung liegt in einer Erweiterung des Lebensraumes bzw. des Rohstoff- und Ernährungsbaus unseres Volkes. Es ist die Aufgabe der politischen Führung, diese Fragen dereinst zu lösen. Die vorübergehende Entlastung kann nur im Rahmen unserer heutigen Wirtschaft gefunden werden."[42]

Nach dieser Vorstellung *Hitlers* war die Ausschöpfung aller einheimischen Rohstoffe und die Herstellung synthetischer Grundstoffe nur eine Vorstufe. Sie ist aber Voraussetzung, um die zweite (und letzte?) Stufe, die Erweiterung des Lebensraumes, zu erklimmen. Devisen sollten nur noch für Importe ausgegeben werden, die unbedingt erforderlich waren und dem Vierjahresplan dienten. Am Ende der Denkschrift definierte er die Ziele des Vierjahresplans in verblüffender Offenheit: „1. Die deutsche Armee muß nach vier Jahren einsatzfähig sein. 2. Die deutsche Wirtschaft muß nach vier Jahren kriegsfähig sein."[43]

Am 18. Oktober 1936 wurde *Göring* zum Wirtschaftsbeauftragten des Vierjahresplans und damit zur obersten Instanz in der deutschen Wirtschaftspolitik ernannt. Diese Ernennung verlieh *Göring* das Weisungsrecht in Wirtschaftsfragen gegenüber allen Reichsministerien und allen Amtsträgern der Partei.

Der Rohstoff- und Devisenstab wurde nun in das Amt für Deutsche Rohstoffe und Werkstoffe umgewandelt, das für die Planung verantwortlich war. An der Spitze dieses Amtes stand Oberst *Löb*, zum Leiter der Abteilung Forschung und Entwicklung wurde Carl *Krauch* bestellt. Seine Aufgabe beschränkte sich zunächst darauf, Substitutionsmöglichkeiten für Importstoffe anzugeben. Auch andere Fachkräfte wurden von der I. G. für dieses Amt freigestellt, u. a. Johann *Eckell* als Leiter des Hauptreferates BUNA und Gerhard *Ritter* als Leiter der Vermittlungsstelle W der I. G. und als Vertreter *Krauchs*.

Der synthetischen Erzeugung von Treibstoffen maß *Hitler* besondere Bedeutung bei. Er nannte die Treibstoffe „Brennstoffe" und setzte sie stets an die erste Stelle unter den Rohstoffen. Für die I. G. aber war das Treibstoffgeschäft zunächst ein Verlustgeschäft. Von 1924 bis 1932 hatte die I. G. 147 Millionen Reichsmark für die Forschungs- und Entwicklungskosten ausgegeben. Erst 1936 wurden aus dem Treibstoffgeschäft geringe Gewinne erwirtschaftet, von denen aber auch der Staat durch vertraglich festgelegte Abgaben profitierte (Tabelle 5). Eine Revision des Benzinvertrages aus dem Jahr 1933 lehnte der Staat ab, da gemäß der Reichshaushaltsordnung eine Abänderung von Verträgen zum Nachteil des Reiches gar nicht möglich war. Wohl konnte die I. G. ihren Etat durch Lizenzeinnahmen, insbesondere von der Standard Oil, aufbessern, insgesamt aber war kein Anreiz da, die synthetische Treibstofferzeugung weiter auszubauen. Mit

Tabelle 5. Das Mineralölgeschäft der I. G.

	Absatz (t)	Umsatz Mio. RM	%	Gewinn Mio. RM	Abgaben Mio. RM
1932	110 540	25,0	2,8	–13,1	–
1934	128 218	34,1	3,4	–15,8	–
1936	304 330	98,7	7,2	6,2	2,6
1938	380 507	138,2	7,9	13,4	11,7
1940	395 026	191,5	7,9	14,9	3,1
1942	559 996	339,6	10,2	57,4	4,9

der Mineralölsynthese hatte die I. G. ein Projekt aufgegriffen und in die Großtechnik übertragen, das marktwirtschaftlich nicht gerechtfertigt war. In Deutschland war es das erste Projekt der Großchemie, das wirtschaftspolitische Hilfe des Staates in Anspruch nehmen mußte. In anderen Ländern war dagegen eine Unterstützung des Staates bei großen chemischen Projekten wie der Ammoniaksynthese die Regel.

Hydrieranlagen, Flugbenzin und Isooctan

Mit dem Benzinvertrag hatte sich die I. G. ihre Hydrieranlage in Leuna wirtschaftlich abgesichert. Da sie keine weiteren Anlagen errichten wollte, stagnierte das Treibstoffprojekt. *Hitler* war enttäuscht, daß die „Aufnahme der Treibstoffgewinnung aus heimischen Brennstoffen ins Stocken geraten" war.

Einen Weg aus dieser Stagnation wies der Reichswirtschaftsminister Hjalmar *Schacht*. Am 18. September 1934 schlug er vor, eine oder mehrere Hydrieranlagen vom gesamten Braunkohlenbergbau finanzieren zu lassen: „Die Braunkohlengesellschaften hätten gut verdient und Nutzen aus Bodenschätzen gezogen, die eigentlich der Allgemeinheit gehörten. Es sei bekannt, daß eine Reihe von Braunkohlengesellschaften über größere liquide Mittel verfügten."[44] Da sich aber die Gesellschaften zunächst widersetzten, wurde eigens das „Reichsgesetz über die Errichtung wirtschaftlicher Pflichtgemeinschaften in der Braunkohlenwirtschaft" erlassen und die Braunkohle-Benzin AG (Brabag) gegründet. Diese Zwangsgründung ließ das Grundprinzip des nationalsozialistischen Wirtschaftsdenkens erkennen: Die Wirtschaft hat sich den Interessen der Volksgemeinschaft unterzuordnen. Das nationalsozialistische Wirtschaftssystem war eine gelenkte Marktwirtschaft, in der aber der Privatinitiative und eigenverantwortlichen Tätigkeit breiter Raum gelassen wurde.

Die Aufgabe der Brabag bestand darin, Hydrierwerke im mitteldeutschen Braunkohlenrevier nach Lizenzen der I. G.

und unter Berücksichtigung von Luftschutzvorkehrungen zu errichten. Eine Anlage mit einer Kapazität von 150 000 Jahrestonnen Treibstoff wurde in Böhlen bei Leipzig, eine zweite gleicher Größe bei Magdeburg errichtet. Eine dritte Anlage bei Ruhland nördlich von Dresden war ursprünglich ebenfalls als Hydrieranlage konzipiert, zur Anwendung kam aber eine Fischer-Tropsch-Anlage, die jedoch wegen verfahrenstechnischen Schwierigkeiten lange Zeit nicht voll produzieren konnte. Eine weitere Hydrieranlage wurde bei Zeitz für die Produktion von Dieselöl in Angriff genommen. Insgesamt wurden für die vier Anlagen 360 Millionen Reichsmark ausgegeben.

Im I.G.-Werk Ludwigshafen liefen mittlerweile Hydrierversuche auf Basis Steinkohle. Es stellte sich heraus, daß die Benzin-Ausbeute deutlich höher und die geschätzten Kosten für eine Produktionsanlage niedriger als bei Verwendung von Braunkohle als Einsatzstoff war. 1935 wurde daraufhin von der Bergwerksgesellschaft Hibernia AG ein Steinkohlehydrierwerk mit einer Jahreskapazität von 125 000 Tonnen Benzin auf der Gemarkung Scholven der Stadt Gelsenkirchen-Buer erbaut und im Oktober 1936 in Betrieb genommen, ein Jahr nach der Inbetriebnahme der Steinkohlehydrieranlage der ICI in Billingham.

1936 wurden in Deutschland 1,6 Millionen Tonnen Benzin und Treibgas in Hydrierwerken und Raffinerien erzeugt. Das entsprach 60 % des Gesamtbedarfs. Der Rest mußte immer noch vom Ausland gegen Devisen eingeführt werden. Die Hydrieranlagen waren für Normalbenzin ausgelegt (Ausnahme Zeitz: Dieselöl). In Leuna wurden neben Normalbenzin noch 50 000 Tonnen von dem begehrten Flugbenzin erzeugt, das seinerzeit als Lockvogel für den Benzinvertrag herhalten mußte.

Flugmotoren verlangten einen besonders klopffesten Treibstoff. Das normale, für Automotoren verwandte Benzin hatte eine Oktanzahl von 50. Durch Umstellung des Hydrierprozesses gelang es, Benzin mit einer Oktanzahl von 68 zu erzeugen; allerdings sank dann die Ausbeute um 25 %. Flugmotoren aber benötigten damals eine Oktanzahl von 75–85.

Diese hohe Oktanzahl ließ sich durch Zusatz von Bleitetraethyl erreichen. Die Patente zur Herstellung von Bleitetraethyl befanden sich im Besitz der amerikanischen Firma Ethyl Gasoline Corporation, von der die I. G. nach langen, schwierigen Verhandlungen eine Lizenz erwarb.

Für den Bau von Bleitetraethyl-Anlagen in Deutschland wurde die Gesellschaft Ethyl GmbH gegründet, an der je zur Hälfte die Ethyl Gasoline Corporation und das Ammoniakwerk Merseburg beteiligt waren. Die erste Anlage entstand 1935 in Gapel bei Berlin, die zweite 1938 in Frose bei Magdeburg. Obwohl die Produktionsanlagen für Bleitetraethyl „ausschließlich auf Veranlassung und für die Bedürfnisse der Luftwaffe" erfolgte, wurde Bleitetraethyl in zunehmendem Maße auch als Zusatz für Autobenzin verwendet.

Die Benzinqualität wurde nicht nur durch Zugabe von Bleitetraethyl verbessert, sondern auch durch Abänderungen der Prozeßführung und Verwendung besonderer Kontakte in den Hydrieranlagen sowie durch nachträgliches Aromatisieren des Benzins, d. h. durch Umwandlung der wasserstoffreichen Naphthene in wasserstoffarme Aromaten. Das so hergestellte Grundflugbenzin mit dem Namen „Leuna II" war aber mit 285 Reichsmark je Tonne deutlich teurer als das importierte Flugbenzin aus Rumänien mit 124 Reichsmark je Tonne oder gar das aus den USA mit knapp 100 Reichsmark je Tonne. Erst die Ausweitung der Produktion auf 200 000 Tonnen Flugbenzin pro Jahr brachte eine spürbare Verbilligung des synthetischen Flugbenzins.

Inzwischen gelang den Amerikanern ein großer Wurf: Die Herstellung des Supertreibstoffes Isooctan mit der Octanzahl 100. Als Ausgangsprodukt diente Isobuten, ein Abfallprodukt der Raffinerien, das über die Stufe Isoocten mit anschließender Hydrierung zu Isooctan umgewandelt wurde. 1938 betrug die Kapazität in den USA 260 000 Tonnen. 1939 war die amerikanische Luftwaffe fast vollständig auf Isooctan umgestellt. Auch England stellte noch kurz vor Kriegsbeginn seine Militärflugzeuge auf Isooctan um, was sich in der Schlacht über England als entscheidender Vorteil herausstellte. Damit besaßen die USA und England einen Vorsprung, den Deutschland nicht mehr aufholen konnte.

Die Enttäuschung in Deutschland war groß, vor allem vor dem Hintergrund der Tatsache, daß bereits 1931 von *Krauch* und seinem Mitarbeiter *Hochschwender* ein Verfahren zur Herstellung von Isooctan gefunden worden war. Dieses mehrstufige Verfahren, das von Isobutanol ausging, war jedoch zu kompliziert und wurde deshalb nicht weiter verfolgt. Erst 1935, nachdem das Reichsluftfahrtministerium von der I. G. verlangte, „schnellstmöglich Projekt mit Kostenvoranschlag und Angabe der erforderlichen Bauzeiten für eine Anlage von 100 000 Jahrestonnen einzureichen",[45] kam eine Versuchsanlage in Ludwigshafen in Betrieb. Die Wirtschaftlichkeit des Verfahrens war jedoch so schlecht, daß sich die I. G. zunächst weigerte, eine Großanlage zu bauen. Stattdessen errichtete sie im Leunawerk eine Anlage zur Erzeugung von 10 000 Jahrestonnen Isooctan, die 1937 in Betrieb ging. Erst nachdem Göring im Dezember 1938 die Erstellung von Isooctananlagen mit einer Gesamtkapazität von mehreren hunderttausend Jahrestonnen ohne Rücksicht auf wirtschaftliche Überlegungen forderte, gab die I. G. ihre ablehnende Haltung auf.

Vor Inkrafttreten des Vierjahresplans 1936 bestanden in Deutschland die Hydrieranlagen Leuna, Böhlen, Magdeburg und Scholven. Im Rahmen des Vierjahresplanes wurde die Kapazität dieser Anlagen erweitert und zusätzlich neue Anlagen gebaut: Gelsenberg, Zeitz, Welheim, Wesseling und Pölitz.

Das Werk Pölitz bei Stettin unterschied sich von den übrigen Werken dadurch, daß als Rohstoff nicht Braun- oder Steinkohle vorgesehen war, sondern Rückstände, die beim Cracken von Erdöl in ausländischen Raffinerien anfielen und dort keine Verwendung fanden. An dem Werk Pölitz waren die I. G., Standard Oil und Shell über die gemeinsame Tochtergesellschaft Norddeutsche Hydrierwerke AG zu je einem Drittel beteiligt. Zum ersten Mal wurde ein Hydrierwerk nicht in West- oder Mitteldeutschland errichtet, sondern in Ostdeutschland, weitab von Braun- und Steinkohlengruben.

Dennoch bestand die Möglichkeit, im Notfall das Werk auf der Basis von Kohle zu betreiben, die auf dem Wasserwege aus Oberschlesien herangeschafft werden konnte. Das Werk wurde zunächst auf 200 000 Tonnen Benzin pro Jahr ausgelegt, bald aber auf 450 000 Tonnen, und schließlich, während des Krieges, auf 700 000 Tonnen erweitert. Damit war Pölitz das größte Hydrierwerk Deutschlands.

Auch im Ausland wurden Hydrieranlagen nach dem I. G.-Verfahren gebaut und betrieben. Neben den schon erwähnten Standard-Oil-Anlagen in Baytown und Baton Rouge und der ICI-Anlage in Billingham hatte die italienische Firma Anic je eine Anlage in Livorno und Bari errichtet und 1938 in Betrieb genommen.

Projekte der Wehrwirtschaft

Der Vierjahresplan, der zunächst nicht nur auf die Wehrwirtschaft zugeschnitten war, sondern auch die Bedürfnisse der zivilen Wirtschaft berücksichtigte, wurde im Sommer 1938 neu ausgerichtet. Vorangegangen war die von *Göring* betriebene Entlassung *Schachts* als Reichswirtschaftsminister.[46] Nun hatte *Göring* freie Hand und schneiderte den Vierjahresplan ganz auf die wehrwirtschaftlichen Bedürfnisse zu. In seiner Prioritätsliste erschienen nun folgende Aufgabengebiete an erster Stelle: Pulver und Sprengstoffe, Treibstoffe, Aluminium, Buna und Erzversorgung.

„Nunmehr", verkündete *Göring*, „bilden die Organe des Vierjahresplanes mit dem neugestalteten Reichswirtschaftsministerium und allen anderen in Frage kommenden Ressorts ein unter der obersten Leitung des Beauftragten des Vierjahresplanes stehendes einheitliches Ganzes. Damit ist, wie nie zuvor, der vollen Entfaltung aller wirtschaftlichen Kräfte der Weg geebnet. Ihr geschlossener Einsatz durch einheitliche Lenkung sichert das große Ziel des Vierjahresplans: Die Freiheit und Unabhängigkeit der Nation."[47]

Dieser Umgestaltung fiel auch das Amt für deutsche Roh- und Werkstoffe zum Opfer. Es wurde aufgelöst und zum größten Teil ins Reichswirtschaftsministerium überführt. Für die Koordinierung und Durchführung des Vierjahresplanes ernannte *Göring* für die verschiedenen Sachgebiete Bevollmächtigte mit Weisungsbefugnis in allen Reichsbehörden und Dienststellen: „Nur so wird es möglich sein, dem Auftrage des Führers gerecht zu werden. Die Bevollmächtigten sind mir resp. meinem ständigen Vertreter unmittelbar unterstellt und auf ihrem zuständigen Arbeitsgebiet an irgendwelche Weisungen anderer Dienststellen nicht gebunden."[48]

Zum Bevollmächtigten, dem die wichtigsten Aufgabengebiete unterstellt waren, ernannte *Göring* am 22. August 1938 Carl *Krauch*: „Hierdurch ernenne ich Sie zum neuen Bevollmächtigten für die Erzeugung von Mineralöl, Kautschuk und Leichtmetallen, von Schieß- und Sprengstoffen sowie für die Erzeugung von chemischen Kampfstoffen. Es ist Ihre Aufgabe, die Durchführung des Erzeugungsprogramms mit jedem möglichen Nachdruck zu fördern, hierzu die laufenden Arbeiten fortlaufend zu kontrollieren, Ihnen entgegenstehende Hindernisse schnellstens auszuräumen und für ihre ordnungsgemäße Weiterführung alle notwendigen Voraussetzungen zu sichern. Sie wollen als mein Bevollmächtigter nur persönlich handeln und sich nicht vertreten lassen. Treten Ihrer Tätigkeit Schwierigkeiten entgegen, die anders nicht behoben werden können, so ist mir ungesäumt zu berichten, damit ich meinerseits die notwendigen Entscheidungen treffen kann."[49] Der Titel „Bevollmächtigter" wurde 1939 in „Generalbevollmächtigter" geändert.

Krauch war als Generalbevollmächtigter nicht an Grundsatzentscheidungen beteiligt, wohl aber mußte er sie in seinem Verantwortungsbereich umsetzen. Sein Auftraggeber war nicht die I. G., sondern der Staat, für den er an der wirtschaftlichen Aufrüstung mitarbeitete. Es ist anzunehmen, daß er dabei nicht gegen die Interessen der I. G. handelte. „Bei den Ämtern *Krauchs* handelte es sich um neuartige Institutionen, zur Vermittlung staatlicher Interventionen, die in privatwirtschaftlichen Systemen normalerweise untypisch sind. Mit ihnen entstand eine Art Transformationssystem, das die notgedrungen groben staatlich-politischen Zielvorgaben in das privatwirtschaftlich dezentrale System der Unternehmungen übersetzte. Staat und Privatwirtschaft verschmolzen in diesen Institutionen nicht, vielmehr verhinderten diese gerade, daß es zu dem von den Unternehmern so sehr gefürchteten ‚Staatskapitalismus', das unmittelbare Hineinregieren des Staates in die Unternehmen, kam."[50]

In den Verantwortungsbereich *Krauchs* gehörten vor allem Projekte, die in verschiedenen Unternehmen der chemischen Industrie bearbeitet wurden. Außer der I. G., dem größten und wichtigsten Unternehmen, waren es u. a. Wintershall, Rütgers, Kali-Chemie, van Heyden, insgesamt mehr als 40 Unternehmen. Die I. G. stellte für die Dienststelle *Krauchs* auch den größten Teil des Personals. 1939 kamen 27 von insgesamt 64 der akademischen Mitarbeiter aus der I. G.

Schon Ende 1938 legte *Krauch* das vorläufige Ausbauprogramm für die Treibstoffanlagen fest. Insgesamt sollten in der ersten Ausbaustufe Neuanlagen mit einer Jahres-Kapazität von zwei Millionen Tonnen Mineralölprodukten errichtet werden, und zwar durch Erweiterungen bei bestehenden oder im Bau befindlichen Anlagen (575 000 Jahrestonnen), durch den Bau von vier neuen Hydrieranlagen (1 010 000 Jahrestonnen), durch vier Erweiterungen bei Fischer-Tropsch-Anlagen (335 000 Jahrestonnen) und durch neue Kapazitäten für die Aufarbeitung deutschen Erdöls (100 000 Jahrestonnen).

Bei Ausbruch des Krieges im September 1939 befanden sich sieben Hydrieranlagen in Produktion und fünf im Bau. Nach Fertigstellung der neuen und Erweiterung der alten Anlagen betrug die Jahreskapazität der deutschen Hydrieranlagen (1944) fast 4 Millionen Tonnen Mineralölprodukte (Tabelle 6). Daran hatte die I. G. einen Anteil von etwa 20 Prozent.

Die höchste Jahresproduktion wurde 1943 mit 3,43 Millionen Tonnen, die höchste Monatsproduktion im März 1944 mit 336 600 Tonnen erreicht. 1941 wurde mit dem Bau einer neuen Hydrieranlage in Auschwitz begonnen (Kapazität 600 000 Jahrestonnen); sie konnte jedoch bis Kriegsende nicht mehr fertiggestellt werden.

Tabelle 6. Die deutschen Hydrierwerke

Werk	Unternehmen	Kapazität
Leuna	I. G.	600 000 t
Böhlen	Brabag	240 000 t
Magdeburg	Brabag	230 000 t
Scholven	Hibernia	200 000 t
Welheim	Ruhröl / Stinnes	180 000 t
Gelsenberg	Vereinigte Stahlwerke	350 000 t
Zeitz	Brabag	300 000 t
Lützkendorf	Wintershall	50 000 t
Wesseling	Rheinbraun	200 000 t
Pölitz	Standard / Shell / I. G.	700 000 t
Brüx	Reichswerke HG	400 000 t
Blechhammer	Schlesien-Benzin	500 000 t

Ein weiterer Ausbau der Hydrieranlagen, der von *Krauch* geplant war, wurde 1942 von Albert *Speer* gestoppt, nachdem *Hitler* die Rüstungsproduktion *Göring* weggenommen und in den Verantwortungsbereich *Speers* übergeben hatte. *Speer* hielt den Bau derartig hochkomplizierter Chemiewerke für zu kostspielig und anfällig. Er setzte auf die neu gefundenen Erdölfelder in Zistersdorf, Niederösterreich, und vor allem auf die Ölfelder im Kaukasus, deren Eroberung kurz bevorstand. Er argumentierte, daß eine Chemieanlage, mit deren Bau 1942 begonnen werde, frühestens 1944 in Produktion gehen könne. Bis dahin aber muß die Entscheidung des Krieges gefallen sein.

Unter den Projekten, die *Speer* gestrichen hatte, waren auch die Werke Scholven III und Blechhammer II, in denen außer Flugbenzin auch ein Spezialheizöl hergestellt werden sollte, das schwerer als Wasser war. Seit Narvik drängte nämlich das Oberkommando der Kriegsmarine auf die Produktion dieses Heizöls, da sich das herkömmliche Heizöl bei Schiffsuntergängen in der Regel auf der Wasseroberfläche entzündete und Schiffbrüchige gefährdete.

Tabelle 7. Die deutschen Fischer-Tropsch-Synthesewerke

Werk	Unternehmen	Kapazität
Schwarzheide	Brabag	210 000 t
Castrop-Rauxel	Gewerkschaft Viktor	50 000 t
Holten	Ruhrchemie	70 000 t
Moers-Meerbeck	Rheinpreußen	75 000 t
Bergkamen	Essener-Steinkohle	75 000 t
Lützkendorf	Wintershall	80 000 t
Oderthal	Schaffgotsch	60 000 t
Dortmund	Hoesch-Benzin	60 000 t
Wanne-Eickel	Krupp-Treibstoff	60 000 t

Synthetische Treibstoffe wurden nicht nur in den Hydrieranlagen, sondern auch in den neun Fischer-Tropsch-Anlagen mit einer Gesamtkapazität von 740 000 Jahrestonnen erzeugt (Tabelle 7). Die I. G. hatte keine Anlage, sie war an dem Programm nur indirekt beteiligt.

Die Forderung der Luftwaffe nach einem Hochleistungs-Flugbenzin, das in der Qualität dem der Amerikaner und Engländer gleichkam, führte zum Aufbau von Isooctananlagen ohne Rücksicht auf wirtschaftliche Überlegungen. Bis 1943 sollten Isooctananlagen mit einer Kapazität von insgesamt 570 000 Jahrestonnen verfügbar sein. Dazu wurde die Versuchsanlage in Leuna ausgebaut und Neuanlagen in Scholven, Pölitz und Heydebreck errichtet. Die Produktion blieb aber weit hinter der geplanten Kapazität zurück: 1943 konnten nur etwa 60 000 Tonnen Isooctan erzeugt werden. Eine weitere im Bau befindliche Isooctananlage in Auschwitz kam nicht mehr in Betrieb.

Diese desolate Lage Deutschlands in der Versorgung mit Flugbenzin war natürlich den Amerikanern und Engländern bekannt. Ein amerikanischer Erdölexperte soll im September 1939 gesagt haben: „Nicht die Kanonen Frankreichs, Großbritanniens oder Polens, sondern das Klopfen seiner Flugmotoren wird Deutschlands Untergang einläuten."[51]

Kunststoffe, Nylon, Perlon, Sulfonamide

Die deutsche Chemie hat in den dreißiger Jahren nicht nur auf dem Gebiet der synthetischen Treibstoffe, sondern auch auf vielen anderen Arbeitsfeldern respektable Leistungen vollbracht.[52]

In den dreißiger Jahren schaffte die Kunststoffproduktion den Durchbruch. Im I. G.-Werk Ludwigshafen konnte 1930 Polystyrol im großen Maßstab produziert werden, nachdem es gelungen war, Styrol durch Dehydrieren von Ethylbenzol an Zinkoxidkontakten kontinuierlich herzustellen. Im gleichen Jahr begann die Wacker-Chemie mit der Produktion von Polyvinylacetaten. Ebenfalls 1930 konnten im I. G.-Werk Ludwigshafen die Gesetzmäßigkeiten bei der Emulsionspolymerisation aufgeklärt und ein kontinuierliches Verfahren für die Vinylchlorid-Emulsionspolymerisation in Angriff genommen werden. 1931 produzierte das I. G.-Werk Oppau erstmals Polyisobutylen (Oppanol B) durch Tieftemperaturpolymerisation von Isobutylen. 1933 entwickelte ICI das Suspensionspolymerisationsverfahren. 1934 wurde im I. G.-Werk Ludwigshafen ein Verfahren zur Polymerisation von Ethylen zu hochwertigen Schmiermitteln ausgearbeitet, und im I. G.-Werk Hoechst gelang die Polymerisation von Trifluormonochlorethylen; es war der erste Fluorkunststoff, der später unter dem Namen Hostaflon C auf den Markt kam. Im gleichen Jahr produzierte Röhm und Haas in großem Maßstab Plexiglasblöcke und -platten durch Polymerisation von Methylmethacrylat. 1935 begann die Ciba AG und die I. G.-Mainkur mit der Produktion von Melamin-Formaldehydharzen, und Röhm & Haas entwickelte ein Verfahren für die Suspensionspolymerisation des Styrols.

Ausgangsprodukt für Kunststoffe und Kautschuk war Acetylen, das über Calciumcarbid aus Koks und Kalk gewonnen wurde. In den zwanziger Jahren fand Otto *Eisenhut* im I. G.-Werk Ludwigshafen, daß man Acetylen auch durch Spaltung von Methan im elektrischen Lichtbogen herstellen kann. Paul *Baumann* (1897–1967), der spätere Vorstandsvorsitzende der Hüls AG, hat das Verfahren zusammen mit der Standard Oil Company im Rahmen des JASCO-Vertrages (Joint American Study Company) in Baton Rouge zur halbtechnischen Reife gebracht. Nach einer weiteren Erprobung 1935 in Leuna wurde 1938 im Bunawerk Hüls eine Lichtbogenanlage für 100 000 Jahrestonnen Acetylen gebaut. Es war die erste petrochemische Großanlage in Europa. Als Rohstoff diente Erdgas aus Bentheim und gasförmige Kohlenwasserstoffe aus den Hydrierwerken des Ruhrgebietes. In den dreißiger Jahren zeichnete sich auch ein anderes, von Erdgas ausgehendes Verfahren ab, kam aber noch nicht voll zum Tragen: das Verfahren der partiellen Oxidation. Es wurden ebenfalls im I.G.-Werk Ludwigshafen entwickelt und nach dem Zweiten Weltkrieg in der BASF zur großtechnischen Reife gebracht.

Für die Herstellung des synthetischen Kautschuks Buna mußte das Acetylen in Butadien umgewandelt werden. Dies gelang zunächst in einem in den zwanziger Jahren ausgearbeiteten diskontinuierlichen Vierstufen-Verfahren (Aldolkondensation), das in den dreißiger Jahren in ein kontinuierliches Verfahren abgeändert wurde. Anfang der vierziger Jahre gelangen Walter *Reppe* und seinen Mitarbeitern Hans Georg *Trieschmann* (1910–1985) und Adolf *Steinhofer* (1908–1990) ein wesentlich wirtschaftlicheres Dreistufen-Verfahren. Sie fanden, daß sich Acetylen und wäßrige Formaldehydlösung an Kupferacetylid als Katalysator zu 1,4-Butindiol umsetzt, das mit hoher Ausbeute in einer zweiten Stufe 1,4-Butandiol liefert. Daraus entsteht durch Dehydratisierung 1,3-Butadien.

1936 begann Du Pont mit der Produktion des von Wallace H. *Carothers* gefundenen Polyamid 6.6 (Nylon). Im gleichen Jahr entwickelten das I.G.-Werk Ludwigshafen und ICI unabhängig voneinander die Hochdruckpolymerisation des Ethylens. Ebenfalls 1936 begann man im I.G.-Werk Ludwigshafen mit der Produktion von Polyacrylatdispersionen und -lösungen sowie mit der Produktion von Polyvinylether. 1937 wurde im I.G.-Werk Leverkusen ein Verfahren für die Herstellung von Polyurethan-Kunststoffen nach dem Mechanismus der Diisocyanat-Polyaddition gefunden. 1938 begann die I. G.-Aceta GmbH mit der Produktion des von Paul *Schlack* (1897–1987) gefundenen Polyamid 6 (Perlon).

In der Polyamidfaser Perlon erwuchs der in Amerika gefundenen Polyamidfaser Nylon ein ebenbürtiger Konkurrent. 1939 erfolgte zwischen Du Pont und der I. G. ein Patentaustausch über Nylon und Perlon. Aus diesen beiden Kunststoffen konnte man Fallschirmseide, hochfeste Seile und druckfeste Gewebe für Flugzeugreifen herstellen. In Deutschland entstanden Produktionsstätten in Berlin, Wolfen, Premnitz und Landsberg a. d. Warthe.

Polyamid 6.6 entsteht durch Polykondensation von Adipinsäure und Hexamethylendiamin (AH-Salz). Die Ausgangsbasis für die Herstellung beider Produkte war ursprünglich Phenol. In den vierziger Jahren wurde es durch Cyclohexan ersetzt, das in Gegenwart von Kobaltkatalysatoren zu einem Gemisch von Cyclohexanon und Cyclohexanol oxidiert wird. Durch weitere Oxidation mit Salpetersäure entsteht daraus Adipinsäure, die in zwei weiteren Reaktionsschritten in Hexamethylendiamin überführt werden kann. Die Herstellung von Polyamid 6 basiert ebenfalls auf der Cyclohexanoxidation: aus dem Reaktionsprodukt Cyclohexanon erhält man mit Hydroxylamin das Cyclohexanonoxim, das durch Beckmannsche Umlagerung ε-Caprolactam ergibt. Die Polymerisation des Caprolactams zu Polyamid 6 erfolgt unter Aufspaltung des Caprolactamringes. Sowohl die Nylon- als auch die Perlonfaser werden aus der Schmelze der Polyamide gewonnen.

Die deutsche Großchemie hatte noch vor Kriegsbeginn mit dem Aufbau von Produktionsstätten für die neu entwickelten hochmolekularen synthetischen Stoffe begonnen. Für ihre wirtschaftliche Großproduktion mußten leicht zugängliche Vorprodukte bereitgestellt werden. Dies galt vor allem für Synthesefasern und Kautschuk.

Da die Grundstoffe für Polyamid 6.6, Adipinsäure und Hexamethylendiamin, zunächst in Ludwigshafen zugänglich waren, beschloß der I. G.-Vorstand, die Produktion für Polyamid 6.6 in Ludwigshafen aufzubauen. Auch die Produktion von Polyamid 6 wurde nach Ludwigshafen gelegt, da die Entwicklung der Cyclohexanoxidation und der Hydroxylaminproduktion in den Zuständigkeitsbereich des I. G.-Werkes Ludwigshafen fiel. 1939 wurden hier die ersten 20 Tonnen Polyamid 6 unter dem Namen Igamid für die Herstellung von Perlonseide produziert.

Von den zahlreichen anderen Erfindungen und Entwicklungen der deutschen Chemie in den dreißiger Jahren, die von der Regierung nicht gefördert und nicht in den Vierjahresplan aufgenommen wurden, seien hier einige erwähnt. 1932 brachte die I. G. das von Fritz *Mietzsch* (1896–1958) im I. G.-Werk Leverkusen entdeckte Malariamittel Atebrin auf den Markt, das weniger toxisch als Plasmochin und dem Chinin weit überlegen war. 1933 entdeckte Gerhard *Domagk* (1895–1964), Leiter des Instituts für experimentelle Pathologie und Bakteriologie im I. G.-Werk Elberfeld, die Heilwirkung der Sulfonamide und löste damit eine Revolution im Kampf gegen Infektionskrankheiten aus. Er bewies, daß sich mit Hilfe der Chemotherapie auch die akuten bakteriellen Infektionen heilen lassen. 1935 kam Prontosil als erstes Sulfonamid in den Handel.[53] 1939 erhielt *Domagk* den Nobelpreis für Medizin. 1937 wurde im I. G.-Werk Hoechst von Otto *Eisleb* das Analgeticum Dolantin synthetisiert, das die spasmolytische Wirkung des Atropins und die schmerzlindernde Wirkung des Morphiums vereinigt; 1939, noch vor Ausbruch des Krieges, wurde es in die Therapie eingeführt. 1936 gelang der I. G.-Agfa in Berlin die Produktion des ersten brauchbaren Dia-Farbfilms. 1941 entstand der erste Spielfilm, der auf Negativ-Material aufgenommen und auf Positiv-Material kopiert wurde: „Frauen sind doch bessere Diplomaten" mit Marika *Rökk* in der Hauptrolle. Zweimal noch wurde der Nobelpreis für Chemie an deutsche Forscher für ihre Entdeckungen in den dreißiger Jahren vergeben: 1938 an Richard *Kuhn* (1900–1967) für seine Arbeiten über Carotinoide und Vitamine und 1939 an Adolf *Butenandt* für seine Arbeiten über Steroidhormone.

Die deutsche chemische Industrie hatte im Zeitraum 1933–1938 eine außergewöhnliche dynamische Wachstumsperiode erlebt. In der I. G. stieg der Umsatz von 902 auf 1679

Millionen Reichsmark, was einer jährlichen Wachstumsrate des Umsatzes von 10,8 % entspricht. Die größten Gewinnbringer waren Farbstoffe, Pharmazeutika und der Sektor Photo, während die vom Staat geförderten Sektoren Mineralöl und Fasern unterdurchschnittlichen Gewinn einbrachten. Die neuen Sektoren Kunststoffe und Synthesekautschuk kamen erst Anfang der vierziger Jahre aus der Verlustzone.

Die Exportquote der I. G., die 1928, also vor der Weltwirtschaftskrise, 57 % ausmachte, sank stetig ab; 1937 betrug sie nur noch 32 %. Am gesamten deutschen Chemieexport war die I. G. 1937 mit 55 % beteiligt. Der Anteil Deutschlands am Weltchemieexport fiel von 28,3 % im Jahre 1932 auf 25,4 % im Jahre 1937. Auch die anderen großen Chemieexport-Länder hatten in diesem Zeitraum einen Exportrückgang auf Kosten von Chemie-Schwellenländern, vor allem Japan, zu verzeichnen: die USA von 14,0 % auf 12,9 %, Großbritannien von 13,9 % auf 13,5 % und Frankreich von 11,4 % auf 7,3 %. Bis zum Kriegsbeginn lag die deutsche Chemie im Rahmen des generellen Trends der Weltchemie.

1938 dachte im Vorstand der I. G. noch niemand an einen Krieg zwischen England und Deutschland, denn sonst wäre die Farbstoffgesellschaft, die Trafford Chemical Company, ein Gemeinschaftsunternehmen der I. G. und ICI, nicht gegründet worden. Bei diesem ersten Joint-venture der beiden Konzerne übernahm die ICI die wirtschaftliche, die I. G. die technische Leitung. Die Fertigstellung der gemeinsamen Farbstoffabrik in Manchester wurde jedoch durch den Kriegsausbruch im September 1939 verhindert.

Repressalien und Übergriffe

Auch die chemische Industrie blieb vor der politischen Radikalisierung nicht verschont. Einen schweren Schock lösten Ereignisse im Zusammenhang mit dem Röhm-Putsch 1934 aus, als auch leitende Herren der chemischen Industrie von der „Säuberungsaktion" betroffen waren. Gregor *Strasser*, Vorstandsmitglied von Schering-Kahlbaum und Leiter der

Reichsfachschaft Pharmazeutische Industrie, wurde am 30. Juni 1934 aus seiner Wohnung geholt und an der Mauer der Kadettenanstalt Lichterfelde-West ohne Anklageerhebung standrechtlich erschossen. Auch der damalige Leiter der Pressestelle der I. G., Heinrich *Gattineau*, wurde verhaftet und entging dem gleichen Schicksal nur durch einen Zufall.

Am 21. Januar 1935 jährte sich der Tag, an dem Fritz *Haber* in Basel verstorben war. Die Kaiser-Wilhelm-Gesellschaft hatte zu einer Gedächtnisfeier eingeladen, die jedoch nicht erwünscht war, denn der Reichsminister für Erziehung und Wissenschaft, Bernhard *Rust*, hatte den Hochschullehrern und Staatsbeamten die Teilnahme verboten. Daraufhin lud *Bosch* leitende Mitarbeiter der I. G. und anderer privater Wirtschaftsunternehmen persönlich zu dieser Feier ein, die ein voller Erfolg wurde. Max *Planck* sprach einleitende Worte, die Gedächtnisrede hielt Otto *Hahn*, der mit Lise *Meitner (1878–1968)*, Fritz *Straßmann (1902–1980)* und Max *Delbrück (1906–1981)* gekommen war. Karl Friedrich *Bonhoeffer (1899–1957)*, ein Schüler *Habers* und Professor an der Universität Leipzig, der über *Habers* wissenschaftliche Leistungen sprechen sollte, durfte nicht teilnehmen; seine Rede wurde von Otto *Hahn* verlesen. Diese Haber-Feier war ein Beispiel dafür, daß man in den ersten Jahren des Dritten Reiches noch einen, wenn auch kleinen Widerstand leisten konnte.

Im Anschluß an die Haber-Feier verfaßte *Bosch* eine Denkschrift an *Rust*, in der er für die Freiheit der Wissenschaft plädierte.[54] *Rust*, einer der gemäßigten Nationalsozialisten, der beständig mit dem Chefideologen Alfred *Rosenberg* im Streit lag, machte oft einander widersprechende Aussagen. Er erklärte, daß alles geistige Streben in einem nationalen Rahmen bleiben müsse, aber „ohne geistige Freiheit und ohne die Möglichkeit einer freien geistigen Konkurrenz werden wir den Aufstieg Deutschlands nicht freilegen, sondern abriegeln."[55] Auch gegenüber der Entlassung jüdischer Wissenschaftler nahm er eine ambivalente Haltung ein: „Ich empfinde persönlich tief die Tragik von Menschen, die innerlich zur deutschen Volksgemeinschaft sich rechnen wollen und an ihr mitgearbeitet haben. Nichts ist mir saurer, als wenn ich meinen Namen unter eine Beurlaubung von Männern setzen muß, die als Einzelpersönlichkeiten mir oft keinen Anlaß dazu gegeben hätten. Aber das Prinzip muß durchgeführt werden um der Zukunft willen."[56]

In den großen deutschen Unternehmen der Chemie und Elektroindustrie verfolgte man mit großer Sorge den Niveauverlust in der Ausbildung der Physiker und Chemiker an den Universitäten und Hochschulen. Die Verringerung des Einflusses der Professoren und Institutsdirektoren auf die Auswahl der Assistenten und auf die Kriterien für die Habilitation wirkte sich auf die deutsche Wissenschaft nachteilig aus. Aus den großen Unternehmen kam daher der Vorschlag, selbst wissenschaftliche Institute als Ersatzuniversitäten einzurichten. Dagegen wandten sich die Professoren, aber auch einige maßgebende Wirtschaftsführer, u. a. Carl *Bosch*, die darin eine Gefahr für die reine Forschung sahen und das Prinzip des 19. Jahrhunderts beibehalten wollten, das der deutschen Wissenschaft Weltruhm gebracht hatte.

Als *Hitler* 1933 zur Macht kam, war Carl *Duisberg*, der Grand Old Man der deutschen Chemie, 72 Jahre alt. Wenn er auch dem Nationalsozialismus skeptisch gegenüberstand, so erhoffte er doch von ihm eine Belebung der Wirtschaft und glaubte zunächst, es werde sich alles zum Guten wenden. „Ich bin optimistisch genug, um zu glauben, bin sogar fest davon überzeugt, daß schon bald die Zeit kommt, in der man erkennen wird, daß es verkehrt gewesen ist, das Kind mit dem Bade auszuschütten, und damit all denen, die in uneigennützigster Weise ihrem Vaterlande gedient haben und mit allen Fasern ihres Seins in ihm wurzeln, Gerechtigkeit widerfahren muß und wird."[57] Seinen jüdischen Kollegen und Freunden, die Deutschland verlassen hatten, riet er, wieder ins Vaterland zurückzukehren. Er, der große Patriot, hatte sich im Nationalsozialismus, wie so viele andere, gründlich getäuscht. Am 19. März 1935 starb er, und *Bosch* übernahm als sein Nachfolger den Vorsitz im Aufsichtsrat der I. G.; Nachfolger *Boschs* als Vorsitzender des Vorstands wurde Hermann *Schmitz*.

Der in Essen geborene *Schmitz* war gelernter Kaufmann.

1905 trat er in die Metallurgische Gesellschaft ein, wechselte in die von Richard *Merton* gegründete Berg- und Metallbank und wurde 1910 stellvertretendes Vorstandsmitglied. Nach seiner Verwundung als Kriegsteilnehmer an der Westfront wurde er 1915 Reichskommissar für die chemische Produktion in der Kriegsrohstoff-Abteilung, die von Walther *Rathenau* geleitet wurde. Dort lernte er Carl *Bosch* kennen, der ihn 1919 als Finanzchef in den Vorstand der BASF holte. 1926 wurde er Vorstandsmitglied und Finanzchef der I.G.. *Schmitz* war ein anerkannter Finanzfachmann, Wirtschaftsexperte und Organisator. In der Weltwirtschaftskrise ließ sich Reichskanzler *Brüning* von ihm beraten; kurze Zeit war er als Finanz- und Wirtschaftsminister für das zweite Kabinett *Brüning* im Gespräch. *Schmitz* galt als verschlossen und vorsichtig. Politisch stand er der Deutschen Demokratischen Partei nahe. Er gehörte dem Reichstag im Dritten Reich als Ständischer Abgeordneter an, war jedoch nicht Mitglied der NSDAP.

Für die Nationalsozialisten war *Schmitz* ein weitaus bequemerer Partner als *Bosch*. Da er das Vertrauen hoher Regierungs- und Parteistellen besaß, konnte er seine jüdischen Kollegen abschirmen und sie lange im Amt halten. *Schmitz* war von der Tatkraft und den ersten wirtschaftlichen Erfolgen des Hitler-Regimes beeindruckt und glaubte insgesamt an ein gutes Ende.

Die Expansion der I.G. in den dreißiger Jahren bereiteten *Schmitz* Sorgen. Da er fürchtete, das Unternehmen könne nicht mehr effizient geführt werden, plante er eine Neuorganisation, die jedoch infolge der politischen und wirtschaftlichen Zwänge nicht mehr zur Durchführung kam.

Carl Bosch gegen Vertreter der „Deutschen Physik"

Am 1. April 1936 mußte der Posten des Präsidenten der Kaiser-Wilhelm-Gesellschaft neu besetzt werden, da Max *Planck* aus Altersgründen ausschied. Um dieses Amt bewarben sich Gustav *Krupp* von Bohlen und Halbach, Carl *Bosch* und

Johannes *Stark* (1874–1957). *Stark* war nach Philipp *Lenard* (1862–1947) der prominenteste Vertreter der „Deutschen Physik", die sich aus dem Weltbild *Lenards* entwickelt hatte, das er in den zwanziger Jahren aufstellte: Der Mensch sei ein Teil der Natur, er habe sie zu ehren und ihre Geheimnisse zu achten. Er dürfe nie unumschränkter Beherrscher der Natur sein. „Ehrfurcht vor der großen Lehrmeisterin und Entscheiderin Natur wird doch immer erstes Kennzeichen wahrer Naturforscher bleiben müssen."[58] In den dreißiger Jahren verfaßte er das vierbändige Lehrbuch *Deutsche Physik*, in dem er in der Einleitung bekennt: „‚Deutsche Physik?' wird man fragen. – Ich hätte auch arische Physik oder Physik der nordisch gearteten Menschen sagen können, Physik der Wirklichkeits-Ergründer, der Wahrheit-Suchenden, Physik derjenigen, die Naturforschung begründet haben."[59]

Die Vertreter der „Deutschen Physik" glaubten an ein mechanisches, aber organisches, nicht materialistisches Universum, in dem Entdeckungen nur durch Beobachtung und Experiment gemacht werden können. Sie lehnten die Relativitätstheorie und Quantenmechanik als „jüdische" Physik ab und stützten sich auf die klassische Newtonsche Physik. Die jüdische Methode der Naturforschung war als natur- und wissenschaftsfremd verpönt: Der Jude stelle seine Theorie in Form komplizierter mathematischer Berechnungen dar, ohne das Experiment zu berücksichtigen. Zur Rechtfertigung der arischen Physik wurden auch Behauptungen des Rassentheoretikers Houston Steward *Chamberlain* herangezogen: „Die Erfahrung – d. h. genaue, minutiöse, unermüdliche Beobachtung – gibt das breite, felsenfeste Fundament germanischer Wissenschaft ab, gleichviel, ob sie Philologie oder Chemie oder was sonst betreffe: die Befähigung zur Beobachtung sowie die Leidenschaftlichkeit, Aufopferung und Ehrlichkeit, mit der sie betrieben wird, sind ein wesentliches Charakteristikum unserer Rasse. Die Beobachtung ist das Gewissen germanischer Wissenschaft."[60] Die arische Physik stand im Widerspruch zur Idee einer wertfreien Wissenschaft und Forschung und kam daher *Hitler* gelegen, der behauptete, Objektivität der Wissenschaft sei bloß ein Schlagwort, das von den Professoren zum Schutze ihrer Interessen erfunden wurde: „Es gibt sehr wohl eine nordische Wissenschaft und eine nationalsozialistische, die im Gegensatz stehen müssen zu der liberalistisch-jüdischen."[61]

Johannes *Stark* hatte sich schon im Februar 1936 als Kandidat für das Amt des Präsidenten der Kaiser-Wilhelm-Gesellschaft in Erinnerung gebracht. Im Publikationsorgan *Rosenbergs*, den *Nationalsozialistischen Monatsheften*, veröffentlichte er einen Vortrag, den er in Heidelberg aus Anlaß der Umbenennung des Physikalischen Instituts in „Philipp-Lenard-Institut" gehalten hatte. Darin hieß es: „Nun, *Einstein* ist heute aus Deutschland verschwunden, und kein ernsthafter Physiker sieht mehr in seinen Relativitätstheorien eine unantastbare Offenbarung. Aber leider haben seine deutschen Freunde und Förderer noch die Möglichkeit, in seinem Geiste weiter zu wirken. Noch steht sein Hauptförderer *Planck* an der Spitze der Kaiser-Wilhelm-Gesellschaft, noch darf sein Interpretator und Freund, Herr von *Laue*, in der Berliner Akademie der Wissenschaften eine physikalische Gutachterrolle spielen. Und der theoretische Formalist *Heisenberg*, Geist vom Geiste *Einsteins*, soll sogar durch eine Berufung ausgezeichnet werden. Gegenüber diesen bedauerlichen Zuständen, welche nationalsozialistischem Geist widersprechen, mag der Kampf *Lenards* gegen den Einsteinismus eine Mahnung sein. Und es ist zu wünschen, daß die zuständigen Referenten in den Kultusministerien sich von *Lenard* in der Besetzung der physikalischen, auch der theoretischen Lehrstühle beraten lassen."[62]

Unter den drei Kandidaten für das Amt des Präsidenten der Kaiser-Wilhelm-Gesellschaft mußte nun Reichserziehungsminister *Rust* einen auswählen. Bei dieser Entscheidung wollte er sich absichern. Er schrieb an *Hitler* und schilderte ihm die Situation: Neben den beiden vorgeschlagenen Kandidaten *Krupp* von Bohlen und Halbach und *Bosch* habe sich nun auch *Stark* für die Präsidentschaft angeboten, von dessen Ernennung er aber abriet: „Ich muß jedoch darauf hinweisen, daß Herr Professor Stark zu meinem großen Bedauern von so vielen namhaften führenden Männern und höchsten Staatsstellen abgelehnt wird, daß die Zusammenarbeit auf große Schwierigkeiten stoßen müßte."[63]

Hitler überließ *Rust* die Entscheidung. Dieser ernannte mit Wirkung vom 1. April 1936 Carl *Bosch* zum Präsidenten der Kaiser-Wilhelm-Gesellschaft. Damit hatte die „Deutsche Physik" und mit ihr *Rosenberg*, der sie stützte und förderte, eine Abfuhr erhalten. Als Ausgleich für den entgangenen Posten für die „Deutsche Physik" wurde auf dem Nürnberger Parteitag im September 1936 auf Betreiben *Rosenbergs* Philipp *Lenard* mit dem Parteipreis der Wissenschaft ausgezeichnet. *Lenard* war der erste Preisträger.

In der Chemie gab es keine Wissenschaftler von Rang, die eine „Deutsche Chemie" forderten. Die führenden Vertreter an den Universitäten und in der Industrie haben sich auch im Dritten Reich immer zur Übernationalität von Forschung und Wissenschaft bekannt.[64] Das galt vor allem für Carl *Bosch*. Das Amt des Präsidenten der Kaiser-Wilhelm Gesellschaft gab ihm ein neues Forum.

Boschs letzter öffentlicher Auftritt führte jedoch zu einem Eklat. Als er im Mai 1939 aus Anlaß einer Veranstaltung des Deutschen Museums in München eine Rede hielt, in der er sich zur ethischen Reinheit und Unabhängigkeit der wissenschaftlichen Forschung bekannte, brachte er seine Meinung über die politische Entwicklung in Deutschland unverhohlen zum Ausdruck. Statt von „unserem Führer Adolf *Hitler*" redete *Bosch* wiederholt von „dem *Hitler*". Als er sagte, „Der *Hitler* geht oft Wege, die die Wirtschaft sich ja nicht erklären kann", verließen die anwesenden NS-Größen protestierend den Saal.[65]

Kapitel 4

Größenwahn (1939–1945)

Ausländische Symphatisanten

Das nationalsozialistische Deutschland hatte im Ausland nicht nur Gegner, die den wirtschaftlichen Aufschwung und die politische Entwicklung sorgenvoll verfolgten, sondern auch einflußreiche Sympathisanten. Zu ihnen gehörte der britische Außenminister Lord *Halifax*.

Lord *Halifax*, der *Hitler* am 19. November 1937 auf dem Obersalzberg besuchte – damals noch als stellvertretender Außenminister – erklärte, daß der Versailler Vertrag revidiert werden müsse und daß auch die Danziger, österreichische und tschechische Frage dazu gehöre, allerdings mit dem Vorbehalt, „daß diese Änderungen im Wege friedlicher Evolution zustande gebracht und daß Methoden vermieden werden, die weitgehende Störungen verursachen könnten". Und er gestand, „daß der Führer nicht nur in Deutschland selbst Großes geleistet, sondern daß er auch durch die Vermeidung des Kommunismus im eigenen Lande diesem den Weg nach Westeuropa versperrt habe und daß damit mit Recht Deutschland als Bollwerk des Westens gegenüber dem Kommunismus angesehen werden könne".[1]

Internationale Ausstellungen und Messen, vor allem aber die eindrucksvolle und perfekte Ausrichtung der Olympischen Sommerspiele im August 1936 in Berlin brachten *Hitler* und dem nationalsozialistischen Deutschland einen weltweiten Prestigegewinn. Einige ausländische Olympiamannschaften, darunter die französische, zogen an *Hitler* mit zum deutschen Gruß erhobenen Arm vorbei. Die internationale Presse zollte begeisterte Anerkennung. Der Observer vom 2. August behauptete, diese Veranstaltung sei das großartigste Sportereignis, das die Welt je gesehen hatte; das neue Deutschland scheine der hervorragendste Gastgeber zu sein. Der Daily Telepraph bezeichnete in seinem Schlußbericht am 17. August die Spiele als eine der glänzendsten in der Reihe der neuzeitlichen Olympiaden.

Bei einem Empfang der Reichsregierung in der Staatsoper bedankte sich der IOC-Präsident Graf de *Baillet-Latour* (Frankreich) für die Ausrichtung der Olympischen Spiele mit folgenden Worten: „In dieser herzlichen Feststimmung konnten die Olympischen Spiele 1936 in einem grandiosen Rahmen und in einer Atmosphäre allgemeiner Sympathie, die durch keine politischen Schwierigkeiten getrübt wurde, stattfinden."[2]

Während des prunkvoll aufgezogenen internationalen Festes schienen die politischen Spannungen vergessen gewesen zu sein. Kaum aber hatte die „Jugend der Welt" Deutschland verlassen, ließ *Hitler* die „Jugend Deutschlands" auf dem Reichsparteitagsgelände in Nürnberg aufmarschieren und verkündete den Vierjahresplan, der zum Ziele hatte, den Krieg wirtschaftlich vorzubereiten.

Aber noch vor Ablauf dieser Vierjahresfrist wurde *Hitler* außenpolitisch aktiv. Ermutigt durch die erfolgreiche und von den Westmächten hingenommene Rheinlandbesetzung wandte er sich Österreich zu, dem der Anschluß an das Reich durch den Friedensvertrag von Saint-Germain versagt war. *Hitler* konnte sicher sein, daß England auch bei einer Besetzung Österreichs nichts unternehmen werde. Vergeblich hatte sich der österreichische Bundeskanzler *Schuschnigg* um eine britische Garantieerklärung für die politische Selbständigkeit und territoriale Integrität Österreichs bemüht. Für die Einstellung Englands zum Österreich-Problem ist eine Bemerkung *Hendersons*, des britischen Botschafters in Berlin, typisch. Gegenüber seinem österreichischen Kollegen sagte er, Österreich sei doch „genauso deutsch wie Deutschland", und seine Selbständigkeitsbestrebungen erschienen ihm daher nicht recht verständlich.[3]

Die I. G. in Österreich und im Sudetenland

Am 13. März 1938 marschierten deutsche Truppen in Österreich ein. Österreich befand sich in einem Freudentaumel. *Hitler* dachte zunächst an eine lockere Union Österreichs mit dem Reich. Von den Ereignissen überwältigt, entschloß er sich jedoch zu einer vollständigen staatlichen Vereinigung. Bis zum 2. April hatten England, Frankreich, Polen, Belgien, die Tschechoslowakei und Jugoslawien Großdeutschland anerkannt.

Schon vor dem Anschluß Österreichs hatte die I. G. über den Erwerb des größten österreichischen Chemieunternehmens, der Skoda-Wetzler AG, verhandelt.

Die Initiative ging von beiden Seiten aus. Die I. G. wollte ihre eigene Position auf dem österreichischen Markt stärken, vor allem wollte sie dem Aussiger Verein zuvorkommen, der ebenfalls Überlegungen anstellte, durch eine größere Beteiligung an der Skoda-Wetzler AG die Aktivitäten in Österreich zu erweitern. Auf der anderen Seite suchte Generaldirektor Isidor *Pollak* nach einer Sicherheit, die er durch Anlehnung an die I. G. erreichen wollte. Hauptverhandlungspartner der I. G. war die Österreichische Kreditanstalt, die die Mehrheit der Aktien besaß. Im Januar 1938 kam es zu einer Einigung. Da die I. G. als ausländische Firma nur 49 % der Aktien erwerben konnte, erhielt sie das Zugeständnis, daß sie in grundlegenden Fragen nicht überstimmt werden konnte. So hatte sie den gewünschten technischen und wirtschaftlichen Einfluß und konnte auch wichtige I. G.-Verfahren einbringen.

Im März 1938 änderte sich die Situation grundlegend, da das Verbot von Mehrheitsbeteiligungen wegfiel. Die I. G. nahm die Verhandlungen mit der Kreditanstalt wieder auf und erwarb am 6. Oktober 1938 die Aktienmehrheit der Skoda-Wetzler AG. Sie kaufte noch andere Chemiewerke dazu, wie die Österreichische Dynamit AG und die Carbidwerke Deutsch-Matrei, und verschmolz sie zu dem Konzern Donau-Chemie AG (heute Chemie Linz). 1939 beschäftigte der Konzern etwa 1000 Mitarbeiter, der Umsatz betrug

16 Millionen Reichsmark. Bei einem Gesamtumsatz der I. G. von 2028 Millionen Reichsmark waren das 0,8 %. In einem Erweiterungsprogramm investierte die I. G. 200 Millionen Reichsmark. Größere Beträge flossen in die Magnesiumproduktion und in eine Anlage zur Erzeugung von aromatischem Benzin aus rumänischem Rohbenzin (straight-run-Benzin). Diese Anlage in Moosbierbaum bei St. Pölten war für 120 000 Jahrestonnen Benzin ausgelegt, erreichte aber nur eine Produktionshöhe von 58 000 Jahrestonnen.

Im Sommer 1938 spitzte sich die Lage in der Tschechoslowakei zu. Nach dem Ersten Weltkrieg war den drei Millionen Deutschen, die in den Randgebieten Böhmens und Mährens wohnten, die Selbstbestimmung verwehrt worden. Das Versprechen, den Deutschen innerhalb des Vielvölkerstaates der Tschechoslowakei nach Schweizer Vorbild Autonomie zu geben, löste der Staatspräsident Thomas Garrigue *Masaryk* nicht ein. Sein Nachfolger Edvard *Beneš* hat die Kluft zwischen den Sudetendeutschen und Tschechen durch ungeschicktes und anmaßendes Taktieren vergrößert.[4]

Nun forderten die Sudetendeutschen mehr Rechte. Nutznießer des Nationalitätenstreits wurde *Hitler*. Auch hier profitierte er, wie 1932 im Altreich, von der hohen Arbeitslosigkeit, von der die Deutschen in der Tschechoslowakei betroffen waren. 1936 gab es in Böhmen und Mähren unter den drei Millionen Deutschen 600 000, unter den sieben Millionen Tschechen aber nur 500 000 Arbeitslose.[5]

Auf dem Reichsparteitag am 12. September 1938 in Nürnberg ließ *Hitler* durchblicken, daß er das Sudetenland annektieren wolle. Die westlichen Großmächte versuchten nun, zu einer gewaltfreien Lösung in der Sudetenfrage zu kommen. Diese Bemühungen gipfelten im Münchner Abkommen zwischen England, Frankreich, Italien und Deutschland am 29. September 1938.

Am 30. September, noch bevor die deutschen Truppen das Sudetenland besetzten, übersandte Hermann *Schmitz*, der Vorstandsvorsitzende der I. G., ein Telegramm an *Hitler*: „Unter dem Eindruck, der von Ihnen, mein Führer, erreichten Heimkehr Sudetendeutschlands ins Reich stellt Ihnen die

I. G. Farbenindustrie Aktiengesellschaft zur Verwendung für das sudetendeutsche Gebiet einen Betrag von einer halben Million Reichsmark zur Verfügung."[6] Die I. G. tat das nicht selbstlos. Sie beabsichtigte, das größte Chemieunternehmen des Sudetenlandes, den Aussiger Verein, an dem Solvay & Co mit 10 % beteiligt war, mehrheitlich zu übernehmen. Das Unternehmen wurde 1857, also sechs Jahre vor Bayer und Hoechst, als „Österreichischer Verein für chemische und metallurgische Produktion" gegründet und war bis 1918 der bedeutendste Chemie-Trust der alten Monarchie. Von Anfang an bis in die späten zwanziger Jahre wurde der Aussiger Verein von Sudetendeutschen geführt, die aber dann auf Druck der tschechischen Regierung aus ihren leitenden Stellen entfernt und durch Tschechen abgelöst wurden.

Die größten Produktionsstätten des Aussiger Vereins lagen im sudetendeutschen Raum nahe der deutschen Grenze, in Aussig und Falkenau. Die Produktionspalette war weit gespannt, sie umfaßte fast alle chemischen Arbeitsgebiete. Der Konzern bestand aus vier Gruppen: der Solvay-Gruppe, der Stickstoff- und Sprengstoffgruppe, der Chemikalien-Gruppe und der Aktivkohlegruppe. Hauptaktionär des Vereins ab 1920 war die staatliche Živnostenka Bank in Prag. Die alten Beziehungen zu Solvay blieben erhalten. Besondere Aktivitäten entfaltete der Konzern in Ost- und Südosteuropa. 1937 erzielte der Aussiger Verein einen Umsatz von umgerechnet 60 Millionen Reichsmark, die Zahl der Mitarbeiter betrug etwa 5000.[7]

Interesse am Aussiger Verein zeigte auch die Chemische Fabrik van Heyden AG in Dresden. Am 6. Oktober 1938 fand eine Besprechung im Reichswirtschaftsministerium statt, bei der van Heyden Ansprüche anmeldete: „Dr. *Jungel* führte einleitend aus, daß die Fa. van Heyden große Sorgen wegen ihrer Weiterentwicklung und ihrer Existenz habe, wenn die Aussiger Betriebe, die in Sudetendeutschland gelegen sind, in andere Hände als die der Fa. van Heyden gelangen, insbesondere in die Hände von Großkonzernen wie der I. G.. Dem Vernehmen nach soll die I. G. bereits weit fortgeschrittene Verhandlungen eingeleitet haben. Wenn die I. G. den Verein übernehme, sei die Sache besonders bedrohlich, da die Fa. van Heyden mit der I. G. schon seither stets in scharfem Wettbewerb stehe, die I. G. schon jetzt den ganzen Westen, Süden und Mitteldeutschland beherrsche und dann, wenn das Aussiger Werk an die I. G. übergehe, auch noch den Osten Deutschlands in die Hand bekomme. Bei dieser Situation sei bestimmt zu erwarten, daß die mittlere Industrie durch die überragende und noch weiter gestärkte Macht der I. G. vollends erdrückt werde. Dem Machthunger der I. G. und der Stärkung ihrer Monopolstellung müsse im vorliegenden Fall unbedingt vorgebeugt werden."[8]

Außer van Heyden traten auch Wintershall und die Rütgers-Werke als Bewerber um den Aussiger Verein auf. Um der Gefahr einer weiteren Auseinandersetzung vorzubeugen und einer nicht genehmen Entscheidung des Reichswirtschaftsministeriums zuvorzukommen, schlug die I. G. der Firma van Heyden vor, eine gemeinsame Auffanggesellschaft zu gründen, in der die technische Leitung von der I. G., die kaufmännische von van Heyden gestellt werden solle. Van Heyden war damit einverstanden. Die Kaufverhandlungen in Prag, wo die Gesellschaft ihren Sitz hatte, wurden von van Heyden geführt, wobei die Dresdner Bank Druck auf die tschechische Živnostenka Bank ausübte. Schon am 7. Dezember 1938 wurde der Kaufvertrag abgeschlossen, der ohne die politischen Umstände nicht zustande gekommen wäre.

Zu kommissarischen Leitern des Aussiger Vereins wurden die Direktoren Carl *Wurster* und Fritz *Kugler* bestellt. In den Werken Aussig und Falkenau fanden anschließend Säuberungsaktionen statt, über die dem Reichswirtschaftsministerium am 18. Januar 1939 berichtet wurde: „Unter Bezugnahme auf die kürzliche telefonische Unterredung mit Herrn Dr. *Prenzel* teilen wir Ihnen mit der Bitte um vertrauliche Kenntnisnahme noch mit, daß seit der kommissarischen Verwaltung des Werkes Aussig bis zum jetzigen Zeitpunkt 200 Werksangehörige im Zuge einer Säuberungsaktion unter Überwachung der zuständigen Parteidienststellen entfernt worden sind. Rund 500 Angestellte und Arbeiter haben seit der Besetzung des sudetendeutschen Gebietes ihrerseits freiwillig ihren Arbeitsvertrag gekündigt. Es handelt sich zum größten Teil um Tschechen, die ihren Wohnsitz in das neue tschechische Staatsgebiet verlegt haben. Gegenüber dieser Verminderung der Belegschaft des Werkes Aussig um ca. 700 Leute sind seit Beginn der kommissarischen Verwaltung über 600 Gefolgschaftsmitglieder neu eingestellt worden, denen weitere Einstellungen fortlaufend folgen. Die Gesamtbelegschaft beträgt zur Zeit 2200 Köpfe, die nach dem Weltkrieg nur in Zeiten konjunktureller Hochbeschäftigung erreicht worden ist."[9]

Der Weg in den Krieg

Nur wenige Tage nach der Besetzung des Sudetenlandes ging *Hitler* daran, die „Erledigung der Resttschechei" militärisch vorzubereiten. Wie wenig die I.G.-Führung von *Hitlers* wahren Zielen wußte, erkennt man aus dem Ansuchen ter *Meers* beim Wirtschaftsministerium vom 11. Oktober 1938, den weiteren Ausbau nicht mehr nach militärischen Kriterien weiterzuführen, da sonst die wirtschaftlichen Interessen der I.G. zunehmend gestört wären. Offenbar teilte ter *Meer* die Meinung der allermeisten Menschen im In- und Ausland, daß nach dem Anschluß des Sudetenlandes Deutschland saturiert wäre. Aber *Hitler* machte nicht Halt vor den Volkstumsgrenzen. Am 15. März 1939 ließ er unter Bruch seiner Zusage an England deutsche Truppen in Böhmen und Mähren einrücken und errichtete eine Oberherrschaft über sieben Millionen Tschechen. Der Weg zur Eroberung des Lebensraumes im Osten war nun frei.[10]

In der Verfolgung dieses Zieles hat er England unterschätzt, das von nun an um jeden Preis *Hitler* einzudämmen bestrebt war. In Wahrnehmung seines historischen Auftrages, das Gleichgewicht auf dem Kontinent in der Balance zu halten, mußte England handeln. Gemeinsam mit Frankreich bemühte es sich um eine Antiaggressionsfront. Polen, das vermutlich nächste Opfer, erhielt eine bedingungslose Beistandszusage. In Deutschland interpretierte man die Aktivitäten der Westmächte als Beginn einer neuen Einkreisungspolitik und unternahm verstärkte Anstrengungen, dieser Gefahr zu begegnen.

Auch Carl *Krauch*, der Generalbevollmächtigte für Sonderfragen der chemischen Erzeugung, hatte in diesem Sinne reagiert und in seinem Arbeitsbericht vom 28. April 1939 entsprechende Maßnahmen vorgeschlagen: „Der Führer hat in Wilhelmshaven seinen Willen ausgesprochen, einer solchen zunächst wirtschaftlichen und politischen, im Endziel aber militärischen Einkreisung nicht tatenlos zuzuschauen. Aus diesem Entschluß müssen m. E. sofort, auch für das Gebiet der Chemie-Wirtschaft, die notwendigen Folgerungen gezogen werden. Sie lauten im großen: Schaffung eines einheitlichen Großwirtschaftsblocks der vier europäischen Antikomintern Partner, zu denen bald Jugoslawien und Bulgarien hinzutreten müssen. Innerhalb dieses Blocks Aufbau und Steuerung der Wehrwirtschaft nach den Gesichtspunkten eines Verteidigungskriegs der Koalition. Der Block muß seinen Einfluß ausdehnen auf Rumänien, Türkei und Iran. Für die Methoden der Einflußgewinnung ist dabei der deutsch-rumänische Staatsvertrag das gegebene Vorbild. Die hohe Bedeutung der Erweiterung der Handelsbeziehungen mit Rußland wird durch die allmähliche Verlagerung des deutschen Wirtschafts- und Ausfuhrschwerpunktes nach dem Osten und durch die zwingende Notwendigkeit, im Kriegsfalle die Ukraine wehrwirtschaftlich auszunutzen, unterstrichen."[11]

Krauch machte dann detaillierte Vorschläge zur Planung auf den Gebieten Mineralöl, Buna, Leichtmetalle sowie Pulver, Spreng- und Kampfstoffe. Zusammenfassend stellte er fest: „Durch die offene Einkreisungspolitik der Gegner ist eine neue Lage geschaffen: Deutschland muß das eigene Kriegspotential und das seiner Verbündeten so stärken, daß die Koalition den Anstrengungen fast der ganzen übrigen Welt gewachsen ist. Das kann nur durch neue, große und gemeinsame Anstrengungen aller Verbündeten geschehen und durch eine der Rohstoff-Basis der Koalition entsprechende, verbesserte, zunächst friedliche Ausweitung des

Großwirtschaftsraumes auf den Balkan und Spanien. Werden diese Gedanken nicht raschestens in die Tat umgesetzt, so schützen alle Blutopfer im nächsten Krieg nicht vor dem aus Mangel an Voraussicht und an Entschlußkraft schon einmal selbst verschuldeten bitteren Ende."[12]

Im Sommer 1939 rückte Polen in den Mittelpunkt des Weltgeschehens. *Hitlers* Ziel war es zunächst, Polen als Bundesgenossen für die künftige Auseinandersetzung mit Rußland zu gewinnen.[13] Deshalb gab er sich gemäßigt und forderte nicht alle durch den Versailler Vertrag an Polen abgetretenen Gebiete zurück, sondern nur Danzig, das seit 1933 eine nationalsozialistische Regierung hatte. Die Rechte Polens im Danziger Hafen sollten dabei nicht angetastet werden. Außerdem verlangte er eine exterritoriale Eisenbahn und Autostraße durch den Korridor. Polen jedoch, gestärkt durch die Garantien der Westmächte, lehnte alle Forderungen ab. Am 22. August gelang dann *Hitler* der entscheidende Schachzug: der Pakt mit *Stalin*. Polen konnte „beseitigt" werden. Am 1. September ließ *Hitler* die deutsche Wehrmacht in Polen einmarschieren. Damit war der Bündnisfall gegeben: am 3. September erklärten England und Frankreich Deutschland den Krieg.[14]

Die I.G. in Polen

In Polen folgte die I.G. der deutschen Wehrmacht auf dem Fuße. Am 7. September beauftragte Georg von *Schnitzler*, Vorstandsmitglied der I.G. und deren Verkaufschef, seinen Direktor Kurt *Krüger*, eine Besprechung im Reichswirtschaftsministerium über die Zukunft der polnischen Chemieunternehmen vorzubereiten: „Bitte schon jetzt RWiM von nachstehenden Zusammenhängen zu unterrichten: Im Laufe der nächsten Tage werden aller Voraussicht nach vier polnische Farbstoffabriken in deutsche Hände fallen, nämlich die rein polnischen Fabriken Przemysl Chemiczny Boruta in Zgierz und die Chemiczna Fabryka Wola Krzystoporska in Wola Krzystoporska, ferner die der Schweizer Ciba gehörende Pabjanckie Towarzystwo Akcyjne Przemyslu Chemicznego in Pabjanice – Leiter der schweizerische Vizekonsul *Thommen* – , alle drei in der nächsten Umgebung von Lodz gelegen, sowie die etwa zwölf Kilometer nordöstlich von Warschau gelegene Zaklady Chemiczne w Winnicy Sp. Akc. in Winnica. . . . Auf den Fabriken befinden sich erhebliche und wertvolle Vorräte in Vor-, Zwischen- und Endprodukten, alle fast ausschließlich auf dem Gebiet der Teerfarbstoffe und der ihnen verwandten Hilfsprodukte. Ohne zu der Frage des Weiterbetriebes der Fabriken im gegenwärtigen Moment Stellung nehmen zu wollen, möchten wir es für unbedingt erforderlich halten, daß die Verwertung der vorgesagten Vorräte im Interesse der deutschen Volkswirtschaft durch Sachverständige erfolgt. Nur die I. G. ist in der Lage, diese Sachverständigen zu stellen. Haben hier vorgesehen, daß Herr Direktor *Schwab*, der Leiter unseres hiesigen osteuropäischen Farbstoffgeschäfts, für diese Aufgabe bereitgestellt werden soll."[15]

Die cheminsche Industrie Polens hatte etwa 60 000 Beschäftigte.[16] Zentren waren Ostoberschlesien, Lodz und Warschau. Die größte chemische Fabrik waren die staatlichen Vereinigten Stickstoffwerke Moscice/Chorzow, die zweitgrößte die polnischen Solvay Werke in Warschau, ein Gemeinschaftsunternehmen von Solvay und dem Aussiger Verein. Die polnische Farbstoffindustrie war vergleichsweise klein, sie hatte nur 1600 Beschäftigte. Größte Farbstoffabrik war Boruta mit 500 Beschäftigten.

Am 26. September, als der Polenfeldzug beendet war, machte sich Georg von *Schnitzler* Sorgen um die vierte Farbstoffabrik, Winnica, ein Gemeinschaftsunternehmen der I. G. und der französischen Firma Kuhlmann. In einem Schreiben an das Reichswirtschaftsministerium machte er darauf aufmerksam, daß dieses Werk im russischen Einflußbereich liegen wird: „Als Folge der neuen Demarkationslinie fällt die in unserem Antrag zu 3) genannte, oben als Betreff aufgeführte Fabrik Winnica ins russische Einflußgebiet. Sie liegt 18 km nordöstlich von Warschau in dem Knie, das von Narew, Bug und Weichsel gebildet wird. Die Möglichkeit ist nicht von der Hand zu weisen, daß sie bei den schweren Kämpfen um Warschau erheblich gelitten hat, es wäre daher um so richtiger, die dort vorhandenen Werte noch zu sichern, bevor die Fabrik nach den bestehenden Abmachungen den russischen Militärbehörden auszuliefern sein wird."[17]

Auch in dem Besprechungsprotokoll vom 6. Oktober wird diese Fabrik wieder erwähnt: „Winnica. *Müller* berichtet über die Reise der Herren Direktoren *Schwab* und Dr. *Schoener*, denen es gelungen ist, wenige Stunden nach Einmarsch der ersten deutschen Truppen nach Warschau zu kommen. Dr. *Deismann*/Agfa, der als Unteroffizier vor Warschau stand, ist zum Kommissar für die I.G.-Läger in Warschau eingesetzt worden. Dem Wunsch von Leverkusen entsprechend, werden zur Zeit die Einreisemöglichkeiten für Leverkusener Herren nach Polen geprüft."[18]

Nach der endgültigen Grenzziehung lagen die zwei polnischen Farbstoffabriken Boruta und Wola auf deutschem Hoheitsgebiet. Die Farbstoffabrik Winnica kam nach der Aufteilung Polens nicht, wie ursprünglich angenommen, zur Sowjetunion, sondern zum Generalgouvernement.

Der Erwerb der Farbstoffabrik Boruta, die mehrheitlich dem polnischen Staat gehörte, war für die I.G. schwierig. Die Fabrik wurde zunächst von der Haupt-Treuhandstelle-Ost übernommen, die sie an die I.G. verpachtete. Während der sich hinziehenden Kaufverhandlungen bot die I.G. 3,1 Millionen Mark; die Treuhandstelle aber zögerte und warf der I.G. vor, sie verfolge lediglich wirtschaftliche Interessen und keine volkstumspolitischen Ziele. Nun meldeten sich auch andere Interessenten, u.a. die Frankfurter Firma Gebrüder Gutbrod, die zur SS gute Verbindungen hatte. Ob damit die I.G. gefügig gemacht werden sollte, ist nicht klar. Schließlich erhöhte die I.G. den Kaufpreis auf 5 Millionen Mark und erhielt im Februar 1942 den Zuschlag. Boruta wurde in Teerfarbenwerke Litzmannstadt GmbH umbenannt. Schon im Juli 1941 hatte *Kuhlmann* seinen 50prozentigen Anteil an Winnica der I.G. abgetreten. Ende 1942 wurden Winnica stillgelegt.

Wola wurde nicht von der I. G. erworben, sondern von der Treuhandstelle 1942 zu einem Schleuderpreis verkauft. Dem früheren jüdischen Besitzer, Moritz *Szpilfogel*, zahlte sie zwischen 1939 und 1942 monatlich 500 Zloty; davon wurde noch die Miete für seine Wohnung im Warschauer Ghetto abgezogen.

Boruta war für die I. G. ein Verlustgeschäft. Zählt man zu dem Kaufpreis von 5 Millionen Mark die Treuhandkosten und die erforderlichen Konsolidierungs- und Investitionskosten, so kommt man auf insgesamt 12 Millionen Mark. Bei der Verfolgung ihrer Ziele, das Farbstoffmonopol im Deutschen Reich zu halten, mußte sich die I. G. nicht nur mit anderen deutschen Firmen auseinandersetzen, sie mußte auch den Vorstellungen der deutschen Regierung gerecht werden. Mit der Übernahme der Fabriken mußte vor allem die Produktion auf die deutsche Kriegswirtschaft ausgerichtet werden. Diese Erfahrung trug mit dazu bei, daß sich die I. G. später in Rußland zurückhielt.

Die I. G. bangt um ihren US-Besitz

Seit Beginn des Krieges machte sich die I. G. Sorgen um ihren Besitz in den USA. 1929 hatte die I. G. in den USA die: Holdinggesellschaft American I. G. Chemical Corp. gegründet, die Eigentümerin ihrer amerikanischen Tochtergesellschaften GAW und Agfa-Ansco wurde. Die Mehrheit der Aktien der American I. G. besaß die Holdinggesellschaft I. G. Chemie in Basel. 1939 wurde die American I. G. in General Aniline and Film (GAF) umbenannt, und nach Kriegsausbruch begann die I. G. ihre Verbindungen zu ihrer Schweizer Holdinggesellschaft I. G. Chemie de jure aufzulösen. Die GAF konnte sich nun als Schweizer Firma ausweisen. All diese Verschleierungen halfen jedoch nichts. Schon am 18. Juni 1941, also noch bevor die USA durch die Kriegserklärung *Hitlers* in den Krieg eintrat, wurde die GAF unter staatliche Kontrolle gestellt. Nach Kriegseintritt wurde dann der ausländische Kapitalanteil von der

Foreign Funds Control Unit des Schatzamtes beschlagnahmt.

Auch die beiden Joint-venture-Unternehmen der I. G. mit Standard Oil, die Standard I. G. Corporation und die Joint American Study Company (JASCO), waren in Gefahr. Der I. G.-Repräsentant Walter *Duisberg*, Sohn von Carl *Duisberg*, schrieb am 13. September 1939 an Carl *Wurster*: „Ausgehend von der Voraussetzung einer längeren Dauer des Krieges, muß auf alle Fälle damit gerechnet werden, daß die Vereinigten Staaten, vielleicht rascher als angenommen werden kann, ebenfalls auf die Seite der Gegner Deutschlands treten. Es bedarf keines Hinweises auf die Erfahrungen des letzten Weltkrieges und es liegt uns die dringendste Aufgabe ob, das deutsche Eigentum hier auf das rascheste und beste sicherzustellen. Diese Aufgabe muß erfüllt werden durch eine möglichst rasche Liquidierung hier bestehender deutscher Forderungen. ... Zweite Aufgabe in gleicher Richtung besteht in der schleunigsten Übertragung deutscher Patente und deutscher Lizenzverträge auf amerikanische und skandinavische Firmen."[19]

In einer Besprechung zwischen Frank *Howard* von der Standard Oil und Fritz *Ringer* von der I. G. am 22. September 1939 im neutralen Holland wurde vereinbart, daß die Standard Oil nicht nur die I. G.-Anteile der Standard I. G. und der JASCO übernimmt, sondern auch die 2000 Auslandspatente der I. G., die das gemeinsame Arbeitsgebiet der Standard Oil und der I. G. betrafen. Die 50 Buna-Patente jedoch hielt die I. G. zurück. Sie waren für die Vereinigten Staaten besonders wichtig, weil bei einer Ausweitung des Krieges in den pazifischen Raum die Versorgung der USA mit Naturkautschuk gefährdet wäre. *Ringer* sagte zu, diese Patente nachzuliefern. *Howard* wollte darüber hinaus auch die Buna-Technologie erwerben, *Ringer* aber konnte hierzu keine Zusage machen, da die deutsche Regierung einem Verkauf des Know-how für die Bunaherstellung an einen potentiellen Kriegsgegner des befreundeten Japans niemals zustimmen würde.

Wie die Parteien vereinbart hatten, erhielt Standard Oil die

Buna-Patente, aber keine verfahrenstechnischen Informationen. Joseph *Borkin* weiß darüber in seinem Buch „Die unheilige Allianz der I. G. Farben" folgendes zu berichten: „Für die Vereinigten Staaten ergab sich daraus ein schwerwiegender militärischer Rückschlag. Am 7. Dezember 1941 griff Japan den amerikanischen Stützpunkt Pearl Harbour an, und die Vereinigten Staaten befanden sich mitten in einer Kautschukkrise. Genau, wie Deutschland im Ersten Weltkrieg von seinem Salpeternachschub abgeschnitten war, waren die Vereinigten Staaten jetzt von ihrem Kautschuknachschub aus Südost-Asien abgeschnitten. Man suchte verzweifelt nach Abhilfe, und schon bald wurde Gummi streng rationalisiert. ... Die amerikanischen Chemie- und Reifenhersteller waren noch nicht in der Lage, die Massenproduktion eines Kunstkautschuks aufzunehmen. ... Die I. G. hatte erfolgreich verhindert, daß die technischen Informationen in die USA gelangten. Für die Standard und die Vereinigten Staaten hatte dies unangenehme Konsequenzen."[20]

Nach Pearl Harbour wurden die Standard Oil und die I. G. von der Kartellbehörde der Vereinigten Staaten verklagt. Die Anklage machte deutlich, daß die Kautschukkrise zu einem großen Teil auf die Kartellabsprache zwischen der Standard Oil und der I. G. zurückzuführen war. Die Entwicklung der Buna-Technologie in den Vereinigten Staaten sei verzögert worden, weil „das Hitler-Regime aus militärischen Gründen die Entwicklung dieses Stoffes in diesem Lande nicht wünschte". Standard Oil hielt dagegen, daß die I. G.-Verträge „in hohem Maße zur Ermöglichung unserer derzeitigen Rüstungsbemühungen beigetragen haben und die Herstellung von Flugbenzin, Toluol-Sprengstoffen und synthetischem Gummi ohne sie nicht möglich wäre."[21]

Alle Argumente halfen der Standard Oil nichts. Diese hochbrisante Anklage verlangte eine Bestrafung: Alle Anteile der Feindfirma I. G. an Aktien, Patenten und Verträgen, die vorher in mühsamen Verhandlungen von der Standard Oil erworben worden waren, wurden vom Treuhänder für feindliches Vermögen beschlagnahmt. Standard Oil erhielt für die Konspiration mit der I. G. eine Geldstrafe, Frank A. *Howard* verlor seinen einflußreichen Posten, und Walter C. *Teagle*, der Chef der Standard Oil, erklärte seinen Rücktritt; sein engster Mitarbeiter William S. *Farish* erlag einem Herzinfarkt.

Der I. G.-Auslandsbesitz wurde nicht nur in den mit dem Deutschen Reich im Kriegszustand befindlichen Staaten eingezogen. Auf Druck der Vereinigten Staaten wurde auch der gesamte I. G.-Besitz in Lateinamerika, dessen Länder bis dahin mehr oder weniger freundschaftliche Beziehungen zu Deutschland unterhielten, beschlagnahmt.

Der Tod von Carl Bosch

Am 26. April 1940 starb Carl *Bosch*, der in seinen letzten Lebensjahren verstärkt unter psychischen Störungen litt. Aus seiner Aversion gegen das nationalsozialistische Regime erwuchsen ihm prophetische Kräfte. Noch auf seinem Totenbett soll er seinem Sohn gegenüber geäußert haben, wie er die Zukunft Deutschlands sehe: „Es wird zunächst noch gut gehen. Frankreich und vielleicht auch England werden besetzt werden. Dann aber wird er das größte Verhängnis begehen und Rußland angreifen. Auch das wird noch eine Weile gut gehen. Dann aber sehe ich Entsetzliches. Es wird alles ganz schwarz. Der Himmel ist voll von Flugzeugen. Sie werden ganz Deutschland zerstören, die Städte, die Fabriken und auch die I. G."[22]

An der Trauerfeier für Carl *Bosch* in Ludwigshafen nahmen zahlreiche Vertreter aus Wirtschaft und Wissenschaft Abschied von dem Verstorbenen. Hermann *Schmitz* bekannte, „uns ist es vergönnt, sein Werk fortzusetzen", und Carl *Krauch* würdigte seine Persönlichkeit: „Unbestechliche Beobachtungsgabe und Urteilskraft, außergewöhnliche Arbeits- und Willenskraft, unbedingte Sachlichkeit und schöpferische Erfindungsgabe vereinigte sich in ihm. So erscheint der Naturforscher und Wissenschaftler *Bosch* als der große universelle Mensch, der, in Bescheidenheit immer hinter seinem Werk zurücktretend, nie von dem rechten Wege der Wahrheit und Klarheit in der Forschung und vor allem nie von der Ehrfurcht vor dem naturgesetzlich Bestehenden abgewichen ist."[23]

Carl *Wurster*, der Betriebsführer der Werke Ludwigshafen und Oppau, beschloß die Feierstunde: „Zum letzten Male weilt Carl *Bosch* an der Stätte seiner Lebensarbeit bei uns in Ludwigshafen. ... Wir wollen so weitermachen, wie er uns den Weg gewiesen hat, nie zu ermüden, wahrheitssuchende Kämpfer zu sein um die Erkenntnis der Naturgesetze, Kämpfer um die technische Beherrschung der Naturvorgänge und damit Kämpfer für unser liebes Deutschland und für den Fortschritt der ganzen Menschheit. Mit diesem Gelöbnis wollen besonders wir Ludwigshafener und Oppauer durch die Tat danken für alles Vertrauen, für alle Treue, die er uns geschenkt hat, und nunmehr letzten Abschied nehmen von unserem größten Arbeiter, von unserem treuesten Kameraden."[24]

Carl *Bosch* wurde als einer der größten technisch begabten Naturforscher und Wirtschaftsführer geehrt. Seine besondere Fähigkeit, außergewöhnliche Begabungen bei Mitarbeitern zu erkennen und zu fördern, sei hier ergänzend erwähnt. Auf diese Weise hat *Bosch* für die I. G. und darüber hinaus für die Chemische Industrie Deutschlands eine Führungselite geschaffen, die noch weit in die Zeit nach dem verlorenen Krieg hineinwirkte und den Aufbau der zerschlagenen Unternehmen mit gestalten konnte.

Nachfolger von Carl *Bosch* als Aufsichtsratsvorsitzender der I. G. Farbenindustrie Aktiengesellschaft wurde Carl *Krauch*, der damals einflußreichste Mann der chemischen Industrie in Deutschland.

Die I. G. in Frankreich

Im September 1940, zwei Monate nach dem siegreichen Frankreichfeldzug, richtete Hermann *Schmitz* in der I. G.-Werkzeitschrift folgende Worte an die große I. G.-Gefolgschaft: „Wenn wir auf die verflossenen zwölf Kriegsmonate zurückblicken, so gedenken wir zunächst der herrlichen Erfolge, welche die deutsche Wehrmacht und das deutsche Volk unter ihrem genialen Führer erzielt haben. Diese Erfolge stehen unvergleichlich in der Geschichte da. Wir gedenken aller unserer Arbeitskameraden, die zu den Fahnen gerufen wurden, insbesondere derer unter ihnen, die in diesem gewaltigen Ringen den Heldentod fanden und zu ihren Betriebsgemeinschaften nicht mehr zurückkehren können. Sie werden in unseren Reihen weiterleben, die Sorge um ihre Hinterbliebenen wird auch unsere Sorge sein. – Der Krieg hat auch an unsere Betriebe in technischer und kaufmännischer Hinsicht erhöhte Aufgaben gestellt, welche der äußersten Anstrengung der Arbeitskraft jedes einzelnen bedürfen. Es ist mir ein besonderes Bedürfnis, alle Mitglieder unserer Betriebsgemeinschaft voller Dankbarkeit und Anerkennung für das Geleistete zu grüßen. Nach wie vor gilt unser restloser Einsatz den Aufgaben, die unser Führer uns weiterhin stellen wird. Ihm und seinen Soldaten gilt unser aller Heimatgruß."

Am 21. November 1940 trafen sich in Wiesbaden I. G.-Vertreter mit Unterhändlern der französischen Farbstoffchemie, um ihre Interessen vorzutragen. Die französischen Vertreter nahmen zunächst den Standpunkt ein, daß das deutsch-französische Farbstoffkartell aus dem Jahre 1927 Grundlage der Ausrichtung der Interessen auf dem Farbstoffgebiet sein sollten. Die deutsche Delegation erklärte, daß für sie das deutsch-französische Kartell nicht mehr existiere. Der französische Vorschlag „lasse die Ereignisse des letzten Jahres einfach unbeachtet und gehe völlig an der Tatsache vorüber, daß schließlich Frankreich Deutschland den Krieg erklärt habe. ... Nach all dem Vorgefallenen müsse der französische Standpunkt hinsichtlich der Gültigkeit des Kartells direkt als Zumutung und als verletzend bezeichnet werden. Es müsse von deutscher Seite auch der neuerliche Versuch abgelehnt werden, den französischen Standpunkt mit den Besprechungen zwischen dem Führer und Marschall *Pétain* in Verbindung zu bringen und den Standpunkt der französischen Industrie als dem Geiste dieser Unterhandlungen entsprechend hinzustellen."[25] In der Hoffnung auf einen Ausweg beantragten die Franzosen eine Vertagung der Gespräche.

Am 20. Januar 1941 trafen sich die Delegationen erneut in Paris. Eine Einigung kam wieder nicht zustande. Obwohl die I. G. den französischen Widerstand hätte brechen können, schleppten sich die Verhandlungen weiter hin. Erst am 18. November 1941 konnte ein Abkommen über die Bildung eines Gemeinschaftsunternehmens ausgehandelt werden, dem auch die französische Farbstoffindustrie zustimmte, obwohl der deutsche Führungsanspruch klar zum Ausdruck kam. Alle französischen Farbstoffunternehmen, die bereits in einer zentralen Kartellgemeinschaft zusammengeschlossen waren, wurden in den neuen Konzern S. A. de Matières Colorantes et Produits Chimiques „Francolor" eingebracht; die I. G. erhielt von den Unternehmen 51 Prozent der Aktien und überließ ihnen als Gegenwert I. G.-Aktien mit einem Nominalwert von 12,75 Millionen Mark. Von den acht Sitzen im Verwaltungsrat erhielten Franzosen und Deutsche je vier. Die vier deutschen Vertreter waren Georg von *Schnitzler*, Fritz ter *Meer*, Otto *Ambros* und Hermann *Waibel*. Alle entscheidenden Gremien wurden paritätisch besetzt. Die Kontrolle der I. G. beschränkte sich auf grundsätzliche Fragen. Um das Abkommen langfristig abzusichern, wurde in die Präambel eine Klausel aufgenommen, die zukünftige Regierungen verpflichten sollte, das Abkommen auch unter anderen Rechtsverhältnissen zu respektieren. Die Franzosen wurden für ihre Kollaboration dadurch belohnt, daß sie den Präsidenten der neuen Gesellschaft stellen durften: Joseph *Frossard*, *Boschs* „Trumpfkarte" von Versailles.

Von den 200 000 Beschäftigten in der französischen chemischen Industrie entfielen auf den neuen Konzern Francolor nur 5000. Größter französischer Chemiekonzern blieb Kuhlmann, gefolgt von Pechiney und St. Gobain. Zu den großen Unternehmen gehörte auch die Firma Rhone Poulenc, mit der die I. G. auf dem Pharmasektor Vermarktungs- und Lizenzabkommen abschloß.[26]

„Neuordnung Europas"

Die deutsche Großchemie verhielt sich nach den Eroberungen *Hitlers* nicht viel anders als die amerikanischen, britischen und französischen Unternehmen nach dem Ersten Weltkrieg. In beiden Fällen ging es darum, aus den militärischen Siegen wirtschaftliche Vorteile zu ziehen.

Nach dem glänzenden Sieg über Frankreich war der Frieden in greifbare Nähe gerückt. Großbritannien, der übriggebliebene Kriegsgegner, stand praktisch vor der Wahl, besiegt zu werden oder Frieden zu schließen. In den Ministerien begann man über eine Friedensordnung nachzudenken. Für diese Überlegungen verlangte das Wirtschaftsministerium von der Industrie Konzepte über die Gestaltung der Wirtschaftsbeziehungen zu den europäischen Staaten. Daraufhin wurden von der I. G. und anderen großen Chemieunternehmen „Vorschläge für die Neuordnung der Chemiewirtschaft in Europa" ausgearbeitet, die dann von der Reichsgruppe Chemische Industrie zusammengefaßt und dem Ministerium vorgelegt wurden. In allen wesentlichen Punkten wurde das I. G.-Konzept übernommen.

Bei den Überlegungen einer Neuordnung der Chemiewirtschaft ging man davon aus, daß die deutsche Chemie ihre dominierende Stellung aus der Zeit vor dem Ersten Weltkrieg nie wieder einnehmen könne: „Zweifellos wird man nicht an die Verhältnisse, wie sie beim Ausbruch des Weltkrieges bestanden, wieder anknüpfen und nicht die wirtschaftliche Entwicklung, die sich in den einzelnen Ländern bzw. Gebieten in den letzten 20 Jahren zu Lasten Deutschlands vollzogen hat, auf den ursprünglichen Zustand zurückführen können. In gewissem Umfang wird nun einmal die Verschlechterung der deutschen Positionen gegenüber 1914 als nicht mehr gutzumachen hingenommen werden müssen. Um so berechtigter mag es erscheinen, bei der Planung einer europäischen Großraumwirtschaft der deutschen Chemie wieder eine führende Stellung zuzudenken, die ihrem technischen, wirtschaftlichen und wissenschaftlichen Rang entspricht. Von entscheidendem Einfluß auf alle Planungen für den europäischen Raum wird aber die Notwendigkeit sein, eine zielbewußte und schlagkräftige Führung der zwangsläufigen Auseinandersetzung mit den sich heute schon abzeichnenden außereuropäischen Großraumwirtschaften zu sichern."[27]

Die I. G. und die Reichsgruppe Chemie rechnete mit folgenden fünf Großraumwirtschaften: Kontinentaleuropa, dem sich auch England anschließen könnte, die USA, Japan, Italien und die UdSSR, wobei Italien und die UdSSR noch nicht klar als wirtschaftlicher Großraum erkannt werden konnten. Als wichtigster Konkurrent galt die USA.

Bemerkenswert ist, daß in der I. G.-Denkschrift mehrmals von wehrwirtschaftlichen Erfordernissen die Rede ist: „Eine so unter dem Gesichtspunkt der Eigenversorgung geordnete Großraumwirtschaft und ihre planvolle Ausrichtung gegenüber den übrigen Wirtschaftsräumen der Welt hat zugleich allen Faktoren Rechnung zu tragen, die sich aus den wehrwirtschaftlichen Erfordernissen des Großdeutschen Reiches ergeben. Diese Erfordernisse sind nicht nur unter dem Blickpunkt der reinen Versorgung mit wehrwirtschaftlich wichtigen Exportgütern zu sehen, sondern auch unter dem Gesichtswinkel, daß bislang bestandene oder künftig mögliche Interessenverflechtungen der in der deutschen Einflußsphäre liegenden europäischen Länder mit außereuropäischen Ländern, die deren wehrwirtschaftliches Potential auf dem Chemiegebiet berühren können, so gestaltet werden, daß den großdeutschen Belangen allemal Rechnung getragen ist; gedacht ist hierbei etwa an Kartelle, Kapitalbeteiligungen und Erfahrungsaustausch."[28]

Dieser Neuordnungsplan, der auf der Basis des von Deutschland beherrschten Mittel- und Westeuropas aufbaute, war nicht auf eine Weiterführung oder gar Ausweitung des Krieges ausgerichtet. Es bestand aber kein Zweifel, daß die deutsche Chemie ihre Machtstellung in Kontinentaleuropa, die ihr durch die militärischen Siege zugefallen war, ausbauen wollte.[29] Es traf also zu, „daß die deutsche Expansion und das Streben nach einem von Deutschland dominierten europäischen Großwirtschaftsraum bis zum Krieg gegen die UdSSR und der Kriegserklärung an die USA den

Interessen der chemischen Industrie und der I. G. keineswegs widersprachen. Auch wenn ihre Interessen für die Expansion nicht ursächlich waren, eröffneten sich damit durchaus vorteilhafte Möglichkeiten, die man auch nutzte. Insofern war auch die machtpolitische Expansion bis zu einem gewissen Grade komplementär zu den Interessen der I. G."[30]

Mit der Ausweitung des Krieges 1941 zu einem Weltkrieg änderte sich die militärische und wirtschaftliche Situation grundlegend. 1942, als ein deutscher Sieg nicht mehr zu erreichen war, wurden die Neuordnungsüberlegungen eingestellt und schließlich verboten. Der europäische Großwirtschaftsraum wurde in zunehmendem Maße für die deutsche Kriegswirtschaft ausgebeutet, er mußte nicht nur die notwendigen Rohstoffe liefern und Kriegsgüter produzieren, sondern auch die Arbeitskräfte stellen.

Produktionszwang und Arbeitskräftemangel

Der Umsatz der I. G. stieg auch in den Kriegsjahren kräftig an, von 2028 Millionen Reichsmark im Jahre 1939 bis zum Höchstwert von 3231 Millionen Reichsmark im Jahre 1943; ein Jahr später erreichte er nur noch 2565 Millionen Reichsmark. Anders als im Ersten Weltkrieg lieferte die I. G. im Zweiten Weltkrieg verhältnismäßig wenig Kriegsmaterial. Pulver, Sprengstoffe und Kampfstoffe wurden fast ausschließlich von staatlichen Unternehmen produziert, die von der Wehrmacht und der privaten Sprengstoffindustrie gegründet worden waren. Der Beitrag der deutschen chemischen Industrie, insbesondere der I. G., bestand vor allem in der Lieferung von Grund- und Vorprodukten wie Salpetersäure, Schwefelsäure, Zellulose, Kautschuk, Leichtmetallen, Kunstseide, Kunstfasern und Treibstoffen. Während die Produktion von synthetischem Kautschuk vollständig bei der I. G. blieb, wurde die Produktion von Treibstoffen nur etwa zu 20 % von der I. G. bestritten, und zwar im Werk Leuna und (gemeinsam mit Standard Oil und Shell) im Werk Pölitz.

Eine Monopolstellung hat die I. G. bei der Treibstoffproduktion nicht angestrebt.

Bis ins Jahr 1943 war die deutsche chemische Industrie einer der größten Devisenbringer. Der Export der klassischen Chemieprodukte Farbstoffe, Pharmazeutika und Chemikalien war ungebrochen. Bei der I. G. lagen die Exportquoten für diese drei Arbeitsgebiete während des Krieges bei 46, 24 bzw. 12 %. Dabei ist zu beachten, daß der Export nach Übersee praktisch zum Erliegen gekommen war und innerhalb Europas einige Exportländer durch die Expansion des Deutschen Reiches beseitigt worden waren.

Während des Krieges konnte die deutsche Wirtschaft die von ihr geforderten Leistungen nur mit Hilfe ausländischer Arbeitskräfte erbringen. Schon im ersten Kriegsjahr wurden polnische Kriegsgefangene und Zwangsarbeiter, hauptsächlich im Agrarbereich, eingesetzt. Nach dem Frankreichfeldzug wurden ausländische Arbeiter in zunehmendem Maße auch den Industriebetrieben zugeteilt. Bei den Verbündeten und anfangs auch im westlichen Ausland warb man Arbeitskräfte auf freiwilliger Basis. Die I. G. praktizierte in Frankreich die von *Krauch* vorgeschlagene und von *Frossard* unterstützte Methode, französische Arbeiter in geschlossenen Einheiten nach Deutschland zu schicken. Die Arbeiter blieben Beschäftigte ihrer Muttergesellschaft und sollten nach Erfüllung ihres Auftrages nach Frankreich zurückkehren.

Die Ausweitung des Krieges 1941 hatte eine verstärkte Einberufung der deutschen Männer zur Folge. Die empfindlichen, zum Teil verheerenden Engpässe, die nun auf dem Arbeitsmarkt entstanden, konnten nur durch den Großeinsatz russischer Arbeitskräfte beseitigt werden. Russische Kriegsgefangene und zwangsverpflichtete Ostarbeiter stellten bald das Hauptkontingent ausländischer Sklavenarbeiter in der deutschen Kriegs- und Rüstungsindustrie. Ohne ihren Einsatz wäre die Weiterführung des Krieges nicht möglich gewesen.

Wie vorher schon die Polen, so mußten jetzt auch die Russen unter besonders menschenunwürdigen Bedingungen arbeiten. Dabei stellte sich heraus, daß die „Untermenschen" aus dem Osten oft eine höhere Leistungsbereitschaft zeigten als die „freiwilligen" Westarbeiter, so daß die Diskriminierung der Ostarbeiter von deutschen Vorgesetzten als ungerecht empfunden wurde. In einigen Betrieben konnte eine Verbesserung der Arbeitsbedingungen erreicht werden, wie z. B. im I. G.-Werk Leverkusen, wo durch eine Eingabe beim Reichsarbeitsministerium eine Lohnerhöhung für jugendliche Ostarbeiter durchgesetzt wurde.[31]

In Großbetrieben war es durchaus üblich, nicht nur geeignete Westarbeiter, sondern auch Ostarbeiter für qualifizierte Aufgaben einzusetzten. Bei Krupp war eine größere Zahl sowjetischer Arbeitskräfte als Wissenschaftler, Ingenieure und Konstrukteure eingesetzt, denen bevorzugte Behandlung, mehr Freizügigkeit, besseres Essen und die Genehmigung zugestanden wurde, das „Ost"-Abzeichen nicht tragen zu müssen. Im I. G.-Werk Ludwigshafen betraute man russische Kriegsgefangene, die im Zivilberuf Elektrochemiker waren, mit Forschungsaufgaben.

Arbeitsbummelei und Flucht der Fremdarbeiter erschwerten den Arbeitsablauf in den Betrieben. Ein wesentliches Motiv für die Arbeitsflucht in den beiden letzten Kriegsjahren waren die Luftangriffe. Welche Ausmaße die Arbeitsflucht annahm, erkennt man aus einer Personalmeldung des I. G.-Werkes Ludwigshafen: „Von 407 im Mai und Juni 1943 beurlaubten Westarbeitern kehrten nur 58 rechtzeitig, 278 überhaupt nicht zurück."[32]

Die Einstellung der deutschen Vorgesetzten zu den ausländischen Arbeitern hing im wesentlichen von ihrer fachlichen Qualifikation und Arbeitsleistung ab. Die Zwangsarbeit als solche wurde jedoch von den deutschen Unternehmern und von der deutschen Bevölkerung nicht als ungerecht empfunden. Die meisten zeigten an dem Schicksal der Ausländer kein Interesse.

Der prekäre Arbeitskräftemangel führte schließlich dazu, daß auch Häftlinge der Konzentrationslager zur Arbeit in den Industriebetrieben herangezogen wurden. Auch die I. G. hatte in einigen ihrer Betriebe KZ-Häftlinge beschäftigt, sie verhielt sich dabei nicht anders als andere Großunternehmen.

Tabelle 8. Belegschaftsentwicklung in der I. G. in % (1939–1944)

	1939	1940	1941	1942	1943	1944
Deutsche Männer	86,4	83,2	75,5	70,0	55,2	43,2
Deutsche Frauen	13,6	16,8	17,4	16,3	14,1	17,3
Ausländer	–	–	6,0	9,9	21,2	29,6
Leiharbeiter, Strafgefangene, KZ-Häftlinge	–	–	–	2,4	5,9	5,4
Kriegsgefangene	–	–	1,1	1,4	3,6	4,4
	100,0	100,0	100,0	100,0	100,0	100,0

Die Zusammensetzung der Belegschaft der I. G. im Krieg 1939–1944 (Tabelle 8) ist typisch für die Belegschaftsentwicklung der deutschen Kriegswirtschaft.[33] In der Gruppe der Leiharbeiter, Strafgefangenen und KZ-Häftlinge waren die KZ-Häftlinge zahlenmäßig am stärksten vertreten. 1944 betrug ihr Anteil an der Zahl aller Beschäftigten in der I. G. 3,2 %.[34]

Das Bunawerk Auschwitz

Der Standort für das Bunawerk IV sollte auf Anordnung des Wirtschaftsministeriums im nicht durch Luftangriffe gefährdeten Schlesien liegen. Drei Standorte kamen in Frage: Heydebreck, Emilienhof bei Gogolin und Auschwitz. Die Entscheidung fiel für Auschwitz. Gegenüber den beiden anderen Standorten hatte es verschiedene Vorzüge. Die Flüsse Weichsel und Sola garantierten eine ausreichende Wasserversorgung, der Eisenbahnknotenpunkt bot eine gute Verkehrsanbindung und nur 18 Kilometer entfernt befand sich ein Kohlenbergwerk, die Fürstengrube, von der aus das Werk bequem mit dem notwendigen Rohstoff versorgt werden konnte. In der kleinen Industriestadt Auschwitz lebten damals 7000 Juden, 4000 Polen und 2000 Deutsche.

Die Verfügbarkeit von Arbeitskräften spielte offenbar zunächst eine untergeordnete Rolle. Chemiker, Ingenieure, Techniker und Meister mußte die I. G. aus ihren Stammwerken zur Verfügung stellen, und für die Bereitstellung von Bauarbeitern und Betriebsarbeitern war der Staat mit seinen Einrichtungen für Arbeitskräftebeschaffung zuständig. Ein möglicher Häftlingseinsatz wurde von der I. G. nicht erwogen, obwohl zum Zeitpunkt der Entscheidung für Auschwitz als Standort für Buna IV der I. G. bekannt war, daß in der Nähe von Auschwitz ein Konzentrationslager mit etwa 7000 Häftlingen existierte.

Am 6. Februar 1941 teilte die I. G. dem Wirtschaftsministerium ihren Entschluß mit, in Auschwitz das Bunawerk IV zu bauen. Am 16. Februar gab das Oberkommando der Wehrmacht ihr Einverständnis und am 18. Februar befahl *Göring* als Beauftragter des Vierjahresplanes *Himmler*, Häftlinge aus dem nahegelegenen Konzentrationslager als Bauarbeiter zur Verfügung zu stellen. „Zur Sicherstellung des Arbeiterbedarfs und der Unterbringung der Arbeiter für den Anfang April beginnenden Bau des Buna-Werkes Auschwitz in Ostoberschlesien sind folgende Maßnahmen zu treffen: 1. Rasche Aussiedlung der Juden in Auschwitz und weiterer Umgebung, insbesondere zwecks Freimachung ihrer Wohnungen für die Unterbringung der Bauarbeiterschaft für das Buna-Werk. 2. Vorläufige Belassung der als Bauarbeiter in Betracht kommenden Polen in Auschwitz und weiterer Umgebung in ihren bisherigen Wohnstätten bis zur Beendigung der Bauarbeiten. 3. Bereitstellung einer möglichst großen Anzahl von Baufach- und Bauhilfsarbeitern für den Bau des Bunawerkes aus dem benachbarten Konzentrationslager."[35]

In der Anklage im Nürnberger Prozeß gegen die führenden Manager der I. G. wurde behauptet, daß die I. G. wegen der billigen Häftlingsarbeiter Auschwitz als Standort ausgewählt habe. Beweise hierfür konnten jedoch nicht erbracht werden. Auch *Krauch* wurde immer wieder verdächtigt, mit *Göring* über den Häftlingseinsatz vorher gesprochen zu haben. Dazu bemerkt *Plumpe*: „Man kann selbstverständlich vermuten, daß *Krauch* als Gebechem (Generalbevollmächtigter für Sonderfragen der Chemischen Erzeugung) *Göring* nicht nur allgemein zur Beschaffung von Arbeitskräften angesprochen hat, sondern ihn aufgefordert hat, *Himmler* die Zurverfügungstellung von Häftlingen zu befehlen. Abgesehen davon, daß *Krauch* dies bestritten hat und keine gegenlautenden Aussagen oder Dokumente vorliegen, ist zu bedenken, daß auch das Protokoll seiner Besprechung mit ter *Meer* und *Ambros* vom 6.2.1941 keinerlei Hinweis darauf gibt; unterstellt man, daß für die Standortwahl die Existenz des KZ entscheidend gewesen ist, dann ist wiederum merkwürdig, daß dieser Punkt nicht erörtert wurde, obwohl in mehreren Quellen vor und nach diesem Datum von dem KZ und ihren Häftlingen die Rede ist."[36]

Aus wirtschaftlichen Überlegungen und aus Gründen eines besseren Produktionsverbundes plante die I. G. am Standort Auschwitz auch gleich eine Hydrieranlage. Die Kapazität der Bunafabrik wurde mit 30 000 Jahrestonnen Buna, die der Hydrieranlage mit 400 000 Jahrestonnen Flugbenzin und 200 000 Jahrestonnen Heizöl ausgelegt. Als Investitionskosten wurden 900 Millionen Reichsmark veranschlagt. Die Bunafabrik fiel in den Zuständigkeitsbereich von *Ambros*, die Hydrieranlage in den Zuständigkeitsbereich von *Bütefisch*. Zum Werksleiter wurde Walter *Dürrfeld* bestellt. Die Größe des hier geplanten Werkes mögen folgende Zahlen veranschaulichen: Das Baugrundstück hatte eine Länge von 8 Kilometer und eine Breite von 3 Kilometer. Die vorgesehene erste Ausbaustufe sollte sich allerdings zunächst auf ein Areal von 3 x 1,5 Kilometer beschränken.

Am 7. April 1941 fand die Gründungssitzung statt, in der Johann *Eckell*, Direktor der I. G. und zugleich Referatsleiter beim Reichswirtschaftsministerium und Leiter der Abteilung Chemie im Reichsamt für Wirtschaftsaufbau, die Dringlichkeit dieses Projektes unterstrich. Für die Bauzeit sollten etwa 8000 Bauarbeiter und 4000 Metallarbeiter bereitgestellt werden.

Im Protokoll über die Gründungssitzung wurden auch die positiven Auswirkungen, die ein I. G.-Werk in Auschwitz auf das Deutschtum haben wird, herausgestrichen: „Anschließend gibt Dr. *Ambros* folgenden Gedanken Ausdruck: Die I. G. Farbenindustrie hat mit dem Projekt Auschwitz einen Plan zu einer neuen Werksgründung größten Ausmaßes entworfen. Sie ist entschlossen, unter Einsatz ihrer besten Kräfte ein lebendiges Werk aufzubauen, das sich ebenso gestaltend auswirken wird wie die vielen Anlagen im Westen und in Mitteldeutschland. Die I. G. Farbenindustrie erfüllt damit eine hohe Pflicht, auf ihre Weise mitzuwirken und alle Kräfte einzusetzen, daß diese Industriegründung zu einem festen Eckpfeiler wird für ein kräftiges, gesundes Deutschtum im Osten. Dr. *Ambros* schließt mit der Bitte, daß alle Ämter der I. G. Farbenindustrie bei dieser schweren, aber hoffnungsvollen Aufgabe ihre Unterstützung gewähren."[37]

Am 12. April 1941 schrieb *Ambros* an ter *Meer*: „... und außerdem wirkt sich unsere neue Freundschaft mit der SS sehr segensreich aus. Anläßlich eines Abendessens, das uns die Leitung des KZs gab, haben wir weiterhin alle Maßnahmen des KZs festgelegt, welche die Einschaltung des wirklich hervorragenden Betriebs des Konzentrationslagers zugunsten des Bunawerkes betreffen."[38]

Trotz zugesagter Unterstützung durch alle maßgebenden Stellen ging die Arbeit auf der Baustelle nicht richtig voran. Immer wieder kam es zu Lieferengpässen und technischen Pannen. Der Mangel an Fachkräften, besonders an Metallfacharbeitern, war erdrückend. Auch die Häftlinge, die nicht nur durch schlechte Verpflegung, sondern auch durch den 7 Kilometer langen Anmarschweg aus dem Stammlager (Auschwitz I) geschwächt waren, konnten die ursprünglich vorgesehenen Leistungen nicht erbringen.

Am 14. Mai 1942 fand eine Besprechung zwischen Vertretern der I. G. und dem Kommandant des Konzentrationslagers Auschwitz, SS-Sturmbannführer Rudolf *Höß*, über den Arbeitseinsatz von Häftlingen statt. „In einer eingehenden Unterhaltung über die Qualität der Häftlinge", protokollierte der Werksleiter Walter *Dürrfeld*, „entwickelte ich folgende Bedingungen: 1) Kräftige und arbeitsfähige Häftlinge. 2) Täglich die gleichen Häftlinge zum gleichen Arbeitsplatz.

3) Größere Freizügigkeit im Einsatz der Häftlinge. 4) Ansporn der Häftlinge zu größerer Leistung. Zu 1) versprach der Kommandant, für eine gute Auswahl der Leute Sorge zu tragen. Er müsse diese Klagen auch wirklich zugetragen bekommen. Aber er müsse zugeben, daß sein Unterführungspersonal unzureichend und zum Teil schlecht sei. Zu 2) versprach er ebenfalls, sein Personal anzuweisen, bei der Einteilung darauf zu achten, daß durch Krankmeldungen, die oft bei schlechtem Wetter außerordentlich zahlreich seien, nicht allzugroße Verschiebungen in der Einteilung der Häftlinge entstehen. Unsere Vorschläge zu 3), den gesamten Zaun durch eine Postenkette zu besetzen, und die Häftlinge innerhalb des Werkzaunes freizügig arbeiten zu lassen, hält er nur für durchführbar, wenn an den Toren eine scharfe Kontrolle durchgeführt wird. Insbesondere müßte von jeder ein Tor passierenden Person Abnehmen der Kopfbedeckung verlangt werden (Haarschur). Zu 4) wurde dem Kommandanten ein Primitiv-Akkordsystem (das scherzhaft genannte FFF-System vorgeschlagen und um Unterstützung in der Durchführung gebeten."[39]

Auch andere Großkonzerne interessierten sich für Auschwitz als Standort für ein Zweigwerk. Am 14. September 1942 schrieb der Werksleiter Walter *Dürrfeld* an die Firma Friedrich Krupp: „... Zu der von Ihnen im Besonderen angeschnittenen Frage möchte ich Ihnen mitteilen, daß wir einen Vertrag mit der SS nicht abgeschlossen haben, sondern lediglich eine Vereinbarung in Briefform, nach der uns das KL Arbeitskräfte zur Verfügung stellt, für die wir RM 4,- je Tag für den Facharbeiter und RM 3,- je Tag für den Hilfsarbeiter an die SS zu zahlen haben. Für die Verpflegung sind Unkosten von uns nicht zu tragen, lediglich für die Bereitstellung von Getränken (Kaffee oder Tee). Des weiteren sind von uns zu tragen: Unkosten für die Erfassung von Stunden je Unternehmer und der Weiterverrechnung, Umsatzsteuer in Höhe von 2,04 %, Transportkosten für die Häftlinge, Unkosten für die Bezahlung von Kapos, die den Unternehmen nicht in Rechnung gestellt werden können, Unkosten infolge der Bezahlung der vollen Sätze je Arbeitstag an Samstagen und an

Regentagen, sowie im Falle besonderer Vorkommnisse, wobei die Häftlinge nur wenig über vier Stunden arbeiten. Wir würden es begrüßen, wenn Sie uns baldmöglichst hier aufsuchen würden, damit wir Sie auch über die großen Schwierigkeiten, die Sie hier erwarten, rechtzeitig informieren können."[40]

Schon 1940 wurde in der ehemaligen österreichischen Kavallerie-Kaserne von Auschwitz ein Konzentrationslager eingerichtet. 1942 kamen zu diesem Stammlager zwei weitere Lager: in Birkenau das berüchtigte Vernichtungslager und bei dem Dorf Monowitz am Rande des Bunawerkes das Arbeitslager für die im Bunawerk beschäftigten Häftlinge. In dieser Reihenfolge wurden die Lager Auschwitz I, II und III bezeichnet. Zu Auschwitz III zählten außerdem noch 38 kleinere Arbeitslager in Ostoberschlesien, in einem davon waren die Häftlingsarbeiter der Fürstengrube untergebracht. In Monowitz befanden sich auch zwei kleinere Lager für englische Kriegsgefangene, die ebenfalls im Bunawerk arbeiteten.

Das Lager Monowitz wurde auf Drängen der I. G. eingerichtet. Damit entfiel der sieben Kilometer lange Anmarschweg aus dem Stammlager. Infolge des ständig steigenden Bedarfs an Häftlingsarbeitern entwickelte sich Monowitz zum größten Arbeitslager. Die meisten Häftlinge waren unterernährt und der schweren Arbeit nicht gewachsen. Anfang 1943 stiftete die I. G. für „ihre" Häftlinge täglich eine warme Mittagssuppe. Die gewünschte Leistungssteigerung trat nicht ein. Infolge der katastrophalen Lebens- und Ernährungsbedingungen war der Krankenstand unter den Häftlingen sehr hoch. Kranke wurden zwar in den Krankenbau des Lagers eingewiesen, durften aber dort nur bis zu vier Wochen bleiben. Wer in dieser Zeit nicht wieder gesund wurde, also nicht arbeitsfähig geschrieben werden konnte, wurde ins Stammlager oder gar nach Birkenau verlegt; damit war in der Regel sein Todesurteil gefällt.[41]

Zu den Häftlingen in Monowitz gehörten auch Primo *Levi* und Jean *Améry*. *Levi* konnte als Chemiker in einem Labor arbeiten. Seine scharfe Beobachtungsgabe und sein schriftstellerisches Talent befähigten ihn zu beschreiben, wie Häftlinge in den Augen deutscher Angestellter ausgesehen haben.[42] Nur wenige deutsche Werksangehörige hatten den Mut, die unmenschliche Behandlung zu verurteilen oder gar den Häftlingen das schwere Los zu erleichtern. *Améry* zählte einige positive Ausnahmen auf, zusammenfassend aber meinte er, „sie sind schon ertrunken in der Masse der Gleichgültigen, der Hämischen und Schnöden, der Megären, alten fetten und jungen hübschen, der Autoritätsberauschten, die da glauben, mit unseresgleichen anders als grob befehlend zu reden, sei nicht nur ein Verbrechen gegen den Staat, sondern gegen ihr eigenes Ich. Die viel zu vielen waren keine SS-Männer, sondern Arbeiter, Kartothekführer, Techniker, Tippfräuleins – und nur eine Minderheit unter ihnen trug das Parteiabzeichen."[43] Beide Schriftsteller, *Améry* und *Levi*, begingen Selbstmord, *Améry* 1978, *Levi* 1987.

Max *Faust*, stellvertretender Werksleiter und Oberingenieur im Bunawerk Auschwitz, der die Aufgabe hatte, den Bau des Werkes termingerecht durchzuziehen, hat die beklemmende Arbeitssituation und das Häftlingselend aus seiner Sicht in einem Arbeitsbericht für die Zeit vom 18. bis 31. Oktober 1943 beschrieben: „Eine Sorge, die von Woche zu Woche brennender wird, bildet die ständig abnehmende Arbeitsmoral auf der Baustelle. Wenn ich auch bei meinem letzten Besuch in Ludwigshafen feststellen mußte, daß auch dort die Arbeitsmoral auf der Baustelle zu wünschen übrig läßt, so ist doch auf unserer Baustelle wegen der außerordentlich bunten Zusammensetzung der Belegschaft, wobei Häftlinge und kriegsgefangene Engländer eine besonders bedenkliche Rolle spielen, die Durchführung besonderer Maßnahmen notwendig. Bedauerlich hierbei ist, daß die Gestapo bei der Behandlung von Fragen der Arbeitsbummelei nicht so prompt arbeitet, wie dies von uns gewünscht wird. So werden z. B. Reklamationen bei der Gestapo wegen Behandlung von uns gemeldeter Arbeitsbummelanten mit dem einfachen Hinweis beantwortet, daß sich die Gestapo nicht drängeln ließe. Diese Tatsache allein zeigt, daß man dort noch nicht erkannt hat, um was es geht. Bezüglich der Behandlung der

Häftlinge habe ich zwar stets dagegen opponiert, daß Häftlinge auf der Baustelle erschossen oder halb tot geschlagen werden. Ich stehe jedoch auf dem Standpunkt, daß eine Züchtigung in gemäßigten Formen unbedingt notwendig ist, um die nötige Disziplin unter den Häftlingen zu wahren. Es geht nicht an, daß ein Häftling einem Meister nachruft: ‚Dich werden wir auch noch von deinem Fahrrad herunterholen'. Dasselbe gilt auch für einen Teil Polen und Ukrainer. Es war von jeher üblich, daß ein energischer und tatkräftiger deutscher Polier auf der Baustelle auch einmal handgreiflich wurde, und es hat Zeiten gegeben, in denen es der jugendliche Geselle dem Meister durchaus nicht übelnahm, wenn er für eine Dummheit, die er gemacht hatte, eine Backpfeife bekam. ... Dasselbe gilt auch für die englischen Kriegsgefangenen. Die zur Verfügung stehenden Wachmannschaften sind so schlapp und teilweise von einer minderwertigen Moral, daß unter ihren Schützlingen einfach keine Arbeitsmoral und Disziplin herrschen kann. Dazu kommt noch, daß die englischen Kriegsgefangenen mit Liebesgaben überschüttet werden. Zigaretten und Schokolade verschenken sie an die Polen, Häftlinge und wahrscheinlich auch an die Wachmannschaften. Sie legen eine hochnäsige Haltung an den Tag, und ihre Leistungen sind, wenigstens da, wo sie in Massen eingesetzt sind, durchaus unterdurchschnittlich. Der Einsatz von kleinen Gruppen bei der Montage wird dagegen gut beurteilt."[44]
In den Jahren 1943 und 1944 entstanden in der Nähe von Auschwitz mehrere Zweigwerke deutscher Unternehmen, u. a. von Krupp und Siemens, die ebenfalls KZ-Häftlinge einsetzten. Insgesamt waren in Auschwitz III, d. h. in allen Außenlagern einschließlich Monowitz, im Januar 1944 etwa 13 000 Häftlinge untergebracht. Zur gleichen Zeit betrug die Belegstärke im Stammlager 18 000 und in Birkenau 120 000 Häftlinge.[45]
Ende 1944 waren im I. G.-Werk Auschwitz 20 380 Arbeiter und Angestellte beschäftigt, darunter 3900 Häftlinge[46] und 490 englische Kriegsgefangene. Nur wenige Produktionsanlagen konnten bis zur Räumung des Werkes im Januar 1945 in Betrieb genommen werden; darunter waren die Gasfabrik

und die Methanolanlage. Die Bunaanlage und die Hydrieranlage konnten nicht mehr fertiggestellt werden. Auch die in den letzten Monaten mit großen Anstrengungen errichtete Isooctananlage ist nicht mehr in Betrieb gegangen. Die seit August 1944 einsetzenden Luftangriffe amerikanischer Bomberverbände haben die Fertigstellung des Werkes zusätzlich erschwert.

Am 29. Januar 1945 eroberte die Rote Armee Auschwitz. Die Anlagen des I. G.-Werkes wurden von den Russen demontiert. Die Hochdruckapparaturen wurden zum Aufbau eines Hydrierwerkes auf Kohlebasis nach Kemerowo in Westsibirien geschafft. Die Konzentrationslager wurden von den Russen als Sammellager für deutsche Kriegs- und Zivilgefangene für den Weitertransport in russische Gulags benutzt.

Zyklon B

Durch das Desinfektionsmittel Zyklon B[47] wurde die deutsche chemische Industrie in die Mordaktionen der SS an den jüdischen Häftlingen in Auschwitz-Birkenau hineingezogen. In diesem Vernichtungslager starben die Häftlinge nicht nur an Entkräftung oder grassierenden Infektionskrankheiten, sondern vor allem durch Zyklon B der Firma DEGESCH (Deutsche Gesellschaft für Schädlingsbekämpfung mbH). Produziert wurde Zyklon B jedoch nicht von DEGESCH, sondern in Lizenz von den Dessauer Werken und den Kali-Werken in Kolin. Vertrieben wurde es von zwei Firmen: Heerdt-Lingler (Süd- und Westdeutschland) und Tesch & Stabenow (Nord- und Ostdeutschland).

Die Firma DEGESCH gehörte zu 42,5 % der I. G., zu weiteren 42,5 % der Degussa und zu 15 % der Th.-Goldschmidt-AG. Im Verwaltungsrat der DEGESCH saßen auch drei Vorstandsmitglieder der I. G.: Heinrich *Hörlein*, Carl *Wurster* und Wilhelm R. *Mann*, der den Vorsitz hatte. Ab 1940 übte der Verwaltungsrat seine Kontrollfunktion nicht mehr regelmäßig aus; monatliche Informationen über den

Geschäftsverlauf bei DEGESCH erhielt nur noch *Mann*. Er konnte jedoch nicht ohne weiteres auf eine zusätzliche Verwendung des Zyklon B schließen, obwohl Auschwitz mehr davon bezog, als für Desinfektionszwecke notwendig gewesen wäre. Von der gesamten Produktion erhielt Auschwitz in den Jahren 1942 bis 1944 etwa 3 Prozent. Die SS hatte zunächst den Verwendungszweck nicht bekannt gemacht.

Erst im Juni 1943 teilte die SS dem Generaldirektor von DEGESCH, Gerhard *Peters*, den neuen Verwendungszweck mit und verlangte aus „humanitären" Gründen künftig Zyklon B ohne Geruchsstoff; als Desinfektionsmittel mußte es nämlich einen Geruchsstoff enthalten, der die Menschen vor dem Gas warnte. *Peters* hat daraufhin geruchsfreies Zyklon B geliefert, den Verwaltungsrat jedoch nicht informiert. Zur selben Zeit kamen aber Gerüchte auf, die sich erhärteten und auch einigen Vorstandsmitgliedern zu Ohren gekommen sein müssen. Der Lagerleiter *Höss*, von *Dürrfeld* direkt angesprochen, gab verschlüsselte Auskünfte, aber so – wie er später behauptete –, daß sie *Dürrfeld* verstehen mußte. *Dürrfeld* hat diese Auskunft an *Ambros* weitergegeben, der, was anzunehmen ist, seine Vorstandskollegen unterrichtet hat.[48]

Auch in medizinische Experimente im Lager Birkenau war die I.G. verwickelt. Um langwierige und kostspielige Versuchsreihen zu sparen, wurden Medikamente an Häftlingen getestet. Es handelte sich um Antityphus- und Schlafmittel, die in I.G.-Laboratorien entwickelt und in Birkenau vom SS-Arzt Hellmuth *Vetter* an Häftlingen ausprobiert wurden.[49]

Vor den Toren des I.G.-Werkes Auschwitz, im Konzentrationslager Birkenau, wurden Häftlinge durch Zyklon B ermordet. Die I.G.-Vorstandsmitglieder haben das gewußt und nichts dagegen unternommen. Kein I.G.-Manager hat damals protestiert, niemand hat sich eingesetzt für die namenlosen Opfer. Als ihre jüdischen Kollegen bedroht worden waren, hatten sie den Mut aufgebracht, zu intervenieren, sogar bei *Himmler*. Natürlich, das waren Bekannte, Freunde, die sich um die I.G. verdient gemacht hatten.[50] Das Unternehmen stand immer im Vordergrund. Es wäre jedoch gefährdet gewesen, wenn man jetzt in der angespannten Situation massiv gegen „SS-interne Angelegenheiten" protestiert hätte. Es stand viel auf dem Spiel.[51]

Die Sorge um das Unternehmen wuchs, je klarer man erkennen konnte, daß der Krieg nicht mehr zu gewinnen war und das Dritte Reich nicht überleben würde. Alles, was mit Fleiß und Geschick im Gefolge der militärischen Expansion gewonnen wurde, würde wieder verloren gehen. Und wer weiß, was sonst noch? Die Volkswirtschaftliche Abteilung der I. G. holte Informationen ein und verfaßte Expertisen über die wirtschaftliche Stärke Amerikas.[52] Man versuchte zu ergründen, wie sich der Gegner nach dem Krieg verhalten würde. Schon kündigten die Alliierten über den Rundfunk harte Strafen an für alle, die das Regime entscheidend gestützt hatten. Jetzt aber noch auszuscheren und sich auf die Seite der Alliierten zu schlagen, wäre Selbstmord gewesen. Also zog man es vor, bis zum bitteren Ende mitzumachen und sich nachher dem Strafgericht der Alliierten zu stellen.

Das Mißtrauen der nationalsozialistischen Führer gegenüber den I. G.-Managern verstärkte sich im letzten Kriegsjahr und nahm gefährliche Formen an. Besonders hervorgetan haben sich die Gauleiter.[53] Auch *Krauch* geriet in Schwierigkeiten. In seiner exponierten Stellung wurde er von allen Seiten kritisch beobachtet. Er mußte stets damit rechnen, durch Versäumnisse oder Fehlentscheidungen als Regimegegner „entlarvt" und zur Rechenschaft gezogen zu werden. Hans *Kehrl*, ein überzeugter, dynamischer Nationalsozialist und *Krauchs* größter Rivale unter Albert *Speer*, hatte *Krauchs* Schwächeposition genutzt und die bisher von *Krauch* ausgeübte Kontrolle über die chemische Produktion in seinen eigenen Verantwortungsbereich eingebracht. Auch bei *Göring* verlor *Krauch* den langjährigen Rückhalt, nachdem er ihm nach dem ersten Großangriff auf Leuna in der Krisensitzung vor *Hitler* widersprochen hatte.

Ab Mitte 1944 haben die I. G.-Manager einen großen Teil ihrer Aktivitäten dazu verwendet, Entlastungsdokumente zu sammeln und Rechtfertigungen für ihr Handeln zu erstellen.

Am Ende ging es auch für die I. G.-Manager ums Überleben. *Hayes* bemerkt dazu: „As the Reich caved in, the pressing concern before Farben's leaders was the survival not of their firm but of their persons."[54]

Die Schlacht um Leuna

Im August 1942 begann die US-Luftwaffe mit gezielten Angriffen auf Industrieanlagen, während die Briten bis Kriegsende bevorzugt Flächenbombardements auf Städte durchführten. *Churchill* bestand darauf und fand in Arthur *Harris*, dem Chef des Bomber Command, einen leidenschaftlichen Vollstrecker. Nach dem Krieg bekannte er freimütig: „Es muß mit Nachdruck gesagt werden, daß von Essen abgesehen, wir niemals ein besonderes Industriewerk als Ziel gewählt haben. Die Zerstörung von Industrieanlagen erschien uns stets als eine Art Sonderprämie. Unser eigentliches Ziel war immer die Innenstadt."[55]

Das von den Engländern erhoffte Haßgefühl, das sich angesichts der toten und verstümmelten Frauen und Kinder und der ausgebrannten Häuserruinen gegen das Regime richten sollte, schlug gegen sie selbst zurück. In der Bevölkerung wuchs der Wille, einem derart barbarischen Gegner nicht zu unterliegen. In Verbindung mit der Forderung der bedingungslosen Kapitulation vom Januar 1943, die in der Kriegsgeschichte neu war, entschloß sich die deutsche Führung zum totalen Krieg, der von der Bevölkerung als logische Reaktion auf den angedrohten Vernichtungskampf akzeptiert und mitgetragen wurde.

Ein Jahr vor Kriegsende, am 12. Mai 1944, starteten die Amerikaner mit der systematischen Zerstörung der deutschen Hydrierwerke. An diesem Tag bombardierten 935 schwere Bomber unter starkem Jagdschutz die Hydrierwerke Leuna, Böhlen, Zeitz, Lützkendorf und Brüx. Alle fünf Werke mußten vorübergehend stillgelegt werden. *Krauch* schätzte den Produktionsausfall auf 570 000 Tonnen. Am 16. Mai kam *Speer* nach Leuna und besprach mit *Bütefisch*

Maßnahmen, um mit höchster Dringlichkeitsstufe die Schäden zu beseitigen. Auch *Göring* schaltete sich ein, rügte die zu Bombenangriffen provozierende Bauweise chemischer Anlagen und forderte eine unterirdische oder eingebunkerte Bauweise: „Ich bin davon überzeugt, daß wir mit baulichen Sicherheitsmaßnahmen die Werke weitaus mehr sichern als durch Flak und dergleichen."[56]

Am 22. Mai 1944 berief *Hitler* auf dem Obersalzberg eine Krisensitzung ein, an der neben *Göring, Speer, Milch* und *Kehrl* auch *Krauch, Bütefisch, Pleiger* und *E. R. Fischer* teilnahmen.[57] *Göring* bemängelte wieder die zu feindlichen Angriffen herausfordernde Bauweise der Anlagen und beschuldigte *Krauch*, nichts für die Tarnung und Abschirmung der Apparate und Rohrleitungen getan zu haben. *Krauch* hielt dagegen, „daß man ganz bewußt die Anlagen nach rein wirtschaftlichen Gründen gebaut hätte, um der Konkurrenz der bestehenden Ölfirmen begegnen zu können. Ein kriegsmäßiger Ausbau der Werke hätte die Kosten der Anlagen auf das Fünf- bis Sechsfache gesteigert. Die Anlagen seien nicht für den Krieg gebaut worden, sondern um die Arbeitslosennot zu beseitigen und die deutsche Wirtschaftsbilanz durch das Einsparen von Devisen zu entlasten."[58] *Hitler* hatte keine Einwände gegen *Krauchs* Darstellung. Er forderte, daß die Werke stärker eingenebelt werden und die Wehrmacht sofort 2500 Elektriker und Schlosser für die beschleunigte Behebung der Schäden freistellt. In Leuna wurde daraufhin ein Wiederaufbaustab eingerichtet, und *Speer* organisierte einen „Sondereinsatz Hydrierwerke".[59] Die deutsche Führung hatte die neuralgische Stelle erkannt und stellte sich auf den Kampf um den deutschen Treibstoff ein. Die US Airforce nannte diese von ihr eröffnete Schlacht „Battle of Leuna".

Schon am 28. Mai 1944 erfolgte der zweite Angriff auf Leuna, Zeitz und Lützkendorf. Auch die Hydrieranlage in Magdeburg und die Fischer-Tropsch-Anlage in Ruhland blieben nicht verschont. Am darauffolgenden Tag wurde Pölitz schwer getroffen. Der Wechsel von Bombardierung und Wiederaufbau setzte sich fort und erfaßte bald alle Hydrieranlagen des Reiches einschließlich der oberschlesischen, die ab Sommer 1944 von der 15. amerikanischen Luftflotte erreicht werden konnte, die sich auf dem großen Flugplatz in Foggia in Süditalien eingerichtet hatte.

Am 8. Juni 1944, zwei Tage nach der Invasion in Frankreich, wies der amerikanische General *Spaatz* seine Bombenverbände an, „that their primary strategic aim henceforth would be to deny oil to the enemy's armed forces".[60] An der obersten Stelle in der Prioritätenliste der US Airforce für feindliche strategische Objekte stand die Mineralölindustrie, gefolgt von der Kugellagerindustrie und Panzerfertigung. Im Herbst 1944 rückte die Düsenjägerproduktion und die V-Waffenherstellung auf Platz zwei und drei, während die Mineralölindustrie den ersten Platz in der Prioritätenliste behielt.[61]

Die Hydrier-Denkschriften Speers

Nichts beschreibt die dramatischen Ereignisse in der „Schlacht um Leuna" eindrucksvoller als die fünf Hydrier-Denkschriften *Speers* an *Hitler*. Sie sind ein einmaliges zeitgeschichtliches Dokument. In ihnen wird der Zustand und die Leistungsfähigkeit der Hydrierwerke detailliert und realistisch dargestellt und die Konsequenzen schonungslos aufgezeigt. *Speer* wollte sich von einem zukünftigen Vorwurf entlasten, *Hitler* nicht rechtzeitig informiert und gewarnt zu haben. In diesen Denkschriften hat *Speer* seinem Führer das herannahende Ende angekündigt. Auszüge daraus sollen dieses Bild vermitteln.[62]

Erste Hydrier-Denkschrift, 30 Juni 1944.
„Mein Führer, im Monat Juni wurden die Angriffe auf die Hydrierwerke und Raffinerien durch den Gegner verstärkt durchgeführt. Seine laufende Luftaufklärung und seine Spionagen haben es ihm ermöglicht, die bereits im Mai angeschlagenen Werke – meist kurz nach ihrem erneuten Anlaufen – wiederum schwer zu treffen. ... Schwerpunkt der Angriffe

im Mai und Juni war die deutsche Flugbenzinherstellung. Es ist dabei dem Gegner gelungen, am 22. Juni die Ausfälle an Flugbenzin auf 90 % zu steigern. ... Da damit zu rechnen ist, daß die jetzt angeschlagene Kapazität der Hydrierwerke ... frühestens in 6 bis 8 Wochen wieder in Betrieb kommen kann, ist jede Woche, bei der ein zusätzlicher Schutz der Hydrierwerke nicht erfolgt, von schwerwiegenden Folgen. ... Es sind schärfste Maßnahmen zu treffen, um bereits heute das Fliegen weitgehend zu beschränken. ... Jede Tonne Treibstoff, die heute nutzlos verflogen wird, kann in zwei Monaten schwer bereut werden; denn das steigende Jäger-Programm steht bereits heute in keinem Verhältnis mehr zu der absinkenden Treibstofferzeugung. ... Der Jagdschutz bei den Werken ist noch wesentlich zu verstärken. ... Es wäre dabei festzulegen, daß zur besseren Tarnung, außer der Vernebelung des Objektes selbst, auch eine in der Nähe zu errichtende Scheinanlage dieselbe Vernebelung erhält. ... Ich bitte Sie, den Schutz dieser Werke durch schärfste Maßnahmen anzuordnen."

Zweite Hydrier-Denkschrift, 28. Juli 1944.
„Mein Führer, die Angriffe auf die Hydrierwerke und Raffinerien waren auch im Monat Juli von schwerwiegenden Folgen. Es gelang dem Gegner, fast in allen Fällen jeweils kurz nach dem Anlauf der Werke dieselben wieder so nachhaltig zu zerstören, daß im Monat Juli, statt der erwarteten Steigerung, ein Absinken der Produktion zu verzeichnen war, obwohl die Wiederaufbau-Maßnahmen eine wesentliche Erhöhung in Aussicht stellen konnten. ... Die Bemühungen, Treibstoff unterirdisch herzustellen, sind teilweise erfolgreich verplant. Es sind zu diesem Zweck aus dem Jäger-Programm Höhlen freigemacht worden, ohne daß das Jäger-Programm dadurch in seiner unterirdischen Verlagerung wesentlich gehemmt ist. Durch diese neuen Anlagen wird wenigstens der Veredelungsprozeß von normalem Treibstoff auf Flugbenzin gesichert durchgeführt werden können. Wir werden durch derart unterirdische Anlagen, die mit größter Beschleunigung ausgebaut werden, außer Flugtreibstoff auch diejenigen Treib-

stoffe einfacher Art, wie wir sie für den Strahljäger benötigen, in folgenden Mengen erhalten ... Von meiner Seite wird mit dem schärfsten Nachdruck der weitere Einbau von Generatoren betrieben und die Wiederaufbau-Maßnahmen an den Hydrierwerken, sowie der Neubau der unterirdischen Anlagen mit aller Energie durchgeführt. Bereits jetzt sind in den Hydrierwerken zum Wiederaufbau 150 000 Arbeitskräfte, darunter ein sehr großer Prozentsatz bester – für die Rüstung unentbehrlicher – Fachkräfte eingesetzt. Es ist, um einen Erfolg zu erreichen notwendig: 1) den Jagdschutz der Heimat zu verstärken, um die Verluste bei den Anflügen auf die Hydrierwerke zu vergrößern, 2) den Flakschutz und die Nebeleinheiten weiter zu vermehren, 3) den fliegenden Einsatz bereits jetzt auf das äußerste Maß zu drosseln."

Dritte Hydrier-Denkschrift, 30. August 1944.
„Mein Führer, die letzten Luftangriffe haben die wichtigsten Chemiewerke erneut schwer getroffen. Darunter sind die drei Hydrierwerke Leuna, Brüx und Pölitz, jeweils kurz nach ihrem Anlauf, auf einige Wochen zum vollständigen Erliegen gekommen. Da die Heimatverteidigung gegen feindliche Fliegerangriffe im Monat September keine wesentlich größeren Erfolge als im Monat August erwarten läßt, sind die Ergebnisse der chemischen Produktion im September nun entsprechend niedriger anzusetzen. Dabei ist trotzdem Voraussetzung, daß mit aller Energie die chemischen Werke wieder hergestellt werden, damit wenigstens in kurzen Zeiträumen noch eine Teilproduktion ermöglicht wird. Die Auswirkungen für den gesamten chemischen Sektor sind durch diese erneuten Angriffe außerordentlich, da nicht nur bei den Treibstoffen, sondern auf verschiedenen wichtigen Gebieten der Chemie schwerste Mangellagen in Erscheinung treten.
I. Methanol-Erzeugung. Die Methanol-Erzeugung ging infolge der Luftangriffe von einer Soll-Produktion von 34 000 t im August auf 8750 t zurück und wird auch im September höchstens diese Menge erreichen. Der Reservebestand an Methanol wird Ende August nur noch 9000 t betragen. Damit werden im September bei einem vollen Verbrauch

dieser Reserve sich bereits schwere Einbrüche in folgenden wesentlichen chemischen Sektoren ergeben: im Pulver- und Sprengstoffsektor ... auf dem Gebiet der Pressmassen, Kunstharze und Kunststoffe ... bei Kauritleim ... während die Hartbrennstoffe für die Wehrmacht (für Spirituskocher u. dgl.) jetzt im September vollständig gestrichen werden.

II. Buna-Erzeugung. Durch das Fehlen von Wasserstoffgas aus Leuna für Schkopau und die Fliegerschäden in Ludwigshafen ging im August die Buna-Erzeugung auf 5400 t gegenüber einer Soll-Erzeugung von 13 000 t zurück. ... Die Reserve an Buna, die wir in den letzten Monaten vor den Angriffen auf eine Monatsproduktion vergrößern konnten, betragen am 1. Oktober noch 9000 t, so daß auch der Oktober an Buna noch gesichert ist. ...

III. Stickstoff-Erzeugung. Auch hier hat der neue Angriff auf Leuna eine entsprechende Minderung der Produktion gebracht, so daß gegenüber der im September vorgesehenen Erzeugung von 85 000 t eine Produktion von bestenfalls 45 000 t vorauszusehen ist. Hier geht die Mindererzeugung zunächst ausschließlich zu Lasten der Landwirtschaft, die zur Zeit nur ca. 45 % ihrer Vorjahreszuteilung erhält, so daß bereits jetzt feststeht, daß die Landwirtschaft in der nächstjährigen Ernte außerordentliche Einbußen erleiden wird.

Noch schwerwiegender sind die Folgen auf dem Gebiet der Treibstoff-Herstellung, nachdem neben den Hydrier- und Synthesewerken erneut in den letzten Tagen Raffinerien im Protektorat und bei Hannover schwer angegriffen wurden. ... Die Basis für die Bewegungen der Truppe an der Front wird damit so gering, daß planmäßige Operationen im Oktober nicht mehr stattfinden können. Es ist bei dieser Treibstofflage nicht mehr möglich, offensive Erfolge zu haben, da bei einer erfolgreichen Offensive die zum Nachschub notwendigen Treibstoffmengen nicht mehr vorhanden sind. Der Kreislauf der zur Versorgung der Truppe und der Heimat notwendig ist, wird damit im Spätherbst ds. J. erlahmen, da auch die Hilfsmittel (Generatoren) hier nicht den notwendigen Ersatz auf allen Gebieten geben können. ... Es ist ein schlechter Dienst, den wir der Truppe erweisen, wenn wir die Jagdflugzeuge aus der Heimat an die Front senden und dadurch die Lebensbasis der Front (Pulver, Sprengstoff und Treibstoff) zerschlagen lassen. ... Die Luftwaffe muß Mitte September spätestens für diesen letzten großen Einsatz zur Verfügung stehen. Sie muß dabei alle ihre besten Kräfte, ihre Fluglehrer und ihre erfolgreichsten Jagdflieger für dieses Unternehmen einsetzen. Die modernsten Maschinen müssen für diesen Einsatz in einer Stückzahl von mindestens 1200 Stück bereitgestellt werden. ... Wenn die Angriffe auf die chemische Industrie im September in derselben Stärke und mit derselben Präzision wie im August erfolgen, wird die Produktion an chemischen Erzeugnissen weiter absinken und die letzten Lagerbestände aufgezehrt werden. Damit fehlen auf wichtigen Gebieten diejenigen Stoffe, die zur Weiterführung eines modernen Krieges notwendig sind."

Vierte Hydrier-Denkschrift, 5. Oktober 1944.
„Mein Führer, nach den letzten Angriffen auf die Hydrierwerke und Raffinerien ist die Wiederherstellung dieser Werke in verhältnismäßig kurzen Terminen immer noch möglich, da die Zahl der damit beschäftigten Arbeitskräfte noch vergrößert wurde. ... Die unterirdischen Anlagen für Flugtreibstoff sind noch nicht in Betrieb. ... Durch die Änderung der Angriffsmethode, die der Gegner bisher jeweils kurz nach Wiederanlaufen der Werke durchführte und durch die er uns immer einige Tage Produktion ermöglichte, auf einen Termin kurz vor dem Anlaufen, könnte er die Treibstofferzeugung ohne weiteres vollständig zum Erliegen bringen. ... Gleichzeitig mit der mangelhaften Erzeugung von Treibstoff in den Hydrierwerken ist das Bild der Erzeugung der chemischen Produktion, die für die Pulver und Sprengstoffe, für Buna u.s.w. notwendig ist, weiter entsprechend herabgesunken, so daß bereits jetzt Schwierigkeiten größten Ausmaßes auf diesen Gebieten vorauszusehen sind, wenn es nicht gelingt, die chemischen Werke besser zu schützen. Es ist zwar befohlen, daß bei einigen Werken, die besonders bevorzugt aufgebaut werden (Leuna, Pölitz, Brüx, Blechhammer, Ludwigshafen-Oppau) ein konzentrierter Flakschutz errichtet wird. Die

Erfahrung hat jedoch gezeigt, daß nur der Jäger in der Lage ist, trotz schwerer Opfer dem Gegner entsprechende Verluste beizubringen. ... Bei den Offizieren der Truppe im Westen gibt es, nachdem ihre Versorgung mit Waffen, Panzern und Munition sich in den letzten 14 Tagen gebessert hat, nur eine Sorge und Frage: wird es möglich sein, den Treibstoff für zukünftige Operationen bereitzustellen, oder werden die Luftangriffe der Gegner dieses verhindern? ... Es gibt für die nächsten Monate nur ein Problem: Die Schlagkraft der deutschen Jagdwaffe so weit zu erhöhen, wie es nur irgend möglich ist und ihr alle hierzu geeigneten Maschinen zuzuführen und dann diese Jagdwaffe konzentriert zum Schutze der heimatlichen Rüstung und Kriegsproduktion einzusetzen."

Fünfte Hydrier-Denkschrift, 19. Januar 1945.
„Mein Führer, die untenstehenden Vergleichszahlen der in meinem Bericht vom 5. 10. 1944 aufgeführten und im 4. Quartal tatsächlich erreichten Produktionsergebnisse zeigen, wie nachhaltig die Wirkung der fortgesetzten Luftangriffe auf die Hydrierwerke und Raffinerien gewesen ist. ... Seit dem 13. 1. 1945 ist eine neue Reihe von schweren Angriffen auf die Mineralölindustrie eingeleitet, die bis heute zur Ausschaltung der großen Hydrierwerke Pölitz, Leuna, Brüx, Blechhammer und Zeitz für längere Zeit geführt hat, nachdem schon im 4. Quartal alle im Westen gelegenen Werke, insbesondere Scholven, Wesseling, Welheim und Gelsenberg völlig ausgefallen sind. Die Reparatur der Werke ist nach jedem Angriff wegen des Verbrauchs oder der Vernichtung der Reserven an Maschinen und Apparaturen schwieriger und erfordert auch längere Zeit. Außerdem ist festzustellen, daß die jetzt häufig bei Nacht erfolgenden Angriffe wesentlich wirksamer sind als die Tagesangriffe, da schwerere Bomben verwendet werden und eine außerordentliche Zielsicherheit festzustellen ist. Infolgedessen können im ersten Quartal 1945 selbst bei völlig ungestörtem Verlauf von Reparatur und Betrieb nicht mehr die theoretischen Produktionsergebnisse erzielt werden, die noch im 4. Quartal möglich erschienen. Die im Bau befindlichen unterirdischen Anlagen zur Erzeu-

gung von Flugbenzin und Vergaserkraftstoff kommen zunächst noch nicht in Betrieb. Die Kleinanlagen als Ersatz für ausgefallene Raffinerien haben sich zum Teil im Dezember bewährt. ... Die noch zur Verfügung stehenden geringen Reserven an Flugbenzin werden in Kürze verbraucht sein. Reserven an Vergaser- und Dieseltreibstoff bestehen nicht mehr. ... Da mit einer Erzeugung aus unterirdischen oder sonstigen verlagerten Anlagen in den nächsten Monaten nicht zu rechnen ist, beruht die Treibstoffversorgung ausschließlich auf der Produktion der oberirdischen Anlagen. Die ungestörte Reparatur und Betrieb der oberirdischen Anlagen ist deshalb Voraussetzung für die weitere Versorgung. Das Ergebnis der angelaufenen Monate zeigt, daß diese Voraussetzung bei dem jetzigen Schutz der Werke nicht gegeben ist."

„The Battle of Leuna" tobte neun Monate. Die Zuversicht auf deutscher Seite, die zerschlagenen Werke wieder in den Griff zu bekommen und eine Wende herbeiführen zu können, erscheint aus heutiger Sicht völlig unrealistisch und mutet grotesk an. Hans *Kehrl*, Leiter des Rohstoff- und Planungsamtes, beschreibt den Einsatz der Arbeiter in den wundgeschlagenen Werken wie folgt: „Keine Phantasie reicht aus, zu ermessen, welche Opfer an Nerven und Gesundheit damals viele Monate lang vom einfachsten Hilfsarbeiter über die Meister bis hinauf zum Werksleiter in diesem Ringen um ‚ihre Werke' neun lange Monate gebracht wurden. Dasselbe gilt für die Eingreifkolonnen an Bauarbeitern, Rohrverlegern, Schweißern und anderen Spezialisten aus allen Teilen des Reiches und dem Ausland, die in respektvoller Entfernung vom Werk als mobile Kolonnen untergebracht waren. Menschenleben waren wenig zu beklagen, da bombensichere Schutzräume auch für die Eingreifkolonnen bei den ersten Aufbauarbeiten ausreichend erstellt wurden. Die hier und überall im Reich erbrachten Leistungen und Opfer unserer Arbeiter grenzten ans Wunderbare."[63] Im Spätherbst 1944 sollen 350 000 Arbeiter beschäftigt gewesen sein, die Schäden in den Hydrierwerken zu beheben.

Warum haben die Alliierten diese kriegsentscheidende

Operation so lange hinausgezögert? Die deutsche militärische Führung hatte schon wesentlich früher damit gerechnet, wie auch aus einem Brief des Chefs des Oberkommandos der Wehrmacht, Generalfeldmarschall *Keitel*, an *Speer* hervorgeht: „Es ist durchaus nicht abzusehen, wie lange die Westmächte von der Möglichkeit einer schnellen Kriegsentscheidung durch Zerschlagung unserer Treibstoffindustrie Abstand nehmen."[64] Nach dem Krieg sagte *Speer* vor dem Tribunal in Nürnberg: „Alle Anstrengungen waren aber erfolglos, da ab 12. Mai 1944 von den feindlichen Flugzeugen die Treibstoffwerke schwerpunktmäßig angegriffen wurden. Das ergab eine Katastrophe; mit dem Gelingen dieser Angriffe war der Krieg produktionstechnisch verloren, denn auch die neuen Panzer und Strahlenjäger nutzten mir nichts ohne Treibstoff."[65]

Das Chemiker-Offizierkorps

Die chemische Industrie hatte entscheidend dazu beigetragen, daß *Hitler* den Krieg so lange führen konnte. Dabei blieb er bis zum Schluß seiner konventionellen Kriegführung verhaftet, auch als die Gegner längst dazu übergegangen waren, den Einsatz biologischer Waffen vorzubereiten und die Entwicklung der Atombombe mit höchster Priorität voranzutreiben.

Schon vor dem Krieg hatte *Krauch* „Vorschläge zur Nutzbarmachung der deutschen Chemie für die Landesverteidigung" gemacht und die Aufstellung eines Chemiker-Offizierkorps gefordert. Er begründete diesen Vorschlag am 21. Juli 1938 in einem Elf-Punkte-Programm: „1. Ausgehend von dem materiellen Wert der chemischen Waffe (Kampfstoff und Nebel) muß der Vorbereitung ihres Einsatzes entsprechend Rechnung getragen werden. 2. Die chemische Waffe ist die typisch den deutschen Rohstoffbedingungen und der Kapazität der deutschen chemischen Industrie entsprechende Waffe. 3. Die chemische Waffe ist auch vom Standpunkt ihrer Anwendung die typisch deutsche Waffe, da sie der besonderen naturwissenschaftlich-technischen Begabung der Deutschen entspricht. ... 4. Die im Rahmen des Wehrwirtschaftsausbaues auszuweitende und noch entstehende chemische Industrie gewaltigen Ausmaßes (Mineralöl, Buna u.s.w.) bietet praktisch kaum begrenzte Möglichkeiten zur Erzeugung der chemischen Waffen. ... 5. Die deutsche chemische Industrie wird unter zielbewußter Führung allen materiellen Anforderungen in planmäßiger Aufbauarbeit gerecht werden können. ... 6. Von der Seite der militärischen Anwendung der chemischen Waffe her besteht noch nicht die notwendige Vorbereitung, um dem Gedanken des verstärkten Einsatzes der chemischen Waffe gebührend Rechnung zu tragen. Es wird daher vorgeschlagen: 7. Ein Chemiker-Offizierkorps innerhalb der Wehrmacht (für Heer, Kriegsmarine und Luftwaffe) wird gegründet (entsprechend dem Sanitäts-Offizierkorps). In ihm werden alle Chemiker der Wehrmacht und als Reserveoffiziere die der Wirtschaft und Technik vereinigt ... 8. Als Fronttruppe („Nebeltruppe") werden statt der bisherigen 2 Nebelabteilungen 12 Regimenter gebildet. Ihre Mannschaft setzt sich aus Arbeitern und Angestellten (Laboranten) der chemischen Industrie zusammen. 9. Bestimmte Teile anderer Waffengattungen werden planmäßig zur Dienstleistung in der Nebeltruppe abkommandiert, damit eine Durchdringung der gesamten Wehrmacht mit dem Gedanken der chemischen Waffe erfolgt. 10. Aus dem Chemiker-Offizierkorps werden die Führer erwachsen, die in den höchsten militärischen Kommandostellen dem Gedanken des Wertes und des Einsatzes der chemischen Waffe die entsprechende Geltung verschaffen werden. 11. Im Verlaufe von mehreren Jahren wird damit in Deutschland eine in keinem sonstigen Lande der Welt mögliche oder bestehende Truppe geschaffen werden, die dem überlegenen Material der deutschen chemischen Waffe auch den überlegenen Einsatz verbürgt."[66]

Schon im Ersten Weltkrieg gab es „Gastruppen", denen vor allem Chemiker und Physiker zugeteilt waren. Sie hatten die Aufgabe, Heeresoffiziere mit der Gaswaffe vertraut zu machen, sie im Gebrauch der Gasmasken zu unterweisen und Gasangriffe vorzubereiten. Sie mußten entscheiden, an welchem Frontabschnitt ein Gasangriff erfolgversprechend war. Durch einen Gasangriff sollten erstarrte Fronten wieder in Bewegung gebracht werden. Kommandeur der Gastruppe war General *Peterson*, zu den Mitgliedern dieser Truppe zählten die späteren Nobelpreisträger James *Franck*, Gustav *Hertz* und Otto *Hahn*.[67] Carl *Krauch* wollte wahrscheinlich an diese Einheit anknüpfen; wahrscheinlich war ihm auch bekannt, daß die Sowjets „Chemische Einheiten" und die Amerikaner ein „Chemisches Korps" besaßen.

C- und B-Waffen

Die Bildung eines Chemiker-Offizierkorps stieß jedoch bei der Wehrmacht auf Ablehnung. Dennoch bemühte sich das Heereswaffenamt um eine Mitwirkung der I. G. bei der Produktion von Kampfstoffen in der „Orgacid", einer Gesellschaft im gemeinsamen Besitz des Heereswaffenamtes, der Th. Goldschmidt AG und der Auergesellschaft AG. In einer Besprechung zwischen Otto *Ambros* und Wilhelm *Wittwer* von der I. G. und Vertretern des Heereswaffenamtes erklärte sich die I. G. grundsätzlich bereit, mitzuarbeiten und verschiedene Verfahren einzubringen. In einem Bericht der I. G. hieß es: „Bei Eintritt in die Orgacid bekommt die I. G. Einblick in diese Anlagen, also z. B. auch wieder in Ammendorf. Es kann nichts gebaut oder betrieben werden ohne Kenntnis der I. G."[68]

Kampfstoffe wurden zunächst nur im Werk Ammendorf produziert. Später, zu Beginn des Krieges wurde in Dyhernfurt bei Breslau ein zweites Werk für die Kampfstoffproduktion errichtet, in dem auch das hochwirksame Nervengift Tabun[69] hergestellt wurde, das 1937 bei der Entwicklung von Schädlingsbekämpfungsmitteln von Gerhard *Schrader* (*1903) im I. G.-Werk Leverkusen entdeckt wurde. Zwei noch giftigere Nervengase wurden ebenfalls von *Schrader* synthetisiert: 1939 Sarin und 1944 Soman. Während die Deutschen mit Giftgasen experimentierten und sich Kampfstoffgranaten als letzte „Versicherung" in ihre Arsenale legten –

hin und wieder wurde auch ihr Einsatz erwogen – konzentrierten sich die Gegner auf eine höhere Form der Massenvernichtung: sie entwickelten B- und A-Waffen. In Rußland experimentierte man mit Bakterien, die Pest, Cholera und Milzbrand auslösen sollten, in England mit Milzbranderregern.[70] Die Briten entwickelten auch kombinierte „Abwehrmittel" aus Giftstoffen und Bakterien, mit denen sie russische, polnische und tschechische Partisanen ausrüsteten: Reinhard *Heydrich*, der stellvertretende Reichsprotektor von Böhmen und Mähren, fiel einer in England mit hochtoxischem Botulinus präparierten Handgranate zum Opfer.[71]

Hitler meinte, auf die Entwicklung von B-Waffen verzichten zu können. Die Wehrmacht versuchte ihn umzustimmen, da Rußland, England und Amerika bestens gerüstet seien und einen Angriff zu planen scheinen. *Hitler* entschied sich aber weiterhin gegen den Bakterienkrieg. In einer geheimen Kommandosache unterrichtete der Generalstab des Heeres am 23. Mai 1942 alle einschlägigen Wehrmachtsstellen: „Betr.: USA-Versuche mit Bakterien und Lieferungen nach England. Im Nachgang zum Bezugsschreiben wird mitgeteilt, daß der Führer nach Vortrag des Herrn Chef OKW befohlen hat, daß unsrerseits Vorbereitungen für einen Bakterienkrieg nicht zu treffen sind. Der Führer aber fordert äußerste Bemühungen um Abwehrmittel und Abwehrmaßnahmen gegen etwaige Feindangriffe mit Bakterien. Es wird daher um beschleunigte Mitteilung gebeten, welche Maßnahmen zur Bekämpfung des Kartoffelkäfers und der Texas-Zecke von den verantwortlichen Zivil- und Heeresstellen bisher getroffen wurden und für die Zukunft vorgesehen sind."[72] Daß es den Russen ernst war, mit dem Bakterienkrieg zu beginnen, beweist die Drohung *Stalins*, B-Waffen einzusetzen, falls die Deutschen die Wolga überschreiten sollten; seine Soldaten, die Stalingrad verteidigten, hatte er bereits gegen Pest impfen lassen. *Stalin* mußte seine Drohung nicht einlösen, da die Deutschen mit konventionellen Waffen aufgehalten und zurückgedrängt wurden.

Als *Hitler* feststellen mußte, Rußland mit konventionellen Waffen nicht mehr bezwingen zu können, erwog er, Tabun einzusetzen. Der Giftgasexperte Otto *Ambros*, den *Hitler* zu einer Besprechung über einen möglichen Gaseinsatz einlud, riet davon ab. Er behauptete, daß auch die Gegner über Tabun und Sarin verfügten und diese Gase in viel größeren Mengen herstellen könnten.[73] Als *Churchill* von den Absichten *Hitlers* erfuhr, drohte er mit dem Einsatz von Milzbrandbomben auf deutsche Großstädte.[74] *Ambros'* Aussagen und *Churchills* Drohungen bewogen *Hitler*, keine chemischen Kampfstoffe einzusetzen. Ein Milzbrandbombenangriff auf eine deutsche Großstadt hätte fast alle Einwohner getötet; in ihrer Wirkung war die Milzbrandbombe vergleichbar mit der Atombombe, jedoch viel einfacher und billiger herzustellen.

Die A-Waffe

Hitler hielt an seiner konventionellen Kriegführung fest. Panzer, Flugzeuge und U-Boote waren seine Lieblinge; er akzeptierte gerade noch raketenangetriebene Flugkörper. Den Einsatz und selbst die Entwicklung von bakteriologischen Waffen und Atombomben lehnte er ab.[75] Damit verschaffte er dem Gegner einen nicht mehr einzuholenden Vorsprung. Das einzige Zugeständnis auf diesem Gebiet war die Erforschung der Atomenergie; das Atomenergie-Projekt lief aber auf Sparflamme, obwohl sich sehr kompetente Wissenschaftler wie Werner *Heisenberg*, Max von *Laue* und Friedrich von *Weizsäcker* damit beschäftigten.

Die Geschichte der Atombombe begann im Jahre 1938, als der deutsche Chemiker Otto *Hahn* zusammen mit Fritz *Straßmann* feststellte, daß Uran U 235 durch Beschuß mit langsamen Neutronen in zwei Elemente mit niedriger Massenzahl gespalten werden kann.

Nachdem die beiden Forscher nachgewiesen hatten, daß eines der Spaltelemente Barium war, schickten sie ihre Arbeit zur Veröffentlichung an die *Naturwissenschaften*, wo sie am 6. Januar 1939 erschien. Gleichzeitig sandten sie ein Duplikat an die ehemalige Kollegin Lise *Meitner*, die sich bei ihrem

Neffen Otto Robert *Frisch*, einem Mitarbeiter von Niels *Bohr*, in Schweden aufhielt. *Meitner* und *Frisch* erklärten den Vorgang an Hand des von Niels *Bohr* aufgestellten Tröpfchenmodells des Atomkerns als Spaltung: Der Urankern wird unter Energieabgabe in die Bruchstücke Barium und Krypton gespalten. Sie informierten Niels *Bohr*, der diese sensationelle Nachricht auf einem Kongreß in New York vortrug. „Eine ganze Anzahl der Kongreßteilnehmer verließ die Sitzungen, um an ihren Hochspannungsanlagen und anderen Neutronenquellen die Versuche nachzumachen."[76] Das Experiment von *Hahn* und *Straßmann* war reproduzierbar, die Nachprüfungen ergaben die Richtigkeit ihrer Beobachtung.

Die Untersuchungen gingen auf der ganzen Welt in raschem Tempo weiter. Siegfried *Flügge*, Mitarbeiter von Otto *Hahn* am Kaiser-Wilhelm-Institut, hat in mehreren Veröffentlichungen auf die Möglichkeiten einer Nutzung der Atomenergie hingewiesen und das Prinzip einer „Uranmaschine" beschrieben.[77]

Während man sich in Deutschland Gedanken über eine Uranmaschine zur Energiegewinnung aus Atomkernen machte, wurde in den USA das gigantische „Manhatten Project", das Atombombenprogramm der Alliierten, ins Leben gerufen, angestoßen von Albert *Einstein*, der im August 1939 den Präsidenten *Roosevelt* auf das Potential der Atomenergie für kriegerische Zwecke aufmerksam machte. Viele aus Deutschland emigrierte Wissenschaftler beteiligten sich an diesem Projekt, darunter Edward *Teller*, Hans *Bethe*, Felix *Bloch*, James *Franck* und Otto Robert *Frisch*. Diese Emigranten gaben nicht nur den Anstoß zur Entwicklung der Bombe, sie waren sogar die treibende Kraft. Ihre große Befürchtung war, daß *Hitler* als erster in den Besitz dieser Waffe kommen könnte. Sie glaubten, daß die deutsche Wissenschaft die beste der Welt sei, die deshalb auch fähig wäre, die Bombe zu bauen.

Bei den Alliierten herrschte bis Kriegsende Ungewißheit, wie weit die deutschen Forschungen zur Entwicklung der Atombombe gediehen waren. Die Amerikaner nahmen an, daß einige Chemiewerke schon schweres Wasser produzieren würden, und flogen gezielte Angriffe, auch gegen Norsk Hydro in Norwegen. Als die Alliierten im Frühjahr 1945 Deutschland erobert hatten und fieberhaft nach Ergebnissen auf dem Gebiet der Atombombenforschung suchten, fanden sie nur spärliche Ergebnisse auf dem Gebiet der Atomreaktorforschung.

Otto *Hahn* und neun mit dem Projekt „Uranmaschine" befaßte Wissenschaftler wurden von den Alliierten – for the pleasure of HIS MAJESTY – nach Farmhall in England gebracht. In der Gefangenschaft hörten sie zum ersten Mal, daß die Alliierten nicht nur einen Reaktor gebaut hatten, der eine Kettenreaktion in Gang hielt, sondern daß sie auch Atombomben produzieren konnten. Am 7. August 1945, einen Tag nach Hiroshima, schrieb Max von *Laue* aus der Gefangenschaft in Farmhall an seinen Sohn: „ ... Um 19.45 Uhr begann gestern, wie stets, unser Abendessen, an dem auch die beiden uns bewachenden englischen Offiziere, Major *Rittner* und Captain *Brodie*, teilnahmen. ... Vorher schon hatte der Major dem Kollegen *Hahn* etwas von einer Rundfunkmeldung angedeutet, daß die Amerikaner eine Atombombe benutzt hätten. Bei Tisch ergänzte er diese Mitteilung, und es erhob sich natürlich sogleich eine lebhafte Diskussion. Wir wollten nicht recht daran glauben. Einige Stimmen meinten, wenn überhaupt etwas Wahres daran wäre, so bedeutete der Name ‚Atombombe' eben etwas anderes, als was wir darunter verstehen; mit Uranspaltung könnte diese Sache jedenfalls nichts zu tun haben. Dann aber hörten wir die englischen Rundfunknachrichten um 21 Uhr. Und da wurde nun ja klipp und klar gesagt, daß Engländer und Amerikaner in gemeinsamer, jahrelanger, mühseliger und überaus kostspieliger Entwicklungsarbeit die Uranspaltung zur Konstruktion einer Bombe ausgearbeitet hätten. ... Otto *Hahn*, um dessen Stimmung sich Major *Rittner* ernstliche Sorgen machte, blieb ganz ruhig und sagte nur, er freue sich, an der Konstruktion einer solchen Mordwaffe unbeteiligt zu sein. Aber sehr erregt war Walther *Gerlach*, der sich als ehemaliger Bevollmächtigter des Reichsmarschalls für Kernphysik etwa wie ein geschlagener Feldherr vorkam und zudem durch ein paar unvorsichtige Bemerkungen eines Jüngeren unter uns peinlich berührt war. *Harteck, Hahn,* ich und *Heisenberg* suchten ihn gestern abend und auch heute morgen zu beruhigen, was denn auch gelang. Aber die Stimmung blieb bei ihm und auch bei anderen unserer Runde doch nicht unbeeinflußt. Die Bombe beherrschte heute so ziemlich das Gespräch, und die Zeitungen wurden nur so verschlungen. *Heisenberg* stellte noch mehrfach fest, daß man sich aufgrund der hier vorliegenden Kenntnisse und der bisherigen Berichte kein genaues Bild von den Vorgängen in der Bombe machen könne. Die Berichte sind ja auch absichtlich so gehalten, daß dies nicht möglich ist. Die Hauptfrage ist natürlich, warum wir in Deutschland nicht zu der Bombe gekommen sind. Darauf ist zu sagen: 1) Die deutschen Physiker hätten niemals solche Mittel bewilligt erhalten, wie sie England und USA zu diesem Zwecke zur Verfügung gestellt haben. Weder die Arbeitskräfte noch das Geld wären in einem annähernd so großen Maße verfügbar gewesen.[78] Darum schon hat kein Physiker ernstlich an die Beantragung solcher Mittel gedacht. Daß die an Stärke dauernd zunehmende Verbombung aller Städte ein weiteres Hindernis gewesen wäre, geht ja auch aus *Churchills* Erklärung hervor, daß man die Herstellung der Atombombe der Luftgefahr wegen nicht nach England verlegt hat. 2) Die ganze Uran-Forschung war bei uns auf die Schaffung einer Uranmaschine als Energiequelle gerichtet, einmal, weil niemand an die Möglichkeit einer Bombe in absehbarer Zeit glaubte, zweitens, weil im Grunde niemand von uns eine solche Waffe in die Hände *Hitlers* legen wollte."[79]

Auch Otto *Hahn* hat die Meinung vertreten, daß in Deutschland aus technischen und humanitären Gründen nicht an einer Atombombe gearbeitet worden war. „Ich hätte unter allen Umständen abgelehnt, an einer Atombombe mitzuarbeiten. Viele andere hätten das auch getan. Aber sicher fehlten damals auch die technischen Voraussetzungen in Deutschland."[80]

Nicht zuletzt ist das deutsche Atombombenprojekt durch

die wirtschaftspolitischen Maßnahmen der Nationalsozialisten selbst vereitelt worden, da sie langfristige Projekte von vornherein einschränkten. Auch wenn das Projekt genehmigt und mit hoher Priorität ausgestattet worden wäre, hätten die damit befaßten Theoretiker kaum Aussicht auf Erfolg gehabt: Sie hatten erstens keinerlei Erfahrung mit Projekten industrieller Größenordnung und zweitens fehlte ihnen die Motivation, die ihre Kollegen für das Manhatten Project mitbrachten.

Für die Entdeckung der Kernspaltung wurde Otto *Hahn* der Chemie-Nobelpreis 1944 verliehen. Er sollte den Preis am 10. Dezember 1945 in Stockholm in Empfang nehmen. Aber er befand sich noch in Gefangenschaft und durfte nicht reisen. Erst ein Jahr später, als er wieder in Deutschland war, hat er dies nachgeholt. Obwohl er sich einmal als „recht primitiven Nobelpreisträger" bezeichnete, der „als Student nicht genügend Mathematik und Physik gelernt hatte", war er stolz auf seine „gute wissenschaftliche Arbeit". Auf die Frage, wie einem Mann zumute sein mag, der mit seiner wissenschaftlichen Leistung die Grundlagen für die grausamste Waffe aller Zeiten geschaffen hat, antwortete er: „Ich habe nie an Atomwaffen gearbeitet und damit nichts zu tun."

Kapitel 5

Neubeginn (1946–1953)

Besetzung und Demontage der I. G.-Werke

Am 8. Mai 1945 kapitulierte Deutschland bedingungslos. In Europa war der Zweite Weltkrieg zu Ende.

Schon einige Wochen vorher wurden die Chemiewerke am Rhein und Main von den Alliierten geschlossen und besetzt. Die Inbesitznahme der I. G. durch die Alliierten wurde einige Monate später durch das Kontrollratsgesetz Nr. 9 vom 30. November 1945 rechtens abgesichert. „Um jede künftige Bedrohung seiner Nachbarn oder des Weltfriedens durch Deutschland unmöglich zu machen", verordneten die Alliierten die Aufspaltung der I. G. Farbenindustrie in eine Vielzahl kleiner Einheiten. Dieses Gesetz enthielt auch die zu treffenden Maßnahmen gegen die I. G.:
- Bereitstellen von industriellen Anlagen und Vermögensbestandteilen für Reparationen,
- Zerstörung derjenigen industriellen Anlagen, die ausschließlich für Zwecke der Kriegsführung benutzt worden waren
- Aufspaltung der Eigentumsrechte an den verbleibenden industriellen Anlagen und Vermögensbestandteilen
- Liquidierung aller Kartellbeziehungen
- Kontrolle aller Forschungsarbeiten
- Kontrolle der Produktionstätigkeit.

Diese Vorschriften galten für alle Besatzungszonen. Die Alliierten setzten jedoch in ihren beschlagnahmten Werken recht unterschiedliche Akzente.

Die günstige geographische Lage der drei I. G.-Stammwerke Leverkusen, Hoechst und Ludwigshafen ermöglichte eine gerechte Aufteilung der Beute unter den drei westlichen Besatzungsmächten. Insgesamt erhielten sie aber nur 40 % der gesamten Vermögenswerte der I. G. in Deutschland, 60 % bekamen die Russen; soviel hatte die I. G. in den dreißig Jahren seit der Gründung von Leuna durch Investitionen nach Mittel- und Ostdeutschland verlagert.

Den Werken war jeder Kontakt zu den in anderen Besatzungszonen liegenden Werken verboten. Dadurch verlor das Zentralverwaltungsgebäude in Frankfurt, das wie ein Wunder die Bombenangriffe überstanden hatte, seine Funktion. Unmittelbar nach den Kampfhandlungen hatten sich Fremdarbeiter darin eingerichtet, die aber bald von amerikanischen Soldaten verjagt wurden, so daß *Eisenhower* und sein Generalstab einziehen konnten: Aus dem I. G.-Hauptquartier wurde das US-Headquarter. Das Aktienkapital der I. G. wurde auf den Alliierten Viermächtekontrollrat, der am 5. Juli 1945 gebildet wurde, übertragen; die Rechte der Aktionäre wurden suspendiert. Jede Besatzungsmacht übte über Sequesterverwaltungen das totale Verfügungsrecht über das in ihrer Zone gelegene I. G.-Vermögen aus. Alle Angestellte in leitenden Stellungen wurden entlassen. An ihre Stellen traten alliierte Offiziere.[1]

Schon im Februar 1945 waren *Roosevelt, Churchill* und *Stalin* in Jalta übereingekommen, „die gesamte deutsche Industrie, die für militärische Produktion benutzt werden könnte, zu beseitigen oder zu kontrollieren, die Kriegsverbrecher vor Gericht zu bringen und einer schnellen Bestrafung zuzuführen." In den Potsdamer Beschlüssen vom 17. Juni 1945 wurden diese Ziele bekräftigt. Die Hauptfrage war zunächst: „Wieviel der deutschen Wirtschaft müßte entfernt oder zerstört werden, um eine neue deutsche Kriegsdrohung zu verhindern?" Bald wurde die Frage von den Amerikanern modifiziert: „Welche industrielle Produktion muß in Deutschland bestehen bleiben, um einen Lebensstandard zu garantieren, der nicht niedriger als der in Europa herrschende wäre?" Die in den westlichen Besatzungszonen gelegenen Chemiewerke durften einige lebenswichtige Produktionen wieder aufnehmen. Dahinter stand auch die Angst der Amerikaner vor Seuchen, die bei mangelhafter Ernährung und Unterdrückung hygienischer Grundbedürfnisse ausbrechen und ihre Besatzungssoldaten gefährden könnten. Auch bestimmte Forschungsarbeiten wurden wieder erlaubt, jedoch streng kontrolliert. Die Firmen mußten über ihre Forschungsarbeit alle drei Monate Berichte abliefern. Für Zuwiderhandlungen sah das Gesetz die Todesstrafe vor.

Durch die Demontage von Industrieanlagen sollte nach dem Willen der Sieger das Produktionsniveau auf 50 % des Standes von 1938 reduziert werden. Betroffen war vor allem die chemische Industrie, die Eisen- und Stahlindustrie und der Maschinenbau. Bei der Auswahl der zu demontierenden Betriebe spielte nicht nur der Abbau der Rüstungskapazität, sondern auch der Gewinn von Sachwerten sowie Wettbewerbsgründe eine große Rolle. Am 16. Oktober 1947, nach einigen „wilden" Demontagen, erschien eine Demontageliste, nach der 682 Werke demontiert werden sollten, davon 496 in der britischen und 186 in der amerikanischen Zone. 25 % der demontierten Werke waren für die Sowjetunion bestimmt, die übrigen wurden auf einer Reparationskonferenz in Brüssel unter 18 Staaten aufgeteilt. 1949, im Petersberger Abkommen, wurden einige Werke von der Demontageliste gestrichen, darunter auch die von Hüls und Bayer.

In der sehr ergiebigen britischen Zone wurde die Demontage besonders gründlich betrieben. Offenbar ging es den Briten darum, die einmalige Gelegenheit nicht verstreichen zu lassen und die Industrieanlagen der deutschen Konkurrenten aus dem Verkehr zu ziehen. Die Franzosen hielten sich bei der Demontage der linksrheinischen Werke auffallend zurück, da sie eine wirtschaftliche Integration der besetzten Gebiete mit Frankreich anstrebten. So wollten sie auch das große I. G.-Werk Ludwigshafen in seiner Funktion erhalten und nutzen. Sie hatten mehr als hundert Kontrolloffiziere in das Werk eingeschleust – die meisten waren Chemiker aus französischen Chemiefirmen – die, anstatt das Werk zu leiten, für Konfusion sorgten. Die in der russischen Besatzungszone gelegenen Werke wurden weitgehend, die in der polnischen Besatzungszone gelegenen Werke vollständig demontiert und die Maschinen, Apparate und Einrichtungen nach Rußland gebracht. Die Demontage in Westdeutschland wurde erst ein Jahr nach der Gründung der Bundesrepublik Deutschland endgültig eingestellt.

Die Alliierten auf Schatzsuche

Die Vereinbarung in Potsdam, Deutschland als wirtschaftliche Einheit zu betrachten, wurde bald unterlaufen. Während Briten und Amerikaner Nahrungsmittel in ihre Zonen einführten und demontierte Fabrikanlagen nach Rußland lieferten, entnahmen die Sowjets, entgegen den Absprachen von Potsdam, zusätzliche Reparationen aus der laufenden Produktion. Als die Amerikaner und Briten Einspruch erhoben, warf ihnen der sowjetische Außenminister *Molotow* auf der Außenministerkonferenz im April 1947 vor, sie hätten insgesamt mehr als zehn Milliarden Dollar Reparationen aus Deutschland entnommen, und zwar in Form von Patenten und anderem technischem Know-how. Diese Anschuldigung wurde von den Amerikanern brüsk zurückgewiesen. Kürzlich aber hat ein amerikanischer Historiker nachgewiesen, daß *Molotow* mit seiner Zahl – zehn Milliarden Dollar – ziemlich richtig lag.[2]

Präsident *Truman* selbst gab den Startschuß zu diesem Beutefeldzug, als er im Juli 1945 anordnete (Executive Order 9604), daß „bestimmte wissenschaftliche und technische Informationen, die wir uns bereits vom Feind geholt haben oder noch holen werden, freigegeben und allgemein zugänglich gemacht werden sollen."[3] Diese Anordnung wurde von der „Field Information Agency Technical" (FIAT) durchgeführt. Von 400 ausgewählten Firmen und Forschungseinrichtungen wurden alle Forschungs- und Produktionsakten, Verfahrensvorschriften, Konstruktionspläne und sonstige wichtige Akten verfilmt. Die I. G. Farbenindustrie stellte mit

311000 Seiten den weitaus größten Anteil. Das Patentamt in Berlin war eine ergiebige Fundgrube. „In Amerika stellte das Handelsministerium dieses Material interessierten einheimischen Firmen zur Verfügung. Dabei wurden einzelne Berichte geradezu verhökert: Am Anfang zu drei bis vier Dollar das Stück – das entsprach den Kopierkosten – 2000 Stück die Woche, insgesamt 400000 Stück; später gab es sie schon für weniger als 1 Dollar. Offiziell wurde nur bis zum 30. Juni 1948 verkauft, inoffiziell über dieses Datum hinaus."[4]

Schon im Oktober 1945 bezeichnete die US-Handelskammer die Aktion als die „größte Schatzsuche, die die Welt je gesehen hat". Außenminister John *Marshall* rechtfertigte dieses Vorgehen damit, daß das deutsche Wissen der ganzen Welt zur Verfügung gestellt werden müsse. In Wirklichkeit aber profitierten praktisch nur die US-Firmen. Als im Februar 1947 der Kongreßabgeordnete Karl *Stephan* gegen dieses Vorgehen Bedenken anmeldete, lautete die Antwort des Handelsministeriums: „Gerechtfertigt ist das grundsätzlich durch die Tatsache, daß wir und nicht die Deutschen den Krieg gewonnen haben. Hätten die Deutschen den Krieg gewonnen, dann wären die jetzt hier in Chicago, Detroit und Pittsburgh und würden genau dasselbe tun."[5]

Außer den Patenten, Warenzeichen und dem technischem Know-how wurde auch das gesamte Auslandsvermögen der I. G. entschädigungslos enteignet. Zur Reparations- und Demontagepolitik der Siegermächte gehörte auch die „Verbringung" von Naturwissenschaftlern und Technikern in die Siegerstaaten.

Von den zahlreichen beschlagnahmten Erfindungen und Neuheiten seien nur einige wichtige aus dem Chemiesektor genannt: Acetylenchemie (Reppe), Kohlehydrierung, Fischer-Tropsch-Verfahren, Buna, Schmieröle, synthetische Fasern, Magnetbänder und Recorder, Pharmazeutika, Pflanzenschutzmittel. Nach Aussagen amerikanischer Industrieller haben die USA durch die Aneignung des gesamten deutschen wissenschaftlichen und technischen Know-how einen Vorsprung von fünf bis zehn Jahren bekommen. In den Pariser Verträgen, die am 5. Mai 1955 ratifiziert wurden, mußte die Bundesrepublik Deutschland auf jede Rückerstattung verzichten.

Der Nürnberger Prozeß

Am 8. August 1945 trafen sich in London Vertreter der Vereinigten Staaten, Großbritanniens, Frankreichs und der Sowjetunion, um die Rechtsgrundlagen für ein internationales Militärtribunal festzulegen.[6] Die konkrete straf- und prozeßrechtliche Grundlage wurde später durch den Erlaß des Kontrollratsgesetzes Nr. 10 geschaffen. Es beinhaltete Definitionen und Vorschriften für die Anklage und die zu verhängenden Strafen.[7]

In einem ersten Prozeß, in dem noch alle vier Sieger zu Gericht saßen, wurden die militärischen und politischen Führer der ersten Garnitur, deren man habhaft wurde, angeklagt und abgeurteilt. Diesem Hauptprozeß schlossen sich zwölf weitere Prozesse an: Einer gegen NS-Ärzte, drei gegen höhere SS-Angehörige, drei gegen höhere Wehrmachtsangehörige und -beamte, zwei gegen die Ministerialbürokratie und drei Prozesse gegen die Industrie, und zwar gegen Krupp, Flick und die I. G. Die Ausdehnung der Anklage auf Verwaltung und Wirtschaft sollte von vornherein die Kollektivschuld der Deutschen demonstrieren.

Da sich im Hauptprozeß herausgestellt hatte, daß ein mit allen Siegern besetztes Tribunal zu schwerfällig und ineffizient arbeitet – einige Male mußten Anklagepunkte zurückgezogen werden, weil sich herausgestellt hatte, daß einer oder mehrere Verbündete gleiche oder ähnliche Straftaten begangen hatten – übernahmen die Amerikaner das Tribunal der Nachfolgeprozesse in eigener Regie und legten den größten Eifer an den Tag.

Auf der Anklageliste im Prozeß gegen die I. G. standen 23 leitende Angestellte, darunter der Aufsichtsratsvorsitzende Carl *Krauch*, der Vorstandsvorsitzende Hermann *Schmitz*, 18 Vorstandsmitglieder und drei Titular-Direktoren. Fast alle

Angeklagten wurden gleich nach der Besetzung Deutschlands inhaftiert. Bis zum Prozeßbeginn waren sie schon zwei Jahre in Haft und hatten Schweres durchgemacht: „Einige der älteren Herren waren dem Psychoterror in der Haft (ständiges In-Angst-gehalten-werden bei demütigender Arbeit, z. B. Toilettenreinigen im Zuchthaus) nicht gewachsen; sie unterschrieben schließlich alles, was die amerikanischen Vernehmungsbeamten ihnen vorlegten. Diese ‚Schuldbekenntnisse' in Form eidesstattlicher Erklärungen legte die Anklagebehörde im Prozeß vor, aber auf Antrag der Verteidigung ließ das Gericht diese Dokumente wegen der Art ihres Zustandekommens nicht als Beweismittel zu."[8]

Die Sieger bildeten sich ihre eigene Meinung über die Inhaftierten. Der amerikanische Geheimdienst-Offizier Robert Thompson *Pell*, der seit April 1945 die Tätigkeit der leitenden Herren der I. G. im Dritten Reich untersuchte, berichtete: „Insgesamt gewann ich den Eindruck, daß die deutschen Führer dazu übergegangen sind, sich mit den Notwendigkeiten zu arrangieren – das allerdings nur in begrenztem Umfang. In der Zwischenzeit klopften sie uns auf schwache Stellen ab, stellten uns bei jeder Gelegenheit auf die Probe, versuchten herauszufinden, ob wir es ernst meinen, wenn wir auf den Tisch hauen, und leisten Widerstand, soweit sie es wagen. Sie sagen fast offen, wir selbst würden mit der Situation nicht fertig werden und müßten uns letzten Endes wieder an sie wenden. Sie vertrauen darauf, daß wir so viele Fehler machen, daß es unausweichlich sein wird, daß sie wieder die Führung übernehmen. Solange wollen sie abwarten und zusehen, wie wir alles verpatzen. Außerdem spielen sie die ‚Rote Gefahr' aus, soweit sie sich gerade trauen. Die Direktoren, die ich in meinem Jeep abholte, brannten darauf, mir zu sagen, das deutsche Volk sei das Opfer einer weltweiten Verschwörung gewesen, die beabsichtigt habe, dieses wunderschöne Land unbekannten Mächten auszuliefern; Deutschland habe einen Verteidigungskrieg geführt; der alliierte ‚Bombenterror' habe das deutsche Volk geeinigt, keinen militärischen Nutzen gehabt und sei ein schwerer Fehler gewesen; sie seien die wahren Verteidiger der westlichen Zivilisation gegen die ‚asiatischen Horden' usw. Soweit ich feststellen konnte, war die Einstellung des durchschnittlichen Managers von Selbstmitleid, kriecherischer Rechtfertigung und einem gekränkten Unschuldsgefühl geprägt, das mit einem Jammern und Mitleid und um Hilfe beim Aufbau eines zerstörten Landes verbunden war. Viele von ihnen, wenn nicht die meisten, erwarten zuversichtlich, das amerikanische Kapital werde sich unverzüglich bei der Aufbauarbeit engagieren, und sie erklärten sich bereit, ihre Arbeitskraft und ihren Verstand in den Dienst dieser vorübergehenden Herren zu stellen; davon erhoffen sie sich unverholen, Deutschland mächtiger, größer wieder aufzubauen, als es in der Vergangenheit war."[9]

Vom 24. Juni bis 7. August 1947 wurde der Militärgerichtshof konstituiert, vor dem der I. G.-Prozeß geführt werden sollte. Zum Vorsitzenden Richter wurde Curtis *Shake* berufen, der zuvor Richter am Obersten Gericht des Staates Indiana war. Die beiden anderen Richter waren James *Morris,* Richter am Obersten Gericht des Staates North Dakota, und Paul M. *Hebert,* Dekan der juristischen Fakultät der staatlichen Universität von Louisiana. Hauptankläger war Brigadegeneral Telford *Taylor.* Leitende Ankläger waren Josiah E. *DuBois* und Drexel A. *Sprecher.* Zur Anklagevertretung gehörten weitere sechs Staatsanwälte mit einem großen Stab von Assistenten.

Die Ankläger waren in der Mehrzahl amerikanische Juden. Einige von ihnen hatten sich schon in den US-Antitrust-Prozessen in den Jahren 1939–1946, in denen vor allem die Standard Oil und die I. G. verwickelt waren, verdient gemacht. Die Ermittlungen leitete Josiah E. *DuBois,* den der amerikanische Abgeordnete George A. *Dondero* als „bekannten Linken aus dem Finanzministerium" bezeichnete, „der die kommunistische Parteilehre sehr genau studiert hat".[10]

Die Legalität der Nürnberger Industrie-Prozesse wurde von mehreren amerikanischen Politikern und Rechtswissenschaftlern angezweifelt. Der Kongreßabgeordnete John E. *Rankin* erklärte vor dem Abgeordnetenhaus: „Was sich in

Nürnberg abspielt, ist eine Schande für die Vereinigten Staaten. Alle anderen Länder haben ihre Hände gewaschen und sich aus dieser Prozeßorgie zurückgezogen. Aber zweieinhalb Jahre nach Ende des Krieges betreibt eine rassische Minderheit in Nürnberg im Namen der Vereinigten Staaten nicht nur die Hinrichtung deutscher Soldaten, sondern auch einen Prozeß gegen deutsche Geschäftsleute."[11]

Am 27. August 1947 wurde im Justizpalast in Nürnberg der Prozeß gegen die Angeklagten der I. G. durch eine Rede des Generals Telford *Taylor* eröffnet: „Die Anklage bezichtigt die Angeklagten der maßgeblichen und verantwortlichen Beteiligung an der Heimsuchung der Menschheit durch den schrecklichsten Krieg der Geschichte. Man wirft ihnen Sklaverei, Plünderung und Mord vor."[12]

Die Anklagepunkte waren die gleichen wie im Hauptprozeß:
1. Vorbereitung und Führung von Angriffskriegen.
2. Raub und Plünderung in den besetzten Ländern.
3. Sklavenarbeit und Massenmord.
4. Mitgliedschaft in der SS.
5. Gemeinsame Verschwörung.

Die Vorwürfe betrafen in Punkt 1. das Bündnis mit *Hitler* und die Teilnahme an der Kriegsvorbereitung, in Punkt 2. Raub und Plünderung fremden Eigentums in Österreich, der Tschechoslowakei, in Polen, Frankreich, Norwegen und Rußland (mit Schwerpunkt Frankreich) und in Punkt 3. die Teilnahme an Sklavenarbeitsprogrammen und insbesondere den Einsatz von KZ-Häftlingen beim Bau des I. G.-Werkes in Auschwitz. Unter Punkt 4. wurden Christian *Schneider*, Heinrich *Bütefisch* und Erich von der *Heyde* angeklagt. Die Vorwürfe unter Punkt 5. paßten nicht so recht auf die Angeklagten und wurden daher zusammen mit Punkt 1. behandelt.

Es war nun die Aufgabe der Verteidigung, diese Vorwürfe zu entkräften. Jeder Angeklagte hatte einen Hauptverteidiger und einen Assistenzverteidiger nach seiner Wahl. Als Assistenzverteidiger betätigten sich Juristen aus den verschiedenen Rechtsabteilungen der I. G. Wolfgang *Heintzeler*, der

Assistenzverteidiger des Angeklagten Carl *Wurster,* beschrieb die Aufgabe der Assistenzverteidiger in seinem Buch *Der rote Faden:* „... ohne ihre Mitarbeit wäre es für die Hauptverteidiger – meist selbständige Rechtsanwälte ohne jede Kenntnis der Firma und der Prozeßmaterie – kaum möglich gewesen, das Prozeßvolumen zu bewältigen, zumal die Verteidigung sich am Anfang in einem echten Beweisnotstand befand. Sämtliche wichtigen Akten der I. G.-Werke und I. G.-Verwaltungen waren 1945 sofort beschlagnahmt und in sogenannten ‚document centers' konzentriert worden. Dort bereitete ein großer Stab der Anklagebehörde in zweijähriger Arbeit (1945–1947) die voluminöse Anklageschrift vor. Erst nach Prozeßbeginn erhielten auch die Verteidiger auf Grund einer Entscheidung des Gerichts Zugang zu den ‚document centers', aber die außenstehenden Rechtsanwälte hätten es wohl ohne die Hilfe der aus der I. G. stammenden Assistenzverteidiger kaum schaffen können, sich rechtzeitig durch die Aktenberge der ‚document centers' durchzufinden und durchzuarbeiten."[13]

Trotz schwierigster Bedingungen gelang es der Verteidigung, das Gericht zu überzeugen, daß in den meisten Fällen keine Schuld oder gar ein Verbrechen vorlagen. Der einzige gefährliche Punkt war Auschwitz. Ohne Auschwitz hätte der Prozeß kein besonderes Aufsehen erregt, denn alle anderen Anklagen ließen sich durch Hinweise etwa folgender Art relativieren oder entkräften: „Ersetzen Sie I. G. durch ICI oder Du Pont, und die Parallele wird offensichtlich."[14] Für die Eifernden in den Vereinigten Staaten, die die deutsche Wirtschaft nachhaltig schwächen und die I. G., die größte deutsche Firma, vernichtend treffen wollten, bot das I. G.-Werk Auschwitz einen vielversprechenden Einstieg.

Das Urteil

Das Gericht im Prozeß gegen die Angeklagten der I. G. kam schließlich zu folgender Erkenntnis:

Anklagepunkt 1 (der vor allem *Krauch* schwer belastete):

„Die Beweisaufnahme hat klar ergeben, daß *Krauch* an der Planung von Angriffskriegen nicht beteiligt war. Die Pläne sind von einem streng abgeschlossenen Kreis ausgearbeitet worden. ... *Krauch* stand tief unter der Gruppe der Mitglieder dieses Kreises."[15]

Anklagepunkt 2: „Der Tatbestand der Plünderung und unrechtmäßigen Aneignung ist nach unserer Meinung eindeutig erfüllt, wenn der vorherige Besitzer gegen seinen Willen von seinem Besitz getrennt wird. ... Wenn die Zustimmung des Eigentümers nicht freiwillig erfolgte, sein Einverständnis durch Drohungen, Angriffe gegen seine körperliche Unversehrtheit, politischen Druck oder Ausnutzung der Stellung und Macht des militärischen Besatzers unter Umständen erzielt wurde, die eindeutig erkennen lassen, daß der Eigentümer gegen seinen Willen sein Eigentum aufgeben mußte, so ist dies ein eindeutiger Verstoß gegen die Haager Konventionen."[16] In diesem weit abgesteckten Feld war die I. G. gefangen; Schuldsprüche waren zu erwarten.

Anklagepunkt 3, Sklavenarbeit: „Es ist klar erwiesen, daß die I. G. eine menschenunwürdige Behandlung der Arbeiter nicht beabsichtigt oder vorsätzlich gefördert hat. Tatsächlich hat die I. G. sogar Schritte unternommen, um die Lage der Arbeiter zu erleichtern ... Aber nichtsdestoweniger sind die an dem Auschwitzer Bauvorhaben am nächsten beteiligte Angeklagten offensichtlich für die Arbeiter in hohem Maße verantwortlich gewesen ... Diesen Männern fällt die Verantwortung für die auf ihr eigenes Betreiben durchgeführte rechtswidrige Beschäftigung zur Last und sie müssen, mindestens bis zu einem gewissen Grade, die Verantwortung für die schlechte Behandlung der Arbeiter mit der SS und den beauftragten Baufirmen teilen."[17] „Diese Männer" mußten daher verurteilt werden, obwohl das Gericht vorher die Erkenntnis gewonnen hatte, „daß die Weigerung eines leitenden Angestellten der I. G., die vom Reich festgesetzten Produktionsprogramme zu erfüllen oder für die Erfüllung Sklavenarbeiter zu verwenden, eine Herausforderung bedeutet hätte, die als hochverräterische Sabotage behandelt worden wäre und sofort Vergeltungsmaßnahmen im Gefolge gehabt hätte."[18]

Anklagepunkt 3, Massenmord mit Zyklon B: Das Gericht stellte fest, daß die von der I. G. unabhängige Degussa den maßgeblichen Einfluß auf die DEGESCH hatte; die I. G. konnte die DEGESCH nicht kontrollieren. Daraus könne man nicht schließen, „daß der Aufsichtsrat oder die Angehörigen *Mann*, *Hörlein* oder *Wurster* als dessen Mitglieder bestimmenden Einfluß auf die Geschäftspolitik der DEGESCH oder strafrechtlich erhebliche Kenntnis von dem Verwendungszweck ihrer Erzeugnisse hatten."[19]

Anklagepunkt 3, medizinische Experimente: „Die Annahme, daß die Angeklagten mit den SS-Ärzten, die diese verbrecherischen Handlungen begingen, unter einer Decke gesteckt haben, wird durch die Tatsache widerlegt, daß die I. G. die Versendung von Medikamenten an diese Ärzte eingestellt hat, sobald der Verdacht eines gesetz- und standeswidrigen Verhaltens der Ärzte auftauchte. Wir finden unter den Umständen, unter denen die Impfstoffe der I. G. an Konzentrationslager versandt wurden, nichts, was zur Annahme eines Verschuldens führen könnte, weil berechtigterweise angenommen werden konnte, daß in diesen Lagern ein rechtmäßiges Bedürfnis für diese Medikamente bestehe."[20]

Anklagepunkt 4 wurde fallengelassen, da die drei Angeklagten nur ehrenhalber Dienstränge bei der SS verliehen bekamen. Anklagepunkt 5 hatte sich durch den Anklagepunkt 1 erledigt.

In den Anklagepunkten 1, 4 und 5 kam es zu keinen Verurteilungen. Nach Punkt 2 wurden neun Angeklagte verurteilt:
- Ernst *Bürgin*, zu 2 Jahren Gefängnis;
- Paul *Haeflinger*, zu 2 Jahren Gefängnis;
- Max *Ilgner*, zu 3 Jahren Gefängnis;
- Friedrich *Jähne*, zu 18 Monaten Gefängnis;
- Hans *Kugler*, zu 18 Monaten Gefängnis;
- Fritz ter *Meer*, zu 7 Jahren Gefängnis insgesamt (Punkt 2 + 3);
- Heinrich *Oster*, zu 2 Jahren Gefängnis;
- Hermann *Schmitz*, zu 4 Jahren Gefängnis;
- Georg von *Schnitzler*, zu 4 Jahren Gefängnis.

Nach Punkt 3 wurden fünf Angeklagte verurteilt:
- Otto *Ambros*, zu 8 Jahren Gefängnis;
- Heinrich *Bütefisch*, zu 6 Jahren Gefängnis;
- Walter *Dürrfeld*, zu 8 Jahren Gefängnis;
- Carl *Krauch*, zu 6 Jahren Gefängnis;
- Fritz ter *Meer*, zu 7 Jahren Gefängnis.

Freigesprochen von allen Anklagepunkten wurden zehn Angeklagte:
- Fritz *Gajewski*,
- Heinrich *Gattineau*,
- Erich von der *Heyde*,
- Heinrich *Hörlein*,
- August von *Knieriem*,
- Hans *Kühne*,
- Carl Ludwig *Lautenschläger*,
- Rudolf *Mann*,
- Christian *Schneider*,
- Carl *Wurster*.

Nach dem Urteilsspruch machte sich im Kreise der Ankläger Enttäuschung breit. Chefankläger Josiah E. *DuBois* hielt die Urteile für „leicht genug, einen Hühnerdieb zu erfreuen". In den Augen der Ankläger waren die Angeklagten die eigentlichen Kriegsverbrecher, wie es General *Taylor* schon in seiner leidenschaftlich vorgetragenen Anklagerede gesagt hatte: „Diese Angeklagten und andere mit ihnen, nicht die halb unzurechnungsfähigen Nazifanatiker und schießwütigen Raufbolde der Straße, sind die Hauptkriegsverbrecher. Sollte die Schuld dieser Angeklagten nicht ans Tageslicht gezogen und bestraft werden, so werden sie für den künftigen Frieden der Welt eine viel größere Gefahr darstellen als *Hitler*, wenn er noch am Leben wäre."[21]

Die Angeklagten und ihre Verteidiger sahen den Ausgang des Prozesses in einem anderen Licht. Einer der Angeklagten bemerkte: „Es muß rückhaltlos anerkannt werden, daß hier ein mutiges und nach Wahrheit strebendes Gericht den

Nebel von zwar unklaren, aber gehässigen Vorwürfen zerstreut hat, der sich als Folge einer rücksichtslosen – schon während des Krieges betriebenen – Propaganda auf die I. G. Farbenindustrie gesenkt hatte. ... Man kann sich des Eindrucks nicht erwehren, daß wohl selten eine Anklage in einem großen politischen Prozeß so kläglich zusammengebrochen ist wie die des Angriffskrieges in den Nürnberger Industrieprozessen. Trotzdem macht man immer und immer wieder die erstaunliche Feststellung, daß diejenigen Kreise, von denen ursprünglich die Vorwürfe ausgingen, durch die Urteilssprüche sich nicht haben belehren lassen."[22]

Der damals schon ausgebrochene kalte Krieg hat mit dazu beigetragen, daß das Urteil so milde ausfiel. Das Interesse der Öffentlichkeit an der Bestrafung von begangenen oder konstruierten Kriegsverbrechen war erloschen. *Krauchs* Anwalt hatte schon während der Verteidigung an die Gefühle der kalten Krieger appelliert. Er ging dabei soweit, den Antikommunismus *Hitlers* zu rühmen und *Hitler* als Propheten darzustellen: „Wie recht *Hitler* mit dieser Darlegung seiner Politik hatte ... kann durch die europäische Entwicklung der letzten Monate bewiesen werden."[23]

Das Urteil wurde am 29. Juni 1948 verkündet, einen Tag nach der furchtbaren Kesselwagenexplosion in Ludwigshafen, bei der 210 Werksangehörige getötet wurden. Richter Curtis G. *Shake* gab dieses Unglück vor der Urteilsverkündung bekannt: „Das Tribunal hat eine informelle Nachricht über den tragischen Vorfall erhalten, der sich gestern abend in Ludwigshafen ereignet hat. Ich bin sicher, im Namen des Tribunals und aller hier Anwesenden zu sprechen, wenn ich Trauer über die Verstorbenen ausdrücke, ihrer gedenke und die Familien der Verstorbenen unseres Beileides versichere."[24] Die Versammelten erhoben sich in stummer Anteilnahme.[25]

Die Verurteilten verbüßten ihre Strafe in Landsberg. Ende 1951 wurden die noch Inhaftierten durch *McCloy*, den amerikanischen Hohen Kommissar für Deutschland, entlassen.

Zur Zeit der Kriegsverbrecherprozesse lag Nürnberg noch in Schutt und Asche.[26] Das veranlaßte den französischen Richter am Hauptprozeß zu der Bemerkung: „Die Ruinen der altehrwürdigen Stadt Nürnberg zeigen jedem Prozeßteilnehmer täglich aufs neue, daß die Verbrechen gegen die Menschlichkeit kein Monopol des Nationalsozialismus waren."[27] Damals wurde dieses Verfahren von vielen als ein Gericht der Sieger über die Besiegten empfunden. Im Nachhinein muß man den Amerikanern und insbesondere den amerikanischen Juden dankbar sein, sich so leidenschaftlich um den Klärungs- und Reinigungsprozeß in Deutschland bemüht zu haben; die Deutschen hätten dazu nicht die Kraft aufgebracht.

An der I. G. aber blieb das „Stigma Auschwitz" haften, obwohl ihr in Nürnberg bescheinigt worden war, daß sie „eine menschenunwürdige Behandlung der Arbeiter nicht beabsichtigt oder vorsätzlich gefördert hat". Bis heute tragen die I. G.-Nachfolger an dieser Hypothek. In Magazinen, Büchern und Filmen werden sie immer wieder mit den NS-Verbrechen, die in Auschwitz-Birkenau begangen worden sind, in Verbindung gebracht. Andere deutsche Firmen, die damals ebenfalls Häftlinge aus Konzentrationslagern eingesetzt hatten, bleiben weitgehend verschont.

Die Entflechtung der I. G.

Schuldig oder nicht schuldig – das Ziel, die I. G. zu zerschlagen, wurde nicht aufgegeben. „Ceterum censeo..." tönte es vielstimmig aus den USA. Da eine Entflechtung nicht zu umgehen war, stellte man auf deutscher Seite konkrete Überlegungen an, wie eine Aufteilung zweckmäßig und sinnvoll aussehen müßte. Die Schwierigkeiten, die dabei zu überwinden waren, schilderte Wolfgang *Heintzeler:* „Jahrelang war uns jeglicher Kontakt mit den Kollegen in den I. G.-Werken einer anderen Zone aufs Strengste untersagt. Nur ganz heimlich, unter Anwendung größter Vorsichtsmaßnahmen, trafen sich die Herren *Haberland* und *Silcher* von Leverkusen von Zeit zu Zeit in Limburg mit Herrn *Wurster* und mir, um eine gewisse Abstimmung in den wichtigsten Fragen der Entflechtung im Sinne der deutschen Interessen herbeizuführen. Die deutschen Sachwalter in den Werken der amerikanischen Zone standen unter so starkem Druck des amerikanischen Control Office, daß sie lange Zeit eine Teilnahme an solchen Besprechungen einfach nicht riskieren konnten; erst in den späteren Stadien der Entflechtung wurden Dreier-Besprechungen unter Teilnahme auch der Herren *Winnacker* und *Kaufmann* von Hoechst möglich; erfreulicherweise konnten wir uns dabei immer einigen, sogar über die diffizilen Fragen, wie die Aufteilung der 135 Millionen DM, welche die drei großen Nachfolgegesellschaften als Kapitalausstattung aus dem Restvermögen der I. G. erhalten sollten."[28]

Im August 1948, unmittelbar nach dem Ende des I.G.-Prozesses, beschlossen Amerikaner und Briten die Entflechtung gemeinsam vorzunehmen. Dazu sollten auch die Deutschen gehört werden. Deutsche Sachverständige gründeten daraufhin die Kommission FARDIP (I. G. Farben Dispersal Panel), die ganz wesentlich dazu beitrug, daß die Entflechtung sinnvolle Formen annahm. Nach der Gründung der Bundesrepublik Deutschland unterstützte Bundeswirtschaftsminister Ludwig *Erhard* die Vorstellungen der FARDIP, die I. G. auf nur drei Nachfolgegesellschaften aufzuteilen. Die alliierte TRIFCO (Tripartite I. G. Farben Control Group) jedoch lehnte ab, sie wollte immer noch die Zersplitterung. Inzwischen formierten sich die drei großen Stammwerke Leverkusen, Hoechst und Ludwigshafen und ließen sich als selbständige Unternehmen bei den zuständigen Handelsgerichten eintragen.

Am 23. Mai 1952 beschloß die Alliierte Kontrollkommission, den I. G.-Besitz der drei westlichen Besatzungszonen auf folgende zwölf Firmen aufzuteilen:
1. Agfa-Camerawerk AG, München,
2. BASF AG, Ludwigshafen,
3. Cassella Farbwerke AG, Mainkur,
4. Chemische Werke Hüls GmbH, Marl,
5. Duisburger Kupferhütte AG, Duisburg,
6. Dynamit Nobel AG, Troisdorf,
7. Farbenfabriken Bayer AG, Leverkusen,
8. Farbwerke Hoechst AG, Frankfurt-Höchst,

9. Kalle & Co AG, Biebrich,
10. Titangesellschaft mbH, Leverkusen,
11. Dr. Alexander Wacker, Gesellschaft für elektrotechnische Industrie mbH, München,
12. WASAG-Chemie AG, Sythen.

Aus der sinnlosen Zerschlagung der I. G. wurde allmählich eine sinnvolle Entflechtung, die immer mehr – auch von den Alliierten – unter dem Gesichtspunkt der Arbeitsplatzerhaltung für die 200 000 Beschäftigten, einer gerechten Entschädigung der 135 000 Aktionäre und einer ausreichenden Versorgung der Pensionäre gesehen wurde.

Am 21. März 1953 war die Entflechtung abgeschlossen. Aktionäre, Belegschaften, Pensionäre und Gläubiger waren weitgehend zufriedengestellt. Der Fortbestand der drei großen Werke wurde anerkannt. Die vierte Nachfolgegesellschaft, Cassella, war eine Konzession an die Alliierten. Das I. G.-Vermögen wurde auf diese vier Nachfolgegesellschaften und auf die übrigen in Liquidation befindliche Firmen aufgeteilt: 1000 RM alte I. G.-Aktien wurden umgewandelt in 285 DM Bayer-Aktien. 250 DM BASF-Aktien, 210 DM Hoechst-Aktien, 25 DM Cassella-Aktien und 145 DM Liquidations-Anteilsscheine. Demnach wurden 1000 RM in 915 DM umgewandelt. Dieses Tauschverhältnis war günstig; normale Sparer erhielten nach der Währungsreform für 1000 RM Altbesitz an Geld- oder Spareinlagen lediglich 65 DM. Auf einer Pressekonferenz erklärte Staatssekretär Ludger *Westrich* vom Bundeswirtschaftsministerium: „Wir empfinden Genugtuung über das nunmehr Erreichte, aber wir haben keinen Anlaß zu Freudenkundgebungen."[29] Die bis dahin amtierenden deutschen Werksleitungen wurden aus der alliierten Kontrolle entlassen und konnten wieder frei ihre Entscheidungen auf den Grundlagen des deutschen Rechtes treffen.

Der Wiederaufstieg der deutschen chemischen Industrie war nun unaufhaltsam. Bis zur Entlassung aus der Alliierten Kontrollkommission im März 1953 waren in den chemischen Werken fast alle Wunden des Krieges verheilt. An die Stelle der alten Produktionsanlagen, die von den Alliierten in Luftangriffen niedergelegt oder als Kriegsbeute demontiert worden waren, entstanden nun neue, moderne Anlagen. Der Wiederaufbauwille hatte die Belegschaften zusammengeschweißt. Allein zur Beseitigung der Kriegsschäden wurden bis 1954 fast 3,5 Milliarden DM aufgewandt. 1955 betrug der Umsatz der deutschen chemischen Industrie 13,4 Milliarden DM, in den Export gingen davon 25 %. Die Anzahl der Beschäftigten in der chemischen Industrie betrug 325 000.

Die BASF AG

Die BASF wurde am 30. Januar 1952 neu gegründet und am 28. März 1953 als „Badische Anilin- & Soda-Fabrik AG" in das Handelsregister des Amtsgerichtes Ludwigshafen am Rhein eingetragen. „Am Nachmittag dieses Tages erfolgte in einer kurzen Zeremonie in der Empfangshalle von Bau 1 (heute D 100) die Übergabe der BASF von der französischen Administration an den achtköpfigen Vorstand der BASF ... Unter den Klängen der Marschmusik einer französischen Militärkapelle, die vor dem Bau 1 aufmarschiert war, wurde feierlich die Trikolore vor dem Bau 1 eingeholt. Fast vier Jahre nach Gründung der Bundesrepublik war damit auch für uns die Besatzungszeit beendet."[30]

Die BASF wurde mit einem Grundkapital von 340 Millionen DM ausgestattet. Aus dem Vermögen der I. G. übernahm sie zusätzlich 86 Millionen DM, darunter 100 % der Gewerkschaft Auguste Viktoria in Marl, 30,173 % der Duisburger Kupferhütte, 33 1/3 % der Oxo-Gesellschaft m.b.H. und 46 % der Chemischen Fabrik Holten GmbH in Oberhausen. Am 27. August 1953 gründete die BASF zusammen mit der Deutschen Shell-AG die Rheinischen Olefinwerke GmbH in Wesseling (ROW) mit einem Stammkapital von 16 Millionen DM. In diesem neuen petrochemischen Werk, in dem sich beide Gesellschaften je zur Hälfte beteiligten, wurden zunächst 10 000 Jahrestonnen Polyethylen und 12 000 Jahrestonnen Ethylbenzol produziert.

Vorsitzender des Aufsichtsrats der neugegründeten BASF wurde Hermann *Abs*. Dem Vorstand gehörten an: Carl *Wurster* (Vorsitzender), Bernhard *Timm* (stellvertretender Vorsitzender), Hans *Freiensehner*, Wolfgang *Heintzeler*, Walter *Ludewig*, Julius *Overhoff*, Walter *Reppe* und Bertold *Schnell*. Anläßlich der Hauptversammlung am 1. Juli 1955 erklärte Carl *Wurster* die Periode des Wiederaufbaus für beendet: „Wir können uns nun intensiver als vorher neuen Aufgaben widmen, der steinige Weg aus dem Tal der Vergangenheit hat uns jetzt wieder so weit geführt, daß wir Ausschau halten können und einen freien Kopf haben."
Über die Produktionsschwerpunkte machte *Wurster* in dieser Rede folgende Aussage: „Die Hauptproduktionsgebiete der BASF entfielen 1954 mit 49,2 % auf Chemikalien und Kunststoff-Rohstoffe, mit 22,5 % auf Farbstoffe, Hilfsmittel und Gerbstoffe und mit 22,6 % auf Düngemittel und Pflanzenschutzmittel. Auf diesen Gebieten werden sich die Investierungen der nahen Zukunft bewegen. Im Düngemittelsektor haben wir das Gröbste hinter uns. Bei den Schwerchemikalien, die wir etwas stiefmütterlich behandeln mußten, haben wir noch einiges nachzuholen. Auf dem Gebiet der Farbstoffe und Hilfsmittel, nicht zuletzt der Kunststoff-Rohstoffe, wollen wir interessante Rationalisierungen und Neuentwicklungen durchführen. Der ungewöhnliche Wachstumsfaktor des Verbrauchs auf diesen Gebieten eröffnet gute Aussichten."
Carl *Wurster* (1900–1974), der 1924 als Chemiker in die BASF eintrat, wurde 1938 Vorstandsmitglied der I. G. Farben und Leiter der Betriebsgemeinschaft Oberrhein. Im Zweiten Weltkrieg war er zeitweilig kommissarischer Leiter des Aussiger Vereins und Mitglied des Verwaltungsrates der Deutschen Gesellschaft für Schädlingsbekämpfung m.b.H. (DEGESCH). Im Nürnberger Prozeß wurde Wurster in allen Anklagepunkten freigesprochen.[31] Die Stadt Ludwigshafen hat einen kleinen Platz nach ihm benannt, der 1989 auf Antrag der Grünen in „Monowitz-Platz" umbenannt werden sollte. Die Grünen begründeten ihren Antrag, *Wurster* sei während des Dritten Reiches als Vorstandsmitglied der I. G.

und in anderen Funktionen an der Vergasung von Menschen im Lager Monowitz beteiligt gewesen. Diese Behauptung war absurd. Der Antrag wurde abgelehnt.

Die Farbenfabriken Bayer AG

Die Werke der I. G.-Betriebsgemeinschaft Niederrhein hatten schon am 1. Juli 1947 den Namen „Farbenfabriken Bayer" angenommen, die Gründung erfolgte aber erst am 19. Dezember 1951 und die Eintragung in das Handelsregister am 15. Januar 1952. Nach der Entlassung aus dem Alliierten Kontrollrat wurde die Gesellschaft „endgültig" gegründet und mit einem Grundkapital von 387,7 Millionen DM ausgestattet. Die „Farbenfabriken Bayer AG, Leverkusen" umfaßten alle historisch gewachsenen Werke aus der Gründerzeit: Leverkusen, Elberfeld, Uerdingen und Dormagen. Die Agfa blieb als Tochter mit 100 % bei Bayer; von der Titanfabrik Leverkusen mußte Bayer jedoch 50 % an die National Lead Co abgeben. Infolge der relativ aufgeschlossenen Besatzungspolitik der Engländer hatte Bayer den besten Start. Seit der Währungsreform bis Ende 1955 wurden 870 Millionen DM in Neuanlagen investiert. Für die Forschung wurde im Jahr 1955 der für die damalige Zeit riesige Betrag von 236 Millionen DM ausgegeben. Aufsichtsratsvorsitzender des neugegründeten Unternehmens war Oswald *Rösler*; dem Vorstand gehörten an: Ulrich *Haberland* (Vorsitzender), Otto *Bayer*, Otto *Böhme*, Helmut *Borgwardt*, Julius *Drucker*, Rudolf *Hofmann*, Fritz *Jakobi*, Ludwig *Klebert*, Heinrich *Köhler*, Walter *Koziol*, Oskar *Loehr*, Anton *Mertens*, Kurt *Rieß* und Friedrich *Silcher*.

Auf der Hauptversammlung 1955 gab Ulrich *Haberland* einen optimistischen Situationsbericht, der die Aufbruchstimmung widerspiegelte: „Mit unserer außerordentlich vielfältigen Fabrikation an anorganischen und organischen Chemikalien jeder Art, Farbstoffen und chemischen Fasern befinden wir uns in der günstigen Situation, einen praktisch über die gesamte Industrie verstreuten Abnehmerkreis zu besitzen. Damit nehmen wir an der Prosperität jeder einzelnen Industriegruppe teil und finden gleichzeitig einen weitgehenden Ausgleich bei Schwankungen innerhalb des Beschäftigungsgrades einzelner Abnehmersektoren. Darüber hinaus gehen bedeutende Teile unsere Produktion direkt an den letzten Verbraucher, wie unsere Photoerzeugnisse, die pharmazeutischen Präparate und die Pflanzenschutzmittel. Die seit Jahren fast ununterbrochene günstige Entwicklung der Wirtschaft der westlichen Welt hat zusammen mit der Entwicklung neuer Produkte auf der Chemie-Seite und der dadurch hervorgerufenen Weckung von neuem Bedarf eine starke Nachfrage nach chemischen Produkten mit sich gebracht, die nur mit Mühe befriedigt werden kann."

Ulrich *Haberland* (1900–1961) war der große Reorganisator der Farbenfabriken Bayer AG. Als eine der wichtigsten Aufgaben bezeichnete er den Ausbau der Anlagen für die Produktion von Grundchemikalien, die in den auf Feinchemie zugeschnittenen I. G.-Werken am Niederrhein vernachlässigt worden waren. Im Zuge dieser Entwicklung wurden auch bei Bayer – wie bei BASF und Hoechst – petrochemische Anlagen errichtet. Von Anfang an war Bayer Schrittmacher eigener Verkaufsniederlassungen und Produktionsanlagen im Ausland.

1956 wurde Fritz ter *Meer* zum Aufsichtsratsvorsitzenden gewählt. Da ter *Meer* im I. G.-Prozeß in Nürnberg in zwei Anklagepunkten (Verwendung von Häftlingen aus Konzentrationslagern sowie Raub und Plünderung in besetzten Gebieten) zu insgesamt sieben Jahren Haft verurteilt worden war, galt er als Kriegsverbrecher, und seine Berufung gab Anlaß zu heftigen Protesten aus dem Ausland. Und als Bayer im gleichen Jahr 28 % der Chemische Werke Hüls AG erwarb, kommentierte die New York Times am 13. April 1956: „Viele Beobachter sehen in den Aktivitäten der letzten Wochen ein Zeichen für eine kommende Wiedergeburt des riesigen Industrieunternehmens, das vor dem Zweiten Weltkrieg die deutsche Wirtschaft beherrschte."[32] Solche Befürchtungen aber waren unbegründet. Niemand wollte damals die I. G. noch einmal auferstehen lassen. Bei Bayer, BASF und Hoechst war man nur von dem Wunsch nach Arbeit, Leistung, Anerkennung und Erfolgen beseelt. Die Verordnung der Amerikaner „Aus eins mach drei" hat sich schon im Ansatz als außerordentlich fruchtbar erwiesen und kann für die deutsche Chemie als Glücksfall bezeichnet werden.

Die Farbwerke Hoechst AG

Das dritte I. G.-Nachfolge-Unternehmen war die Farbwerke Hoechst AG, vormals Meister, Lucius & Brüning. Es wurde am 7. Dezember 1951 gegründet und am 11. Januar 1952 ins Handelsregister eingetragen. Nach der Entlassung aus dem Alliierten Kontrollrat wurde das Unternehmen am 27. März 1953 „endgültig" gegründet und mit einem Grundkapital von 285,7 Millionen DM ausgestattet. Zur Hoechst AG gehörten die Werke Hoechst, Griesheim, Offenbach und Gersthofen; als Tochtergesellschaften wurden die Knapsack-Griesheim AG, die Kalle & Co AG, die Bobingen AG und die Behringwerke AG zugeschlagen. Beteiligungen erhielt Hoechst an der Wacker-Chemie (49%) und an der Duisburger Kupferhütte (30,173%, wie BASF und Bayer). 1955 kam als Neuerwerbung das Werk Gendorf bei Burghausen hinzu, das von den Alliierten gründlich demontiert worden war und deshalb neu bestückt und gestaltet werden mußte; eine Crackanlage zur Herstellung von Ethylen aus Leichtbenzin bildete die Basis für die Petrochemie.

Von den drei großen Nachfolge-Gesellschaften der I. G. war Hoechst das am stärksten aufgegliederte Unternehmen. Das betraf sowohl die Standorte als auch die Produktvielfalt. Karl *Winnacker,* der Vorstandsvorsitzende des neuen Unternehmens, schilderte die Ausgangssituation in seinem Lagebericht anläßlich der ersten Hauptversammlung am 27. März 1953: „Unser Unternehmen, das heute aus der Taufe gehoben ist, mag für den Außenstehenden ein schwer übersehbares Gebilde sein. Für diejenigen jedoch, die aus der Kenntnis der alten Hoechster Farbwerke und den Zusammenhängen der alten I. G. Farbenindustrie heraus unseren Kampf um die Erweiterung unseres Besitzes verfolgt haben, ist es ersichtlich, daß diese Bemühungen nicht um eine bloße Vergrößerung des Umsatzes oder einen zusätzlichen Erwerb von Beteiligungen gegangen sind, sondern daß es sich dabei um eine durchdachte Abrundung und Vervollständigung von Arbeitsgebieten handelt."

In der gleichen Rede wies er auch auf die alten I. G.-Bande hin: „Die Farbwerke Hoechst AG tritt nun ... ihren neuen Weg in die Zukunft an. Mit ihr gleichzeitig entstehen die Schwesterunternehmungen in Leverkusen und Ludwigshafen neben der Cassella Mainkur AG und den Chemischen Werken Hüls. Alle diese Werke sind durch eine jahrzehntelange Verflechtung miteinander verbunden. Das Auseinanderschneiden in den Jahren der Nachkriegszeit hat offene Wunden erzeugt. Wir sind bezüglich der Zulieferung von Vor- und Zwischenprodukten wie auch der Vervollständigung unserer Sortimente im Verkauf eng verknüpft und aufeinander angewiesen. Wir werden eine wirtschaftliche Konkurrenz in der Zukunft nur bestehen und unsere volkswirtschaftlichen Verpflichtungen nur erfüllen, wenn der Wettbewerb, der auch segensreiche Folgen haben kann, mit ehrlichen und vernünftigen Mitteln geführt wird. Die enge, zum Teil persönliche Freundschaft von Leitung und Belegschaft, die uns aus gemeinsamer Geschichte miteinander verbindet, wird uns dabei helfen."

Winnacker versäumte in seiner Rede auch nicht, die alten I. G.-Führer zu rehabilitieren: „In einem mit großer Härte geführten Prozeß konnten sich die verantwortlichen Leiter der I. G. Farbenindustrie AG ... von den diskriminierenden Anklagen des Kriegsverbrechertums, des Raubes und der Plünderung reinigen. Wir fühlen uns mit den Herren des alten Aufsichtsrates und Vorstandes der I. G. Farbenindustrie AG sowie mit allen alten Freunden dieser Firma eng verbunden und sind glücklich darüber, eine große Zahl alter Freunde aus dieser Zeit bei uns heute begrüßen zu können." Das waren nicht nur Lippenbekenntnisse, die Rehabilitierung wurde auf dem höchsten Posten, der zu vergeben war, vorgeführt: Friedrich *Jähne*, vormals Vorstandsmitglied und Chef des Ingenieurwesens der I. G. Farbenindustrie AG, der in Nürnberg mit einer Haftstrafe von anderthalb Jahren belegt worden war, wurde Vorsitzender des Aufsichtsrats. Dem Vorstand gehörten neben dem Vorsitzenden Karl *Winnacker* folgende Herren an: Michael *Erlenbach*, Oscar *Gierke*, Paul *Heisel*, Heinz *Kaufmann*, Alexander *Mann*, Friedbert *Ritter*, Emil *Thiel* und Konrad *Weise*.

Karl *Winnacker* (1903–1989), ein talentierter Chemiker, leitete während des Krieges die Chemikalien-Sparte des I. G.-Werkes Hoechst. 1945, als die gesamte Werksleitung von den Amerikanern entlassen wurde, verdingte er sich als Gärtner. 1947 gelang ihm die Wiedereinstellung als Chemiker, und 1952 rückte er an die Spitze der wiedergegründeten Hoechst AG; dem amerikanischen Kontrolloffizier soll er klipp und klar erklärt haben, er trete nur als Vorsitzender in den Vorstand ein. Mit Ausdauer und Weitblick schweißte er die einzelnen Werke zu einem schlagkräftigen und zukunftsorientierten Unternehmen zusammen, das im Gleichschritt mit den anderen beiden I. G.-Nachfolgern an die Weltspitze vordrang. Auch auf literarischem Gebiet hat *Winnacker* bedeutendes vorzuweisen. In Fachbüchern und Kompendien hat er in brillantem Stil wissenschaftliche, technische und wirtschaftliche Zusammenhänge transparent dargelegt. *Nie den Mut verlieren* war seine Losung, die er als Titel seiner Autobiographie voranstellte. Er kannte keine Scheu vor einem neugierigen Umfeld, er ermunterte Naturwissenschaftler und Ingenieure aus dem Kreis der Fachwissenschaft herauszutreten und der Allgemeinheit verständlich zu machen, „was gefährlich und was gesichert ist". Er erkannte, daß man der aufkommenden Technik- und Chemiefeindlichkeit nur durch ungeschminkte und lückenlose Informationen begegnen kann.

Cassella, Chemische Werke Hüls, Dynamit Nobel

Die vierte Gesellschaft, die aus dem I. G.-Verband in die Selbständigkeit entlassen wurde, war die kleine, aber feine Cassella, ein Juwel, mit dem sich jede der „drei Großen" gerne geschmückt hätte. Auch während der zwanzigjährigen Zugehörigkeit zur I. G. hat die Firma ihre persönliche Note nicht verloren. Schon wenige Monate nach der Neugründung hatten die Notierungen der Cassella-Aktien diejenigen der drei großen Nachfolger weit hinter sich gelassen und zahlreiche Interessenten angelockt. Hoechst, Bayer und BASF erwarben je 25,1 % des Aktienkapitals. Produktionszweige, die während der I. G.-Zeit verlagert oder stillgelegt worden waren, wurden wieder aufgenommen. Die durch Spezialitäten ergänzte Produktionspalette umfaßte hochwertige Farbstoffe, Hilfsmittel und Veredelungsprodukte, Kunstharze und pharmazeutische Produkte. Ein wertvolles Entwicklungsprodukt war die Polyacrylnitril-Faser, die jedoch nicht in das Produktionsprogramm paßte und deren Produktionsauswertung daher an Bayer verkauft wurde. Cassella selbst erwarb die chemische Fabrik Riedel-de Haen AG, Hannover, rundete damit ihr Produktionsprogramm ab und wurde noch begehrenswerter. 1970 endlich konnte Hoechst in einer Art Flurbereinigung von Bayer und BASF deren Anteile von je 25,1 % an Cassella erwerben.

Von den zunächst im I. G.-Bestand verbliebenen Unternehmen waren die Chemische Werke Hüls AG und die Dynamit Nobel AG die bedeutendsten.

Die Chemische Werke Hüls AG wurde 1937 im Konstruktionsbüro „Buna-Ruhr" des I. G.-Werkes Ludwigshafen entworfen und 1938 gegründet. Das Werk produzierte zunächst nur Buna und dessen Vorprodukte: Acetylen nach dem Lichtbogenverfahren und Butadien. Nach 1945 wurde eine Umorientierung erzwungen, da die Bunaproduktion zunächst verboten war. Die Startbedingungen waren besonders schwierig, da Hüls, im Gegensatz zu den drei großen I. G.-Nachfolgern, nicht auf alte, ausbaufähige Produktionszweige zurückgreifen konnte. Es mußte eine neue Produktionsbasis geschaffen werden. In jenen Jahren der Not waren Wasch-, Lösungs- und Hilfsmittel aller Art gefragt, die nun bei Hüls produziert wurden. Dazu kamen bald Dispersionen, Kunststoffe und, nach der Aufhebung des Produktionsverbotes, wieder Buna. Nach der Entflechtung wurde der frühere Produktionsleiter Paul *Baumann,* den die britische Militärregierung 1945 als Werksleiter eingesetzt hatte, zum Vorstandsvorsitzenden bestellt. Die Besitzverhältnisse an der Chemische Werke Hüls AG waren wie folgt aufgeteilt: I. G. Farbenindustrie i. L. 50 %, Hibernia AG und Kohleverwertungs GmbH je 25 %. Nach weiterem, mehrfachem Besitzwechsel – bis 1978 war Bayer mit 43 % beteiligt – befindet sich heute Hüls im Besitz von Veba.[33]

Die Dynamit Nobel AG, vormals Alfred Nobel & Co, wurde 1945 hart getroffen. Das Stammwerk in Troisdorf ebenso wie die Werke der Tochtergesellschaften in der amerikanischen und französischen Zone wurden demontiert. Wegen des dringenden Bedarfs an Sprengstoffen und Zündmitteln für den Bergbau begann aber bald der Wiederaufbau der entsprechenden Anlagen. Gleichzeitig wurde eine krisenfeste Produktionssparte mit einer breiten Palette an Kunststoffen, Kunstharzen und den dazu notwendigen Vorprodukten aufgebaut. Von dem Anteil der I. G. in Liquidation am Aktienkapital gingen 60 % an die Rheinischen Stahlwerke und 40 % kamen zum Verkauf. Später kam das Unternehmen in den Besitz des Flick-Konzerns, wurde 1985 an die Deutsche Bank verkauft und als Friedrich Flick Industrieverwaltung KGaA an der Börse plaziert. Der Unternehmensbereich Chemie wurde 1987 an die Veba-Tochtergesellschaft Hüls AG verkauft. Vorstandsvorsitzender der Dynamit Nobel AG wurde 1953 Fritz *Gajewski*, vormals Vorstandsmitglied der I. G. Farbenindustrie und Leiter der Sparte III (Wolfen-Film). Auf der Hauptversammlung 1955 erklärte er, „daß zu den Hauptaufgaben des Unternehmens der Ausbau der Kapazitäten gehöre, um den Bedarf für die künftige Wehrmacht der Bundesrepublik zu decken."

Zu neuen Ufern

Nicht nur für die I. G.-Nachfolgegesellschaften, auch für alle anderen Chemie- und Pharmaunternehmen in Westdeutschland, wie Henkel, Boehringer Ingelheim, Boehringer Mannheim, Schering, Rütgers, Merck, Röhm und Haas – um nur einige zu nennen – begann ein neuer, verheißungsvoller Anfang. Die Unternehmen hatten sich zum Ziel gesetzt, den Anschluß an die Weltchemie so schnell wie möglich zu erreichen.

Die deutsche chemische Forschung, die seit Beginn des Krieges auf vielen Gebieten ihre Aktivitäten drosseln oder einstellen mußte und nur auf wenigen Spezialgebieten weiterforschen und ihre führende Stellung behalten konnte, hatte zehn Jahre aufzuholen. Anfang der fünfziger Jahre stellten sich erste Erfolge ein.

1950 stellte Gerhard *Schrader* im Hauptlabor der Bayer-Werke das erste Insektizid der Systox-Reihe her: Diethylethylthioethylthiophosphat. Damit wurde die innere Therapie der Pflanzen durch systemische Insektizide begründet. 1951 fand Fritz *Stastny* (1908–1985) bei der BASF die Polystyrolverschäumung zum Hartschaumstoff Styropor, der sich viele Anwendungsgebiete eroberte, u. a. in der Verpackungstechnik, Isolationstechnik, im Schwimmkörperbau, im Metallbau und im Metallguß. 1952 entdeckten Gerhard *Domagk* und Mitarbeiter bei Bayer die tuberkulostatische Wirksamkeit von Säurehydraziden der Pyridinreihe; Neoteben (Pyridin-4-carbonsäurehydrazid) zeigte die größte Wirkung. 1953 erfand Manfred *Eigen* (* 1927) an der Universität Göttingen die Relaxationsmethode zur Aufklärung schneller chemischer Reaktionen. Im gleichen Jahr entdeckte Karl *Ziegler* (1898–1973) am Max-Planck-Institut für Kohleforschung in Mülheim/Ruhr neue, hochwirksame Katalysatoren für die Polymerisation von Olefinen (katalytische Polymerisation), und an der Universität Tübingen gelang Georg *Wittig* (1897–1987) die Umsetzung von Carbonylverbindungen mit Yliden zu Olefinen (Wittig-Reaktion). Ebenfalls 1953 synthetisierte Heinrich *Schnell* bei Bayer aus Bisphenol A und Phosgen hochschmelzbares Polycarbonat, das seit 1958 unter dem Handelsnamen Makrolon großtechnisch hergestellt wird. 1955 gelang Ernst Otto *Fischer* (* 1918), Chemieprofessor an der Universität München, die Strukturaufklärung der Cyclopentadienylmetallkomplexe, und 1958 entdeckte

Rudolf *Mößbauer* (* 1929) während seiner Promotionsarbeit das Phänomen der rückstoßfreien Kernresonanzabsorption (Mößbauer-Effekt).

Einige der hier aufgeführten Wissenschaftler wurden für ihre Entdeckungen mit dem Nobelpreis ausgezeichnet: Rudolf *Mößbauer* 1961, Karl *Ziegler* 1963, Manfred *Eigen* 1967, Ernst Otto *Fischer* 1973 und Georg *Wittig* 1979; Gerhard *Domagk* erhielt die Auszeichnung schon 1939 für die Entdeckung der antibakteriellen Wirkung von Prontosil. Der Vollständigkeit halber sollen hier auch die beiden Heidelberger Physiker Walther *Bothe* und Hans *Jensen* (1907–1973) erwähnt werden, die den Nobelpreis für Physik bekamen: *Bothe* 1954 für die Erfindung der Koinzidenzmethode und die damit erzielten Erkenntnisse über angeregte Atomkerne und Kernisomeren, *Jensen* 1963 für seine Schalen-Theorie des Atomkerns.

Kapitel 6

Zügellosigkeit (1954–1973)

Acetylen, Ethylen, Propylen

Nach der Entlassung der chemischen Werke aus der alliierten Aufsicht Anfang der fünfziger Jahre entstand auf den fundierten wissenschaftlichen Grundlagen, die zum Teil schon vor dem Zweiten Weltkrieg in den deutschen Laboratorien erarbeitet worden waren, der neue mächtige Chemiezweig der Kunststoffe.

Der Universal-Grundbaustein für Kunststoffe, das Acetylen, wurde nicht länger über das Zwischenprodukt Calciumcarbid aus Kohle und Kalk erzeugt, sondern durch thermisches Cracken von Erdgas oder von Fraktionen des Erdöls, die als Raffinerie-Nebenprodukte in zunehmendem Maße zur Verfügung standen. Dabei konnte man auf zwei in den dreißiger Jahren im I.G.-Werk Ludwigshafen entwickelte Verfahren zurückgreifen, die in der Zwischenzeit ausgefeilt und in den großtechnischen Maßstab übertragen worden waren. Das eine Verfahren beruht auf der unvollständigen Verbrennung von Methan mit Sauerstoff (partielle Oxidation). Dabei entsteht in einer Flammenreaktion ein Gasgemisch aus Acetylen, Wasserstoff und Kohlenoxid. Nach der Abtrennung des Acetylens kann der Wasserstoff und das Kohlenoxid als Synthesegas verwendet werden. Dieses von Hans *Sachsse* (1906–1992) für Methan (Erdgas) entwickelte Verfahren wurde Ende der fünfziger Jahre modifiziert, so daß auch Benzinfraktionen als Einsatzstoff verwendet werden können. Dieses petrochemische BASF-Verfahren wurde das bevorzugte Verfahren zur Herstellung von Acetylen. Das zweite Verfahren ist das in den Chemischen Werken Hüls weiterentwickelte Lichtbogenverfahren, bei dem Methan bei Abwesenheit von Sauerstoff in einem elektrischen Lichtbogen in Acetylen und Wasserstoff gespalten wird.

Da die Olefine Ethylen und Propylen preiswerter, leichter zugänglich und gefahrloser zu handhaben waren als Acetylen, wurden sie in zunehmendem Maße als Grundbausteine für die Kunststoffherstellung herangezogen. Mitte der fünfziger Jahre wurden zwei Verfahren entwickelt, die beide zu etwa gleichen Teilen Acetylen und Ethylen liefern: Bei Hoechst das HTP (Hochtemperaturpyrolyse)-Verfahren, bei dem Naphtha (Benzin) in heißen Verbrennungsgasen gespalten wird, und bei der BASF das Tauchflammenverfahren, bei dem Rohöl durch eine in dieses eintauchende Flamme (inverse Sauerstoffflamme) gespalten wird. Beide Verfahren werden heute aus wirtschaftlichen Gründen nicht mehr angewandt.[1]

Olefine waren auch Nebenprodukte der Raffinerie-Prozesse zur Herstellung von Fahrbenzin. Durch die stürmische Entwicklung der Motorisierung, in den USA schon vor dem Zweiten Weltkrieg, in Europa erst in den fünfziger Jahren, standen immer mehr Einsatzprodukte, vor allem Naphtha, für die Olefinherstellung zur Verfügung. Die thermische Naphthaspaltung mit überhitztem Wasserdampf (Steamcracking) wurde das wichtigste Verfahren zur Herstellung von Ethylen und Propylen. Pionierarbeit in Deutschland wurde vor allem bei den Rheinischen Olefinwerken Wesseling (ROW) und bei Hoechst geleistet. Daneben wurden auch andere Crackverfahren entwickelt und zum Teil großtechnisch angewandt. Ein Beispiel hierfür war der „Hoechster Koker", ein 100 Meter hoher Turm, in dem Rohöl auf heiße, im Kreislauf geführte Kokskügelchen aufgesprüht wurde. Dabei entstanden Ethylen, Propylen und eine Vielzahl anderer gasförmiger und flüssiger Kohlenwasserstoffe. Er wurde 1956 in Betrieb genommen, aber nach wenigen Jahren wieder abgestellt. 1970, als er schon längst ausgedient hatte, wurde er wegen Korrosionsgefahr abgerissen. Er war 15 Jahre lang eine Art Wahrzeichen von Hoechst.[2] Auch bei der BASF betrieb

Tabelle 9. Ethylenproduktion (in 1000 t)

	1955	1965	1975
Großbritannien	106	529	1 560
BR Deutschland	35	686	3 360
Frankreich	8	216	1 800
Italien	11	353	1 680
Benelux	–	98	2 400
Sonstige	–	78	1 200
Westeuropa	160	1 960	12 000
Zum Vergleich: USA	1 380	4 340	12 000

man eine Ölspaltanlage, in der Rohöl in einer heißen Kokswirbelschicht in Ethylen, Propylen und höhere Kohlenwasserstoffe gespalten wurde. Diese Anlage wurde erst 1977 stillgelegt. Überhaupt waren die BASF-Chemiker am stärksten vom Rohöl fasziniert. Die Rohölspaltanlage, das Tauchflammenverfahren und eine Wirbelfließanlage waren ergiebige Trainingsobjekte für junge Chemiker und Ingenieure.

Innerhalb von wenigen Jahren hatte das Rohöl die Kohle als Rohstoff in der chemischen Industrie fast vollständig verdrängt. Zu den wichtigsten Grundprodukten der Petrochemie zählen Ethylen, Propylen, Synthesegas, Acetylen, Aromaten und Cycloparaffine. Aus ihnen werden, meist über Zwischenstufen, nicht nur Kunststoffe und Synthesefasern, sondern auch Lösungsmittel, Waschmittel, Lackrohstoffe, Düngemittel, Pflanzenschutzmittel und Pharmazeutika gewonnen. Die Entwicklung der Petrochemie in einigen europäischen Ländern erkennt man aus den Produktionszahlen für Ethylen (Tabelle 9).

Die jährliche Zuwachsrate der Petrochemikalien betrug im Zeitraum 1955 bis 1965 etwa 20 %. Den größten Zuwachs verzeichneten die Kunststoffe.

Kunststoffe

Kunststoffe sind makromolekulare Stoffe, die durch Aneinanderlagerung reaktionsfähiger niedermolekularer Verbindungen (Monomere) hergestellt werden, und zwar durch Polymerisation, Polykondensation oder Polyaddition. Sie sind in der Regel in der Wärme mit oder ohne Anwendung von Druck einmal (Duromere) oder mehrmals (Thermoplaste) formbar. Die wichtigsten Kunststoffe – geordnet nach der Herstellungsart – sind die Polymerisate: Polyethylen, Polypropylen, Polyisobutylen, Polyvinylchlorid, Polyvinylidenchlorid, Polystyrol, Polyacrylsäureester, Polymethacrylsäuremethylester, Polyacrylnitril, Polyacetal, Fluorpolymerisate, Polyvinylcarbazol, Polyvinylacetat und Polyvinylalkohol; die Polykondensate: Phenoplaste, Aminoplaste, Polyamide, Polyimide, Polyester und Polycarbonate; die Polyaddukte: Polyurethane und Epoxidharze. Zur Herstellung vollsynthetischer Fasern eignen sich vor allem die Polyamide, Polyester und Polyacrylnitril. Die wichtigsten Elastomere sind neben dem Naturkautschuk der Styrol-Butadien-Kautschuk, der Butylkautschuk, der Nitrilkautschuk, das Polychloropren und das Polybutadien.

Sinkende Verkaufspreise und steigende Ansprüche an die Eigenschaften der Kunststoffe erforderten fortlaufende Rationalisierung und Verbesserung der Qualität. Produkte mit besseren Eigenschaften erhielt man vor allem durch Mischen mit anderen Polymeren (z. B. ergab eine Mischung von Polystyrol und Polybutadien schlagfestes Polystyrol).

Die Kunststoffproduktion in Kilogramm pro Kopf der Bevölkerung nahm in der Bundesrepublik von 1,8 im Jahre 1950 auf 70 im Jahre 1972 zu; die Vergleichszahlen für die USA sind 6,4 bzw. 47. Die Steigerungsrate 1967/68 betrug in der Bundesrepublik für Polymerisationsprodukte 27,3 % und für Polykondensationsprodukte 19,3 %. Konventionelle Werkstoffe wurden zunehmend durch Kunststoffe ersetzt. 1970 betrug die Kunststoffproduktion der Welt 30 Millionen Tonnen.

Die Kunststoffe als Werkstoffe hielten nicht nur ihren Einzug in die Bauindustrie (u. a. Rohre, Dämmaterial), auch die Automobilbauer griffen zu den neuen Werkstoffen der Chemie, die die herkömmlichen Materialien ergänzten und ihnen manchmal auch überlegen waren. Vor allem aber wurde durch die Verwendung von Kunststoffen das Gewicht der Autos reduziert und damit der Treibstoffbedarf abgesenkt. Auch im Verpackungssektor verdrängten Kunststoffe herkömmliche Materialien. Als Folien bildeten sie bald die Grundlage einer neuen Verpackungstechnik. In der Möbelindustrie wurden Formteile und Kleinmöbel aus Kunststoffen gefertigt, und witterungsbeständige Kunststoff-Gartenmöbel waren sehr gefragt. Ein weiteres breites, variationsreiches Einsatzgebiet für Kunststoffe tat sich im Bereich der Haushaltsgeräte und Sportartikel auf.

An der Entwicklung von Kunststoffen mit stetig besseren Eigenschaften waren die drei I. G.-Nachfolger gleichermaßen führend beteiligt.[3]

Hoechst hatte 1954 eine Lizenz auf das Niederdruck-Polyethylen-Verfahren von Karl *Ziegler* erhalten. Das nach diesem Verfahren hergestellte Polyethylen (Hostalen G) besitzt im Gegensatz zu dem bisher bekannten Hochdruck-Polyethylen, bedingt durch den gradlinigen Molekülkettenaufbau, eine höhere Dichte und eine höhere Festigkeit. Durch Variation der Molekülkettenlänge können die Eigenschaften dem Anwendungsbereich weitgehend angepaßt werden. Das Hostalen G war ein frühes Beispiel eines Kunststoffes nach Maß. 1958 begann Hoechst mit der Produktion von isotaktischem Polypropylen (Hostalen PP) nach dem Verfahren von Guilio *Natta* (1903–1973), Chemieprofessor in Mailand, der die Erkenntnisse von *Ziegler* auf Propylen übertragen hatte und damit auch die Struktur der Polymerenketten beeinflussen konnte. Die isotaktische Struktur besitzt das höchste Maß an Symmetrie; daraus resultiert eine hohe Steifigkeit und ein hoher Schmelzpunkt (165 °C). Hostalen PP eignet sich neben anderen Kunststoffen besonders gut für die Verarbeitung zu Folien. Die Hoechst-Tochter Kalle, die auf dem Foliengebiet Pionierarbeit (Cellophan) geleistet hatte, entwickelte zahlreiche neue Techniken zur Herstellung von

Kunststoffolien, nicht nur aus Hostalen PP, sondern auch aus PVC, Polyolefinen und Polyterephthalsäureester (Hostaphan). Polyformaldehyd (Hostaform), ein weiterer Erfolgskunststoff der Farbwerke Hoechst, ersetzte vielfach Buntmetalle und fand im Automobilbau Anwendung.

Bei der BASF lagen die Schwerpunkte im Kunststoffbereich bei Polyethylen in den Rheinischen Olefinwerken Wesseling (ROW) und Polystyrol in Ludwigshafen. 1953 schlossen ICI und BASF einen Lizenzvertrag ab, der der BASF das ausschließliche Nutzungsrecht an dem deutschen ICI-Patent zur Herstellung von Hochdruckpolyethylen gewährte. ROW entwickelte sich zum größten Hochdruckpolyethylenproduzenten auf dem europäischen Kontinent. Weitere Anlagen für BASF-Hochdruckpolyethylen (Lupolen) kamen dazu: 1967 bei Cochimé (BASF-Shell) in Berre in Frankreich und 1969 bei der Danubia Olefinwerke GmbH (BASF – Österreichische Stickstoffwerke AG) in Schwechat bei Wien. Polystyrol, der zweite große Kunststoff der BASF, wurde schon in den dreißiger Jahren in Ludwigshafen großtechnisch erzeugt. Da dieses Standard-Polystyrol zu Spannungsrißbildung neigte und auch recht spröde war, bemühte man sich in den fünfziger Jahren, diesen Nachteil zu beseitigen, und entwickelte hochschlagzähe Polystyrolsorten durch Mischung von Styrol- und Spezialkautschuk-Emulsionspolymerisaten. Besonders interessant wurden Mischpolymerisate aus Acrylnitril, Butadien und Styrol, die auch auf dem Gebiet der synthetischen Elastomere eine wichtige Rolle spielen. Zu der Gruppe der Polystyrole gehört auch Styropor (geschäumtes Polystyrol), das für die BASF zu einem Erkennungszeichen wurde. Polypropylen und Polyvinylchlorid haben dagegen in der BASF keinen dominierenden Platz eingenommen. Ein spezifisches BASF-Produkt wurde dagegen Polyisobutylen (Oppanol), eine wasserdichte Schutzfolie für Bauten, das ebenfalls in den dreißiger Jahren entwickelt wurde. Zum weitgefächerten Kunststoffprogramm der BASF gehörten bald auch Polyester (Palatal), Polyamide (Ultramide) und schließlich auch Polyurethane.

Auch Bayer hat an dieser stürmischen Entwicklung auf

dem Kunststoffgebiet teilgenommen. Ein traditionsreiches Arbeitsgebiet war die Polyurethanchemie. 1937 hatte Otto *Bayer* (1902–1989) im I. G.-Werk Leverkusen erstmals Polyurethan hergestellt, aber erst nach dem Zweiten Weltkrieg konnte die technische Entwicklung einsetzen und die Produktion im großen Maßstab aufgenommen werden. Polyurethane sind Umsatzprodukte von Isocyanaten mit mehrwertigen Alkoholen, die als Weichschäume in der Polsterindustrie und als Verpackungsmittel, als Hartschäume für Konstruktionselemente für Möbel und im Hausbau sowie im Automobilbau verwendet werden. Polyurethane werden auch in der Klebstoff- und Lackrohstoffindustrie eingesetzt. Zur Einführung der Polyurethane auf dem amerikanischen Markt gründete Bayer 1954 zusammen mit Monsanto das Joint-Venture-Unternehmen Mobay, aus dem Monsanto 1967 ausschied und seinen Anteil an Bayer verkaufte. Ein anderer Bayer-Kunststoff wurde 1953 eingeführt und ab 1958 großtechnisch produziert: Makrolon, ein Polycarbonat, das durch Umsetzung von Bisphenol A mit Phosgen entsteht. Ein großes petrochemisches Werk, die EC-Dormagen GmbH, errichtete Bayer 1957 gemeinsam mit BP.

Bayer baute auch die traditionsreiche Kautschukherstellung aus. Die immer schnelleren Autos stellten immer höhere Anforderungen an die Elastomere und ihre Verarbeitung mit Füllstoffen, Fasern, Geweben und Stahlsorten zu einem abriebfesten und elastischen Reifen. Bayer entwickelte sich zu einem in der Welt führenden Produzenten von synthetischen Allzweck- und Spezialkautschuken, thermoplastischen Elastomeren, Latices, Kautschukchemikalien und Klebrohstoffen.

1955 wurde die Bunawerke GmbH gegründet. Als Gesellschafter zeichneten die Chemische Werke Hüls AG mit 50 % und die drei großen I. G.-Nachfolgeunternehmen mit je 16 2/3 %. Geschäftsführer wurde Paul *Baumann*. Das Vorprodukt Butadien wurde nun nicht mehr aus Acetylen, sondern aus Butan hergestellt. Das Werk wurde 1958 in Betrieb genommen, die alte Buna-Anlage in Hüls wurde auf die Herstellung von Latices umgestellt. 1959 begann Hüls mit der

Herstellung von Polyethylen (VESTOLEN A) nach dem Ziegler-Verfahren, 1960 wurde die Produktion von Polypropylen (VESTOLEN P) aufgenommen. 1965 gründeten Hüls und Bayer die Stereokautschuk GmbH & Co KG zur Erzeugung von stereospezifischen Synthesekautschuken.

Synthesefasern

Ein anderer, nach dem Zweiten Weltkrieg aufblühender Chemiezweig waren die Synthesefasern. Der Siegeslauf begann mit den Polyamiden Nylon (Du Pont) und Perlon (I. G. Farben) unmittelbar vor Kriegsausbruch. Während des Krieges wurde im I. G.-Werk Wolfen von Herbert *Rein* (1899–1955) eine andere vollsynthetische Faser, die Polyacrylnitrilfaser, entwickelt. Nach dem Krieg wurden die Arbeiten zur Herstellung von Polyacrylnitrilfasern bei Cassella und Bayer wieder aufgenommen. Gleichzeitig hat Du Pont die Produktion dieser Faser aufgegriffen und schon Ende der vierziger Jahre unter dem Namen Orlon auf den Markt gebracht. Bayer errichtete Anfang der fünfziger Jahre im Werk Dormagen eine Anlage zur Herstellung von Polyacrylnitrilfasern, die unter dem Namen Dralon verkauft wurden.

Zu den Polyamidfasern und Polyacrylnitrilfasern gesellten sich 1948 die Polyesterfasern, ein Entwicklungsprodukt der ICI. Die Grundstoffe für die Polyesterfaser sind Terephthalsäure und Ethylenglykol. Zur Herstellung von Terephthalsäure wurden eine Reihe von Verfahren entwickelt; die meisten gehen von para-Xylol aus, das mit Luft oxidiert wird.

1953 erwarben die Farbwerke Hoechst eine Lizenz von ICI für die Herstellung von Polyesterfasern. Da die Versorgung mit para-Xylol vorher bei amerikanischen Raffinerien sichergestellt werden mußte, verzögerte sich das Projekt; 1957 brachte dann Hoechst die Polyesterfaser unter dem Namen Trevira auf den Markt.

Bis dahin hatte Hoechst im Werk Bobingen, das zum Sammelpunkt der I. G.-Faserexperten nach dem Krieg wurde, Perlon produziert, das jedoch gegenüber Nylon, Orlon und

Dralon kaum eine Chance hatte. Trevira aber war diesem Wettbewerb gewachsen. Mit einer Produktionskapazität von 5000 Jahrestonnen Trevira hatte Hoechst 1957 begonnen, Anfang der siebziger Jahre waren es schon 200 000 Jahrestonnen. Dieser zügellose Ausbau der Faserkapazitäten, der nicht nur von Hoechst, sondern von fast allen europäischen Produzenten synthetischer Fasern praktiziert wurde, führte zu einem Überangebot und schließlich, infolge einer drastischen Rohölverteuerung, in eine Krise.

Polyesterfasern wurden in Deutschland nicht nur von Hoechst, sondern auch von der Vereinigte Glanzstoff-Fabriken AG, Wuppertal, in ICI-Lizenz produziert und unter dem Handelsnamen Diolen verkauft. Die „Glanzstoff" war das älteste deutsche Kunstfaserunternehmen. 1899 in Elberfeld gegründet, stand sie bis 1914 an der Spitze aller Kunstfaserfabriken der Welt. Haupterzeugnisse in den fünfziger und sechziger Jahren waren Reyon (Viscoseseide), Zellwolle, Perlon, Diolen und Cord-Nylon. 1969 entstand durch Fusion die Enka-Glanzstoff, heute Enka AG, eine hundertprozentige Tochter der holländischen Akzo N. V.

Die BASF verzichtete auf den Aufbau einer Synthesefaserproduktion in ihrem Stammwerk, obwohl sie bereits zu Beginn der Ära der vollsynthetischen Fasern über Verfahren zur Herstellung wichtiger Vorprodukte verfügte (Caprolactam, AH-Salz, Terephthalsäuredimethylester) und in den fünfziger Jahren zum größten Lieferanten von Faservorprodukten aufrückte. 1965 betrug die Kapazität für Faservorprodukte 150 000 Jahrestonnen.

1967 kaufte die BASF die Phrix-Werke AG, Hamburg, die synthetische Fasern und Folien herstellte, 1968 beteiligte sich die amerikanische Dow Chemical Company mit fünfzig Prozent an der Phrix, aber 1970 wurden die meisten Betriebe der Phrix stillgelegt; fast 4000 der 6000 Beschäftigten verloren ihren Arbeitsplatz. Begründet wurde die Stillegung mit jahrelangen Verlusten im Chemiefasergeschäft.

An dieser Stelle soll auch erwähnt werden, daß es in den sechziger Jahren Preisabsprachen unter führenden Synthesefaserherstellern gegeben hat. „In über zweijährigen Ermittlungen hat das Bundeskartellamt festgestellt, daß alle in der Bundesrepublik Chemiefasern anbietenden Unternehmen – mit Ausnahme der Tochtergesellschaften amerikanischer und teilweise auch britischer Konzerne – sich an inländischen, europäischen und weltweiten Kartellen – wenn auch in unterschiedlichem Umfang – beteiligt haben, um auf den Märkten für unverarbeitete Fasern aus Zellwolle, Polyamid (Perlon und Nylon), Textil-Reyon und Acetat den Wettbewerb zu beschränken."[4]

Farbstoffe, Lacke

Auf dem traditionsreichen Gebiet der chemischen Industrie, den Farbstoffen, sollen hier nur die wichtigsten Marksteine der fünfziger und sechziger Jahre kurz erwähnt werden: 1957 Remazol-Reaktivfarbstoffe (Hoechst), 1960 Palanil- und Basacryl-Farbstoffsortimente für vollsynthetische Fasern (BASF), 1961 Hostapermpigmente für besonders licht- und wetterbeständige Lacke (Hoechst), 1966 Cottestron-Farbstoffe für Baumwolle-Polyester-Mischgewebe (BASF). Auf die zahlreichen Hilfs- und Veredelungsmittel für alle Stufen der Textilveredelung sei an dieser Stelle hingewiesen. Auch auf die Entwicklung der zahlreichen Produkte auf dem vielfältigen Arbeitsgebiet nichttextiler Hilfsmittel muß hier verzichtet werden.

Auf dem Gebiet der Lacke hatte sich zunächst Bayer, bald aber auch BASF und Hoechst in zunehmendem Maße engagiert. Im Wettbewerb miteinander haben sie ihre Lackbereiche konsequent ausgebaut und auf einen internationalen Maßstab gebracht. Lacke bestehen aus Mischungen natürlicher oder synthetischer Harze mit Farbpigmenten; gegebenenfalls werden auch Lösungsmittel und Weichmacher zugegeben. Die synthetischen Lackharze (u. a. Alkydharze und Phenollackharze) haben die natürlichen Harze und Öle (z. B. Leinöl) bald nach dem Zweiten Weltkrieg fast vollständig verdrängt. Im gleichen Zeitraum änderten sich auch die Methoden des Aufbringens der Lacke von der Pinsel- über die

Spritzpistollackierung hin zur Elektrotauchlackierung und Pulverbeschichtung. Bayer errang 1958 durch das Zweikomponenten-Polyurethanlacksystem (DD-Lacke), bei dem die beiden Komponenten getrennt gelagert und erst vor dem Einsatz gemischt werden, einen Vorsprung. BASF und auch Hoechst holten sich Verstärkung durch den Erwerb potenter Lackhersteller. BASF erwarb Glasurit (1965), Beck (1967) und Herbol (1972), Hoechst erwarb Reichhold (1967), Berger, Jensen & Nicholson (1970) und 51% von Herberts (1972). Bisher galt für die I.G.-Nachfolger ein ungeschriebenes Gesetz, das es verbietet, Kunden zu kaufen. Als der Vorstandsvorsitzende der BASF, Bernhard *Timm* daraufhin angesprochen wurde, soll er gesagt haben: „Ich glaube nicht, daß man so furchtbar viele Prinzipien haben sollte."[5]

Pharmazeutika

Bayer und Hoechst konnten nach dem Zweiten Weltkrieg im Pharmabereich auf dem alten, soliden Fundament der I.G. erfolgreich weiterbauen. Verglichen mit Bayer hatte Hoechst einen schwierigeren Start, da in der I.G.-Zeit alle Pharmaprodukte, auch die von Hoechst erzeugten, unter dem Bayerkreuz verkauft wurden. Niemand kannte noch das neue Hoechster Markenzeichen „Turm und Brücke". Den Durchbruch schaffte Hoechst mit dem Erfolgsprodukt Lasix, einem Diuretikum, das 1966 auch auf dem großen amerikanischen Markt zugelassen wurde. Andere bedeutende Hoechster Pharmazeutika waren Segontin, ein Calciumantagonist, Reverin, ein Breitbandantibiotikum, und Rastinon, ein Antidiabetikum, das gemeinsam mit Boehringer Mannheim entwickelt wurde. Boehringer nannte das Präparat Invenol. Von den erfolgreichen Bayer-Präparaten jener Zeit sei hier Bayluscide erwähnt, ein Mittel gegen Bilharziose übertragende Wasserschnecken.

Hoechst und Bayer gehörten Anfang der siebziger Jahre gemeinsam mit den US-Firmen Merck & Co und American Home Products, den britischen Firmen Glaxo, Beecham,

Welcome und ICI, der Schweizer Firma Ciba-Geigy und der japanischen Firma Takeda zur Spitzengruppe der pharmazeutischen Industrie. Nach dem Erwerb der französischen Pharma-Firma Roussel-Uclaf im Jahre 1974 konnte Hoechst sogar den Spitzenplatz einnehmen.

Die BASF produzierte zum Zeitpunkt ihrer Neugründung 1953 kein einziges Medikament. Erst Ende der sechziger Jahre versuchte sie, in dieses lukrative Geschäft einzusteigen und bemühte sich um die attraktive, aber unerreichbare Schering AG. Sie erwarb schließlich die Nordmark-Werke (1968) und die Mehrheit der Knoll AG (1975, seit 1982 100 %) mit den Pharma-Werken Ludwigshafen und Minden. Damit war der Grundstein zu einem vielversprechenden Pharmageschäft gelegt; jedoch es blieb bei diesem Grundstein. Der Umsatz der Pharmasparte am Gesamtumsatz des Unternehmens pendelte sich auf etwa 3 % ein und stagnierte. Bei Bayer und Hoechst dagegen erreichte der Umsatz des Pharmageschäftes 15 bis 20 %.

Die Schering AG stand damals mit ihrer Antibabypille im Rampenlicht, während die Grünenthal GmbH mit ihrem Schlaf- und Beruhigungsmittel Contergan in eine schlimme Situation geriet. Contergan, das seit 1958 im Handel war, mußte 1962 zurückgezogen werden, als nachgewiesen worden war, daß es einen Zusammenhang zwischen der Einnahme des Mittels während der Schwangerschaft und der Geburt von Kindern mit Mißbildungen an den Extremitäten gab. Tierversuche hatten keinen Hinweis auf schädliche Nebenwirkungen des im Contergan enthaltenen Wirkstoffes Thalidomid gegeben. Später stellte man fest, daß Ratten, an denen die Versuche vorgenommen worden waren, als nahezu einzige Versuchstierart nicht auf die Teratogen-Eigenschaften des Thalidomid ansprechen.

Agrochemikalien, Vitamine

Auch bei der Produktion von Chemikalien für den Pflanzenschutz und zur Bekämpfung von Schädlingen konnten Bayer und Hoechst vorhandenes Know-how nutzen und gleich an dem nach dem Zweiten Weltkrieg stark expandierenden Geschäft teilhaben, während die BASF das Arbeitsgebiet erst aufbauen mußte. Nach dem Anwendungsgebiet teilt man die Pflanzenschutzmittel und Schädlingsbekämpfungsmittel in mehrere Gruppen ein. Die wichtigsten sind die Insektizide (Insekten tötende Mittel), Herbizide (Unkrautvernichtungsmittel) und Fungizide (Pilze tötende Mittel). Zu den bekanntesten Wirkstoffen der Insektizide gehörten chlorierte Kohlenwasserstoffe (z. B. DDT und Lindan), Phosphorsäureester (z. B. Parathion, E 605) und Carbamate (z. B. Carbaryl). Bei den Herbiziden entwickelte man neben den Totalherbiziden sehr bald selektive Unkrautbekämpfungsmittel, zunächst chlorierte Phenoxy-Fettsäuren (z. B. 2,4-Dichlorphenoxyessigsäure), später chlorierte aliphatische Carbonsäuren (z. B. Trichloressigsäure und α,α-Dichlorpropionsäure). Herausragende, von der deutschen chemischen Industrie entwickelte Insektizide waren E 605 (Bayer), Baygon (Bayer) und Thiodan (Hoechst); von den Herbiziden wären zu nennen Pyramin (BASF), Sencor (Bayer), Basagran (BASF), Arelon und Illoxan (Hoechst), von den Fungiziden Brestan (Hoechst) und Bayleton (Bayer).

Bei der Anwendung dieser für die Welternährung und die Gesundheit von Mensch und Haustier so wichtigen Chemikalien hat man die Gefahr vernachlässigt, die bei einer Überdosierung von diesen sehr toxischen Substanzen ausgehen. Ein typisches Beispiel war das DDT (Dichlordiphenyltrichlorethan), dessen insektizide Wirkung 1941 von Paul *Müller* (1899–1965) bei Geigy in Basel entdeckt wurde und wofür er 1948 den Nobelpreis erhielt. DDT hat bei der erfolgreichen Bekämpfung der Amophelesmücke, die die Malaria verbreitet, Millionen Menschen das Leben gerettet. Es wird jedoch in der Natur nur langsam abgebaut und kann sich über die Nahrungskette in tierischen Fetten anreichern und zu Schäden führen. In der Bundesrepublik Deutschland und in einigen anderen Staaten wurde deshalb die Verwendung von DDT verboten.

Die chemische Industrie aber stürmte trotz argwöhnischer

Beobachtung und einsetzenden Kontrollen in Teilbereichen unaufhaltsam weiter. Ein alter Zweig, der sich nach dem Krieg erneuerte und stark expandierte, waren die Düngemittel. Die in Ludwigshafen entwickelte und praktizierte Stickstoffchemie brachte diesem Standort Vorteile. Man hatte gelernt, je nach Pflanzenart, Bodenbeschaffenheit und Witterung optimale Dünger durch Mischung und Formulierung zusammenzustellen. Mehrnährstoffdünger wie Nitrophoska, eine Mischung aus Stickstoff, Phosphor und Kali, gewannen an Bedeutung. Mit der vermehrten Düngung stiegen die Erträge. Für das Gebiet der Bundesrepublik ergab eine Fläche von 10 Hektar im Jahre 1885 einen Ernteertrag von 130 Doppelzentner, im Jahre 1925 einen Ernteertrag von 220, im Jahr 1950 von 270 und im Jahr 1970 von 400 Doppelzentner Getreideeinheiten (GE).

Die Chemie lieferte nicht nur Produkte zur Erhöhung von Ernteerträgen (Düngemittel) und zur Sicherung der Ernte (Pflanzenschutzmittel), sondern auch zur Steigerung der Erträge aus der Viehhaltung, die sich nach dem Zweiten Weltkrieg zu einer Intensivwirtschaft entwickelte. Anstatt des früher vom Bauern angebauten Grünfutters in Form von Gras und Klee traten in steigendem Maße von der chemischen Industrie erzeugte Mischfutter. Diese modernen Kraftfutter enthalten Vitamine, Aminosäuren, Harnstoff, wachstumsfördernde und die Futterverwertung verbessernde Stoffe, Antioxidantien, Enzyme, Pigmente, Geschmacks- und Geruchskorrigenzien, Konservierungsmittel sowie einzelne veterinärmedizinische Arzneimittel zur Prophylaxe und Therapie.

Die moderne Tierernährung brachte vor allem eine verstärkte Entwicklung und Ausweitung der Vitaminchemie. Vitamine sind organische Substanzen, die zur Aufrechterhaltung von Gesundheit und Leistungsfähigkeit des menschlichen und tierischen Organismus notwendig sind und mit der Nahrung zugeführt werden müssen. Für den Menschen genügen täglich wenige Milligramm der einzelnen Vitamine, von denen jedes besondere Aufgaben erfüllt. Auch Tiere benötigen zur Supplementierung ihrer Nahrung Vitamine, insbesondere während der Wachstumsphase. Die wichtigsten Vitamine für die Tierernährung sind die Vitamine A und E. 1963 gelang Horst *Pommer* (1919–1987) bei der BASF eine neue technische Synthese von Vitamin A aus den Bausteinen C_5 und C_{15}, die aus einfachen, leicht zugänglichen chemischen Grundstoffen (Acetylen, Essigsäure, Aceton, Isobuten) in einer Vielzahl von aufeinanderfolgenden Syntheseschritten aufgebaut und anschließend in einer Wittig-Reaktion zu einem C_{20}-Molekül, dem Vitamin A-Acetat, verknüpft wurden. Mit dieser Synthese gelang der BASF der Einstieg in das Vitamingeschäft. In den folgenden Jahren nahm das Unternehmen die Produktion anderer Vitamine auf und entwickelte sich zu einem der größten Vitaminhersteller. In einem kleineren Maßstab hat auch E. Merck eine umfassende Vitaminproduktion aufgebaut.

Wasch- und Reinigungsmittel, Kosmetika

Die hohen Steigerungsraten der Produktion von Waschmitteln, Reinigungsmitteln, Pflegemitteln, kosmetischen Produkten und Hygieneartikeln in den fünfziger und sechziger Jahren waren ein Gradmesser des steigenden Wohlstandes. Waschmittel in Form von Seifen gab es schon im Altertum. Eine Pionierleistung gelang der Firma Henkel 1907 mit der Einführung des ersten selbsttätigen Waschmittels der Welt mit dem Markennamen Persil; es enthielt Seife, Soda, Natriumperborat und Wasserglas. 1932 kam mit Fewa das erste Feinwaschmittel mit synthetischen Tensiden auf den Markt. Mitte der dreißiger Jahre wurden Phosphate als Stabilisator eingeführt. Die Tenside wirken als Wasch-, Netz- und Dispergiermittel, die Phosphate binden die Härtebildner des Wassers und verhindern ihre Ablagerung und damit das Ergrauen der Wäsche.

Die Verwendung dieser hochwirksamen Waschmittel führte bald zu Umweltproblemen. Infolge der immer größer werdenden Belastung von Flüssen und Seen durch gewerbliche und häusliche Abwässer kam es zu starker Schaumbildung und Eutrophierung (Überdüngung) der Gewässer. Die Schaumbildung wurde durch das damals fast ausschließlich verwendete Aniontensid Tetrapropylenbenzolsulfonat (TPS) verursacht. Dieses Tensid besitzt eine stark verzweigte Alkylkette, die biologisch schwer abbaubar ist. Da gerade Alkylketten biologisch leicht abbaubar sind, wurde TPS durch Alkylbenzolsulfonate mit gerader (linearer) Alkylkette (LAS) ersetzt. Die zwischen 1961 und 1964 kurzfristig vollzogene Umstellung von TPS auf LAS war eine Gemeinschaftsarbeit von Henkel und Hüls und stellt eine der großen Leistungen der chemischen Industrie dar. LAS und die heute verwendeten Niotenside (nichtionogene Tenside) sind zu 90 % biologisch abbaubar und in verdünnter Form gesundheitlich nicht bedenklich.[6]

Für die Eutrophierung der Gewässer war das Überangebot von Phosphaten verantwortlich, das zu ungezügeltem Algenwachstum führt und den Sauerstoffgehalt stark vermindert. Das abgestorbene Plankton, das von Bakterien unter Sauerstoffverbrauch abgebaut wird, kann im Extremfall wegen Sauerstoffmangel nicht mehr abgebaut werden; dadurch werden Fische und andere Wassertiere gefährdet, und anaerob ablaufende Fäulnisprozesse setzen ein: das Gewässer „kippt um". Wiederum war eine wirksame Chemikalie nach einem kurzen Siegeszug als umweltschädigender Stoff erkannt worden, der aus dem Verkehr gezogen werden mußte. Das Phosphat in den Waschmitteln mußte ersetzt werden. Als geeignet erwiesen sich Natriumaluminiumsilikate vom Typ Zeolith 4 A.

Die großen Erfolge der Phosphatwaschmittel hatten seinerzeit beachtliche Investitionsprojekte ausgelöst, u. a. wurde im Jahre 1967 von der Joh. A. Benckiser GmbH und der Hoechst AG zu gleichen Teilen die Benckiser-Knapsack GmbH gegründet, in der die Aktivitäten der Muttergesellschaften auf dem Gebiet der Phosphate und Spezialchemikalien für moderne Wasch- und Reinigungsmittel wahrgenommen werden sollten (Benckiser-Spitzenprodukte der fünfziger Jahre waren u. a. Calgon und Dulgon). Schon ein Jahr später lief im neuerbauten Werk Ladenburg am Neckar (Investitionsvolumen etwa 92 Millionen DM) die Produktion an. „In ihrem Expansionstempo gehört Benckiser-Knapsack zur Spitzengruppe der deutschen Chemie", hieß es in einem Firmenbericht einige Jahre später.

Neben den Reinigungs- und Pflegemitteln für Industrie, Haushalt und Textilien waren auch Körperpflegemittel und kosmetische Artikel begehrte Produkte. Nach dem Zweiten Weltkrieg, in den sechziger und siebziger Jahren, haben immer mehr Menschen von dem vielfältigen und verlockenden Angebot der chemischen Industrie Gebrauch gemacht und Geld in die Körperpflege und das vorteilhafte Aussehen der eigenen Person investiert. „Kosmetische Chemie, wer wollte das bestreiten, daß dieses diskrete Gebiet von einer außerordentlichen Bedeutung ist, wenn man das Wort Lebensstandard ausspricht. ... Eine ähnliche Feststellung, wie wir sie vorher beim Farbstoff gemacht haben, können wir auch hier treffen, nämlich welch beachtliche Mengen an Lebewesen oder pflanzlichen Stoffen für kleine Mengen von Extrakten gebraucht werden. Eine Million Rosen müssen zum Beispiel destilliert werden, um 500 g Rosenöl zu gewinnen. Deshalb ist es kein Wunder, daß sich die Chemie der Schöpfung synthetischer Duftstoffe ebenso wie der Herstellung von Desodorantien angenommen hat. ... Alles in allem: Die Einflußnahme der Chemie hat wohl gerade auf dem Gebiet der Kosmetik zu einer ‚Demokratisierung des Luxus', letzten Endes zur Freude vieler beigetragen."[7]

Grundstoffe für Wasch- und Reinigungsmittel produzierten vor allem Hüls, Hoechst, BASF, Bayer und Henkel. Hüls entwickelte sich nach 1945 in kürzester Zeit zum größten Produzenten von Waschrohstoffen in der Bundesrepublik Deutschland. Spitzenprodukt wurde MARLON A (Alkylbenzolsulfonate). Deutsche Markenprodukte für den Endverbraucher kamen vor allem von Henkel und Benckiser. Zu den führenden Waschmittelunternehmen in Deutschland gehörten auch die Lever Sunlicht GmbH (Sunil, Omo, Lux, Vim) und Procter & Gamble (Dash, Lenor, Rei).

Zu den führenden Herstellern von Körperpflegemitteln und Kosmetika gehörten Bayer, Beiersdorf, die Dalli Werke

Mäurer und Wirtz, die Dragoco Gerberding & Co GmbH, Dralle, Lingner, Jade, Marbert und Schwarzkopf. Beiersdorf stellte vor allem hautpflegende Produkte her; das bekannteste Produkt, die Nivea-Creme, eine Wasser-in-Öl-Emulsion aus hochraffinierten Kohlenwasserstoffen und dem hautverwandten Eucerit, wurde 1912 auf den Markt gebracht und seitdem durch viele Begleitprodukte ergänzt. Zu den großen Herstellern von Vorprodukten für die kosmetische Industrie gehörten Hoechst, Bayer und BASF. Da man in der BASF auf den Synthesewegen zu den Vitaminen A und E Zwischenstufen erhielt, die auch zu Riech- und Aromastoffen führen, war es naheliegend, auf dieser Basis eine ergiebige Riechstoffproduktion aufzubauen.

Reproduktionstechnik

Der steigende Wohlstand – in der ersten Hälfte der sechziger Jahre nahm das Bruttosozialprodukt in der Bundesrepublik Deutschland um rund 8 % pro Jahr zu – bescherte dem Bürger mehr Freizeit, die er begierig auskostete. Urlaubsreisen und Wochenendfahrten mit dem eigenen Auto standen an der Spitze. Dazu kamen andere kostspielige Hobbys in Mode: Fotografieren, Filmen und Aufnahmen mit dem Magnetophon.

In der Herstellung von photographischem Material war Bayer mit der Tochtergesellschaft Agfa unbestrittener Branchenführer. Schon 1936 hatte Agfa die ersten Farbfilme herausgebracht. Nach dem Verlust der Agfa-Werke in Mitteldeutschland nach dem Zweiten Weltkrieg baute Bayer in Leverkusen ein neues Agfa-Werk auf und produzierte Photofilme, Photoplatten, Photopapier, Kinofilme, Colorfilme, Röntgenfilme, Röntgenpapiere und Photochemikalien. Eine Zweigniederlassung in München produzierte Kameras mit Zubehör, Schmalfilmgeräte und Projektoren. 1964 erfolgte der Zusammenschluß mit Gevaert Belgien, der Perutz GmbH Minden, der Mimosa GmbH Kiel und der Leonar-Werke Kiel. Die neue Agfa-Gevaert AG nahm mit einem Jahresumsatz von 700 Millionen DM den zweiten Platz im Photo-Weltmarkt nach Eastman-Kodak ein.

Zur chemischen Reproduktionstechnik gehören auch Verfahren zum Kopieren und Drucken. Die Hoechst-Tochter Kalle belieferte die Druckindustrie mit kompletten Systemen von Druckplatten über Chemikalien und Hilfsmittel bis zu automatischen Verarbeitungsanlagen. Der BASF gelang 1968 die Herstellung einer Photopolymerplatte (nyloprint-Platte), die in der Drucktechnik erhebliche Verbesserungen brachte. Die lichtempfindliche Kunststoffschicht dieser Platte besteht aus einem Mischpolyamid mit einem Zusatz von polymerisierbaren Monomeren und Photoinitiatoren. Bei der Bestrahlung mit Licht werden an den nicht abgedeckten Stellen die zugesetzten Monomere polymerisiert. Durch diese Reaktion wird die bisher lösliche Kunststoffmischung an den belichteten Stellen unlöslich; die nichtbelichteten Flächen bleiben löslich und werden nachher ausgewaschen. Auf diese Weise entsteht das Druckrelief, das anschließend noch ausgehärtet wird.[8] Im Unterschied zur Ätztechnik bei den herkömmlichen Metalldruckplatten wird in der nyloprint-Platte das Druckrelief durch eine chemische Reaktion erzeugt.

Das Magnettonverfahren, ein technischer Markstein unseres Jahrhunderts, wurde zum Teil im I. G.-Werk Ludwigshafen entwickelt. Dieser Reproduktions- und Kommunikationstechnik der Tonaufzeichnung liegen keine chemischen, sondern physikalische Vorgänge zugrunde. Erste Versuche zur magnetischen Aufzeichnung unternahm 1898 der dänische Physiker Valdemar *Poulson* (1869–1942). Sein „Telegraphon" mit einem Stahldraht als Tonträger führte er 1900 auf der Pariser Weltausstellung einem großen internationalen Publikum vor. Die Weiterentwicklung scheiterte aber an dem Tonträger, der mit einer großen Bandgeschwindigkeit laufen mußte und überdies viel zu schwer war. Der Dresdner Ingenieur Fritz *Pfleumer* hatte nun die Idee, ein mit magnetisierbarem Eisenpulver beschichtetes Papierband zu verwenden. 1930 griff die AEG diesen Gedanken auf und bat die I. G. Farbenindustrie um die Entwicklung des Tonträgers. Schon

1934 lieferte das I. G.-Werk Ludwigshafen die ersten 50 000 m Magnetophonband, einen Film aus Cellulose-Acetat mit einem magnetisierbaren Eisenpulverlack beschichtet. 1935 wurde das Magnetophon als „Protokolliermaschine" auf der Funkausstellung in Berlin vorgestellt. Erst 1938 entschied sich die Reichs-Rundfunk-Gesellschaft für dieses Verfahren und gegen ein konkurrierendes Stahlbandverfahren.

In den fünfziger Jahren, als die ersten Tonbandgeräte auf den Markt kamen, erschloß sich das BASF-Magnetband einen neuen, großen Abnehmerkreis. Zu den Audiobändern kamen bald Computer- und Videobänder. Mit den steigenden Ansprüchen wurde die Qualität des Bandes (Polyester, PVC) und der Magnetschicht (Eisen(III)-oxid, Chromdioxid, Reineisenpulver) stetig verbessert.

Rohstoffsicherung

Die Sicherstellung einer lückenlosen Versorgung mit Rohstoffen zu günstigen Preisen ist immer schon ein wichtiges Anliegen der chemischen Industrie gewesen. In den fünfziger und sechziger Jahren gingen Hoechst und BASF, die beiden großen, von der Petrochemie geprägten Unternehmen, verschiedene Wege. Die Politik von Hoechst zielte darauf ab, Erdölgesellschaften dazu zu bewegen, Raffinerien in der Nähe der großen Hoechst-Standorte zu bauen. So entstand in Raunheim bei Frankfurt die Caltex-Raffinerie, die im Verbund den Bedürfnissen der Chemiefabrik Hoechst angepaßt war und von 1964 an Rohstoffe lieferte; 1980 wurde sie stillgelegt. Für das Werk Knapsack errichtete die UK-Wesseling eine spezielle Crackanlage für die Erzeugung von Kohlenwasserstoffen, insbesondere von Olefinen. Und für den Bau einer Raffinerie in Burghausen in Bayern konnte die Erdölfirma Marathon gewonnen werden.

Besonders in Bayern war die Versorgung der verstreut liegenden chemischen Werke mit petrochemischen Rohstoffen zunächst kritisch. Sie konnte aber nach der Errichtung des Raffineriezentrums in Ingolstadt gesichert werden.

In ganz Westdeutschland entstand damals in wenigen Jahren nach dem Muster Amerikas ein weitverzweigtes Pipelinesystem, das die Raffinerien und die chemischen Werke miteinander verband und an die großen Seehäfen in Holland und Belgien angeschlossen war. Dadurch konnten die chemischen Werke an ihren alten Standorten bleiben. Die Entscheidung von Hoechst, keine eigenen Raffinerien zu bauen, ersparte dem Unternehmen viel Geld, das sinnvoll für den Aufbau von Anlagen für die Erzeugung von höherveredelten Produkten verwendet werden konnte.

Die traditionsgemäß rohstofforientierte BASF begnügte sich nicht mit einer fremden Raffinerie vor den Toren des Stammwerkes, sondern wollte ganz sicher gehen und beschritt den Weg der Rückwärtsintegration: 1969 erwarb sie die 1894 als Bohrgesellschaft gegründete Wintershall mit der Erdölraffinerie Emden, der Schmierölraffinerie Salzbergen und der im Bau befindlichen Erdölraffinerie Mannheim, an der die Deutsche Marathon Petroleum GmbH mit 40 % beteiligt war. Aus Anlaß des Erwerbs von Wintershall erklärte Bernhard *Timm,* Vorstandsvorsitzender der BASF, in der Hauptversammlung 1969: „Wir kaufen nicht wahllos und um jeden Preis. ... Ich lege Wert darauf, an dieser Stelle zu bemerken, daß wir Neuerwerbungen nur nach außerordentlich strenger Prüfung vornehmen und nur dann, wenn erkennbar ist, daß diese sich nach relativ kurzer Einbringungszeit als wertvolle Beiträge zur Stärkung unserer unternehmerischen Position erweisen werden."

Ab 1973 entbrannte auf dem Mineralölmarkt infolge der Verteuerung des Rohöls und der Sparmaßnahmen der Verbraucher ein heißer Wettbewerb.[9] Das hatte auch Auswirkungen auf die Erdölraffinerie Mannheim. Stufenweise mußte der Raffineriedurchsatz zurückgenommen werden. 1978 übernahm die BASF den 40prozentigen Anteil der Deutschen Marathon Petroleum GmbH und brachte damit die Erdölraffinerie Mannheim ganz in ihren Besitz. 1984 wurde die Kapazität von 5,0 auf 3,5 Millionen Tonnen Rohöldurchsatz jährlich verringert, und 1989 wurde sie endgültig stillgelegt. Auf dem freiwerdenden Gelände werden nun Produktionsanlagen für chemische Produkte errichtet. Damit wird das Werk Ludwigshafen auf das rechtsrheinische Ufer ausgedehnt. – Mit dem Eindringen in den Mineralölmarkt ging die BASF den umgekehrten Weg wie die großen Ölgesellschaften Shell, Exxon und BP, die vom Mineralölmarkt kommend in die Chemie eindrangen und sich große Gebiete des lukrativen Chemiemarktes eroberten.

Atome für den Frieden

Einige Jahre nach den verheerenden Atombombenabwürfen auf Hiroshima und Nagasaki, besann man sich auf die friedliche Nutzung der Kernkraft. Wiederum setzte sich die USA an die Spitze, diesmal unter der vom Präsidenten *Eisenhower* ausgegebenen Devise „Atome für den Frieden". Bald schloß sich die Welt begeistert dem Zug der Zeit an. Auch Deutschland wollte am Fortschritt teilhaben. Im Mai 1955, als Folge der im Vorjahr abgeschlossenen Pariser Verträge, hoben die Alliierten das Forschungsverbot auf nuklearem Gebiet auf. Deutschland konnte nun den zehnjährigen Rückstand aufholen, in der Gewißheit, „daß sich hier der Welt in der Kernspaltung die Energiequelle erschloß, die sie für ihre Zukunft benötigte. Kein Land, das mit der weltweiten technischen Entwicklung und den wachsenden Lebensansprüchen der Bevölkerung überhaupt Schritt halten wollte, konnte sich von diesen Arbeiten ausschließen."[10]

Das wichtigste Gremium, das sich mit der Atomwirtschaft in der Bundesrepublik befaßte, war die deutsche Atomkommission. Vorsitzender war der Atomminister, 1955 Franz Josef *Strauß*, von 1956 bis 1962 Siegfried *Balke,* von Hause aus Chemiker und bis 1945 im I.G.-Werk Leverkusen tätig. Einer der Stellvertreter war Karl *Winnacker,* der gleichzeitig Vorsitzender der Fachkommission für Technisch-wirtschaftliche Fragen war. Unter den Mitgliedern der übrigen Fachkommissionen und der Arbeitskreise waren weitere Hoechst- und auch Bayer-Manager vertreten. Die deutsche Atomkommission bestand bis 1971. An die Stelle der Atomkommission traten nun beratende Fachausschüsse bei anderen Ministerien: Der Fachausschuß Kernforschung und Kerntechnik beim Bundesministerium für Forschung und Technologie, der Fachausschuß Strahlenschutz und Sicherheit, seit 1974 Strahlenschutzkommission, und die bereits seit 1958 bestehende, 1971 neu konstituierte Reaktor-Sicherheitskommission, beide seit 1986 beim Bundesministerium für Umwelt, Naturschutz und Reaktorsicherheit.

Die deutsche Atomkommission war nach außen der Gesprächspartner der schon existierenden Kommissionen der anderen Industrieländer. Innerhalb der Bundesrepublik bemühte sie sich, das Vertrauen der deutschen Öffentlichkeit für die friedliche Nutzung der Kernenergie zu gewinnen. Um den in den Pariser Verträgen ausgesprochenen Verzicht der Bundesrepublik Deutschland auf militärische Nutzung der Kernenergie zu bekräftigen und der Diskussion um die Ausrüstung der Bundeswehr mit taktischen Atomwaffen ein Ende zu setzen, wandten sich am 24. April 1957 18 Atomphysiker mit einem gemeinsamen Appell gegen eine mögliche atomare Bewaffnung der Bundeswehr an die Öffentlichkeit (Göttinger Erklärung).[11]

Eine der ersten Aufgaben der Atomkommission war die Formulierung eines Atomgesetzes, das am 23. Dezember 1959 vom Bundestag verabschiedet wurde und dabei einer verfassungsändernden Mehrheit bedurfte. Eine weitere Aufgabe war der Aufbau eines Kernforschungszentrums in Karlsruhe, der Einkauf mehrerer Forschungsreaktoren und die Förderung der Kernphysik und Kernchemie. Der Karlsruher Reaktor, der einschließlich Erstausstattung mit Brennstoff 75 Millionen Mark kostete, ging 1961 in Betrieb und erreichte 1962 seine volle Leistung.

Bei der Erschließung der nuklearen Energie waren von den chemischen Unternehmen vor allem Hoechst und Bayer aktiv. 1956 berichtete die Zeitschrift *Die Atomwirtschaft* über das Hoechster Engagement: „Die Farbwerke Hoechst befassen sich immer intensiver mit der Entwicklung der Kernchemie. In Griesheim wurde mit dem Bau eines Laboratoriums für die Chemie radioaktiver Substanzen begonnen, das nach Fertigstellung einen sehr beachtlichen Umfang haben wird. Der erste Bauabschnitt soll noch in diesem Jahr fertiggestellt werden. ... Das Laboratorium wird unter der Leitung von Dr. H. *Götte* stehen und von einem Stab von bereits seit Jahren ausgebildeten Fachleuten der Firma besetzt werden. Hierbei soll auch insbesondere der im Bau befindliche Forschungsreaktor des Instituts für Kernphysik der Universität Frankfurt genutzt werden, der von den Farbwerken Hoechst gestiftet wurde."[12]

Die Hoechster Aktivität in der Kerntechnik war bemerkenswert. In der Ammoniakfabrik wurde eine Versuchsanlage zur Herstellung von schwerem Wasser durch Destillation flüssigen Wasserstoffs betrieben, im Griesheimer radiochemischen Laboratorium befaßte man sich mit der Wiederaufbereitung von Brennelementen und Sigri beschäftigte sich mit der Herstellung von Graphit, der für die Verwendung im Kernreaktor besonders rein sein mußte. Treibende Kraft dieser Aktivitäten war Karl *Winnacker,* der Vorsitzende der Hoechst AG. Er war nicht nur stellvertretender Vorsitzender der Atomkommission und Leiter einer Fachkommission, sondern auch Mitglied der Beratenden Kommission von Euratom in Brüssel und Gründer und erster Präsident des Deutschen Atomforums. Die Versuche zur Kernfusion in *Heisenbergs* Münchner Institut verfolgte er mit großer Aufmerksamkeit. 1971 äußerte er, „daß der Weg zur immer intensiveren Nutzung der Kernenergie nun klar übersehbar geworden ist. Ich bin überzeugt, daß sie zu einer befriedigenden Lösung des weltweiten Energieproblems führen wird."[13]

Hoechst und Bayer waren damals auch in der Urananreicherung tätig. Das spaltbare Uranisotop U 235 ist nämlich im Natururan nur zu 0,7 % enthalten und muß auf 2 bis 3 % angereichert werden. Dazu wird das Uran in Uranhexafluorid überführt und kann dann nach verschiedenen Methoden, die alle den Massenunterschied der Isotope U 238 und U 235 ausnutzen, angereichert werden. Das Trennwanddiffusionsverfahren ist das gebräuchlichste; daneben werden auch das Gaszentrifugenverfahren und das Trenndüsenverfahren praktiziert.

Das Gaszentrifugenverfahren wurde schon während des Zweiten Weltkrieges in den USA und in Deutschland zur Urananreicherung benutzt. Nach dem Krieg haben Großbritannien, die Niederlande und die Bundesrepublik Deutschland in einer Arbeitsgemeinschaft dieses Verfahren aufgegriffen und weiterentwickelt. Wilhelm *Groth* (1904–1977) am Physikalisch-Chemischen Institut in Bonn hatte an der Entwicklung des Verfahrens durch methodische Verbesserungen einen entscheidenden Anteil. Das in den USA favorisierte Trennwanddiffusionsverfahren wird trotz des hohen Energieverbrauchs weltweit am meisten benutzt. Das Trenndüsenverfahren, das im Kernforschungszentrum Karlsruhe von Erwin Willi *Becker* (* 1920) entwickelt wurde, spielte in den sechziger Jahren noch keine Rolle.

An der Kernbrennstoff-Wiederaufbereitungsanlage GmbH (KEWA) waren Bayer und Hoechst zu je 25 % beteiligt. Weitere 25 % der Anteile hielten die Veba AG und die Nukem GmbH. Die BASF war nicht beteiligt, hatte keine Vertreter in der Atomkommission und zeigte auch sonst keine besonderen Aktivitäten. Dennoch wagte sie sich mit der Planung eines Kernkraftwerkes am weitesten vor.

Die BASF plant ein Kernkraftwerk

Eine chemische Fabrik benötigt Strom und Dampf. In den sechziger Jahren kamen Überlegungen auf, die als umweltfreundlich und betriebssicher geltenden Kernkraftwerke anstelle der Kohle- und Ölkraftwerke als Energielieferanten für die chemische Produktion zu nutzen. Da aber Dampf nicht über weite Strecken geleitet werden kann, hätten diese Kernkraftwerke in unmittelbarer Nachbarschaft zu den chemischen Betrieben angeordnet werden müssen.

Ende der sechziger Jahre faßte der BASF-Vorstand mit Bernhard *Timm* an der Spitze den Entschluß, zur Energieversorgung des Ludwigshafener Chemiekomplexes ein Kernkraftwerk zu bauen. Ungefähr in der Mitte des 6,5 km langen Werkes, direkt am Rhein, sollte es errichtet werden. Kurz vorher war an dieser Stelle die Carbid-Fabrik abgerissen worden, die man nicht mehr benötigte, da seit 1964 Acetylen auf petrochemischer Basis erzeugt wurde. Das Kraftwerk sollte von der Kraftwerk Union AG geliefert werden und mit zwei Siemens-Druckwasserreaktoren ausgerüstet sein. Jeder Reaktor wurde für eine Prozeßdampfmenge von 1000 Tonnen pro Stunde und eine elektrische Leistung von 480 Megawatt ausgelegt.

Die Planung eines Kernkraftwerkes inmitten eines Ballungsraumes rief die Öffentlichkeit auf den Plan. Schon 1968 hatte der Physiker und Philosoph Carl Friedrich von *Weizsäcker* dazu Stellung genommen: „Nicht zu bestreiten ist, daß die Radioaktivität, die in einem Reaktor erzeugt wird, so groß ist, daß, wenn sie durch eine Katastrophe frei in die Umwelt eingestreut würde, dieses in der Tat ein sehr großes Unglück wäre. Denn: Die Menge Radioaktivität, die in einem Reaktor vorhanden ist, ist größer als die Menge Radioaktivität, die eine Atombombe verbreitet, und zwar nicht unerheblich größer."[14] Im Geschäftsbericht der BASF 1972 aber hieß es: „Im Interesse der langfristigen Sicherheit der Energieversorgung des Stammwerkes Ludwigshafen betreiben wir das Genehmigungsverfahren für das Kernkraftwerk weiter. ... Die vorgeschlagenen technischen Lösungen genügen auch extremen Anforderungen an die Sicherheit." Ende 1973 wurde *Timm* ungeduldig. Im *Mannheimer Morgen* äußerte er: „Bei einer Zustimmungsverweigerung der Bundesregierung würde sich die Produktionspalette verändern und das Wachstum des Ludwigshafener Werkes stagnieren."[15] Und aus der Fachzeitschrift *Chemische Industrie* erfuhr man, daß die Verzögerung der Reaktorbaugenehmigung die BASF „um rund 700 Millionen DM ärmer gemacht hat".[16]

Auch im Geschäftsbericht 1973 hatte sich die BASF für den Bau des Kernkraftwerkes stark gemacht und auf die prekäre Situation in der Rohölversorgung hingewiesen. „Die langfristige Lösung zur Sicherung der Energieversorgung am Standort Ludwigshafen ist die Errichtung eines Kernkraftwerkes. Es wird den Einsatz fossiler Brennstoffe weit herabsetzen und damit die Emissionsverhältnisse deutlich verbessern. ... Im Januar 1974 hat die Reaktorsicherheitskommission beim Bundesinnenministerium die Konzeption der BASF für den von ihr geplanten Bau eines Kernkraftwerkes in Ludwigshafen als Grundlage des Genehmigungsverfahrens akzeptiert. Wir erwarten, daß die noch anstehenden behördlichen Entscheidungen so zeitig getroffen werden, daß wir das Kernkraftwerk spätestens 1980 in Betrieb nehmen können." Die Kommission aber dachte nicht an eine Genehmigung sondern verschärfte die Sicherheitsauflagen: „Das Kernkraftwerk ist gegen die Entwicklungen von chemischen Explosionen auszulegen, wobei auch die Möglichkeit der Explosion von ungesättigten Kohlenwasserstoffen zu untersuchen und deren Einwirkung gegebenenfalls zu berücksichtigen ist."[17]

Im Sommer 1974 formierte sich die Bürgeraktion Umweltschutz Rhein-Neckar e.V., Mannheim/Ludwigshafen, und verbreitete ein Flugblatt: „Tatsache ist, ... daß durch einen schweren Schaden an dem geplanten BASF-Reaktor im Umkreis von 13 Kilometern 100 000 Menschen sofort sterben würden und daß mit bis zu 1,67 Millionen Toten durch Krebs und Leukämie zu rechnen ist."[18] Gleichzeitig kam Unterstützung für die Projektgegner aus Bonn. Der Bundesminister für Forschung und Technologie, Hans *Matthöfer*, vereinbarte mit der EURATOM-Behörde ein vier Jahre laufendes Forschungsvorhaben, in dem die Auswirkungen von Störfällen auf das Notkühlsystem untersucht werden sollten. Erst nach Abschluß dieses Projekts sollte eine Entscheidung für oder gegen das BASF-Kernkraftwerk fallen. Das konnte nicht mehr hingenommen werden. Der Vorstand der BASF gab auf. Im Geschäftsbericht des Unternehmens für das Jahr 1976 hieß es: „Ende 1976 haben wir uns entschlossen, vom Bau eines eigenen, 780-MW-Kernkraftwerkes am Standort Ludwigshafen Abstand zu nehmen. Im Laufe der achtjährigen Bearbeitungszeit hatten wir dieses Projekt durch Preissteigerungen, immer umfangreichere technische Auflagen und durch die Standortverschiebung so verteuert, daß eine Weiterverfolgung des ursprünglichen Konzepts wirtschaftlich nicht mehr sinnvoll war." 1969 hatte man die Kosten für das Kernkraftwerk mit 500 Millionen DM veranschlagt; bis 1976 waren sie auf über 2 Milliarden DM angestiegen.

Der Entschluß, das Kernkraftwerk nicht zu bauen, hat die BASF und darüber hinaus die deutsche Chemie vor dem Schlimmsten bewahrt. Die Brisanz, die in der Kombination „Chemie + Kernkraft" steckte, war 1976 für die breite Öffentlichkeit noch nicht voll erkennbar. Die Phalanx der Technikgegner, die sich erst einige Jahre später zu einer schlagkräftigen Truppe formierte, hätte in Ludwigshafen ein ergiebiges Betätigungsfeld gehabt.

Weltweite Expansion

Die Devise der deutschen Chemie in den sechziger Jahren hieß: Expansion. Drei Stoßrichtungen bildeten sich aus: Nordamerika, die Nordsee (Holland und Belgien) und Südamerika. Wer in der Chemie Erfolg haben will, muß in den USA, dem größten Chemiemarkt, gut vertreten sein. Das wußten die I. G.-Nachfolger und handelten entsprechend. Sie gründeten mit potenten US-Firmen Joint-ventures oder akquirierten Firmen, deren Produktionsprogramm das eigene verstärkte oder sinnvoll ergänzte. Gleichzeitig erwarben sie mit diesen Firmen gut eingeführte Verkaufsorganisationen.

Bayer gründete 1954 zusammen mit der Monsanto Chemical Corporation die Mobay Chemical Company (seit 1967 zu 100 Prozent im Besitz von Bayer), 1958 gründeten BASF und Dow Chemical Company gemeinsam die Dow Badische Company (seit 1978 zu 100 % im Besitz der BASF), Hoechst kaufte einige kleinere Farbstoff- und Pharmaunternehmen, errichtete gemeinsam mit Hercules Inc. eine Trevirafabrik und gemeinsam mit Stauffer Chemicals eine Folienfabrik; beide Fabriken hat Hoechst kurz darauf zu 100 % übernommen. Den Schlußpunkt in den sechziger Jahren setzte die BASF mit dem Erwerb von 98 % des Kapitals der Wyandotte Chemical Corporation.

In Europa lag der bevorzugte neue Produktionsstandort am Meer. Zwangsläufig führte der Weg rheinabwärts nach

Holland und Belgien und nicht nach den deutschen Nordseehäfen, die durch den Eisernen Vorhang ins Abseits geraten waren.[19] Dagegen hatten Holland und Belgien alle Standortvorteile: die zentrale Lage im zusammenwachsenden Westeuropa mit einer hochentwickelten Infrastruktur und großen leistungsfähigen Seehäfen. Auch waren diese Länder durch Geschichte und Kultur mit Deutschland lange Zeit verbunden gewesen, und die Mentalität der Bewohner war nicht unähnlich der Mentalität der Nachbarn rheinaufwärts am Nieder- und Oberrhein. In Antwerpen ließen sich die BASF (1964) und Bayer (1966) nieder und bauten große Werke; Hoechst zog es nach Vlissingen. An den deutschen Nordseestrand wagte sich später nur Bayer: 1973 entstand in Brunsbüttel das fünfte deutsche Bayerwerk (neben Leverkusen, Elberfeld, Dormagen und Uerdingen). Nach Südamerika lockten die I. G.-Nachfolger alte Bindungen und ein vielversprechender Markt. Die Aktivitäten von Bayer, Hoechst und BASF waren vielfältig. Bevorzugt wurde Brasilien und Argentinien. Die in diese Länder gesetzten Erwartungen wurden jedoch nur partiell erfüllt.

Die weltweite Expansion der „drei Großen" hatte einen steilen Umsatzanstieg zur Folge. Er war im Zeitraum 1955–1970 etwa doppelt so groß wie im darauffolgenden gleichen Zeitraum (Tabelle 10).

Die ungestüme Expansion der deutschen Großchemie rief aber auch Kritiker auf den Plan. In sozialistischen und pazifistischen Kreisen malte man das Gespenst der unseeligen I. G. an die Wand und griff die drei Konzerne scharf an. Die Unternehmensleitungen wehrten diese Angriffe ab und behaupteten, der verstärkte internationale Wettbewerb zwinge zu einer stetigen Ausweitung. In der BASF-Hauptversammlung 1963 nahm Carl *Wurster* zu diesen Vorwürfen Stellung: „Wenn ich Schlagworte höre wie ‚Mißbrauch der wirtschaftlichen Macht' oder ‚ungesunde Konzentration', überhaupt Unkenrufe gegen alles, was groß ist, und dabei an die letzten Jahrzehnte denke, dann kann ich bei strengster Prüfung nicht erkennen, daß die BASF aus einem unersättlichen Streben nach Größe und Macht gehandelt hätte."

Tabelle 10. Umsatzentwicklung von BASF, Bayer und Hoechst (Mio. DM)

	1955	1970	1985	Umsatzanstieg (% p. a.) 70/55	85/70
BASF	1 365	10 520	46 610	7,7	4,4
Bayer	1 437	11 129	45 926	7,7	4,1
Hoechst	1 270	11 592	42 722	9,1	3,7
Summe	4 072	33 241	135 258	8,2	4,1

Wohlstand für alle

Schon zu Beginn der sechziger Jahre waren chemische Erzeugnisse in Verruf gekommen. Aber Contergan und DDT vermochten damals noch nicht die Menschen von der Gefährlichkeit der Chemie insgesamt zu überzeugen. Noch dominierte das Gute. Die großen I. G.-Nachfolger begingen ihre Hundertjahrfeiern mit Prunk und Stolz und faustischer Überzeugung: „Und wie wir's dann zuletzt so herrlich weit gebracht." Die Chemie wurde als Mehrer des Wohlstandes gefeiert. 1963 bei Bayer und Hoechst, 1965 bei der BASF. „Wohlstand für alle" hieß das Motto, das der Wirtschaftsminister Ludwig *Erhard* 1957 ausgegeben hatte. Wohlstand war die Trophäe, um die Millionen Arbeiter seit dem 19. Jahrhundert rastlos gekämpft hatten. Nun hatte man ihn endlich errungen.

Die chemische Industrie war in den fünfziger und sechziger Jahren eine der wichtigsten Wachstumsbranchen der Bundesrepublik Deutschland. Sie hatte sich nach 1945 trotz erheblicher Substanzverluste, jahrelangen Stillstands und internationaler Isolierung rasch erholt. Karl *Winnacker* bemerkte dazu: „Die I. G.-Werke haben es nach dem völligen Zusammenbruch verstanden, ihre Produktion wieder mengenmäßig und qualitätsmäßig auf einen hohen Stand zu bringen, die unterbrochenen Forschungsarbeiten aufzunehmen und weiterzuführen und den Anschluß an die internationale Konkurrenz wiederherzustellen."[20] Und Carl *Wurster* ergänzte: „Man darf aber doch wohl als Besonderheit der deutschen Chemie eine überdurchschnittliche Eignung des deutschen Arbeiters, Forschers, Betriebsleiters und Unternehmers gerade für die chemischen Tätigkeiten in Anspruch nehmen und daraus gewisse Hoffnungen für die Zukunft ableiten."[21]

Zwischen 1953 und 1967 betrug die jährliche Wachstumsrate der chemischen Industrie durchschnittlich 10,6 %; sie lag damit deutlich über der Wachstumsrate der Gesamtindustrie. Die chemische Industrie galt als Musterknabe: Sie schaffte Arbeitsplätze, sie trug in erheblichem Maße zur positiven Außenhandelsbilanz bei, sie vermittelte durch ihre modernen Kunststoffprodukte ein Gefühl gehobenen Lebensstandards, sie diente mit ihren Pharmaprodukten der Gesundheit und mit ihren Düngemitteln bewahrte sie die Welt vor einer Hungerkatastrophe.

Carl *Wurster* hat im Vorwort seines Buches *Chemie und Lebensstandard* vielen aus dem Herzen gesprochen: „Es ist in unserer Zeit wieder beinahe Mode geworden, daß man sich allgemein über die technischen Entwicklungen der Zivilisation kritisch äußert. Mancher dieser Pseudo-Philosophen und Kritiker wäre aber gar nicht damit einverstanden, wenn er plötzlich kein anständiges Papier mehr zum Niederschreiben seiner Gedanken hätte, wenn er in mangelhafter Kleidung frieren müßte, plötzlich sein elektrisches Licht nicht mehr einschalten könnte oder wenn ihm die Benützung eines üblichen Verkehrsmittels nicht mehr möglich wäre."[22] Er führte Beispiele an, wie angenehm die Chemie das Leben gemacht hat, und kommt zu dem Schluß: „Die unbestreitbar allgegenwärtige Chemie läßt uns auf keines der folgenden Gebiete verzichten: Ernährung, Kleidung, Wohnung, Besser hören, Besser sehen, Angenehmere und schnellere Bewegung, Höheres Lebensalter – der alte alchimistische Traum vom Lebenselixier."[23]

Kritik am Fortschritt

1964/1965 boomte die deutsche Wirtschaft. Aber schon im Jahr darauf geriet sie ins Stocken, und 1967 schrumpfte das Bruttosozialprodukt erstmals in der Geschichte der Bundesrepublik. Die Arbeitslosenzahl kletterte auf über eine halbe Million. Dieser Schwächeanfall der deutschen Wirtschaft ging zwar schnell vorbei, aber er ließ deutlich die Sensibilität der auf Fortschritt und Wachstum angelegten Wirtschaft erkennen. Zweifel wurden laut. Es erhoben sich kritische Stimmen, die den Konsumterror verurteilten. Exemplarische „Aussteiger" machten Schlagzeilen. Die Nachrichten über Bevölkerungsexplosion, Verkehrschaos, Umweltschäden und mögliche Genmanipulation ließen irrationale Ängste aufkommen. Da das Mißtrauen gegenüber der technischen Entwicklung stetig wuchs, fielen die Thesen der Technikgegner und Systemveränderer auf fruchtbaren Boden.

Unter den Kritikern ragte der Heidegger-Schüler Herbert *Marcuse* heraus, dessen Buch *Der eindimensionale Mensch* großen Einfluß auf die akademische Jugend, aber auch auf zahlreiche Erzieher, Schriftsteller, Theologen und Intellektuelle ausübte. *Marcuses* Gesellschaftskritik ist eine Kritik an der Technik, die „ihrer Natur nach Herrschaft ist". Sein Begriff der „Großen Verweigerung" wurde zum Schlagwort für die Einstellung der Jugend gegenüber dem sogenannten Establishment. In der Arbeit sieht *Marcuse* ein Instrument, das die westliche Kultur zur Unterdrückung des Menschen verwendet. „Tüchtigkeit und Unterdrückung reichen sich die Hand." Der Mensch steht immer mehr unter dem Zwang, immer mehr zu leisten und immer mehr zu konsumieren. Der scharfe Analytiker *Marcuse* sprach Probleme an, die vor allem junge Menschen bewegten. In raffinierter Weise verschmolz er den Marxismus mit der Psychoanalyse. Er verlangte schließlich eine neue Technik; die alte bezeichnete er als destruktiv, seelisch verarmt, antihuman und ihrem Wesen nach von Unterdrückung begleitet. Wie der Strukturwandel zur neuen Technik vor sich gehen und wie diese letzten Endes aussehen soll, verschwieg er.

An der Bildungspolitik, die zwei Jahrzehnte ein Schattendasein führte und weit hinter der Wirtschaftspolitik rangierte, hat sich schließlich der Funken entzündet. Die in aller Eile durchgeführte Hochschulreform, die bessere Gliederung der Studiengänge, der stärkere Praxisbezug und die Vereinheitlichung der Studienanforderungen genügte den Studenten nicht. Sie forderten darüber hinaus die Beseitigung der „autoritären Strukturen" und die Kontrolle der gesellschaftlichen Verantwortung der Wissenschaften.

Aus den durch neomarxistische Parolen angeheizten studentischen Protesten entwickelte sich unter Führung des Sozialistischen Deutschen Studentenbundes (SDS) die Außerparlamentarische Opposition (APO), die auf dem Wege militanter Demonstrationstechniken gesellschaftliche Veränderungen erreichen wollte. Die zahlreichen Aktionen der APO richteten sich aber nicht nur gegen die bestehenden gesellschaftlichen Verhältnisse in der Bundesrepublik Deutschland, sondern auch gegen amerikanische Einrichtungen im Lande und vor allem gegen das militärische Engagement der Vereinigten Staaten in Vietnam.

Der Protest gegen den Vietnamkrieg war auch ein Protest gegen die chemische Industrie, da der Vietnamkrieg von amerikanischer Seite bevorzugt mit chemischen Waffen, insbesondere mit Entlaubungsmitteln und Brandwaffen (Napalm), geführt wurde. Entlaubungsmittel sind Chemikalien, die bei Pflanzen das Abfallen der Blätter bewirken sollen, zum Beispiel zur Erleichterung der Ernte der Baumwolle von den Stauden. Die in Vietnam als taktische chemische Waffen eingesetzten Entlaubungsmittel bestanden aus Mischungen von Herbiziden, vor allem aus Estern von 2,4-D (2,4-Dichlorphenoxyessigsäure) und 2,4,5-T (2,4,5-Trichlorphenoxyessigsäure). Die 50prozentige Mischung aus beiden Stoffen erhielt den Decknamen „Agent Orange". Das im 2,4,5-T spurenweise enthaltene 2,3,7,8-TCDD (2,3,7,8-Tetrachlordibenzo-1,4-Dioxin), das 1976 als „Sevesogift" bekannt wurde, war vermutlich für die Spätschäden bei den Soldaten und der Zivilbevölkerung verantwortlich.

Die Brandwaffe Napalm, ein festes Gel auf Benzinbasis,

wurde ebenfalls im Vietnamkrieg von den Amerikanern in großen Mengen (200 000 t) eingesetzt. Brennendes Napalm führt infolge der starken Adhäsionskraft zu fressenden und schwärenden Brandwunden, aus denen oft Krebs entsteht. Einer der Hauptproduzenten von Napalm war die US-Firma Dow Chemical Company.

Kehren wir zurück nach Deutschland. Der Ende der sechziger Jahre einsetzende Massenandrang an den Universitäten erzwang schließlich eine tiefgreifende Reform der Hochschulen. 1976 wurde das Hochschulrahmengesetz erlassen, dem Hochschulgesetze der Länder folgten. Lehre und Forschung, der eigentliche Auftrag der Universitäten, wurde hinter Verwaltungsaufgaben zurückgedrängt und teilweise durch sachfremde, ideologische Zielsetzungen gefährdet. Darunter litten auch die engen Beziehungen zur Industrie. Aber gerade diese wechselseitig befruchtenden Kontakte hatten der deutschen Chemie mit zu einer Spitzenstellung verholfen. „Während in den USA eine Zusammenarbeit zwischen Hochschule und Industrie in jeder Weise ermutigt und gefördert wird und außerordentliche Resultate zeigt, ja inzwischen sogar auch eine ganze Reihe deutscher Industriefirmen eine solche Zusammenarbeit mit amerikanischen Hochschulen erfolgreich praktizieren, wird in Deutschland eine solche Entwicklung durch Genehmigungsvorschriften mit dem Stigma des Unerwünschten versehen. Viele deutsche Hochschullehrer gehen Industriekontakten bewußt aus dem Wege, zum Schaden der wirtschaftlichen Entwicklung dieses Landes."[24]

Drogen und Psychopharmaka

Ende der sechziger Jahre setzten alarmierende Nachrichten über den Mißbrauch von Substanzen mit rauscherzeugender Wirkung biedere Bürger in Schrecken. Nicht nur die herkömmlichen rauscherzeugenden Stoffe wie Morphin, Heroin und Kokain, die, wie der Alkohol, Rauschzustände mit mehr oder weniger ausgeprägter Bewußtseinstrübung hervorrufen, sondern auch die Halluzinogene fanden als „Glücksdrogen" zahlreiche Anhänger. Haschisch und vor allem LSD (Lysergsäurediethylamid) standen bei den Jugendlichen hoch im Kurs. Diese Drogen rufen beim Menschen tiefgreifende seelische Veränderungen hervor und lösen optische Halluzinationen aus: Phantastische Traumwelten werden ganz real erlebt. Die Flucht aus der wirklichen, technischen Welt mit ihrem unerträglich gewordenen Leistungsdruck erfaßte vorwiegend junge Menschen, insbesondere Studenten und Schüler.

LSD wurde 1938 von Albert *Hofmann* (* 1906) im Pharmazeutisch-Chemischen Forschungslaboratorium der Sandoz AG in Basel entdeckt. In zahlreichen Experimenten an Tieren und Menschen wurde die halluzinogene Wirkung erforscht. Die Gefahr, die von LSD ausgeht, besteht nicht primär in der Erzeugung einer Sucht, sondern in der nicht selten eintretenden Möglichkeit, daß anstatt des in der Regel vier bis acht Stunden dauernden „trips" ein „horror trip" abläuft, der zu Depressionen und Selbstmordversuchen führt. Außerdem ist eine teratogene Wirkung nicht auszuschließen. Amerikanische und sowjetische Militärs haben auch erwogen, LSD als Kampfstoff zu verwenden, der dem Angegriffenen die Orientierung nehmen soll.

Bei der Behandlung Heroinsüchtiger wurde in den USA schon in den siebziger Jahren Methadon eingesetzt, da dieser Stoff einige Abstinenzsymptome beim Heroinentzug unterdrückt. Das Analgetikum Methadon (6-Dimethylamino-4,4-diphenyl-3-heptanon), 1944 von Gustav *Ehrhart* (1894–1971) im I.G.-Werk Hoechst erstmals synthetisiert, erhielt die Bezeichnung Polamidon. Als die Amerikaner 1945 Hoechst besetzten, wurde es, wie viele andere Produkte, als Kriegsbeute beschlagnahmt und gelangte anschließend in den USA unter verschiedenen Namen auf den Markt. Die Suchtbekämpfung unter Anwendung von Methadon, eben auch einem Suchtmittel, ist heute nicht unumstritten. Kompetente Pharmakologen aber glauben, mit Methadon könnten viele Süchtige vor dem Verfall der Persönlichkeit und dem frühen Tod gerettet werden.[25]

Als Sucht-Ersatzstoffe bewährten sich auch die Psychopharmaka, vor allem Valium und Librium der Firma Hoffmann-La Roche aus Basel, die vorzugsweise in Kombination mit Alkohol eingenommen wurden. Valium und Librium enthalten die Tranquilizer Diazepam bzw. Diazepoxid, Wirkstoffe gegen Erregungs- und Angstzustände sowie gegen psychosomatische Probleme und Schlafstörungen. Sie waren in den sechziger Jahren die „einträglichsten patentierten Medikamente", die mehr als die Hälfte des Weltumsatzes an Psycho-Beruhigungsmitteln ausmachten und Hoffmann-LaRoche 1971 an die Spitze der Weltpharmaindustrie aufrücken ließen.

Flurbereinigung

Nachdem die I. G.-Nachfolger Bayer, BASF und Hoechst ihren „Expansionshunger" im Ausland vorerst gestillt hatten, kamen sie 1970 zu einer notwendigen Flurbereinigung im Inland. In der Zwischenzeit waren die Männer der ersten Stunde, *Haberland* bei Bayer, *Wurster* bei der BASF und *Winnacker* bei Hoechst, abgelöst worden. Bayer wurde seit 1961 von Kurt *Hansen* (* 1910) angeführt. 1936 war er als Chemiker und Diplom-Kaufmann ins I. G.-Werk Leverkusen eingetreten und hatte an verschiedenen Forschungsprogrammen mitgewirkt. Der in Yokohama geborene *Hansen* wurde schon frühzeitig von *Haberland* zu seinem Nachfolger „erzogen". Teil dieses Erziehungsprogramms war auch ein einjähriger Aufenthalt in Amerika und später in Indien – zu jener Zeit eine ungewöhnliche Ausbildung für einen deutschen Topmanager.

Ähnlich früh wurde in der BASF Bernhard *Timm* (1909– 1992) von *Wurster* auf die Rolle des Vorstandsvorsitzenden vorbereitet, allerdings nicht mit einer außereuropäischen Ausbildung. Timm beherrschte sechs Sprachen und war während der Zeit der Besetzung des Werkes durch die Sieger für *Wurster* unentbehrlich geworden. Er hatte Physik und Astronomie studiert und sich nach dem Studium zwei Jahre als Astronom bei Carl *Bosch* verdingt, der in Heidelberg eine private Sternwarte besaß. 1936 trat *Timm* ins Ammoniaklaboratorium des I. G.-Werkes Ludwigshafen-Oppau ein. 1952 wurde er in den Vorstand der BASF berufen und im Jubiläumsjahr 1965 in Anwesenheit von Frau Geheimrat *Bosch* zum Vorstandsvorsitzenden des Traditionsunternehmens ernannt.

Bei Hoechst fand die erste Wachablösung erst 1969 statt. 18 Jahre hatte Karl *Winnacker* residiert; er war 66 Jahre alt, als er den Platz an der Spitze des Unternehmens für Rolf *Sammet* (* 1920) frei machte. In seiner Heimatstadt Stuttgart hatte *Sammet* Chemie studiert und nach der Promotion eine Tätigkeit in einer kleinen chemischen Fabrik in Heidenheim angenommen. 1949 trat er in die Farbwerke Hoechst ein. Seine Karriere verlief gradlinig bis an die Spitze des Unternehmens.

Die drei Herren der Großchemie, *Hansen, Timm* und *Sammet,* steckten die Interessen ihrer Unternehmen ab. 1969/1970, noch rechtzeitig vor den schweren Stürmen der siebziger Jahre, kam es zu einer Flurbereinigung in Westdeutschland. Davon profitierten vor allem Hoechst und Bayer. Hoechst erwarb von Bayer und BASF die Cassella-Anteile (je 25,1 %) und konnte damit endlich das heißersehnte Juwel an sich bringen. Das Interesse der Bayer AG galt traditionsgemäß der Kautschukproduktion; in einem komplizierten Tauschgeschäft mit Hoechst erlangte Bayer die Mehrheit bei Hüls. Damit gingen auch die Anteile an der Chemie-Verwaltung und der Synthesekautschuk-Beteiligungs-GmbH auf Bayer über. Die letzten Probleme aus der I. G.-Zeit waren nun beseitigt. Nur noch ein Unternehmen, die Duisburger Kupferhütte, blieb im gemeinsamen Besitz der drei I. G.-Nachfolger. *Sammet* äußerte sich zufrieden: „Die Verwaltung von Hoechst und auch jene von Bayer und BASF sind über das nunmehr gefundene Arrangement glücklich und zufrieden. ... Wir sind fern von jeglichem Umsatzneid unter den drei großen I. G.-Nachfolgern."[26]

Während sich Hoechst und Bayer die alten I. G.-Bestände teilten, sah sich die BASF verstärkt außerhalb des vertrauten Terrains um. Schon 1969 erwarb sie 50 % der Elastomer AG, Chur/Schweiz, und dehnte damit ihre Aktivitäten auf das vielseitige Gebiet der Polyurethane aus; 1971 kaufte sie auch die restlichen 50 % des Elastomer-Konzerns mit den 24 Beteiligungsgesellschaften in Deutschland und mehreren Tochtergesellschaften im Ausland. Ebenfalls 1969 gründete die BASF zusammen mit Degussa die Ultraform GmbH, Ludwigshafen, eine Produktionsgesellschaft zur Herstellung von Polyacetal-Werkstoffen. Mit dem Erwerb der Siegle-Gruppe 1970 verstärkte die BASF ihren Pigmentbereich und mit der Firma Freudenberg & Co gründete sie das Gemeinschaftsunternehmen Lutravil Spinnvlies.

Auf *Timms* ehrgeizigem Programm standen vor allem höher veredelte Produkte. Er wollte endlich das Etikett „Rohstoffladen" von der BASF entfernen. Der Weg in die Verbraucherprodukte war aber schwierig und nicht immer erfolgreich. Wenn auch nicht alle Blütenträume reiften, so hat er doch der BASF ein modernes Aussehen gegeben.

1970/1971 haben sich die drei großen I. G.-Nachfolger eine neue Organisationsstruktur gegeben, die der starken Expansion und weltweiten Tätigkeit Rechnung trug. Nach einem ähnlichen Schema haben sich die Unternehmen Produktsparten bzw. Geschäftsbereiche als selbständige Profitcenter geschaffen; rein regionale Tätigkeiten wurden von Regionalsparten und übergeordnete Funktionen von Zentralbereichen wahrgenommen. Diese Organisationsform wurde in den frühen achtziger Jahren weiterentwickelt: die alten Strukturen, die auf hohe Wachstumsraten in Deutschland ausgerichtet waren, mußten den neuen Erfordernissen angepaßt werden. Die Regionen erhielten ein stärkeres Gewicht, vor allem Nordamerika. Die Funktionsbereiche wurden gestrafft.

Die Eigenart der deutschen chemischen Industrie, Forschung, Verwaltung und Verkaufsorganisation an den großen Fabrikationsstandorten zu konzentrieren, wurde beibehalten. Darin spiegelt sich offenbar der deutsche Föderalismus. Ein System wie in Frankreich oder England, wo die Verwaltung, die Verkaufsorganisation und zum Teil auch die Forschung großer Unternehmen in den Hauptstädten angesiedelt sind, während die Produktionsbetriebe verstreut im Lande liegen, wäre für die chemische Industrie in Deutschland nach der Aufteilung in Besatzungszonen von großem Nachteil gewesen.

1973 wies die deutsche chemische Industrie unter den großen Industrienationen den größten Exportanteil, bezogen auf die gesamte Chemieproduktion, auf. In den Jahren 1960 bis 1974 war das durchschnittliche jährliche Wachstum in der Chemieproduktion in Japan und in der Bundesrepublik am größten (Tabelle 11).

Die drei I. G.-Nachfolger BASF, Bayer und Hoechst hatten sich Anfang der siebziger Jahre weltweit an die Spitze geschoben und belegten umsatzmäßig die drei ersten Plätze (Tabelle 12). 1974 betrug der Umsatz dieser drei Firmen 58,8 Milliarden DM oder 7,2 % vom Weltchemieumsatz der west-

Tabelle 11. Wachstum der chemischen Industrie 1960–74

	Chem. Industrie Wachstum / a (%)	Z. Vergl.: BSP Wachstum / a (%)
BR Deutschland	9,7	4,6
Frankreich	7,4	5,7
Großbritannien	6,0	2,9
USA	8,0	3,8
Japan	12,0	10,0

Tabelle 12. Rangfolge der Chemiefirmen 1974

	Umsatz Mrd. DM	Umsatz-Entwickl. 1960 = 100	Ergebnis v. Steuer Mrd. DM	Investition x 100 : Umsatz
Hoechst	20,2	680	1,75	15
BASF	19,7	763	1,34	15
Bayer	18,9	555	1,36	14
ICI	17,9	529	2,76	12
Du Pont	17,9	322	1,77	11
UCC	13,8	343	2,35	9
Dow	12,8	633	2,81	16

lichen Industriestaaten. Die Plätze 4 bis 7 belegten ICI, DuPont, UCC und Dow.

Die drei deutschen Firmen und die britische ICI besaßen eine breitere Produktionspalette als die amerikanischen Firmen Du Pont, UCC und Dow. Auch die Produktionstiefe war bei den europäischen Firmen stärker ausgeprägt als bei den amerikanischen. Beurteilt man die Firmen nach den drei Kriterien Umsatzrendite, Gesamtkapitalrendite und Kapitalstruktur in der Zeit von 1960 bis 1974, so rangieren die US-Firmen – trotz unterschiedlicher Abgrenzungen – deutlich vor den europäischen Unternehmen. Der im Vergleich zu Europa stabilere, von nationalen Eigenarten freie US-Binnenmarkt und die Konzentration auf wenig Arbeitsgebiete mit gezieltem Einsatz der Ressourcen brachten den amerikanischen Firmen Vorteile im Wettbewerb. Dow, eine sehr dynamische Firma, wies die höchste Investitionsquote auf.

An dieser Stelle sei auch ein Hinweis auf die Struktur und Strategie der Schweizer chemischen Industrie erlaubt. Zunächst fällt auf, daß in der Schweiz die chemische Industrie in Basel und Umgebung konzentriert ist. Dort befinden sich auch die drei größten der Branche: Ciba-Geigy, Hoffmann-La Roche und Sandoz. Ciba-Geigy nahm 1974 den 9. Platz unter den umsatzstärksten europäischen Chemieunternehmen ein. Hoffmann-La Roche und Sandoz folgten nur wenige Plätze dahinter.

In Entstehung und Entwicklung bis zum Ersten Weltkrieg gleichen sie den rheinabwärts liegenden deutschen chemischen Fabriken. Die Ciba AG, gegründet 1884, und die Geigy AG, gegründet 1758, schlossen sich 1970 zur Ciba-Geigy AG zusammen. Die Sandoz AG wurde 1886, die Hoffmann-La Roche AG 1896 gegründet. Den Weg in die Massenproduktion großer Produkte, nach dem Ersten Weltkrieg auf Kohlebasis, nach dem Zweiten Weltkrieg auf Basis Erdöl und Erdgas, ist die Schweizer chemische Industrie nicht gegangen. In der Schweiz standen keine nennenswerten einheimischen Rohstoffquellen zur Verfügung. Man verzichtete also auf die Massenproduktion von Großprodukten und Commodities und richtete das gesamte Augenmerk auf die rentablen

Spezialitäten: Farbstoffe, Pharmaprodukte und Pflanzenschutzmittel.

Während die deutsche chemische Industrie infolge der Zerstörungen im Zweiten Weltkrieg und durch Demontage und Produktionsverbote danach stark zurückgeworfen wurde, konnte die Schweizer chemische Industrie sofort nach dem Krieg ihre Produktion voll ausfahren, ihre alten Geschäftsbeziehungen aufnehmen und zum Teil auf Kosten der deutschen chemischen Industrie Marktanteile gewinnen. 1971 belegte die Schweiz mit 11% vom Pharma-Weltmarkt den zweiten Platz nach den USA. 95% der in der Schweiz produzierten Arzneimittel wurden im Ausland verkauft.

Kapitel 7

Verunsicherung 1974–1982

Der Ölpreis explodiert

Die Sorge um das Überleben der Menschheit auf dem Raumschiff Erde führte 1968 zur Gründung des Club of Rome. Diese internationale Vereinigung von Wissenschaftlern, Industriellen und Politikern aus mehreren Ländern versuchte mit Hilfe von Weltmodellen die Wechselwirkungen von Erdbevölkerung, Rohstoffreserven, Ernährung und Umweltverschmutzung zu beschreiben. Der erste zusammenfassende Bericht des Club of Rome wurde 1972 von Dennis *Meadows* unter dem Titel *Die Grenzen des Wachstums* herausgegeben. Das Ergebnis dieser Studie war schockierend: Unser Bevölkerungs- und Produktionswachstum ist ein Wachstum zum Tode. Auch wenn es gelingen sollte, gemäß den Modellrechnungen einen Gleichgewichtszustand für Weltbevölkerung, Industrieproduktion, Nahrungsmittelproduktion und Umweltverschmutzung zu erreichen, würden die Rohstoffvorräte abnehmen und irgendwann erschöpft sein. Das Buch wurde ein Bestseller. Als kurze Zeit darauf die Krise um das Rohöl in apokalyptischer Weise über die Menschen in den reichen Ländern hereinbrach, war der Beweis für die Grenzen des Wachstums erbracht.

Von 1950 bis 1970 stieg der Energieverbrauch der Welt von 2,7 Milliarden Tonnen SKE (Steinkohleeinheiten) auf 7,4 Milliarden Tonnen SKE. Während 1950 der Weltenergiebedarf zu 58 % durch Kohle, zu 27 % durch Erdöl, zu 10 % durch Erdgas und zu 5 % durch Wasserkraft gedeckt worden war, erhöhte sich bis 1970 der Anteil des Erdöls auf 42 % und der des Erdgases auf 15 %; der Anteil der Kohle ging auf 33 % zurück. Die Ursache dieses Strukturwandels in der Weltenergiewirtschaft waren die Vorteile des flüssigen Energieträgers Erdöl bei Gewinnung, Transport, und Umwandlung in andere Energieformen gegenüber dem festen Energieträger Kohle. Hand in Hand mit dem Strukturwandel ging die Konzentration der Erdölförderung auf eine relativ kleine Zahl von Ländern, vor allem im Nahen Osten, die sich zur „Organization of Petroleum Exporting Countries" (OPEC) zusammenschlossen. 1970 stammten fast 50 % der Welterdölförderung aus diesen Ländern, während ihr Anteil an den Welterdölreserven nahezu 70 % betrug. Die starke Stellung der OPEC erlaubte ihr, seit Ende 1973 die Rohölpreise einseitig festzusetzen und gegen einige Industrieländer Erdölembargos zu verhängen. Von 1970 bis 1975 haben sich die Erdölpreise mehr als verfünffacht. Diese Entwicklung führte dazu, daß alle erdölverbrauchenden Länder der Welt der Energieeinsparung und der Entwicklung alternativer Energiequellen einen hohen Rang eingeräumt haben.

Der Bedarf der chemischen Industrie an organischen Rohstoffen in der Bundesrepublik Deutschland wurde 1973 zu etwa 90 % aus Erdöl und dessen Folgeprodukten und nur zu 10 % aus Kohle gedeckt. Der Anteil des Erdöls, der damals für die chemische Industrie benötigt wurde, betrug etwa 7 % vom gesamten Erdölverbrauch in der Bundesrepublik.

Nach der drastischen Verteuerung des Erdöls setzte in der chemischen Industrie zunächst ein ruinöser Wettbewerb ein, der vor allem im Faserbereich weltweit zu großen Turbulenzen führte. Ein Personalabbau war nicht zu umgehen; zu größeren Entlassungen kam es bei Hoechst, Akzo, ICI und Du Pont.

In allen Bereichen der chemischen Industrie erforderte der stark verminderte Absatz eine entsprechende Drosselung der Produktion. Bei einer Auslastung der Anlagen von nunmehr 70 % und darunter mußten kurzfristige Rationalisierungsmaßnahmen vorgenommen werden. Überlegungen wurden angestellt, Rohstoffe einzusparen, die Ausbeute zu erhöhen und Kuppelprodukte kostengünstiger zu verwerten. Investitionsvorhaben wurden gestreckt oder sistiert.

Zurück zur Kohle?

Schon wurde die Petrochemie in Frage gestellt. Alte Verfahren auf Kohlebasis wurden wieder interessant, und ihre Wirtschaftlichkeit wurde überprüft. In der BASF überlegte man, ob man nicht wieder Acetylen aus Carbid erzeugen sollte. Aber der Erdölpreis war Mitte der siebziger Jahre noch nicht hoch genug, die Kohle war vergleichsweise noch zu teuer. Unter der Annahme, daß die Preissteigerung des Erdöls größer sein würde als die der Kohle, sollten ab Mitte der achtziger Jahre die Herstellkosten für das Carbidacetylen günstiger sein als die für petrochemisches Acetylen. Andere Unternehmen kamen bei ihren Überlegungen und Prognosen zu ähnlichen Ergebnissen.

Im April 1974 wurde vom Verband der Chemischen Industrie (VCI) der Arbeitskreis „Kohleveredlung" gegründet, der sich aus Vertretern der chemischen Industrie, der Mineralöl- und Kohleindustrie sowie der öffentlichen Hand zusammensetzte. Dieser Arbeitskreis hatte die Aufgabe, eine Bestandsaufnahme über die verfahrenstechnischen Möglichkeiten des Ersatzes petrochemischer Primärchemikalien durch solche aus Kohleveredlungsverfahren zu erarbeiten.[1]

Die Schering AG erhielt vom Bundesministerium für Forschung und Technologie den Auftrag zu prüfen, ob das Fischer-Tropsch-Verfahren die in der chemischen Industrie benötigten Rohstoffe billiger liefern könne als die Petrochemie. In der Pressekonferenz am 2. Juni 1977 verkündete der Vorstandsvorsitzende der Schering AG, Herbert *Asmis,* daß es bei entsprechender Steigerung der Erdölpreise bald wirtschaftlich interessant sein werde, aus Kohle nach dem Fischer-Tropsch-Verfahren Rohstoffe für die chemische Industrie herzustellen: „In der Bundesrepublik ist die Zukunft des Fischer-Tropsch-Verfahrens nicht nur aus betriebswirtschaftlicher Sicht, sondern auch aus volkswirtschaftlicher Perspektive zu betrachten. ... Die Möglichkeit, noch vor 1990 zur breitangelegten Anwendung des Fischer-Tropsch-Verfahrens überzugehen, wird außerdem dadurch gestützt, daß das Forschungszentrum in der Kernforschungsanlage Jülich, das die Entwicklung von Prozeßwärme auf der Basis von Kernenergie untersucht, bereits einen hohen technischen Stand erreicht hat."[2]

Das einzige Land der Welt, das damals eine Fischer-Tropsch-Anlage betrieb, war Südafrika. Die Förderkosten für Steinkohle betrugen dort 10 bis 15 DM pro Tonne, während sie in der Bundesrepublik bei 130 bis 135 DM pro Tonne lagen. 1978 erzeugte die Fischer-Tropsch-Anlage in Südafrika 370 000 Tonnen flüssige Kohlenwasserstoffe, teils nach dem Arge-Verfahren von Lurgi-Ruhrchemie, teils nach dem Synthol-Verfahren der Firma Kellog. 1980 wurde die Anlage auf 2,5 Millionen Jahrestonnen, 1982 auf 4,5 Millionen Jahrestonnen Flüssigprodukte erweitert.

Auch das I. G.-Kohlehydrierverfahren wurde hervorgeholt. Saarbergwerk AG und BASF bauten technische Versuchsanlagen und verbesserten das Verfahren in entscheidenden Punkten. Vor allem war es gelungen, den Wasserstoffverbrauch zu senken und den Verfahrensdruck zu vermindern. 1980 kooperierte die Saarbergwerk AG mit der Gelsenberg AG auf dem Gebiet der Kohleverflüssigung und plante eine vom Bundesministerium für Forschung und Technologie geförderte großtechnische Demonstrationsanlage für einen jährlichen Kohledurchsatz von 2 Millionen Tonnen. Bei der Aufarbeitung des Kohleöls arbeitete die Saarbergwerk AG weiterhin mit der BASF zusammen.

Eine Shell-Studie aus dem Jahr 1977, die zu dem Ergebnis kam, daß unter Beibehaltung der gegenwärtigen Fördermengen die nachgewiesenen Erdölreserven nur noch für 25 Jahre ausreichen, unterstrich den Ernst der Lage.[3] Bald war die ganze Welt auf der Suche nach alternativen Rohstoffen. Auf der Eröffnungssitzung der „Weltkonferenz über zukünftige Quellen organischer Rohstoffe" in Toronto/Kanada im Jahre 1978 hat Bayer-Chef Herbert *Grünewald* ein vielbeachtetes Referat gehalten. Die Ablösung des Erdöls stellte er sich in mehreren Phasen vor: „Soweit sich bis jetzt überblicken läßt, tendiert die Entwicklung in die folgende Richtung: in einer ersten Phase bis etwa 1984/85 wird viel zur Verbesserung der Nutzung von Rohöl als Rohstoff unternommen werden. In einer zweiten Phase, die etwa 1988/89 beginnt, wird sich der Trend zugunsten der Kohlechemie verstärken. Eine nach 1990 beginnende dritte Phase ist gekennzeichnet durch die zusätzliche Nutzung von Ölschiefer und Ölsänden. Erst nach dem Jahr 2000 ist mit einer wirtschaftlichen Nutzung sogenannter ‚Biomassen' als Rohstoffe für Chemieprodukte auf breiter Basis zu rechnen."[4] Außerdem empfahl er Erdöl verstärkt als Rohstoff für die chemische Weiterverarbeitung zu nutzen und normale Raffinerien durch Hydrocracker und Rückstandskonversionsanlagen in petrochemische Raffinerien umzurüsten. Er betonte auch, daß in der chemischen Industrie große Anstrengungen gemacht werden, um die Ausbeute zu erhöhen und Energie einzusparen. Der Anteil der Energie am gesamten Input (Energie+Rohstoffe) chemischer Prozesse sei von 77 % im Jahre 1965 auf etwa 48 % im Jahre 1974 gesenkt worden.

1979 stellte Friedrich *Asinger* (*1907), Direktor des Instituts für Technische Chemie und Petrochemie der Technischen Hochschule Aachen, in einem Vortrag vor der Gesellschaft Deutscher Chemiker die Frage: „Können wir wieder eine technische Chemie betreiben wie in den Jahren 1930 bis 1945?" Seine Antwort lautete: „Im Prinzip ist das möglich, aber der Weg vom Erdöl zurück zur Kohle ist keineswegs so einfach, wie man in nicht eingeweihten Kreisen meint."[5] Er leitete ab, welche ungeheuren Kapazitäten auf Kohlebasis geschaffen werden müßten und stellte fest, „daß die Kohleförderung den Anforderungen nicht im entferntesten nachkommen kann, wenn plötzlich nur noch dieser Rohstoff zur Verfügung stünde. Man muß deshalb weltweit die Kohle durch Atomenergie ersetzen und hoffen, daß der Rohstoff Erdöl und Erdgas für die Chemie noch lange zu bekommen ist." Und er beschloß seine Ausführungen: „Noch nie war es der Menschheit so klar, daß das Erdöl zum bestimmenden Faktor ihres Schicksals geworden ist, und wenn man sich in der Welt umsieht, gibt es auf allen Ebenen Anlaß zur Skepsis, ob die Menschheit ihr Schicksal meistern wird."[6]

Auf dem „zukunftsträchtigen" Gebiet der Kohleveredlung und Kohlechemie engagierte sich die Bundesrepublik Deutschland in besonderem Maße. Schließlich ist diese Entwicklung von Deutschland ausgegangen und bis 1945 in einer gigantischen Großtechnik betrieben worden. 1980 waren sieben Versuchsanlagen zur Kohlevergasung und vier zur Kohleverflüssigung in Betrieb bzw. im Bau. Vier weitere Projekte befanden sich in Planung. Die Aktivitäten der Bundesrepublik erstreckten sich nicht nur auf das Inland. Gemeinsam mit den USA und Japan hat sie sich auch an einem Demonstrationsprojekt zur Kohleverflüssigung in den USA beteiligt. Wenn alle Projekte im Inland realisiert worden wären, hätte ab 1993 der Steinkohlebedarf für diese Projekte 15 Millionen Jahrestonnen und der Braunkohlebedarf 10 Millionen Jahrestonnen betragen. (Steinkohleförderung 1988 in Westdeutschland: 79,3 Millionen Tonnen.)

Eine komplette Umstellung von Erdöl auf Kohle in der chemischen Industrie war kurz- und mittelfristig nicht möglich. Um den knappen Rohstoff Erdöl zu schonen und seine Reichweite zu strecken, überlegte man wirtschaftlich optimale Kombinationen, Kohle neben Erdöl einzusetzen. Für die Erzeugung von Synthesegas, dessen wichtigste Folgeprodukte Ammoniak und Methanol sind, sollte nur noch Kohle verwendet werden. Schwere Erdölfraktionen sollten durch Hydrocracker in leichte Fraktionen, also in Treibstoffe und Chemiebenzin (Naphtha) umgewandelt werden.

Synthesegas und Methanol

Bei der Vergasung von Kohle mit Wasserdampf und Sauerstoff zu Synthesegas müssen zur Erzeugung der erforderlichen Prozeßwärme 30 bis 40 % der Kohle verbrannt werden. Der Rest wird in Synthesegas (Wasserstoff und Kohlenoxid) umgewandelt. Technisch erprobt waren in den siebziger Jahren die Winkler-Vergasung, die Kopper-Totzek-Vergasung und die Lurgi-Vergasung. Nach dem Winkler-Verfahren wird feinkörnige Kohle in einem Wirbelbett bei etwa 950 °C begast. Das Verfahren wurde 1931 von der I. G. Farbenindustrie in Leuna entwickelt und in den siebziger Jahren vor allem bei der Firma Rheinbraun verbessert. Beim Kopper-Totzek-Verfahren wird pulverisierte Kohle in einer Flugstaubwolke unter Ausbildung einer Flamme bei Temperaturen zwichen 1400 und 2000 °C vergast. Die erste kommerzielle Anlage wurde 1952 in Finnland in Betrieb genommen. Bei der Lurgi-Druckvergasung wird stückige Steinkohle oder brikettierte Braunkohle kontinuierlich in ein durch Rotoren bewegtes Festbrett eingetragen und bei etwa 1000 °C unter Druck vergast. Die Entwicklung dieses Verfahrens begann in den dreißiger Jahren; in den siebziger Jahren waren mehrere Großanlagen in Betrieb, u. a. in Südafrika, wo das Synthesegas für die Fischer-Tropsch-Synthese benötigt wurde.

Von den klassischen Synthesegasprodukten Ammoniak und Methanol, die beide auf Kohlebasis entwickelt worden waren, rückte Methanol Mitte der siebziger Jahre stark ins Blickfeld. Der Syntheserohstoff Methanol kann nämlich auch als Treibstoff verwendet werden, und zwar sowohl als Zusatz zum herkömmlichen Benzin als auch als vollständiger Ersatz. Vorteilhaft gegenüber Benzin ist die höhere Octanzahl (110). Die hohe Toxizität, die große Affinität zu Wasser und der relativ geringe Energieinhalt bringen jedoch Nachteile. Umso interessanter wurde Methanol als Rohstoff zur Herstellung des herkömmlichen Fahrbenzins: Mobiloil hatte nämlich Anfang der siebziger Jahre ein Verfahren ausgearbeitet, nach dem Methanol durch Reaktion an Zeolithen in ein Kohlenwasserstoff-Gemisch dehydriert wird, dessen größer Anteil im Siedebereich des Fahrbenzins liegt und Octanzahlen von 95 erreicht. Für die Verwendung von Methanol als Mischkomponente zum Fahrbenzin und vor allem als Syntheserohstoff zur zeolithkatalytischen Umwandlung wurden Konzepte für Methanolanlagen mit einer Jahresproduktion von 10 Millionen Tonnen (Mega-Methanol-Anlagen) entwickelt. Diese Anlagen wurden aber nicht realisiert, da die Preise für Erdöl nicht in dem befürchteten Ausmaß weiter anstiegen.

Aus dem gleichen Grund konnten auch die Aktivitäten zur Kohleverflüssigung und Kohlehydierung gedrosselt oder ganz eingestellt werden.

Bei den Überlegungen zur Umstellung wichtiger Grundprozesse von Erdöl- auf Kohlebasis spielte auch die Einbindung von nuklearer Energie eine nicht unerhebliche Rolle: Die primär anfallende Prozeßwärme von 800 bis 1000 °C im Hochtemperatur-Reaktor sollte direkt für die Vergasung von Kohle mit Wasserdampf nutzbar gemacht werden. Kohle wäre dann nicht mehr als Energielieferant, sondern nur noch als Rohstoff verwandt worden. Eine Ausbeuteerhöhung bis zu 40 % wäre erzielbar gewesen.

Kunststoff-Schwemme

Durch die Verteuerung des Erdöls und der daraus in den Raffinerien erzeugten Chemierohstoffe war am nachhaltigsten die Kunststoffbranche betroffen. Trotz des starken Nachfragerückganges für die Massenkunststoffe betrieb die chemische Industrie ihre überdimensionierten Kunststoffanlagen weiter. Der aufkommenden Meinung, Kunststoffe wären unnötig, ja sogar verwerflich, da sie einerseits das kostbare Erdöl verbrauchen und andrerseits durch ihre Abfälle die Umwelt verschmutzen, hielt man entgegen, daß Kunststoffe unter geringerem Energieaufwand hergestellt werden als andere Werkstoffe und daß gerade Kunststoffe als Wärmedämmstoffe Energie einsparen helfen. Kunststoffe, so argumentierte die chemische Industrie, sind eine Durchgangsstufe: Das wertvolle Erdöl wird nicht sofort in Energie umgesetzt, sondern zunächst unter Energieaufwand in die höher veredelte Stufe der Kunststoffe umgewandelt, um nachher daraus, wenn die Kunststoffprodukte ihre Aufgabe erfüllt haben, in einer Müllverbrennungsanlage Energie zu gewinnen. Man wies auch darauf hin, daß für die Erzeugung von Kunststoffen relativ wenig Erdöl verbraucht wird: 1977 wurden in Westeuropa etwa 3 % der insgesamt 700 Millionen Tonnen Rohöl für die Herstellung von Kunststoffen abgezweigt.

Anfang der achtziger Jahre, nach der zweiten großen Preisanhebung für Erdöl, kamen die Kunststoff-Hersteller in eine prekäre Situation. Da sich auf der einen Seite die Grundstoffe stark verteuerten, auf der anderen Seite die Anlagenauslastung absackte, gerieten die Standard-Kunststoffe in die Verlustzone. Die Kunststoff-Hersteller Westeuropas sollen 1981 insgesamt 3 Milliarden DM verloren haben. Demgegenüber konnte man die Krise 1975, die der erste Ölpreisschub ausgelöst hatte, als kleinen Störfall bezeichnen.

In dieser Situation gab es nur einen Ausweg: Rationalisierung bis zur Schmerzgrenze und Abbau der Überkapazitäten. Am nachhaltigsten waren die Devestitionen bei der BASF: Bei ROW wurde die Kapazität der Steamcracker von 1050000 auf 650000 Tonnen Ethylen pro Jahr und die der LDPE-Anlage von 740000 auf 400000 Tonnen pro Jahr zurückgenommen. Hoechst baute die HDPE-Kapazität von 520000 auf 360000, Wacker die PVC-Kapazität von 335000 auf 260000 und Bayer die Ethylenkapazität bei der Erdölchemie von 720000 auf 360000 Jahrestonnen ab.

Der kräftige Kapazitätsabbau, der sich nicht nur auf Deutschland beschränkte, sondern auch in anderen westeuropäischen Ländern praktiziert wurde, trug bald Früchte. Die höhere Anlagenauslastung verringerte die Herstellkosten und brachte bessere Ergebnisse. In der zweiten Hälfte der achtziger Jahre blühte der Kunststoffsektor wieder auf. In den Jahren 1986 bis 1988 war er der größte Ergebnisträger der chemischen Industrie.

Neue Strategien

Im Juni 1982, auf dem Höhepunkt der Strukturkrise der Petrochemie, bekannte Matthias *Seefelder*, Vorstandsvorsitzender der BASF: „Die Misere liegt in den Überkapazitäten bei Fasern, Standardkunststoffen, Raffinerien und Crackern. Bei den Kunststoffen herrschen Verhältnisse wie in der Montanindustrie. Gespeist wird die Strukturkrise aus mehreren Quellen. Einmal haben wir, die gesamte Branche der westlichen Welt, von 1975 an zuviel investiert, weil wir nicht wahrhaben wollten, daß die Wachstumsraten aus der Zeit vor der ersten Ölpreisexplosion vorbei waren."[7] Seine Kritik machte vor der BASF nicht halt: „Heute ist es ein Nachteil, daß wir in unserer Produktpalette zu wenig intelligente Produkte führen, zu viele Schwerchemie haben, zu große Volumina mit dem Zwang, diese Volumina umzuwälzen."[8] Anschließend schilderte er die neue BASF-Strategie der Vorwärtsintegration: „Wir bewegen uns ja schon lange nach vorne in Gebiete wie Pharmazeutika, Pflanzenschutzmittel, Vitamine und Farbstoffe. Wir sind zum Beispiel Europas zweitgrößter Vitaminhersteller und Marktführer bei Lacken. Wir werden unter anderem das Arbeitsgebiet menschliche und tierische Ernährung forcieren. Dazu haben wir einen Unternemensbereich ‚Ernährung' gegründet. Wir werden künftig auch stärker in die komplexe Welt der Biochemie vordringen. Unsere allgemeine Stoßrichtung heißt: noch mehr Konsumnähe, noch mehr Verbraucherprodukte, bei denen der Rohstoff- und Energieanteil nicht mehr diese fatale Rolle spielt."[9]

Die BASF betrieb eine Doppelstrategie. Schon frühzeitig hatte sie sich eigene Öl-, Gas- und Kohlevorkommen gesichert. In den turbulenten Zeiten der Krise um das Öl hielt sie daran fest. Auf der anderen Seite wollte sie mit hochveredelten Produkten ein Gegengewicht zu den Rohstoffen und den rohstoffnahen Massenkunststoffen schaffen. Anders die Strategie von Bayer: Mit dem Verkauf der Hüls-Beteiligung an Veba 1979 gelang es Bayer, aus dem unrentablen Geschäft mit Massenkunststoffen auszusteigen und an die Spitze der vorwärtsintegrierten Weltchemiefirmen zu rücken. Pharma, Pflanzenschutz und Agfa erbrachten 1981 mehr als die Hälfte des Bayer-Umsatzes. Verstärkte Hinwendung zu Spezialitäten mit hoher Wertschöpfung war ein sicherer Weg in die Gewinnzone. Der Vorstandsvorsitzende von Bayer, Herbert *Grünewald*, hatte sein Unternehmen darauf verpflichtet. Als Präsident des Verbandes der Chemischen Industrie (VCI) ermunterte er seine Verbandskollegen, alle „notwendigen Anpassungen aus eigener Kraft – das heißt ohne staatliche Hilfe – innerhalb der nächsten Jahre durchzuführen."[10]

Die US-Firmen Du Pont und Dow haben sich in jenen unsicheren Zeiten rückwärts gewandt. Du Pont erwarb 1981 die Continental Oil Company (Conoco) für 7,8 Milliarden Dollar unter dem Gesichtspunkt der Rohstoffsicherung. Dies bedeutete eine wesentliche Änderung im Product-Mix: Knapp die Hälfte des Gesamtumsatzes entfiel nun auf den vorher nicht vorhandenen Energiesektor. Dow, die andere große US-Firma, hatte sich in Texas in der Nähe ihrer petrochemischen Anlagen erhebliche Kohlevorkommen gesichert und sich an einem Petrochemiekomplex der Saudis am Persischen Golf beteiligt. Unter den großen Weltfirmen der chemischen Industrie hatte Dow am härtesten bei Kosteneinsparungen und Rationalisierungen durchgegriffen.

Dagegen drangen in den siebziger Jahren die großen Mineralölgesellschaften weiter in die Chemie ein. Vor allem Exxon, Shell, Standard Oil of Indiana, BP und Philips Petroleum entwickelten auf dem Chemiesektor beachtliche Aktivitäten. Bevorzugt wurden Arbeitsgebiete, die sich an die Erdölraffination anschlossen. Die wichtigsten Erzeugnisse waren: Petrochemische Grundprodukte (Olefine und Aromaten), Monomere (VC, Styrol), Polymere (Polyethylen, PVC); daneben Ammoniak und Düngemittel, Lösungsmittel und Weichmacher. In seltenen Fällen wurde die Produktion von Spezialitäten aufgenommen: Pflanzenschutzmittel (Shell), Riech- und Duftstoffe (Philips, Anic) und Proteine (BP, Anic). Die Chemieumsätze lagen 1976 zwischen 10 und 20% des Gesamtumsatzes der Gesellschaften. Die zehn größten Erdölgesellschaften erzielten insgesamt einen Chemieumsatz von 17 Milliarden Dollar, mehr als Hoechst und BASF zusammen. In der chemischen Forschung waren sie ebenso aktiv wie die großen deutschen Chemiefirmen, und die Investitionsquoten (Investition : Umsatz) lagen im Mittel bei 10%, also höher als bei Hoechst und BASF (8,5%). Diese großen, in die Zukunft gerichteten Aktivitäten deuteten darauf hin, daß die Mineralölgesellschaften in das Chemiegeschäft gewinnbringende Erwartungen setzten. Die Früchte dieser Strategie ernteten sie in den achtziger Jahren. Bei Shell betrug 1988 der Chemieumsatz 12,4% vom

Gesamtumsatz, der Gewinn aus dem Chemiegeschäft aber lag bei 30 %.

Soziale Spannungen

Schon vor der Krise um das Erdöl, Anfang der siebziger Jahre, als sich die Konjunktur aufbäumte, prallten die Interessen der Unternehmen und der Gewerkschaften hart aufeinander. Die sozialliberale Koalition hatte unter dem Summenzeichen „Mehr Demokratie" ein gigantisches Reformprogramm in Gang gesetzt, das sie durch Staatsverschuldung finanzieren mußte. Damit löste sie einen Inflationsdruck aus, der die Lebenshaltungskosten stark in die Höhe trieb. Die Gewerkschaften ihrerseits reagierten mit übertriebenen Lohnforderungen. Angeheizt wurde die angespannte Situation durch die unbekümmerten Vereinfachungen des Bundeskanzlers Willi *Brandt,* der sich die Industrieunternehmen als Melkkühe vorstellte.

Der Kampf der Gewerkschaften um eine „gerechte Umverteilung" brachte auch bisher verborgene Gegensätze zu Tage. Gleich nach dem Kriege waren die wiedergegründeten Gewerkschaften von den Alliierten als verläßliche Organisation und antifaschistische Ordnungsmacht gefördert worden. Im Gegensatz zu den Wirtschaftsführern, die unter *Hitler* schon in Amt und Würden waren und nach 1945 Mühe hatten, weiter arbeiten zu dürfen, waren zahlreiche Gewerkschaftsführer Regimegegner des Dritten Reiches oder gar Widerstandskämpfer gewesen. In den fünfziger und auch noch in den sechziger Jahren wurde dieser Gegensatz durch das gemeinsame Ziel, Deutschland wieder aufzubauen, verdeckt. Anfang der siebziger Jahre war dieser Konsens gestört.

Aggressivere Gruppierungen am linken Flügel der Sozialdemokraten glaubten, die Schwierigkeiten, in die sich die Regierung hineinmanövriert hatte, durch Verstaatlichung der großen Industrie- und Dienstleistungsunternehmen bewältigen zu können. Gegen diese Absicht und gegen eine Veränderung des Wirtschaftssystems setzten sich die Unternehmen zur Wehr. Am 2. Juni 1974 sagte Bernhard *Timm* in seiner Rede auf der Hauptversammlung der BASF: „Die richtige Information über das Wesen der Wirtschaft und die Leistung der Unternehmen hat besondere Bedeutung in einer Zeit, da gesellschaftsverändernde Tendenzen erkennbar sind, welche sich gegen unser liberales Wirtschaftssystem und gegen das Eigentum richten und damit in letzter Konsequenz die Erhaltung des nach dem Kriege in mühsamer Arbeit aufgebauten hohen Lebensstandards aller gefährden. Es kann keinen Zweifel darüber geben, daß eine soziale, von dirigistischen Einflüssen freie Marktwirtschaft am besten geeignet ist, für den Staat und seine Bürger ein Maximum an Leistung zu erbringen."

Durch Kurzarbeit und Entlassungen verschärften sich die Gegensätze. In dieser Periode der Verunsicherung und des stockenden Fortschritts verstärkten sich die Stimmen linker Gruppierungen, die nun ihre Zeit für gekommen sahen und in den großen Industrieunternehmen zur Fortsetzung des Klassenkampfes aufriefen. Aus der Sicht dieser Klassenkämpfer stellte sich die Situation in der chemischen Industrie etwa so dar: „30 Jahre nach dem mörderischen Zweiten Weltkrieg stehen seine Urheber stark wie nie zuvor da. .... Eine I. G. Farben hat viel Unglück über die Völker gebracht. Drei I. G. Farben werden nicht davor zurückschrecken, die Werktätigen ein drittes Mal in den gewaltsamen Kampf um Markt und Macht zu schicken. ... Die Tarifkämpfe im Frühjahr 1978 belegen, wie sehr die Härte der Unternehmer zugenommen hat, wie unnachgiebig sie für die Vergrößerung ihrer Profite zu streiten bereit sind. Diese Tarifrunde zeigt aber auch, daß die Streikbereitschaft der Industriearbeiter sprunghaft wachsen kann."[11]

Umweltverschmutzung

Zu den Rohstoffsorgen und den sozialen Spannungen gesellte sich ein drittes Problem: Die Umweltverschmutzung. In den fünfziger und sechziger Jahren hatte die chemische Industrie bedenkenlos Abfälle, auch giftige, in die Umwelt abgegeben. Die Luftverschmutzung nahm bedrohlich zu, und die Flüsse verwandelten sich in schmutzige, schäumende Abwasserkanäle. Nicht alles ging auf das Konto der Chemie. Durch ungeschicktes Taktieren und rechthaberische Belehrungen der Manager hatte sie jedoch innerhalb weniger Jahre fast alle Sympathie verspielt. Die starken Belastungen der Umwelt, die zwangsläufig durch die stürmische Industrialisierung auf dem engen Raum der Bundesrepublik entstanden sind, wurden in erster Linie der Chemie angelastet.

Bevor der Staat durch Gesetze und Auflagen gegen die Umweltverschmutzer vorging, hatten sich selbsternannte Umweltschützer ins Zeug gelegt. Zu den ernstzunehmenden Umweltschützern gesellten sich bald Vertreter aus dem linken Milieu, die mit Hilfe des Umwelthebels das gesellschaftliche System verändern wollten. Dazu kamen immer mehr Menschen, die den technischen Fortschritt ablehnten, die nicht mehr Schritt halten konnten, die überfordert waren. Überforderung produziert Angst. Angst vor dem Ungewissen, Angst vor neuen chemischen Verbindungen, von denen Gefahren für die Menschheit ausgehen könnten.

Chemische Reaktionen führen in der Regel nicht nur zu den gewünschten Produkten, sondern auch zu Nebenprodukten, die mit hohem technischen Aufwand abgetrennt und beseitigt werden müssen. Bei vielen neuen Syntheseverfahren entstanden Nebenprodukte, mit denen man allzu sorglos umging, die sich später auf Halde oder bei der Verbrennung als Gefahr für Menschen, Tiere und Pflanzen entpuppten. Auch an einigen Primärprodukten, die anfangs als Hoffnungsträger gepriesen wurden, entdeckte man umweltschädigende Eigenschaften. So mancher Weg, der in eine sorgenfreie Zukunft führen sollte, führte in eine Sackgasse oder erwies sich als Irrweg, den man schnellstens wieder verlassen mußte. DDT ist ein Beispiel.

Der Seveso-Unfall

In den industrialisierten Staaten hatte die Angst vor der Umweltverschmutzung Anfang der siebziger Jahre die Angst vor Armut und Hunger verdrängt. Die Ursachen vieler Krankheiten suchte man in der durch Chemikalien verseuchten Umwelt. Eine Rechtfertigung dieser Ängste lieferte vor allem Seveso. „Am 10. Juli 1976 kam es in der norditalienischen Kleinstadt Seveso zu einer verheerenden Umweltkatastrophe: Aus den Kesseln einer Chemiefabrik entwich eine Substanz, die Chemiker zu den giftigsten Verbindungen schlechthin zählen. Wir haben die Folgen des Chemie-Unfalls vorort gesehen: die vom Gift entstellten Kinder, die um die Gesundheit ihrer ungeborenen Babys bangenden Schwangeren, die Menschen, die Haus und Hof verloren – Eindrücke, die man so schnell nicht wieder vergißt." Das sind die einleitenden Sätze aus dem Buch *Seveso ist überall – Die tödlichen Risiken der Chemie* der Journalisten Egmont R. *Koch* und Fritz *Vahrenholt*.[12] Wo das Risiko vor allem lauert, erfährt man wenige Sätze später: „Hierzulande produzieren drei der größten Chemiekonzerne der Welt auf engstem Raum, sie verfügen zudem über dementsprechend großen ökonomischen und politischen Einfluß, den sie mit dem Hinweis, Arbeitsplätze und Wettbewerbsfähigkeit seien gefährdet, gegen weiterführende Umweltschutzmaßnahmen ausnutzen."[13]

Gegen diese Angriffe mußte die chemische Industrie alle ihr zur Verfügung stehenden Abwehrmittel aufbieten. Vor allem der Verband der Chemischen Industrie (VCI) versuchte die Anschuldigungen abzufangen und zu entkräften. Dazu wurden eilends Gegendarstellungen zusammengezimmert und unter dem Titel *Seveso ist nicht überall* publiziert. Der Erfolg war minimal. Die Bevölkerung neigte immer mehr dazu, in der chemischen Industrie ein „Übel" zu sehen.[14]

Ein erschreckendes Urteil über die Chemie kam drei Jahre nach Seveso aus der Schweiz. 1979 wurden Schüler aus Genf und Basel eingeladen, das Thema „Chemie" im Bild darzustellen. Das Experiment ergab eine uniforme Grundhaltung:

Die Chemie wurde als zerstörend und zutiefst menschenfeindlich dargestellt. 40 % der Bilder waren der Zerstörung der Umwelt gewidmet, 15 % der Bilder schilderten die direkte Bedrohung des Individuums durch die Chemie, 10 % klagte Tierversuche an und der Rest geißelte verschiedene andere Aspekte der Chemie. Da die Kinder für ihre Vorstellungen über die Chemie nicht auf eigenes Erleben zurückgreifen konnten, haben sie im wesentlichen die Informationen der Medien verarbeitet, vor allem die Meldungen der Fernseh- und Sensationsjournalisten, die kleine und kleinste Unfälle zu Seveso-Katastrophen hochstilisierten.[15]

Was war in Seveso passiert? Bei der Herstellung von TCP (2,4,5-Trichlorphenol) in der Chemiefabrik ICMESA, die dem Schweizer Unternehmen Hoffmann-La Roche gehörte, entwich als Folge einer Betriebsstörung aus dem Reaktionsgefäß eine Aerosolwolke, die durch den Wind über ein größeres Gebiet verteilt wurde. Einige Tage nach diesem Vorfall starben in der Umgebung Vögel und Kleintiere. Bei etwa 200 Einwohnern trat die Hautkrankheit Chlorakne auf. Jetzt erst wurde festgestellt, daß der Aerosolstaub das hochgiftige Dioxin 2,3,7,8-TCDD (2,3,7,8-Tetrachlordibenzo-1,4-Dioxin, im folgenden kurz Dioxin genannt) enthalten hatte, das fortan als „Sevesogift" Schlagzeilen machte. Etwa 700 Personen wurden daraufhin evakuiert, Gebäude abgerissen und vergiftetes Material sowie abgetragene Erde in riesige Erdbecken deponiert. Der mit Dioxin verseuchte Inhalt des Produktionskessels wurde lange Zeit von den italienischen Behörden nicht freigegeben. Der Kessel wurde erst 1982 entleert und zur Entsorgung in 41 Stahlfässer gefüllt, die plötzlich während des Transportes verschwanden, 1983 in Frankreich wieder auftauchten und anschließend in der Schweiz verbrannt wurden. Bei der Bevölkerung konnte mit Ausnahme von Chlorakne keine Gesundheitsschäden durch den Kontakt mit Dioxin festgestellt werden. Alle Chloraknefälle konnten ausgeheilt werden; bei zwei Mädchen blieben Vernarbungen im Gesicht zurück.[16]

Vergleicht man diesen Seveso-Unfall und seine Auswirkung mit den Folgen der Contergan-Tragödie – 4000 Kinder kamen von 1958 bis 1962 mit Armstummeln zur Welt – so erkennt man, welchen drastischen Vertrauensschwund die Chemie in anderthalb Jahrzehnten erlitten hatte. Damals hatte die Bevölkerung die grausame Verstümmelung ihrer Kinder durch eine Chemikalie als Preis für den Fortschritt hingenommen, seit Seveso ließ sie der Chemie nichts mehr durchgehen; mit allen ihr zur Verfügung stehenden Mitteln ging sie gegen Firmen oder ganze Chemiezweige vor, die gesundheitsgefährdende oder als gesundheitsgefährdend eingestufte Substanzen herstellten. Eine entscheidende Waffe lieferte die chemische Industrie selbst: eine hochempfindliche Analytik, die im Stande war, unter einer Billiarde gleicher Teilchen ein fremdes zu erkennen.

Nach dem Seveso-Unfall war es naheliegend, daß auch die früheren Betriebsunfälle mit Dioxin, die sich bei der BASF und bei Boehringer Ingelheim ereignet hatten, aufgearbeitet wurden. Über den Unfall bei der BASF im Jahre 1953, bei dem bei der Herstellung von Trichlorphenol ein Druckbehälter über ein Sicherheitsventil entleert worden war, wurde viel spekuliert und polemisiert. 1987 legte die BASF einen ungeschminkten Bericht vor, der den Hergang und die Auswirkungen beschrieb.[17] Demnach erkrankten 127 Arbeiter, die während der Produktion und den Abrißarbeiten der Anlage eingesetzt waren, an Chlorakne. Niemand wußte zur Zeit des Unfalls, daß die verursachende Substanz Dioxin war. Diese Erkenntnis gewann man erst vier Jahre später. Gemäß der Studie zeigte sich bei den Chlorakne-Erkrankten eine Verdoppelung der Krebssterblichkeit.

Ähnliche Ergebnisse brachten die Untersuchungen, die bei den Beschäftigten der Firma Ch. H. Boehringer Sohn in Hamburg, einer Tochtergesellschaft der Boehringer Ingelheim, durchgeführt wurden. Die Firma hatte in Hamburg-Moorfleet u. a. das Insektizid Lindan hergestellt, bei dessen Produktion im Zersetzungsrückstand Dioxin anfiel. 1984 wurde das Werk stillgelegt. In einer Langzeitstudie wurde festgestellt, daß die Krebssterblichkeit von Mitarbeitern, die über zwanzig Jahre in dem Werk beschäftigt waren, doppelt so hoch war wie bei der Normalbevölkerung.[18]

Drei Jahre nach dem Seveso-Unfall kam die BASF wieder ins Gerede. Im Juni 1979 geriet in Ludwigshafen eine Lagerhalle in Brand, in der auch giftige Pflanzenschutzmittel verbrannten, u. a. 1300 Kilogramm 2,4,5-T (2,4,5-Trichlorphenoxyessigsäure), ein weltweit verwendetes Unkrautvertilgungsmittel, das im Vietnamkrieg als Entlaubungsmittel (Agent Orange) im Verruf gekommen war, vor allem weil es Verunreinigungen von Dioxin enthalten hatte.

Seit dem Einsatz als Kriegschemikalie hat man zwar die Verunreinigungen durch verfeinerte Herstellmethoden und größere Sorgfalt bei der Produktion verringern können, trotzdem enthielt 2,4,5-T immer noch Spuren von Dioxin. Unter dem Druck der Umweltschützer wurde deshalb 1983 in der Bundesrepublik die Produktion von 2,4,5-T aufgegeben. Das Sevesogift aber behielt den einmal errungenen Platz in der Spitzengruppe der Angstmacher.

Dioxin entsteht auch bei Verbrennungsprozessen aus organischen Chlorverbindungen, vor allem in Abfallverbrennungsanlagen. Es gelangt mit Rauchgasen, Verbrennungs- und Produktionsrückständen in die Umwelt; es ist also in Industriestaaten in geringer Konzentration allgegenwärtig. Die Dioxinbelastung für Mensch und Umwelt wird durch den atmosphärischen Niederschlag verursacht. Etwa 90 % der Dioxinaufnahme erfolgt über die Nahrung. Die Dioxinbildung bei Verbrennungsprozessen kann durch eine günstige Reaktionsführung (Temperaturen über 800 °C, mäßiger Sauerstoff-Überschuß und lange Brenndauer) vermindert werden.

Dioxin ist extrem toxisch. In geringen Konzentrationen ruft es beim Menschen entzündliche Hautveränderungen (Chlorakne) hervor. Bei niedriger Dosis und kurzer Einwirkung bilden sie sich wieder zurück. Bei höheren Konzentrationen und längerer Einwirkung können andere Organe wie Leber und Nervensystem geschädigt werden. Epidemiologische Untersuchungen am Menschen konnten bisher keine eindeutigen Hinweise auf teratogene, cancerogene und gentoxische Wirkungen von Dioxin liefern.

Die Gefahren durch Dioxin für den Menschen werden nicht nur von Wissenschaftlern,[19] sondern auch von den

Behörden der einzelnen Industriestaaten recht unterschiedlich beurteilt; die Richtwerte für die „duldbare tägliche Aufnahme" (DTA) klaffen mehr als um den Faktor Tausend auseinander.[20] Es hat jedoch den Anschein, daß die Gefahr durch Dioxin überschätzt wurde.[21]

Chemie und Krebs

Nach dem Seveso-Unfall fühlte sich die Bevölkerung überall durch krebserregende Substanzen bedroht. In immer kürzeren Zeitabständen wurden von den Medien Hiobsbotschaften verkündet und Krebserreger vorgestellt: Formaldehyd, Kraftwerksemissionen, Dieselmotorabgase, Perchlorethylen, Polychlorierte Biphenyle (PCB), Asbest, Vinylchlorid (VC), Trinkwasser (durch Verunreinigungen mit Agrochemikalien und Schwermetallen) und viele andere. Sogar Bier mußte herhalten. Manche Stoffe eigneten sich nicht, Angst zu erzeugen und wurden deshalb wieder fallengelassen.

Zur Entlastung der Chemie gab es zahlreiche Studien und Gutachten. Bei der Bevölkerung aber zeigten sie kaum Wirkung. In diesem Zusammenhang sei hier nur auf die Studie von *Doll* und *Polo* hingewiesen. Die beiden Forscher ermittelten 1981 die Ursachen der Krebserkrankungen durch umfassende Auswertung aller US-amerikanischen Krebsregister. Die Ergebnisse galten im wesentlichen auch für die Westeuropäer. Sie fanden, daß etwa zwei Drittel aller Krebserkrankungen auf die normale, aber übertrieben und einseitig genossene Nahrung und auf das Rauchen zurückgehen. Überraschend war vor allem, daß nur etwa 2 % aller Krebserkrankungen durch Umweltchemikalien in Luft und Wasser verursacht wurden. Diese Ergebnisse wurden 1991 durch ein Forscherteam in Europa bestätigt.[22]

Die Überbewertung der Krebsrisiken durch Umweltchemikalien hatte ihre Ursache nicht nur in der gezielten einseitigen Information durch die Medien, sondern auch in der anfechtbaren Versuchsmethode, mit der Substanzen in Tierversuchen getestet wurden. Nach dieser US-Standardmethode wurden Mäuse und Ratten mit Industriechemikalien in hohen Dosen über eine lange Zeit traktiert mit dem Ergebnis, daß sich sehr viele Testsubstanzen als kanzerogen erwiesen. Als Ende der achtziger Jahre mit der gleichen Testmethode auch natürlich vorkommende Substanzen untersucht wurden, stellte man fest, daß auch jeder zweite untersuchte Naturstoff bei Mäusen und Ratten krebserregend ist. Die Geschwulstbildung ist also eine Folge der hohen Belastungen, denen die Tiere bei diesen Tests ausgesetzt sind. Sie sind oft 1000 mal höher als die Belastungen, denen Menschen normalerweise ausgesetzt sind.[23] Unter den zahlreichen falsch verdächtigten Substanzen findet man u. a. auch Formaldehyd, das in sehr hohen Dosen eine chronische Entzündung der Schleimhäute der Tiere hervorrief und auf diese Weise Tumoren induzierte.

„Entwarnungen" werden von den Medien fast nie bekanntgegeben. Nur Horrormeldungen machen Schlagzeilen. Die Gleichung „chemisch = unnatürlich = gefährlich" ist sehr ergiebig. Wer in der Bevölkerung weiß schon, daß viele natürliche Giftstoffe erst durch „chemische" Substanzen unschädlich gemacht werden können? Ein Beispiel sind die stark krebserregenden Aflatoxine, die von Schimmelpilzen auf Brot, Wurst und Käse gebildet werden können und die durch Zugabe des Konservierungsstoffes Sorbinsäure sicher unterdrückt werden.

Abluft und Abwasser

Der Schrei der Öffentlichkeit nach Umweltschutz hatte die chemische Industrie erschreckt. Durch die zu erwartenden Gesetzesauflagen und Restriktionen glaubt sie, ihre große Selbständigkeit in der Forschung und Entwicklung zu verlieren. Sie nahm zunächst eine Abwehrstellung ein und drosselte den ohnehin spärlichen Informationsfluß.

Vor allem hat es die chemische Industrie als ungerecht empfunden, daß gerade sie, die wie kein anderer Industriezweig Produkte für den Wohlstand und für die Gesundheit herstellte, in die Schußlinie massiver Kritik geriet. Daß sie jedoch zwei Jahrzehnte lang mehr oder weniger ohne Rücksicht auf die Umwelt produzierte, wollte sie damals noch nicht eingestehen. Unerwünschte Kuppelprodukte wurden in riesigen Mengen in den nächsten Fluß oder in die Atmosphäre abgegeben, oder – wenn sie im festen Aggregatzustand anfielen – irgendwo deponiert, oft klammheimlich. Dabei gab es schon vor dem Zweiten Weltkrieg eine umfangreiche Registrierung von unerwünschten Produkten und Hinweise für ihre Entfernung.

Auch nach dem Krieg gab es bald systematische Messungen, z. B. von emittierten Stäuben, denen man auch zuerst zu Leibe rückte, da sie von den Umwohnern als besonders unangenehm empfunden wurden. 1952 lagerten sich in der Umgebung der BASF mehr als 2 Gramm Staub je Quadratmeter und Tag ab; 1972 – nach der Entstaubung einiger Produktionsanlagen durch Einbau von Filtern oder durch Veränderung des Verfahrens – waren es nur noch 0,2 Gramm.

1954 wurde bei Bayer ein Abwasser- und Abluftlabor eingerichtet und kontinuierlich Schwefeldioxidmessungen durchgeführt. Hier und auch in anderen Unternehmen wurden Vorkehrungen getroffen, um die Schwefeldioxidemission und auch andere Emissionen, die sich durch unangenehme Gerüche verrieten, einzudämmen. Ganz konsequent ging man aber noch nicht vor, noch 1972 hieß es, daß die chemische Produktion zwangsläufig mit Gerüchen verbunden sei und den empfindlichen Nasen niemals verborgen bleiben könne. Bald befaßte man sich auch mit der Konstruktion von Deponien, die sich harmonisch in die Landschaft einzufügen hatten. Die Begrünung war wichtig: „Schnell und dicht wächst das Gras auf der Mulchschicht aus Hygromull. Es festigt den Hang und verbirgt die Abfallstoffe."[24] Erst sehr spät ging man an die Reinigung des Abwassers.

Der Rhein war der von der Verschmutzung am meisten betroffene Fluß. Anfang der siebziger Jahre war er zu einer „gewaltigen offenen Kloake" geworden. Die Selbstreinigungskraft reichte schon lange nicht mehr aus. Zu den Hauptverschmutzern zählten die chemischen Fabriken.

Wenn der Rhein, die Lebensader Europas, als Trinkwasserspender erhalten bleiben sollte, mußten die verschmutzten Abwässer in Kläranlagen gereinigt werden. Dazu war es notwendig, daß in den chemischen Fabriken für Kühlwasser und Schmutzwasser getrennte Kanalsysteme installiert wurden. Das unverschmutzte Kühlwasser konnte ohne Behandlung in den Vorfluter geleitet werden, während die im Schmutzwasser enthaltenen Verunreinigungen vorher abgetrennt werden mußten. Dabei bedurfte die Entfernung der organischen Verbindungen einer besonderen Technik: sie müssen in einer biologischen Kläranlage durch Mikroorganismen in stabile, unschädliche Verbindungen umgewandelt werden. Die Vorgänge bei der biologischen Reinigung sind dieselben wie bei der natürlichen Selbstreinigung der Gewässer. Die organischen Stoffe dienen den Mikroorganismen als Nahrung. Dabei werden gelöste organische Stoffe zu anorganischen Endprodukten (Wasser, Kohlendioxid, Mineralsalze) abgebaut.

Im Dezember 1974 wurde die BASF-Kläranlage als erste Großkläranlage am Rhein in Betrieb genommen. Damit wurde die Wasserqualität im Rhein unterhalb Ludwigshafens erheblich verbessert. Es wurden nicht nur die organischen Substanzen um 95 % reduziert (gemessen als BSB 5), sondern auch der Sauerstoffhaushalt im Rhein wurde spürbar entlastet. Der Rhein belebte sich wieder. Vor der Inbetriebnahme der Kläranlage war das linke Rheinufer über mehrere Kilometer völlig verödet. Schon im Sommer 1975 trat wieder ein Bewuchs an Fischnährtieren auf; der Fischbestand im Mittelrhein war gerettet. Anfang der siebziger Jahre wurden auch bei Bayer und Hoechst kleinere Kläranlagen in Teilabschnitten in Betrieb genommen. Sie waren, wie die BASF-Anlage, mit großflächigen Klärbecken ausgerüstet. Während die BASF bei diesem auch von den Kommunen verwendeten System blieb, entwickelten Hoechst und Bayer Biohochreaktoren (Turmbiologie) und rüsteten ihre Werke ab 1980 damit aus. Gegenüber den weiträumigen Beckenanlagen brauchen sie weniger Platz und geben weniger „Gerüche" ab.

Um die Wiedergesundung des Rheins bemühten sich auch nationale und internationale Gremien. 1965 wurde die „Internationale Kommission zum Schutz des Rheins gegen Verunreinigung" gegründet, aber erst im Oktober 1972 fand in den Haag die erste Ministerkonferenz der Rheinanliegerstaaten statt. Sie diente im wesentlichen der Bestandsaufnahme. 1976 wurden dann Beschlüsse gefaßt, Grenzwerte für die Salz- und Wärmebelastung des Rheins festgelegt und ein Übereinkommen zum Schutz des Rheins gegen die chemische Verunreinigung (Chemieabkommen) verabschiedet.

1971 nahm sich die Bundesregierung des Umweltschutzes an und stellte ein Umweltschutzprogramm auf. Im Frühjahr 1972 wurde der „Rat von Sachverständigen für Umweltfragen" zur wissenschaftlichen Beratung der Bundesregierung gebildet. In seinem 1974 erstellten Umweltgutachten entwarf er ein ökonomisch-ökologisches Gesamtmodell, das sich in die Grundbereiche Luft, Wasser, Lebensmittel, Lärm, feste Abfälle, Umweltchemikalien und Ökosysteme gliederte. In einem ebenfalls 1974 erstellten Sondergutachten „Umweltprobleme des Rheins" versuchte der Sachverständigenrat, die Wechselbeziehungen zwischen Raumordnung, Bevölkerungs- und Wirtschaftsentwicklung, Ökologie und den Umweltbereichen aufzuzeigen, wobei die Wasserwirtschaft im Mittelpunkt stand.

In den nächsten Jahren wurden zahlreiche nationale und internationale Gesetze und Verordnungen, die für alle relevanten Stoffklassen obere Grenzwerte in der Luft und im Wasser festlegten, erlassen. Anfang der achtziger Jahre war jedes größere Chemiewerk mit zentralen Umweltschutzeinrichtungen ausgerüstet. Dazu gehörten Kläranlage, Rückstandsverbrennung und Deponien. Außerdem waren zahlreiche Maßnahmen zur Luftreinhaltung an den einzelnen Fabrikationsanlagen getroffen worden. Alle diese Einrichtungen forderten ihren Preis. Im Jahre 1977 gab die chemische Industrie in der Bundesrepublik für den Umweltschutz 1553 Millionen DM an Betriebskosten und 651 Millionen DM für Investitionen aus. Die Umweltschutzkosten wuchsen in den folgenden Jahren rasch an. 1989 betrugen die Betriebskosten 5166 Millionen DM und die Kosten für Umweltschutzinvestitionen 2053 Millionen DM. Dazu kamen stark steigende

Ausgaben zur Erhöhung der Sicherheit der Betriebsanlagen. Die niedrige Unfallquote der chemischen Industrie im Vergleich zu anderen Industrien wurde von der Öffentlichkeit nicht registriert, geschweige denn gelobt. 1975 verzeichnete in der Bundesrepublik Deutschland der Bergbau 178, die Eisen- und Stahlindustrie 128 und die chemische Industrie 71 Arbeitsunfälle je 1000 Vollarbeiter.

Umweltschutz-Technologien

Bei ihren Bemühungen, Abluft und Abwasser der Produktionsanlagen von chemischen Verunreinigungen zu befreien, erkannte die chemische Industrie ihre Chance, Produkte, Reinigungsprozesse und Umweltschutz-Know-how auch anderen Industriezweigen und darüber hinaus dem privaten Verbraucher zur Verfügung zu stellen. Zu den begehrten Produkten der Entsorgungschemie gehörten Katalysatoren und Reinigungsanlagen für Autoabgase und Rauchgase, Kläranlagen und eine umfangreiche Abwasserchemie, Verbrennungsanlagen und Recycling-Prozesse.

Zwei Anwendungen für Katalysatoren, die in den siebziger Jahren entwickelt worden sind, haben seitdem große Bedeutung erlangt: Die Autoabgas-Entgiftung und die Entstickung der Kraftwerksabgase. Die schädlichen Komponenten im Autoabgas (Otto-Motor) sind Kohlenmonoxid (CO), Kohlenwasserstoffe (HC) und Stickoxide (NO_X). Ihre chemische Umwandlung in harmlose Produkte – CO und HC durch Oxidation mit Sauerstoff in Kohlendioxid und Wasser, NO_X durch Reduktion mit CO in Stickstoff und Kohlendioxid – bereitete prinzipiell keine Schwierigkeiten. Zunächst wurden diese Reaktionen in einem „Zweibett-Katalysator" getrennt durchgeführt, später gelang es, die Reaktionen in einem einzigen Konvertor, dem „geregelten Katalysator", mit Hilfe einer Lambda-Sonde über einem Platin-Rhodium-Katalysator ablaufen zu lassen.[25] Dabei werden die drei Schadstoffe bis zu 90 % reduziert.

Schon zu Beginn der sechziger Jahre hatte Degussa einen

Versuchswagen der Volkswagen AG mit einem Autoabgaskatalysator ausgerüstet. Aber erst nach dem Erlaß der „Clean Air Act" in den Vereinigten Staaten 1970 wurden die Forschungen auf der ganzen Welt intensiviert. Neben US-Firmen konnte vor allem Degussa seine Pionierstellung ausbauen: das erste Katalysatorwerk entstand 1974 in Rheinfelden, weitere Anlagen wurden in Kentucky in den USA (1978) und in Burlington in Kanada (1983) errichtet.

Für die Reinigung der Rauchgase von Kraftwerken wurden ebenfalls Katalysatorsysteme entwickelt, in denen nach Entfernung des Staubes die Abgase entschwefelt und entstickt werden. Zur katalytischen Entstickung wurde Ammoniak als Reduktionsmittel verwendet, ein Verfahren, das sich als BASF-Verfahren zur Entfernung der Stickoxide aus den Emissionsabgasen bei der Salpetersäureproduktion bewährt hatte. Die Entwicklung der Rauchgasreinigungsverfahren wurde besonders in Japan vorangetrieben. Einige deutsche Firmen haben zu ihren eigenen Entwicklungen japanische Lizenzen übernommen.

Innerhalb weniger Jahre engagierten sich die Unternehmen der chemischen Industrie auf breiter Basis im Umweltschutz; sie forschten und stellten Verfahren zur Verfügung, wobei sich in den einzelnen Unternehmen Schwerpunkte herausbildeten. Allen war aber klar, daß künftige Produktionsverfahren so konzipiert sein müssen, daß Schadstoffe gar nicht mehr oder nur in geringen Mengen entstehen und daß die Beseitigung dieser Schadstoffe gefahrlos vor sich gehen muß.

Der Umweltschutz wurde ein integraler Bestandteil der Zielsetzung und Planung in der chemischen Industrie. Bayer hat dies schon 1972 in besonderer Weise kundgetan: durch das grüne Lindenblatt als Versprechen des Unternehmens an die Öffentlichkeit, auf dem Gebiet des Umweltschutzes größtmögliches Engagement zu zeigen und nur umweltschonende Verfahren zu betreiben. Die Öffentlichkeit hat diese Art der Selbstdarstellung praktisch nicht honoriert; vielmehr zeigte das Lindenblatt deutlich die verwundbare Stelle am „strahlenden Helden" Chemie. 1989 wurde das Blatt vom Unternehmen abgenommen. Seitdem trägt Bayer Grün und

Blau als Corporate Design, Grün für Ökologie und Blau für Technik.

Schon in den siebziger Jahren schufen sich die einzelnen Firmen Unternehmensleitlinien, die aber erst Mitte der achtziger Jahre durch Umwelt-Leitlinien ergänzt wurden. Auch der Verband der Chemischen Industrie schuf sich seine Umwelt-Leitlinien erst 1986, obwohl schon 1970 eine Abteilung „Technik und Umwelt" eingerichtet worden war, die der aufkommenden Tendenz „Chemie = Umweltverschmutzung" entgegenwirkte.

Mangel an Selbstkritik

Die chemische Industrie bemühte sich nun verstärkt um Anerkennung durch den Bürger. Fachkundige Vorstandsmitglieder aus namhaften Unternehmen hielten Vorträge über die Segnungen der Chemie für die Menschheit. In vielen Fällen kam aber diese Botschaft gar nicht zu den Bürgern, denn die Vorträge wurden vor ausgesuchtem Publikum, meistens bei Tagungen vor Chemikern oder Naturwissenschaftlern, gehalten, sodaß sie nichts anderes bewirkten, als in den eigenen Reihen Mut zu erzeugen. Den Managern der chemischen Industrie mangelte es in den siebziger Jahren noch an Selbstkritik. Die Fähigkeit, auch schädliche Folgen der Chemie zu erkennen, war noch unterentwickelt.

Aus Anlaß des hundertsten Geburtstages des Verbandes der Chemischen Industrie 1977 wurde unter der Präsidentschaft von Rolf *Sammet* die Chemie umfassend dargestellt.[26] Zu den Hauptforschungs- und Betätigungsfeldern der Chemie (Gesundheit, Ernährung, Werkstoffe und Umwelt) wurden „Thesen" aufgestellt, die eindringlich zeigen sollten, daß es für die Menschheit ohne Chemie kein Überleben gebe. Horst *Pommer,* Vorstandsmitglied der BASF, wies in seinem Vortrag „Qualität des Lebens und die Chemie" auf das Phänomen der verborgenen Omnivalenz der Chemie hin und pries die Chemie als Problemlöser.[27] Und der Nobelpreisträger Ernst Otto *Fischer* behauptete in seinem Vortrag

„Bekenntnisse zur Chemie", daß der Schaden, den die Chemie bisher angerichtet habe, vergleichsweise klein sei zu dem Schaden, der den Geisteswissenschaften angekreidet werden müsse: „Ich möchte diese Verantwortung nicht nur dem Chemiker, ja allgemeiner, dem Naturwissenschaftler aufbürden, sie gilt in meinen Augen nicht minder dem Geisteswissenschaftler, der nach meiner Meinung in ganz anderer Weise, aber noch viel gefährlicher wirksam werden kann. Geistige Irrlehren haben meines Erachtens dem Menschen mehr Unglück gebracht als alle Naturwissenschaft bis heute; Irrlehren sind stets an ihrer Intoleranz zu erkennen. Chemie ist viel leichter korrigierbar, das Experiment erlaubt stets eine Antwort, die reproduzierbar bleiben muß und der Erkenntnis offen liegt. Wer aber kann in geistigen Bewegungen immer entscheiden, was wahr ist, was dem Menschen den guten Weg in die Zukunft bietet? Nur zu oft haben nicht mehr Ideen dem Menschen gedient, sondern Menschen den Ideen dienen müssen und sind dabei mißbraucht, geopfert worden."[28]

Die chemische Industrie hatte im Gegensatz zu den Umweltschützern und Gesellschaftskritikern praktisch kein Sprachrohr. Das publikumwirksamste Medium, das Fernsehen, war im Grunde industriefeindlich und vertrat vorzugsweise die Belange der Ankläger. Der chemischen Industrie blieben nur Anzeigen in Zeitungen und Zeitschriften oder werkseigenen Broschüren. Am schwersten tat sich die Großchemie, die den aus der I. G.-Zeit stammenden Schleier um das interne Geschehen nicht lüften wollte. Der Mangel an „Durchblick" aber wurde von den Außenstehenden als bedrohlich empfunden. Da und dort wurde zwar ein kleiner Einblick gewährt, aber eine umfassende Transparenz scheute man. Stattdessen begann man in den großen Unternehmen das Erscheinungsbild durch Graphik-Designs aufzubessern und ein „Wir-Gefühl" unter der Belegschaft einzuführen. Die Unternehmensidentität (Corporate Identity) sollte ein einheitliches, positives Firmenbild erzeugen und die „Öffentlichkeitsarbeiter" wirksam unterstützen. Mit einem neuen, frischen Gesicht sollte die alte Firma Vertrauen und Sympathie erzeugen. Vor allem aber sollten die Werksangehörigen –

die Rotfabriker, die Aniliner, die „beim Bayer" – selbst und durch ihren großen Verwandten- und Bekanntenkreis Aufklärungsarbeit leisten, um so wenigstens die nähere Umgebung der großen Werke chemiefreundlicher zu stimmen. Die Werkangehörigen im Ambivalenzkonflikt – hier die Firma, die Arbeit und Brot gibt, dort die privaten Interessen als Familienvater, als Naturfreund, vielleicht als Mitglied einer Bürgerinitiative – sollten sich wieder stärker an das Unternehmen gebunden fühlen.

Der Verband der Chemischen Industrie

In das Bemühen der einzelnen Unternehmen und der gesamten chemischen Industrie, sich vom Brandmal des Umweltzerstörers zu befreien, wurde immer stärker der Verband der Chemischen Industrie eingeschaltet. Der VCI ist die Nachfolgeorganisation des 1877 gegründeten Vereins zur Wahrung der Interessen der chemischen Industrie Deutschlands, dessen erster Vorsitzender Fritz *Kalle* war. Carl *Duisberg* führte den Vorsitz von 1919 bis 1924, Carl *Bosch* von 1928 bis 1934. Er war der letzte Vorsitzende des alten Vereins, denn 1934 wurde der Verein per Gesetz in die „Wirtschaftsgruppe Chemische Industrie" umgewandelt. Der Hauptgeschäftsführer der Wirtschaftsgruppe, Klaus *Ungewitter,* war gleichzeitig Leiter der „Reichsstelle Chemie". Durch die enge personelle Verflechtung der Wirtschaftsgruppe und der Reichsstelle (Überwachungsstelle) konnte sich ein System entwickeln, das der chemischen Industrie die Freiheit ihrer Disposition weitgehend beließ. Leiter der Wirtschaftsgruppe waren nacheinander die Herren Carl Adolf *Clemm* (Kali-Chemie), Johann *Heß* (Wacker GmbH) und Hermann *Schlosser* (Degussa), die bei der Durchsetzung der Interessen der chemischen Industrie entscheidend mitwirkten.

Am 8. Mai 1945 hörte die Wirtschaftsgruppe Chemische Industrie auf zu bestehen. 1946 formierte sich in der britischen Besatzungszone unter Wilhelm Alexander *Menne* der Wirtschaftsverband Chemische Industrie, aus dem bald eine bizonale Arbeitsgemeinschaft Chemische Industrie entstand. 1949 wurde die Arbeitsgemeinschaft auf die gesamte Bundesrepublik ausgedehnt und 1950 erfolgte die Gründung des Verbandes der Chemischen Industrie (VCI) mit dem Sitz der Geschäftsführung in Frankfurt am Main. Erster Präsident wurde Wilhelm Alexander *Menne*, der dieses Amt bis 1956 innehatte. Sein Nachfolger für drei Jahre wurde Ulrich *Haberland;* anschließend wurde die Amtszeit des Präsidenten auf zwei Jahre begrenzt. Alle Vorstandsvorsitzenden der drei großen Chemieunternehmen BASF, Bayer und Hoechst – bis auf Bernhard *Timm* – kamen an die Reihe. Dazwischen durfte auch der Chef des einen oder anderen größeren Chemieunternehmens die bundesdeutsche Chemie repräsentieren.[29]

Der Verband, der die Interessen der chemischen Industrie gegenüber den staatlichen Instanzen und gegenüber der Öffentlichkeit vertritt, mußte sich Anfang der siebziger Jahre auf dem Arbeitsgebiet des Umweltschutzes stark engagieren. In intensiver Zusammenarbeit mit den Unternehmen wurden verschiedene Strategien entworfen, mit deren Hilfe man sich eine Verbesserung des Ansehens und mehr Akzeptanz erhoffte. Der Schwerpunkt lag auf der Öffentlichkeitsarbeit: u. a. Verstärkung der Pressearbeit, Pressefahrten zu Chemiewerken, Hintergrundgespräche mit Journalisten, Lehrprogramme für Schüler und Lehrer, Beteiligung von Referenten aus der Industrie an Diskussionsveranstaltungen, persönliche Begegnungen z. B. bei den Aktionstagen „Chemie lädt ein". 1979 wurde die „Initiative Geschützter Leben" gegründet; den Vorsitz übernahm Matthias *Seefelder,* der Präsident des Verbandes der Chemischen Industrie. Ihre Aufgabe sollte sein, den Bürgern durch Anzeigen in Zeitungen und Zeitschriften stärker als bisher deutlich zu machen, „welche Risiken ein Leben ohne die Hilfe der Chemie hätte, ganz abgesehen von den vielfältigen Erleichterungen und Annehmlichkeiten."[30] Die Selbstdarstellung dieser Anzeigenkampagne fand jedoch in der Öffentlichkeit nicht die gewünschte Resonanz. Daß die Botschaft nicht auf einen fruchtbaren Boden fiel, stellte 1981 auch ein Meinungsforschungsinstitut fest:

„Es muß zu Beginn klar ausgesprochen werden: Das Image der chemischen Industrie hat sich gegenüber 1977 nicht verbessert."[31] Aber die chemische Industrie verlor nicht den Mut und verstärkte ihre Bemühungen zur Imagepflege und Sympathiewerbung. 1983 erklärte Herbert *Grünewald, Seefelders* Nachfolger als Präsident des Verbandes: „Die Aufgaben und Pflichten, die der chemischen Industrie in unserer Gesellschaft zufallen, und die Herausforderungen, denen sie sich auch künftig stellen wird, erlauben keine Resignation."[32]

Die „großen Drei"

Die drei großen I. G.-Nachfolger blieben auch in der turbulenten Zeit von 1974 bis 1982 auf Expansionskurs. Die Zuwachsraten erzielten sie vor allem in den USA: Die deutsche Chemie setzte nach wie vor auf den größten Chemiemarkt der Welt und glaubte an eine gewinnträchtige Entwicklung. Die USA wurde zum Investitionsschwerpunkt im Ausland. Schon Anfang der achtziger Jahre konnten Hoechst 80 % und BASF sogar 90 % des US-Umsatzes aus der eigenen US-Produktion bestreiten.

Die verstärkte Investition im Ausland wurde den Konzernen durch die Verunsicherung in Deutschland leicht gemacht. Das Investitionsklima hatte sich daheim durch die Polemik und Aggression von Umweltschutzgruppen einerseits und durch Mitbestimmungsgesetze, Störfallverordnungen, durch das restriktive Chemikaliengesetz sowie durch langwierige behördliche Genehmigungen von Neuanlagen andererseits deutlich verschlechtert. Natürlich spielten auch die hohen Lohn- und Energiekosten sowie die höheren Steuern in Deutschland für die Verlagerung der Produktion ins Ausland eine Rolle.

1982 hatte sich die Situation der deutschen chemischen Industrie infolge der weltweiten Rezession so weit verschlechtert, daß die „drei Großen" die Dividende für die Aktionäre und den Jahresbonus für die Mitarbeiter kürzen mußten. 1981 betrug die Dividende einheitlich 7,– DM pro

Stück im Nennwert von 50,– DM. Sie wurde 1982 bei Hoechst auf 5,50, bei BASF auf 5,– und bei Bayer gar auf 4,– DM gekürzt. Es war das Jahr, in dem die chemische Industrie auf dem Kunststoffgebiet einen Milliardenverlust erlitt; betroffen waren vor allem BASF und Hoechst. So mancher Verantwortliche in den Vorstandsetagen stellte damals die Frage, wie lange dieser Zustand noch durchgestanden werden könne.

In diesen Jahren der Verunsicherung wurden auch Entscheidungen getroffen, die zusätzliche Verluste brachten, z. B. bei Bayer die Zusammenarbeit mit Ciba-Geigy in der Schelde Chemie, die 1985 beendet wurde, oder der Erwerb der Metzeler-Gruppe, die 1985 an Pirelli veräußert wurde und Bayer über die Jahre von 1974 an rund 1,5 Milliarden DM kostete.

In der Schlechtwetterperiode 1974 bis 1982, in der man leicht die Orientierung verlieren konnte, wurde Hoechst von Rolf *Sammet*, Bayer von Herbert *Grünewald* und die BASF von Matthias *Seefelder* gesteuert. *Sammet* stand seit 1969 an der Spitze von Hoechst.

Herbert *Grünewald* (* 1921 in Weinheim a. d. Bergstraße) legte 1940 in Frankfurt sein Abitur ab, wurde Soldat und kehrte 1949 aus der Kriegsgefangenschaft zurück. In Frankfurt studierte er Chemie und trat 1956 bei Bayer ein. 1968 wurde er in den Vorstand berufen, und 1975 trat er die Nachfolge von Kurt *Hansen* als Vorstandsvorsitzender der Bayer AG an.

Bei der BASF fand der Wachwechsel 1974 statt: Matthias *Seefelder* (*1920) trat die Nachfolge von Bernhard *Timm* an. *Seefelder* studierte nach Kriegsdienst und Gefangenschaft in München Chemie, promovierte 1951 und trat noch im selben Jahr ins Hauptlabor der BASF ein. Er war ein geschickter Experimentator, der zahlreiche Patentschriften verfaßte. 1967 übernahm er die Leitung der Sparte Farbstoffe und Hilfsmittel. 1971 wurde er in den Vorstand berufen und 1974 übernahm er den Vorstandsvorsitz.

Kurz vor seinem Ausscheiden gab *Seefelder* dem Süddeutschen Rundfunk ein Interview. Auf die Frage: „Haben Sie

Glück gehabt?" sagte er: „Da ist nicht viel Glück dabei. In diesen neun Jahren sind viele Schadensereignisse, möchte ich mal sagen, ökonomischer Art passiert, die man zu überwinden hatte. Das hat viel Anstrengung gekostet, es war aber auf Solidität gerichtet, nicht nur auf Expansion." Und als er gefragt wurde: „Was sind die entscheidenden Fragen in diesen Jahren eines Topmanagers der chemischen Industrie?" gestand er: „Nun, es sind die Erfahrungen, die auch vermutlich jeder schwäbische Handwerker hat: Solides Wirtschaften, nicht eindringen in Dinge, die man nicht versteht, und nicht über seine Verhältnisse leben."[33]

Kapitel 8

Schubkräfte (1983 – 1990)

Die neuen Chefs

Am 1. Oktober 1982 endete in der Bundesrepublik Deutschland die aus Sozialdemokraten und Freien Demokraten bestehende Regierungskoalition. Anstelle der Sozialdemokraten übernahmen nun die Christdemokraten gemeinsam mit den Freien Demokraten die Regierungsverantwortung. Helmut *Kohl* wurde Bundeskanzler. Er setzte auf Selbstverantwortung und Stärkung des individuellen Leistungswillens. Die Wirtschaft faßte wieder Vertrauen.

Etwa zur gleichen Zeit gab es Anzeichen für eine weltweite Erholung der Wirtschaft, die im folgenden Jahr Deutschland erfaßte. Am 13. Oktober 1983 stellte der VCI-Präsident Herbert *Grünewald* vor den Mitgliedern des Verbandes der Chemischen Industrie fest: „Vor einem Jahr, auf unserer letzten Mitgliederversammlung in Frankfurt, mußte ich für unseren Industriezweig eine wenig erfreuliche Bilanz ziehen: sinkende Produktion, stagnierender Umsatz, ein Ertragsrückgang um 25 % sowie Kurzarbeit bei vielen Mitgliedsfirmen kennzeichneten eines der schwierigsten Jahre für die chemische Industrie. Ich freue mich, heute feststellen zu können, daß sich inzwischen die Lage in der chemischen Industrie merklich gebessert hat. Produktion und Umsatz sind in den ersten drei Quartalen dieses Jahres im Vergleich zum Vorjahr um über vier Prozent gestiegen."[1]

Herbert *Grünewald* gab 1984 das Bayer-Szepter an Hermann Josef *Strenger* weiter. Etwas Ungewöhnliches war passiert, fast schon ein Bruch eines ungeschriebenen Gesetzes der „großen Drei", nach dem nur Chemiker an die Spitze vorrücken konnten. *Strenger* aber war kein Chemiker, nicht einmal ein Akademiker, sondern ein gelernter Kaufmann. Offenbar ließ sich *Grünewald* bei der Auswahl seines Nachfolgers auch von den veränderten Anforderungen durch ein chemiefeindliches Umfeld leiten: Nicht mehr ein Chemiker mit seinem eingeengten Blick auf Forschung und Produktion kann die Aufgaben der neuen Zeit lösen, sondern eher ein talentierter „Unterhändler" mit einem Blick fürs Ganze, der auch nicht auf einem zu hohen Roß sitzt.

Hermann Josef *Strenger* (*1928) gehört der Flakhelfer-Generation an. 1949, nach dem Abitur, trat er als kaufmännischer Lehrling ins Bayerwerk Leverkusen ein, wo schon sein Vater und Großvater gearbeitet hatten. 1954 wurde er nach Brasilien, drei Jahre später nach Schweden geschickt. Disziplin, Einsatzfreude und Fleiß haben ihn in der Hierarchie nach oben getragen. 1973 wurde er in den Vorstand berufen und 1978 zum Stellvertretenden Vorstandsvorsitzenden ernannt. In dieser Position schuf er eine neue Organisationsform für das Weltunternehmen Bayer, das er 1984 als Vorstandsvorsitzender übernahm. Die Frage, wie ein kaufmännischer Lehrling den Weg an die Spitze geschafft habe, beantwortete er ausweichend: „Ich habe das Glück gehabt, daß man mir alle drei bis fünf Jahre eine neue Aufgabe mit wachsender Verantwortung übertrug und ich daher die Möglichkeit hatte, das Unternehmen von vielen Seiten kennenzulernen."[2] In besonderem Maße nahm sich *Strenger* der Öffentlichkeitsarbeit an mit dem Ziel, das angeschlagene Image der chemischen Industrie zu verbessern: „Nur durch offene Informationspolitik können wir verlorenes Terrain wiedergewinnen."[3]

In der BASF fand der Wechsel in der Führung des Unternehmens schon ein Jahr vorher statt: 1983 wurde Matthias *Seefelder* durch Hans *Albers* abgelöst. Der 1925 in Lingen geborene *Albers* studierte Chemie an der Universität Münster, promovierte 1953 und trat noch im gleichen Jahr ins Hauptlaboratorium der BASF ein. 1974 wurde er als stellvertretendes Mitglied, 1976 als Vollmitglied in den Vorstand aufgenommen und 1978 für zwei Jahre in die USA geschickt. In dieser Zeit hat er die US-Aktivitäten der BASF-Gruppe konsolidiert und auf weitere Expansion vorbereitet. Als Vorstandsvorsitzender hat er 1985 seine Aufbauarbeit in den USA durch die Akquisition der Inmont gekrönt. Unter ihm wandelte sich die BASF von einem multiregionalen zu einem multinationalen Unternehmen. Die Jahre 1983 bis 1989 bezeichnete er als „die besten, die die BASF-Gruppe gehabt hat."[4]

Auf der Hauptversammlung im Jubiläumsjahr 1990 (125 Jahre BASF) übergab *Albers* den Vorstandsvorsitz an den Juristen (sic!) Jürgen *Strube* (* 1939 in Bochum). Er war 1969 in die BASF eingetreten und später, als Vorstandsmitglied, für Nordamerika zuständig. Die *Financial Times* bemerkte: „Mr. *Strube* is seen as more outward-going and less taciturn than Mr. *Albers*, a chemicals industry veteran. This may have been influencing BASF's supervisory board in its decision."[5]

Bei Hoechst machte Rolf *Sammet* 1985 den Spitzenplatz frei für Wolfgang *Hilger* (*1929 in Leverkusen), dessen Vater Chemiker bei Bayer war. Da er in Leverkusen nicht der „junge *Hilger*" sein wollte, ging er nach Chemiestudium und Promotion 1958 zu Hoechst. 1974 wurde er Vorstandsmitglied und seit 1985 steuert er das gigantische Unternehmen als Vorstandsvorsitzender durch die hochgehenden Wogen ökologischer Anforderungen. Wie sein Bayer-Kollege *Strenger* setzt er auf eine weltweit verteilte Forschung: „Wer Spitzenforschung betreiben will, darf sich nicht auf ein Land, einen Kontinent beschränken. Er muß dorthin gehen, wo die besten Wissenschaftler tätig sind."[6]

Maßgeschneiderte Werkstoffe

Obwohl die chemische Industrie weiterhin verteufelt wurde, verlangte die Bevölkerung chemische Erzeugnisse. Die drei wichtigsten Aufgaben unserer Erde, die Sicherung der Welternährung, die Bekämpfung von Krankheiten und Seuchen und die Erhaltung der Umwelt konnten nur mit Hilfe der Chemie gelöst werden. Darüber hinaus hat die Chemie auf vielen Gebieten neue, attraktive Produkte angeboten, die, weil sie der Bequemlichkeit und Sicherheit dienten, also letztlich das Wohlbefinden der Menschen steigerten, auch von einer kritisch eingestellten Gesellschaft angenommen wurden.

Noch in den siebziger Jahren erkannte man auf dem Kunststoffgebiet die Bedeutung der Spezialkunststoffe als Werkstoffe. Man lernte die Zusammenhänge zwischen den äußerlich meßbaren Eigenschaften eines Werkstoffes und dessen Molekülstrukturen besser verstehen und konnte bald die Eigenschaften eines neuen Werkstoffes vorausberechnen (computergestütztes Molecular Modelling). Damit war die Möglichkeit gegeben, Werkstoffe maßzuschneidern. Gefragt waren Polymere hoher Temperaturbeständigkeit, hoher Steifigkeit und Elastizität sowie Polymere mit speziellen elektrischen und optischen Eigenschaften. Es wurden nicht nur altbewährte Kunststoffe weiterentwickelt, sondern auch Neuentwicklungen aufgegriffen.

Zu den altbewährten technischen Kunststoffen gehören u. a. Polypropylen-Mischungen (PP-Mischungen), Acrylnitril-Butadien-Styrol-Werkstoffe (ABS), Polyamide (PA), Polycarbonate (PC), Polyphenylenoxid (PPO), Polybutylenterephthalat (PBT), Polyethylenterephthalat (PET) und Polyurethan (PU).

Zu den neuen technischen Werkstoffen zählen u. a. hochtemperaturbeständige Kunststoffe und Polymerlegierungen, flüssigkristalline Polymere, elektrisch leitfähige Polymere, polymere Lichtwellenleiter und hochbelastbare Verbundwerkstoffe. Neben diesen polymeren Werkstoffen hat die chemische Industrie in zunehmendem Maße auch neue Materialien auf dem Gebiet der Keramik und Pulvermetallurgie entwickelt.

Als hochtemperaturbeständige Kunststoffe werden in der Regel Thermoplaste bezeichnet, deren Dauergebrauchstemperatur von ca. 160 bis 260 °C liegt und die kurzfristig wesentlich höheren Temperaturbelastungen ausgesetzt werden können. Zu dieser neuen Polymerwerkstoff-Gruppe gehören z. B. Polyphenylensulfid (PPS), Polysulfon (PSU),

Polyethersulfon (PES), Polyetherketon (PEK), Polyetheretherketon (PEEK) und Polyetherimid. Die Herstellungskosten dieser Kunststoffe sind sehr hoch, sie werden daher nur in kleinen Mengen verlangt. In Westeuropa betrug der Verbrauch 1989 etwa 5000 Tonnen. Im gleichen Jahr betrug der Verbrauch aller Kunststoffe in Westeuropa 23 Millionen Tonnen, davon entfielen auf die fünf größten Sorten (Polyethylen, PVC, Polypropylen, Polystyrol und Polyurethan) 20 Millionen Tonnen.

Auf dem Entwicklungsgebiet der Polymerlegierungen konnte man auf alte Erfahrungen zurückgreifen. Aus der Metallurgie war seit langem bekannt, daß man durch Legieren Eigenschaftskombinationen erreichen kann, die sich durch andere Maßnahmen nur schwer oder gar nicht erreichen lassen. Die Methode des Legierens war auch schon seit längerer Zeit bei der Herstellung gewisser Kunststoffe angewandt worden, z. B. bei der Herstellung von schlagzähen Kunststoffen, bei der die Eigenschaftskombination Steifigkeit und Zähigkeit erreicht wurde. Jetzt aber wurde diese Technik verfeinert und auf fast alle Kunststoffsorten, aber auch auf Fasern, Folien und Lacke ausgedehnt.

Flüssigkristalline Polymere (LCP) sind Polymere, die als Lösungen oder Schmelzen die Eigenschaften von flüssigen Kristallen zeigen. Man unterscheidet Hauptketten- und Seitenkettenpolymere. Aus den flüssigkristallinen Hauptkettenpolymeren mit stäbchenförmigen Segmenten lassen sich Werkstoffe gewinnen, deren mechanische Eigenschaften denen von Stahl oder Keramik gleichkommen. Je nach den eingesetzten Ausgangspolymeren können sie zu Formteilen oder Fasern verarbeitet werden.

Elektrisch leitfähige Polymere (E.l.P.) erhält man, wenn man Polymeren leitfähige Füllstoffe, z. B. Aluminiumplättchen, zumischt, oder indem man geeignete Polymere durch starke Oxidations- oder Reduktionsmittel behandelt (dotiert). Die erreichbare maximale Leitfähigkeit ist abhängig von der chemischen Struktur der Polymeren und der Art und Weise des eingesetzten Dotierungsmittels. Die gewichtsbezogene Leitfähigkeit des mit Jod dotierten Polyethylens erreicht die von Kupfer. Potentielle Verwendungsmöglichkeiten für E.l. P ergeben sich bei der Herstellung von Kunststoffbatterien, Dioden, Transistoren und Solarzellen. An der auf leitfähigen Polymeren aufbauenden Entwicklung von Materialien mit nicht linearen optischen Eigenschaften für extrem schnelle Schaltvorgänge wird ebenfalls gearbeitet.

Eine große Zukunft wird auch den polymeren Lichtwellenleitern vorausgesagt. Vorteile gegenüber Glasfasern sind die niedrigeren Herstellungskosten, die leichtere Verarbeitbarkeit, die Unempfindlichkeit bei Vibrationsbeanspruchung und die höhere Flexibilität. Der Entwicklungsstand liegt jedoch noch deutlich unter dem der Glasfasern.

Eine andere Gruppe neuer polymerer Werkstoffe sind die Verbundwerkstoffe. Sie bestehen aus in Harz eingebetteten Glas-, Kohle- oder Aramidfasern – sogenannte Halbzeuge oder *Prepregs* –, die zu einem hochbelastbaren Material verbunden sind. Diese Verbundwerkstoffe zeichnen sich durch hohe chemische und thermische Beständigkeit sowie durch hohe Festigkeit und Formstabilität aus. Glasfaserverstärkte und glasmattenverstärkte Verbundwerkstoffe werden im Automobilbau eingesetzt, z. B. werden schon Kardanwellen, Blattfedern oder Motorhauben daraus gefertigt. Aramidfasern – Aramide sind Polyamide aus aromatischen Diaminen und aromatischen Dicarbonsäuren, die neben Amid auch Imidgruppen enthalten können – eignen sich u. a. zur Verstärkung von Autoreifen, Transportbändern, Treibriemen und Hochdruckschläuchen sowie zur Herstellung von temperaturbeständigen Textilien. Kohlenstoffaserverstärkte Kunststoffe werden wegen der hohen Festigkeit und des geringen Gewichts in der Luft- und Raumfahrt eingesetzt. Auch Sportartikel werden aus diesem Werkstoff gefertigt: Segelflugzeuge, Skier, Surfbretter, Tennis- und Golfschläger, Angelruten und Rennboote.

Zu den Hochleistungswerkstoffen gehören auch neue keramische Werkstoffe, die sich durch hohe Hitze- und Verschleißfestigkeit und Isolations- und Korrosionsbeständigkeit auszeichnen. Durch Variation der Zusammensetzung und Orientierung der Kristalle sowie durch Vereinigung

mehrerer keramischer Substanzen zu einem Verbundwerkstoff können die physikalischen und mechanischen Eigenschaften abgeändert und verbessert werden.
Der deutsche Keramikfachmann Günther *Petzow*, Leiter des pulvermetallurgischen Laboratoriums am Max-Planck-Institut in Stuttgart, sieht in den Hochleistungskeramiken Werkstoffe, „die grundsätzlich neue Möglichkeiten im Sinne einer Schlüsseltechnologie" eröffnen. Einige Anwendungen haben Aufsehen erregt, darunter der Hitzeschild des Space-Shuttle und die künstlichen Hüftgelenke in der Medizintechnik. Als Einzelteile sind keramische Werkstoffe auch in Motoren und Maschinen zu finden. Ein großes Einsatzfeld für keramische Werkstoffe ist heute schon die Mikroelektronik: Um die Wärme aus den Chips besser abtransportieren zu können, werden Keramiken mit hoher Wärmeleitfähigkeit als Chipträger verwendet. Durch die Entdeckung der keramischen Supraleiter hat die Forschung auf dem Gebiet der Hochleistungskeramik neue Impulse erhalten.
An der Finanzierung zur Erforschung und Entwicklung neuer Materialien beteiligte sich auch das Bundesforschungsministerium. Bis Ende 1988 hatte es eine Milliarde Mark ausgegeben, davon ein Drittel für Arbeiten in Forschungsinstituten und zwei Drittel für Arbeiten in der Industrie. An der Spitze standen Aufwendungen für keramische Werkstoffe. Es folgten Pulvermetallurgie, Hochtemperaturpolymere und Verbundwerkstoffe. Der Aufwand der chemischen Industrie für die Erforschung und Entwicklung von Hochleistungswerkstoffen ist schwer zu ermitteln, da die Grenzen zwischen Hochleistungspolymeren und anderen Polymeren fließend sind und weil auch Akquisitionen von ausländischen Firmen mit berücksichtigt werden müßten. Die Impulse für die Entwicklung neuer Werkstoffe kamen überwiegend aus der Automobilindustrie, aus der Luft- und Raumfahrttechnik und aus der Elektro- und Elektronikindustrie.

Know-how von Celanese

An der Entwicklung von Hochleistungswerkstoffen waren in Deutschland vor allem Bayer, Hoechst und die BASF beteiligt. Jedoch nicht alle Produkte waren das Resultat eigener Forschungsarbeiten. Auf einigen Gebieten war die amerikanische und japanische Konkurrenz so weit voraus, daß das für einen Wettbewerb notwendige Know-how durch Beteiligungen an oder Übernahmen von Firmen beschafft werden mußte. Interessanterweise holten BASF und Hoechst wichtige Entwicklungen auf dem Gebiet der neuen Werkstoffe von der selben Firma, nämlich von der 1918 gegründeten Celanese Corporation of America, die bis in die sechziger Jahre der größte Acetatseidenproduzent der Welt war.

1985 übernahm die BASF von Celanese das Arbeitsgebiet der Hochleistungsverbundwerkstoffe. In der Hauptversammlung der BASF nahm der Vorstandsvorsitzende Hans *Albers* dazu Stellung: „Hier haben wir vor allem Wissen und Zeit erworben – Zeit, die bereits in diesen Einheiten investiert wurde, um den hohen Stand der Technik zu erreichen und ein erstes Geschäft aufzubauen. Gerade in den USA ist in Verbindung mit der Luft- und Raumfahrtindustrie das Know-how weit vorangetrieben worden, hochbelastete Metallteile durch leichtere Kunststoffteile zu ersetzen. ... Für die BASF als bedeutenden Kunststoffhersteller war es unerläßlich, sich auf diesem Gebiet zu engagieren. ... Wir sind der Überzeugung, daß wir hier am Anfang einer Entwicklung wie vor 30 bis 40 Jahren stehen, als die Kunststoffe begonnen haben, andere Werkstoffe, wie etwa Holz, Glas oder Metall, in weniger beanspruchten Teilen zu verdrängen. Heute geht es um den Ersatz von Metallteilen in mechanisch hoch belasteten Konstruktionen, ein Einsatzgebiet, in das Kunststoffe bisher noch nicht in größerem Umfang vordringen konnten. Und wir meinen, daß wir uns auch bei dieser Entwicklung auf Zeiträume von Jahrzehnten einzurichten haben." Aber schon im März 1992 gab die BASF bekannt, daß sie sich aus dem Geschäft mit Strukturwerkstoffen zurückziehen und das gesamte Arbeitsgebiet verkaufen werde, da sich die Serienanwendung der kohlenstoffaserverstärkten Kunststoffe langsamer vollzieht als in den achtziger Jahren erwartet.

Hoechst hat 1987 den übrigen, wesentlich größeren Teil der Celanese mit 16 800 Mitarbeitern für 2,84 Milliarden Dollar erworben. Damit kam Hoechst nicht nur in den Besitz moderner Anlagen zur Produktion von Fasern, Chemikalien und Kunststoffen, sondern auch von Hochleistungspolymeren (z. B. Polybenzimidazol), flüssigkristallinen Polymeren und Spezialfasern für Reifencord. Darüber hinaus wurde die Hoechster Position in den großen Chemiemärkten schlagartig gestärkt. Der Zusammenschluß der Celanese mit der alten Hoechst-Tochtergesellschaft American Hoechst Corporation (AHC) hob die neue Hoechst Celanese Corporation auf den fünften Platz unter den amerikanischen Chemieunternehmen und gleichzeitig an die Spitze der deutschen Chemieunternehmen in den USA. 1989 betrug der Umsatz der Hoechst Celanese Corporation 5,7 Milliarden Dollar.

Hoechst hat sich auch auf dem Keramiksektor eingekauft; 1985 wurde die Rosenthal Technik AG erworben und in Hoechst CeramTec AG umbenannt. Dazu bemerkte Rolf *Sammet* im Geschäftsbericht: „Technische Keramik ist ein neues Arbeitsgebiet von Hoechst ... das von uns einen beträchtlichen Einsatz erfordert." 1989 hat Hoechst eine weiteren Schritt getan und die Beteiligung an der Sigri GmbH von 50 auf 100 % erhöht. Die Produktionspalette von Sigri reicht vom Siziliumcarbid bis zu kohlenstoffaserverstärkten Kunststoffen.

Neue Kunststoffe und Fasern

In den achtziger Jahren hat die deutsche chemische Industrie auf dem Gebiet der Kunststoffe und Fasern zahlreiche neue Produkte entwickeln und auf den Markt bringen können.

Die BASF betrieb schwerpunktmäßig die Weiterentwicklung technischer Kunststoffe vor allem auf dem Gebiet der Polystyrole und ungesättigten Polyester. Neue Produkte sind hier u. a. Styrolux, Terblend S und Palapreg. Von den hochtemperaturbeständigen Thermoplasten sei das Polysulfon Ultrason und das Polyetherketon Ultrapek erwähnt; Ultrapek weist eine Dauerformbeständigkeit von 260 °C auf. Basotect ist ein neuer Schaumstoff auf der Basis von Melaminharz. Luranyl, eine Polymermischung auf der Basis von Polyphenylenether, wird im Automobilbau und in der Elektronik eingesetzt. Ultrax ist ein flüssigkristallines Polymer mit guten mechanischen Eigenschaften. Polyacetylen und Polypyrrol sind zwei vielversprechende elektrisch leitfähige Polymere.

Auf dem Gebiet der textilen Fasern konnte die BASF 1985 ihre Produktpalette durch die Übernahme der American Enka sinnvoll ergänzen. Im Geschäftsbericht hieß es: „Unser Fasergeschäft in Nordamerika erreicht mit diesem Erwerb einen Umfang, der uns gestattet, Forschung und Entwicklung im wettbewerbsfähigem Maße zu betreiben." Die Hochleistungskeramik befindet sich bei der BASF noch im Forschungs- und Entwicklungsstadium.

Bayer hat die Entwicklung von technischen Kunststoffen und neuen Fasern vor allem auf der Basis der drei Star-Produkte Makrolon (Polycarbonat), Dralon (Polyacrylnitril) und Polyurethan vorantreiben können. Makrolon und seine maßgeschneiderten Modifikationen sind vielseitig einsetzbar. Das Anwendungsgebiet reicht von Massivplatten über Compact Discs bis zu Präzisionsteilen aller Art. Die thermoplastischen Blends auf Makrolonbasis, Bayblend sowie Pocan, haben sich als Automobil-Konstruktionswerkstoffe bewährt. Gemeinsam mit der schwedischen Firma Gambro Lundia AB, dem weltweit führenden Hersteller von Dialysegeräten, entwickelte Bayer ein modifiziertes Polycarbonat für Dialysemembranen, die gegenüber den bisher verwendeten Cellulosemembranen problemloser arbeiten. Der thermoplastische, hochwärmeformbeständige Kunststoff Apec, auf der Basis aromatischer Polyestercarbonate findet Anwendung in der Lichttechnik, Autoelektrik und Elektronik.

Auf dem Fasersektor hat Bayer die Polyacrylfaser Dralon weiterentwickelt. Die Dunova-Faser eignet sich vor allem für hautnahe Textilien; sie ist hautsympathisch, u. a. klebt sie im feuchten Zustand nicht am Körper, und sie ist pflegeleicht.

Dorlastan, eine neue elastische Faser auf Polyurethanbasis, wird in zunehmendem Maße für modische Sport- und Badekleidung und für Miederwaren eingesetzt. Andere neue Polyurethanprodukte sind Bayflex, geeignet für großflächige Autokarrosserieteile, und Baydur für belastete Autoteile, Sportgeräte und Parabol-Antennen.

Ein traditionelles Entwicklungsgebiet bei Bayer ist auch der Kautschuk. Neben den ständigen Qualitätsverbesserungen des Chloroprenkautschuks (Baypren), der in Dormagen und an zwei Standorten in den USA produziert wird, wurden bei Bayer neue Haftadditive, lösemittelfreie Klebstoffe und ein thermoplastisches Polyurethanelastomer mit dem Namen Desmopan entwickelt. Der hydrierte Nitrilkautschuk Therban, ein quell- und verschleißfestes Produkt, hat sich im Automobilbau und für den Off-shore-Einsatz bei Ölbohrungen gut bewährt. Durch den Erwerb der Polysar Rubber Division von der kanadischen Nova Corporation of Alberta im Oktober 1990 erhielt Bayer nicht nur neue Kautschuk-Fabrikationsanlagen in Kanada, den USA, Belgien und Frankreich, sondern auch zusätzliche Forschungskapazitäten. Durch diese Übernahme wurde Bayer weltweit einer der führenden Anbieter von Synthesekautschuk mit einem großen Anteil hochwertiger Spezialprodukte, wie Butylkautschuk und Ethylen-Propylen-Dien-Terpolymere (EPDM). Butylkautschuk, der im Temperaturbereich von −30 bis +190 °C einsetzbar ist, zeichnet sich durch sehr geringe Gasdurchlässigkeit und hohe Beständigkeit gegenüber Säuren, Basen und Lösungsmittel aus. EPDM findet vor allem im Bausektor (Dachabdeckungen), im Automobilbau und im chemischen Apparatebau Anwendung.

Auch das Arbeitsgebiet der Ingenieurkeramik hat Bayer ausgebaut. Im Cremer-Forschungsinstitut in Rödental wurde 1987 ein modernes Werkstofftechnikum in Betrieb genommen. Bei der Tochtergesellschaft Hermann C. Starck Berlin werden Keramikpulver hergestellt. Die Firma, die zu den Pionieren der Pulvermetallurgie zählt, stellt Metalle (Wolfram, Molybdän, Tantal, Niob, Rhenium, Bor) und Metallverbindungen her. In Erprobung sind hochreine Siliziumscheiben, mit denen Solarzellen mit verbessertem Wirkungsgrad hergestellt werden können.

Hoechst hat neue Werkstoffe und Textilien vor allem auf den traditionellen Arbeitsgebieten Hostalen (Polyethylen hoher Dichte), Hostaflon (Fluorpolymere) und Trevira (Polyethylenterephthalat) entwickelt, u. a. Hostalen GUR, ein ultrahochmolekulares Polyethylen mit hoher Verschleißfestigkeit, Hostaflon ET, ein thermoplastisch verarbeitbares mit Ethylen modifiziertes Polytetrafluorethylen hoher Witterungsbeständigkeit, und Trevira Finesse, eine Textilfaser aus feinsten Trevirafäden für atmungsaktive, wind- und regenabweisende Sport- und Freizeitbekleidung. Vectra, ein flüssigkristalliner Kunststoff, der hohen Belastungen standhält, wurde bei Hoechst Celanese entwickelt, ebenso wie Polybenzimidazol (PBI), ein Polymerwerkstoff mit außergewöhnlichen Eigenschaften: Er ist extrem feuerfest, unter Flammeinwirkung zersetzt er sich erst ab einer Temperatur von 580 °C; dabei brennt er nicht, er verkohlt nur und behält seine Form. Die Anzüge und Sicherheitsleinen der Astronauten bestanden aus PBI, das heute in der Luftfahrtindustrie und bei der Brandbekämpfung weitere Einsatzgebiete gefunden hat. Auch Formteile können aus PBI gefertigt werden, die vor allem in der Luft- und Raumfahrtindustrie eingesetzt werden.

Ein anderes Hochleistungspolymer aus der Entwicklungsschmiede von Hoechst ist Hostatec, ein aromatisches Polyetherketon mit einer Schmelztemperatur von 360 °C und hoher Festigkeit und Steife; es wird u. a. im Elektro- und Elektroniksektor eingesetzt. Weiterentwicklungen auf dem traditionellen Arbeitsgebiet der Folien sind Hostaphan RE und Trespaphan, sehr dünne Folien aus Polyester bzw. aus Polypropylen, aus denen vor allem Kondensatoren hoher elektrischer Speicherkapazität hergestellt werden. Eine neue, vielversprechende Entwicklung auf dem Gebiet der kohlenstoffaserverstärkten Verbundwerkstoffe betreibt die Hoechst-Tochter Sigri GmbH.

Das Arbeitsgebiet technische Keramik erschloß sich Hoechst 1985; es ist vor allem in der Hoechst CeramTec AG angesiedelt. Heute ist Hoechst mit speziellen Hochleistungskeramik-Bauteilen in der Elektrotechnik und Mikroelektronik präsent. Seit der Verleihung des Nobelpreises für Physik 1987 an den Schweizer Karl Alex *Müller* (*1925) und den Deutschen Johannes Georg *Bednorz* (*1950) für die Entdeckung der Supraleitung eines gesinterten Mischkristalls aus Barium-, Kupfer- und Lanthanoxid hat ein intensives Suchen nach keramischen Hochtemperatursupraleitern begonnen, von denen man sich revolutionierende Möglichkeiten für den Bau extrem schneller Computer und für die Energieübertragung verspricht. Seit 1987 betreibt Hoechst mit der Daimler-Benz AG und der Siemens AG gemeinsame Forschungsarbeiten auf dem Gebiet der keramischen Hochtemperatursupraleiter.

Seit dem Jahr 1987 macht Hoechst für seine neuen, modernen Produkte mit dem Begriff „High Chem" Reklame, den man als Kürzel für zukunftsbezogene, wissenschaftliche Arbeit, technische Kompetenz und hohe Ansprüche auf eigene Leistung verstehen soll.

Auch wenn die Hochleistungspolymere in den achtziger Jahren besondere Aufmerksamkeit hervorriefen und wiederholt in die Schlagzeilen gerieten, so wurde das große Kunststoffgeschäft immer noch mit einigen wenigen „oldies"

Tabelle 13. Kunststoffverbrauch in der westlichen Welt (in %)

		1970	1989
Polyethylen niedriger Dichte	LDPE	19,5	17,7
Polyvinylchlorid	PVC	20,7	17,0
Polypropylen	PP	5,0	11,9
Polyethylen hoher Dichte	HDPE	7,1	10,9
Polystyrol	PS	7,7	7,4
Polyurethan	PUR	4,0	5,7
Schlagzähes Polystyrol	ABS	2,0	2,7
Expandierbares Polystyrol	EPS	1,4	1,6
Polyamide	PA	0,7	1,0
Übrige Kunststoffe		31,9	24,1

bestritten, die sich über Jahrzehnte bewährt haben. Vergleicht man den prozentualen Anteil einzelner Kunststofftypen am Kunststoffverbrauch im Jahre 1970 mit dem im Jahre 1989, so fällt auf, daß der Polypropylenanteil stark zugenommen hat (Tabelle 13).

Kunststoff-Recycling

Bei der Produktion von Kunststoffen wurde es immer wichtiger, die Möglichkeiten für ein problemloses Recycling mit zu berücksichtigen und die Recyclingkosten mit einzubeziehen.
In einem Recycling-Prozeß muß der Energie- und Rohstoffgehalt der Abfälle möglichst vollständig zurückgewonnen werden. Für Kunststoffabfälle eignen sich chemische und stoffliche Recycling-Verfahren. Zu den chemischen Verfahren zählen die Pyrolyse und die Hydrolyse. Bei der Pyrolyse werden Kunststoffe unter Sauerstoffabschluß auf 600 bis 800 °C zu petrochemischen Grundprodukten verschwelt; es entstehen Substanzen, z. B. Benzol und Toluol, die wieder für die chemische Produktion eingesetzt werden können. Die gasförmigen Pyrolyseprodukte können zur Energiegewinnung genutzt werden. Nach dem Hydrolyse-Verfahren werden die Kunststoffabfälle bei 200 bis 300 °C unter Zusatz von Wasser und Säuren oder Laugen in die Grundbausteine zerlegt, die als Ausgangsstoffe für Polymere desselben Typs verwendet werden können. Dieses Verfahren eignet sich für Polyamide, Polyester und Polyurethane.
Unter stofflichem Recycling versteht man das Umschmelzen von Kunststoffabfällen ohne chemische Umwandlung. Hierfür eignen sich alle Thermoplaste. Sie werden verflüssigt und zu neuen Produkten umgeformt. Bei Standardkunststoffen genügt schon eine Temperatur von 200 °C. Das Stoff-Recycling eignet sich aber nicht für alle Kunststoffsorten. Duroplaste können nach dieser effektivsten Recyclingart nicht rückverwandelt werden, da sie sich beim Schmelzen zersetzen. Faserverstärkte Polymere, die Duroplaste (Epoxid- und Phenolharze) enthalten, können daher nach dem

Stoff-Recycling nicht behandelt werden. Man beginnt nun die Duroplaste in diesen Hochleistungspolymeren durch Thermoplaste zu ersetzen, da diese das Stoff-Recycling erlauben; außerdem sind sie schadenstoleranter und haben Verarbeitungsvorteile. Ein anderer Hochleistungswerkstoff, die flüssigkristallinen Polymeren, lassen sich problemlos umschmelzen. 1990 wurden in Westeuropa annähernd 800 000 Tonnen oder 3 % des Kunststoffverbrauchs durch stoffliches Recycling wiederverwertet. Im Jahre 2000 sollen nach Schätzungen von Fachleuten 20 % der westeuropäischen Kunststoffproduktion aus Recycling-Anlagen stammen. Jedoch: Für Kunststoffe gibt es keine ewige Wiederkehr. Am Ende steht immer eine Verbrennungsanlage.

Auch mit Hilfe von Mikroben, die in der Lage sind, Kunststoffe abzubauen, könnte man sich der Altkunststoffe entledigen. Bisher kann jedoch nur Polyvinylacetat durch Mikroben zufriedenstellend abgebaut werden.

Die chemische Industrie, die sich lange Zeit nur für die Herstellung, Verarbeitung und Anwendung von Kunststoffen interessierte, hat sich in jüngster Zeit auch der Kunststoff-Entsorgung angenommen. Der Druck der Öffentlichkeit sowie die drastischen Verordnungen des Umweltministers Klaus *Töpfer* lösten neue Aktivitäten aus, u. a. die Gründung einer „Entwicklungsgesellschaft für die Wiederverwertung von Kunststoffen" im Mai 1990 durch BASF, Bayer und Hoechst.

Ein besonderes Problem stellt die Entsorgung der alten Autos dar. 1989 wurden in der Bundesrepublik Deutschland 2 Millionen Autos verschrottet. Während das Metall fast vollständig wiederverwendet wird, wandern die Kunststoffbestandteile auf Halde. Das Problem der Entsorgung liegt vor allem in der Sortierung der vielen verschiedenen Kunststoffteile. Die Fahrzeuge müssen daher demontagefreundlicher konstruiert und die Anzahl der Kunststoffsorten reduziert werden. Klaus *Töpfer* möchte die Verwertung und Entsorgung der Autos außerhalb der generellen Müllbeseitigung sicherstellen und eine Rücknahmepflicht der Altautos durch die Hersteller einführen.

Nicht nur Kunststoffe im Automobil, sondern auch Kunststoffverpackungen sind ins Kreuzfeuer der Kritik geraten. Die allgemeinen Entsorgungprobleme haben die Bundesregierung veranlaßt, am 14. November 1990 eine Verordnung über die Vermeidung von Verpackungsabfällen zu verabschieden, nachdem der von *Töpfer* „als Frist gesetzte 31. Juli 1990 verstrichen war, ohne von der Wirtschaft eine sinnvolle Konzeption bzw. Strategie zur Vermeidung, Verringerung bzw. Verwertung von Kunststoffabfällen erhalten zu haben".[7] Die Verordnung unterscheidet zwischen Transportverpackungen, Umverpackungen und Verkaufsverpackungen.[8]

1989 wurden in der Bundesrepublik Deutschland 1,93 Millionen Tonnen Kunststoffe für Verpackungszwecke produziert; davon entfielen auf die einzelnen Kunststoffsorten (in %): LDPE 40, HDPE 21, PP 13, PVC 11, PS 9, Sonstige 6. Etwa 70 % der Verpackungskunststoffe wurden für Verkaufsverpackungen eingesetzt. Um die durch die Verordnung erzwungene Wiederverwertung von Kunststoffverpackungen möglichst schnell und kostengünstig zu verwirklichen, ist am 18. Februar 1991 von den Kunststoffherstellern und Kunststoffverarbeitern die Verwertungsgesellschaft gebrauchter Kunststoffverpackungen (VGK) gegründet worden. Die Maßnahmen zur stofflichen Wiederverwertung werden zwangsläufig zu einer Verteuerung von Kunststoffen und damit zu Substitutionen von Kunststoffverpackungen durch Verpackungen aus Papier, Glas, Metall und Holz führen. Im Verpackungsbereich werden auch schon probeweise biologisch abbaubare Kunststoffe eingesetzt, z. B. der von ICI entwickelte Kunststoff „Biopol", dessen physikalische Eigenschaften denen des Polypropylens ähnlich sind.

Die Entsorgung rückt immer stärker in den Vordergrund. Wer neue Produkte entwickelt, muß auch schon an ihr Ende denken. Dies gilt nicht nur für Kunststoffe, sondern für alle chemischen Erzeugnisse wie Lacke, Wasch- und Reinigungsmittel, Kosmetika, für Produkte der Reproduktionstechnik, für Düngemittel, Pflanzenschutzmittel und Pharmazeutika.

Lacke, Wasch- und Reinigungsmittel

Zur Entlastung der Umwelt entwickelte die Lackindustrie lösemittelarme Lacke und lösemittelfreie Wasserlacke. Auch feststoffreiche Produkte kamen in den achtziger Jahren verstärkt auf den Markt. Dennoch hat die Lackindustrie ihre freiwillige Selbstverpflichtung von 1982, den Lösemittelanteil innerhalb von fünf Jahren um 25 % zu senken, nicht erfüllen können. Immerhin wurde in diesem Zeitraum der Anteil giftiger Schwermetalle verringert: Blei um 25 %, Chrom um 38 % und Cadmium praktisch um 100 %.

An der Entwicklung von Druckfarben für das neue Druckverfahren „Ink jet" (Tintenstrahldruck) waren auch BASF, Hoechst und Bayer beteiligt. Im Gegensatz zu den herkömmlichen Druckverfahren handelt es sich dabei um das kontaktlose Aufsprühen von niedrigviskosen Tinten auf den Träger mittels Düsen. Die BASF wurde 1985 durch den Erwerb der Inmont-Gruppe von United Technologies (Umsatz 1 Milliarde Dollar, 8000 Mitarbeiter) zum größten Hersteller von Autolacken und organischen Pigmenten. Auf dem Gebiet der Druckfarbenprodukte belegte sie nach der japanischen Firma Dainippon Ink den zweiten Platz.

Bei der Produktion von Wasch- und Reinigungsmitteln und ihrer Vorprodukte setzte man ebenfalls auf umweltverträgliche Produkte. Die größten deutschen Hersteller waren weiterhin Henkel, Benckiser, die Lever Sunlicht GmbH und die deutsche Niederlassung der US-Firma Procter & Gamble. Für Waschrohstoffe sorgten auch die BASF, Hoechst und Hüls.

Die Henkel KGaA ist das viertgrößte Chemieunternehmen der Bundesrepublik Deutschland (alte Länder). Die Firma wurde 1874 von Fritz *Henkel* (1848–1930), einem Verfechter des Markenartikelgedankens, in Aachen gegründet, aber schon 1880 nach dem verkehrsgünstigeren Düsseldorf verlegt. Hundert Jahre später wandelte sich die Firma vom einst klassischen Hersteller von Wasch- und Reinigungsmitteln zu einem weltweit orientierten, akquisitionsfreudigen Chemiekonzern mit breit gefächerter Produktpalette unter Bevorzugung marktnaher Markenartikel. Die etwa 8000 Produkte sind den folgenden fünf Sparten zugeordnet: Chemieprodukte, Wasch- und Reinigungsmittel, Klebstoffe, Hygiene und technische Reinigung, Kosmetik und Körperpflege. 1989 erzielte Henkel einen Umsatz von 11,6 Milliarden DM. Bemerkenswert ist der zielstrebige Ausbau des Auslandsgeschäftes durch Beteiligungen und Akquisitionen. Seit 1980 steht Helmut *Sihler* (*1930) an der Spitze der Geschäftsführung. Er ist der erste Unternehmensleiter, der nicht zur Gründerfamilie gehört. *Sihler*, gebürtiger Klagenfurter, studierte Philologie und Jura, kam 1957 zu Henkel und rückte dort mit den ihm übertragenen, immer bedeutenderen Aufgaben nach oben. Am Umbau des Unternehmens hatte er wesentlichen Anteil.

Durch den stetig steigenden Waschmitteleinsatz stellte sich schon früh die Frage nach der Umweltverträglichkeit der einzelnen Komponenten, vor allem der beiden wichtigsten Inhaltsstoffe, der Tenside und Gerüststoffe (builder). Die ursprünglich verwendeten, schwer abbaubaren Tenside, die verzweigtkettigen Alkylbenzolsulfonate, wurden schon Anfang der sechziger Jahre durch die leicht abbaubaren linearen Alkylbenzolsulfonate (LAS) ersetzt. Der Gerüststoff Pentanatriumtriphosphat mußte in den achtziger Jahren ersetzt werden, da Phosphate eutrophierend wirken. Phosphate gelangen aber nicht nur durch Waschmittel in die Oberflächengewässer, sondern auch durch menschliche Exkremente und Nahrung, durch Gewerbe und Industrie sowie durch die Landwirtschaft (Düngemittel) und Nutztierhaltung. Da jedoch die Waschmittel die beste lokalisierbare Phosphatquelle darstellten, erschien dem Gesetzgeber die Reduzierung der Phosphate in den Waschmitteln am leichtesten durchführbar. Die 1980 erlassene Phosphathöchstmengenverordnung, die 1984 verschärft wurde, zeigte bald ihre Wirkung. Betrug der Phosphateintrag in die Oberflächengewässer durch Waschmittel 1975 noch 40 %, so ging er bis 1987 auf 18 % zurück. 1988 haben dann die deutschen Waschmittelhersteller freiwillig auf Phosphate ganz verzichtet.

Bei der Suche nach Phosphatersatzstoffen konzentrierte sich das Interesse zunächst auf lösliche organische Komplexbildner, wie etwa Nitrilotriacetat (NTA) und Polycarboxylate (PCA), deren Wirkungsweise, ebenso wie die des Triphosphats, auf der Eigenschaft beruht, Calciumionen komplex binden zu können. Daneben untersuchte die Firma Henkel die Eigenschaften synthetischer Natriumaluminiumsilikate und fand einen geeigneten Phosphatersatzstoff: Zeolith 4 A. Zeolithe sind keine Komplexbildner, sondern Ionenaustauscher. Ihre Wirkung beruht darauf, daß sie bestimmte Ionen aufnehmen und dafür andere Ionen abgeben können. Sie sind unlöslich, nicht toxisch und ökologisch unbedenklich. Allerdings führt der vermehrte Einsatz von Zeolithen zu einer beachtlichen Vermehrung des Klärschlamms.

Der Phosphatersatzstoff NTA erwies sich als problematisch. Zunächst wurde er wegen seiner guten biologischen Abbaubarkeit gepriesen, bis sich herausstellte, daß dies nur in Süßwasser zutrifft; in Meerwasser wird NTA schlecht abgebaut. NTA vermag auch giftige Schwermetalle wie Quecksilber und Cadmium, die in den Sedimenten von Flüssen und Seen ruhen, zu remobilisieren, die als Folge wieder verstärkt in der Nahrungsmittelkette auftauchen. In den USA hat man NTA sogar verdächtigt, erbgutverändernde Wirkungen hervorzurufen.

Auch die Polycarboxylate, die den Phosphatersatzstoff Zeolith in den Waschmitteln in seiner Wirkung verstärken und eine Wiederablagerung von Calciumsalzen und Schmutz auf der Wäsche verhindern, sind biologisch schlecht abbaubar. So gesehen sind phosphatfreie Waschmittel kein „Persilschein" für die Umwelt. Eine schrittweise Rückkehr zu phosphathaltigen Waschmitteln könnte sinnvoll sein, wenn alle Kläranlagen so ausgestattet wären, daß sie Phosphate ausfällen können.

Seit Ende 1990 gibt es auf dem europäischen Markt auch Waschmittel, die das gentechnisch hergestellte Enzym Lipase als Schmutzlöser enthalten. Die deutschen Waschmittelhersteller zögern noch mit der Einführung, da Gefahren für die Gesundheit nicht ganz auszuschließen sind. Sie wollen noch abwarten, wie die Verbraucher auf gentechnisch hergestellte Enzyme reagieren. In Dänemark ist man nicht so ängstlich. In der führenden Waschmittelfirma Novo Nordisk arbeiten Mikrobiologen bereits an noch wirksameren Enzymen.

Kosmetika und Körperpflegemittel

Auf dem Markt für Körperpflegemittel und Kosmetika wurden in den achtziger Jahren weltweit zweistellige Zuwachsraten erzielt. Durch das gestiegene Umweltbewußtsein wurden Produkte, die auf Basis natürlicher Rohstoffe hergestellt werden, bevorzugt. Nobelmarken waren besonders gefragt. Weltweit führend waren L'Orèal, Unilever, Procter & Gamble, Shiseida, Revlon und Avon. Die führenden deutschen Firmen waren Benckiser, Beiersdorf, Henkel, Wella und die drei I. G.-Nachfolger mit ihren Tochtergesellschaften. 1989 betrug das Marktvolumen für Körperpflegemittel und Kosmetika in Westeuropa 52,2, in den USA 38,0 und in Japan 29,3 Milliarden DM. Das sind im Durchschnitt 146, 157 und 240 DM pro Kopf.

Aufkäufe von Firmen und Produktnamen sorgten immer wieder für Überraschungen in dieser Branche. In Deutschland hat sich die Benckiser-Gruppe, ein führender Hersteller von Wasch-, Spül- und Reinigungsmitteln, besonders hervorgetan. Durch den Erwerb der renommierten Kosmetikfirma Astor/Lancaster von dem britischen Unternehmen Smith Kline Beecham Plc. für 600 Millionen DM schob sich Benckiser in die Spitzengruppe der deutschen Hersteller für Kosmetika und Körperpflegemittel.

Auch Hoechst und Bayer verstärkten ihre Aktivitäten auf diesem Gebiet. Hoechst erhöhte 1990 die Beteiligung an der Hans Schwarzkopf GmbH von 48,85 auf 74,85 %. Das Kosmetikgeschäft von Hoechst erreichte damit insgesamt (Schwarzkopf GmbH, Jade GmbH, Marbert GmbH) einen Umsatz von 1,5 Milliarden DM. Die Bayer-Tochter Haarmann & Reimer GmbH ist in Deutschland die führende Herstellerin von Parfümölen und Aromen. Nach dem Erwerb der

Firma Creations Aromatiques erzielte die Bayer-Tochter 1989 einen Umsatz von einer Milliarde DM. Die BASF zählte weltweit zu den führenden Herstellern von Kosmetikrohstoffen mit dem Schwerpunkt auf Produkten für die Haarpflege. Auch in der Entwicklung von neuen Riechstoffen war die BASF erfolgreich. Um so überraschender war der Verkauf des 1980 erworbenen amerikanischen Riech- und Geschmackstoffproduzenten Fritzsche, Dodge & Olcott (FDO), der die amerikanische Kosmetikindustrie belieferte und 1989 einen Umsatz von 150 Millionen Dollar auswies. Die Begründung lautete: „Eine sorgfältige strategische Überprüfung ergab, daß dieses Arbeitsgebiet langfristig kein Kerngeschäft der BASF ist, obwohl FDO eine führende Position auf dem Riech- und Geschmackstoffmarkt erarbeitet hat."[9] Seitdem produziert die BASF Riechstoffe nur in Ludwigshafen.

Reproduktions- und Informationstechnik

In der Reproduktions- und Informationstechnik haben sich Hoechst, BASF und Bayer auf ihren traditionellen Arbeitsgebieten gegen eine erdrückende Konkurrenz aus Japan und den USA behaupten können.

Im Audio-/Video-Bereich wurden leistungs- und strapazierfähigere Bänder entwickelt, u. a. das Hostaphanband von Hoechst und ein kobaltmodifiziertes Eisenoxidband von BASF. Der harte Wettbewerb auf dem Markt für Magnetbandprodukte hat Bayer 1990 dazu bewogen, die gesamte Magnetbandproduktion der Agfa-Gevaert-Gruppe an BASF zu verkaufen. Schon 1987 war zwischen BASF und Agfa-Gevaert eine Zusammenarbeit in der Forschung und Entwicklung für Metallpigmentbänder zustande gekommen. 1989 betrug der Umsatz mit Magnetbandprodukten bei der BASF 1,6 Milliarden DM, bei Agfa-Gevaert 450 Millionen DM. Im Bereich der Photochemie und Phototechnik hat die Agfa-Gevaert-Gruppe ihre führende Position durch die Entwicklung neuer Qualitätsfilme gestärkt. In der medizinischen Diagnostik hat Agfa-Gevaert ein Computer-Bildverfahren mit elektronischer Bildverarbeitung und Bildausgabe herausgebracht.

Einige deutsche Firmen produzieren auch chemische Produkte für die Herstellung von Microchips. Wacker stellt einkristalline Siliziumscheiben (Wafer) her, Hoechst Photoresists (lichtempfindliche Lacke) und Merck Prozeßchemikalien (Electronic Chemicals). Mit der Verfeinerung der Chip-Herstellung mußte auch die Qualität dieser Vorprodukte gesteigert werden.

Die Wacker Chemie GmbH, 1914 von Alexander *Wacker* gegründet (als „Dr. Alexander Wacker Gesellschaft für elektrochemische Industrie KG"), begann im Werk Burghausen mit der Herstellung der Acetylen-Folgeprodukte Acetaldehyd, Essigsäure und Aceton. 1921 beteiligte sich Hoechst mit 50 % am Stammkapital. 1930 wurde die Produktion von Polyvinylacetat aufgenommen und 1935 begann Wacker mit der Suspensionspolymerisation von Vinylchlorid; heute gehört Wacker zu den großen Herstellern von PVC (Vinnol). 1953 wurde in Burghausen erstmals Reinstsilizium, der Grundstoff für die Halbleiterproduktion, hergestellt. Seitdem nahm Bedeutung und Umfang der Siliziumchemie bei Wacker stetig zu. Der weltweite Trend zu noch kleineren Strukturen in der Mikroelektronik bei gleichzeitiger Vergrößerung der Durchmesser der eingesetzten Scheiben stellte an die Wafer-Hersteller immer höhere Anforderungen.

Merck ist heute in Europa der führende Hersteller von Prozeßchemikalien (Säuren, Lösungsmittel, Ätzmischungen), die extrem rein sein müssen; schon ein einziges Staubkorn kann den Chip unbrauchbar machen. Um die ständige Lieferbereitschaft für die Chip-Hersteller zu garantieren, unterhält Merck drei Technische Service-Center (Darmstadt, Paris, London). Die „Systemangebote" umfassen neben den Prozeßchemikalien auch deren Verpackung und Entsorgung sowie den Anlagenbau und die Anlagenwartung. Der Halbleitermarkt ist ein ausgesprochener Wachstumsmarkt; in den fünf Jahren von 1985 bis 1989 hat sich der Bedarf an Halbleiter-Bauelementen verdoppelt.

Optoelektronik, Flüssigkristalle

Die Optoelektronik, ein zukunftsreiches Forschungs- und Entwicklungsgebiet, eröffnete neue, wachstumsstarke Anwendungsfelder. Der Optoelektronik liegt die Idee zugrunde, Informationen nicht durch Elektronen, sondern mit Hilfe von Photonen zu transportieren. Der Vorteil der kurzen Wellenlänge des Lichts wird dabei genutzt: Je kürzer die Wellenlänge desto mehr Informationseinheiten können transportiert werden. Voraussetzung sind Techniken und Werkstoffe, die Lichtsignale erzeugen, transportieren, speichern und ausgeben können. An der Lösung dieser Aufgaben ist die Chemie in starkem Maße beteiligt, vor allem an der Entwicklung neuer Lichtwellenleiter-Kabel aus optisch transparenten Hochleistungswerkstoffen. Neben den bekannten Kabeln aus Glasfasern werden heute schon Kabel aus Polymethylmethacrylat oder Polystyrol hergestellt.

An der Entwicklung polymerer Lichtwellenleiter waren Hoechst und Bayer beteiligt. Die BASF konnte sich 1988 durch den Erwerb der Resart-Gruppe in Mainz ebenfalls das Arbeitsgebiet transparenter Werkstoffe auf der Basis Polymethylmethacrylat erschließen. Der breiten Öffentlichkeit ist dieser Werkstoff unter dem Namen Plexiglas bekannt. Die Firma Röhm, die ihn 1934 erstmals produzierte, ist auch heute noch Marktführer in Europa. 1980 hatte die BASF ihre 40prozentige Beteiligung an der Röhm GmbH an die chemischen Werke Hüls veräußert, nachdem es ihr aufgrund kartellrechtlicher Fusionskontrolle nicht möglich war, ihren Anteil auf über 50 % zu erhöhen. Der Erwerb der Resart-Gruppe durch die BASF und der schleppende Geschäftsverlauf bei Röhm hat die Familie Röhm bewogen, Anschluß an Hüls und deren Muttergesellschaft Veba zu suchen. Ende 1989 übernahm Hüls die Röhm-Gruppe, die in diesem Jahr einen Umsatz von knapp 1,5 Milliarden DM erzielte; der Auslandsumsatz belief sich auf 60 %. Röhm ist an 30 in- und ausländischen Unternehmen beteiligt und hat ihr Niederlassungs- und Vertreternetz weltweit gespannt.

Mit der Übernahme der Röhm-Gruppe hat die Veba-Tochter Hüls, das fünftgrößte Chemie-Unternehmen in der Bundesrepublik Deutschland (alte Länder), ihre Position im Chemiemarkt weltweit gestärkt, ganz im Sinne ihrer vorgegebenen Strategie: Erweiterung der Produktionspalette zu höherwertigen Produkten und Verstärkung der internationalen Präsenz. Die Hüls-Aktivitäten sind in folgende Geschäftsfelder gegliedert: Basischemikalien (u. a. Methyltertiär-Butylether MTBE, Siliziumchemie, $DeNO_x$-Katalysator), Organika (u. a. nichtionische Tenside, Faserrohstoffe, Weichmacher, Lösemittel, Feinchemikalien, fettchemische Produkte), Thermoplaste (u. a. Polyethylen, Polypropylen, PVC, Polystyrol) und Elastomere/Coatings (u. a. Dispersionen, Harze, Schmelzkleber, Kautschuk). 1989 hat Hüls nicht nur Röhm, sondern auch die Silizium-Wafer-Aktivitäten von Monsanto Chemical Corp. sowie das amerikanische Unternehmen MEMC Electronic Materials Inc. mit Produktionsgesellschaften in den USA, in Italien, Japan und Malaysia erworben. Damit wurde Hüls zum zweitgrößten Hersteller der Welt von Reinstsilizium. Schon 1987 hatte Hüls in einer Großakquisition die Chemie- und Kunststoffaktivitäten der ehemals Flickschen Dynamit Nobel AG eingebracht.

In der Hüls AG sind heute alle Aktivitäten des Chemiegeschäftes der Muttergesellschaft Veba zusammengefaßt: 1989 trug Hüls mit 17,9 % zum Umsatz und mit 30,6 % zum Ergebnis der Veba bei. Der Vorstandsvorsitzende der Hüls AG, Carl Heinrich *Krauch* (*1931), betonte, daß ca. ein Drittel der Produktpalette seit Jahren einem ständigen Prozeß der Umstrukturierung zu höher veredelten Produkten unterliegt. *Krauch* gehört zu den Unternehmensführern der chemischen Industrie, die sich durch Bildung, Fachwissen und Glaubwürdigkeit gleichermaßen auszeichnen und damit in der Lage sind, der chemischen Industrie im allgemeinen und dem eigenen Unternehmen im besonderen eine von der kritischen Öffentlichkeit akzeptierte Vertrauensbasis zu schaffen. Der gebürtige Heidelberger, dem die Chemie in die Wiege gelegt war – sein Großvater war Chemiker bei Merck in Darmstadt, sein Vater war als Chemiker Vorstandsmitglied und zuletzt Aufsichtsratsvorsitzender der I. G. Farben –, studierte in

Heidelberg und Göttingen, wo er 1960 promovierte. Nach Zwischenstationen am Max-Planck-Institut für Kohlenforschung in Mülheim und im Kunststofflaboratorium der BASF in Ludwigshafen habilitierte er 1971 an der Universität Mainz. Im gleichen Jahr trat er in die Geschäftsleitung der Henkel KGaA ein. 1980 holte ihn der Veba-Chef Rudolf von *Bennigsen-Förder* (1926–1989) nach Marl und betraute ihn mit der Leitung der Chemischen Werke Hüls AG, die er in den folgenden Jahren mit großer Zielstrebigkeit in ein modernes Chemieunternehmen umgestaltete. Dabei konnte schon der Eindruck entstehen, er führe ein straffes Regiment. Eines seiner Anliegen ist, Osteuropa in die europäische Chemie einzubinden. Als *Krauch* 1990 zum Präsidenten der Gesellschaft Deutscher Chemiker (GDCh) gewählt wurde, sagte er: „Europa hört nicht am ehemaligen Eisernen Vorhang auf. Der europäische Kulturkreis geht viel weiter. Er reicht tief bis nach Rußland hinein. Es geht also um den gesamteuropäischen Verbund, der auch für die Chemie wieder gestärkt werden muß."[10]

Flüssigkristalle, die in den letzten Jahren in der Elektronik vielfältige Anwendung fanden, liegen in einer Sonderform des flüssigen Aggregatzustandes vor. Normalerweise bewegen sich in einer Flüssigkeit die Moleküle völlig ungeordnet in allen Richtungen. Es gibt jedoch bestimmte organische Verbindungen, deren Moleküle sich in Schmelzen oder in Lösungen ausrichten und ordnen können. Besonders interessant sind Flüssigkristalle, die sich nach der nematischen Struktur ausrichten. Mit Hilfe einer elektrischen Spannung lassen sich die Moleküle unterschiedlich ordnen, so daß Licht durchgelassen oder reflektiert wird. Damit können Anzeigen elektrisch gesteuert werden.[11]

Flüssigkristallanzeigen (Liquid Crystal Displays, LCD) sind in Taschenrechnern, Armbanduhren, Thermometern und vielen elektrischen Meßgeräten zu finden. Mit Flüssigkristallen arbeiten auch schon Anzeigesysteme in Autos, Overheadprojektoren, Filmprojektoren und Druckern. Der vorläufige Höhepunkt dieser Entwicklung ist ein superflacher Fernsehbildschirm, der wie ein Poster an der Wand hängt und gestochen scharfe, flimmerfreie Bilder liefert. Für diese moderne Anwendung werden spezielle ferroelektrische Flüssigkristalle entwickelt, die für den Schaltvorgang nicht wie bisher eine tausendstel, sondern nur eine millionstel Sekunde benötigen. An der Entwicklung und Produktion von Flüssigkristallen sind vor allem Merck und Hoffmann-La Roche beteiligt. Die Firma Merck und ihre Tochtergesellschaften deckten 1989 die Hälfte des Weltbedarfs an Flüssigkristallen. Hauptabnehmer sind japanische Elektronikfirmen. 1990 entfielen 70 % des Weltverbrauchs an Flüssigkristallen auf Japan, 25 % auf Südostasien und nur 5 % auf Europa und die USA. Insgesamt betrug der Weltverbrauch 13 Tonnen. Der Kilopreis lag zwischen 2500 und 10 000 Dollar. Die jährliche Wachstumsrate wird auf 15 bis 20 % geschätzt. Die Mengen, die für ein herkömmliches Display benötigt werden, liegen im Milligramm-Bereich.

Düngemittel, Pflanzenschutzmittel

Die einst blühende deutsche Düngemittelindustrie trat in den achtziger Jahren den Rückzug an, legte Anlagen still und wanderte zum Teil nach billigeren Standorten im Ausland ab. Der Abbau wurde durch die hohen Energie- und Erdgaspreise und die strengen Umweltauflagen forciert. Die Kapazitäten für Stickstoff-Dünger in der Bundesrepublik Deutschland wurden von 5,9 Millionen Tonnen im Jahr 1980 auf 3,0 Millionen Tonnen im Jahr 1989 abgebaut.

Die BASF hat die Düngemittelproduktion in der Bundesrepublik unter Aufgabe einiger Produktionsstandorte auf Ludwigshafen und Krefeld konzentriert. Gleichzeitig wurde ein Teil der stillgelegten Kapazitäten nach dem günstigeren Standort Antwerpen verlegt; seit Mai 1991 läuft dort eine Ammoniakanlage mit einer Jahreskapazität von 450 000 Tonnen. Hoechst gab ganz auf und zog sich aus dem Düngemittelgeschäft zurück. Die alten Marktführer Westeuropas auf dem Gebiet der Stickstoffdüngemittel, BASF und ICI, wurden durch Norsk Hydro, Norwegen, und Kemira, Finnland, abgelöst. 1989 gab es in Westeuropa nur noch neun Düngemittelfirmen. Davon waren nur BASF und ICI privatwirtschaftliche Unternehmen, während sich die anderen ganz oder teilweise in staatlicher Hand befanden (Norsk Hydro zu 51%) und durch Subventionen unterstützt wurden.

Auch der Pflanzenschutz ist seit einigen Jahren keine Wachstumsbranche mehr. Der Weltmarkt an Pflanzenschutzmitteln stagniert bei etwa 40 Milliarden DM; davon entfallen auf Westdeutschland etwa 1,3 Milliarden DM. In den USA, dem größten Markt für Pflanzenschutz- und Schädlingsbekämpfungsmittel, ist der Absatz seit zehn Jahren rückläufig. Die Bedingungen auf dem Pflanzenschutzmittelmarkt haben sich in den achtziger Jahren weltweit verschlechtert. Geringere Anbauflächen in den USA und in Europa, steigendes Umweltbewußtsein, verschärfte Gesetzgebung und rasch steigende Kosten für Forschung und Entwicklung verschärften den Wettbewerb und führten zur Konzentration und zu Zusammenschlüssen von Firmen. Die Zahl der jährlich auf den Markt kommenden Wirkstoffe – im Zeitraum 1960 bis 1975 waren es etwa 20 – ging in den achtziger Jahren drastisch zurück.

Die Ansprüche an Pflanzenschutzmittel wuchsen mit zunehmendem Wohlstand. Pflanzenschutzmittel sollten nicht nur, wie bisher, gezielt Unkräuter, Insekten und Pilze bekämpfen, sondern sie durften Mensch und Tier in keiner Weise Schäden zufügen, sei es über Nahrung, Luft, Boden oder Trinkwasser. Der Reinheit des Trinkwassers hat man sich in der Bundesrepublik Deutschland besonders angenommen und in strenger Anlehnung an die EG-Richtlinie eine Trinkwasserverordnung erlassen, in der für jeden einzelnen Pflanzenschutzmittel-Wirkstoff ein originär nicht toxikologisch begründeter Grenzwert von 0,1 Mikrogramm pro Liter festgelegt wurde. Für alle 270 in der Bundesrepublik zugelassenen Wirkstoffe zusammen beträgt diese zulässige Obergrenze jedoch nur 0,5 Mikrogramm pro Liter. Da Trinkwasser vorwiegend aus Grund- und Quellwasser gewonnen wird, gelten diese Werte praktisch auch für Grundwasser, in das Pflanzenschutzmittel nicht nur durch den Boden, sondern bei starkem Regen auch über das Oberflächenwasser gelangen können. Dabei kann es vorübergehend zu einer starken Anreicherung der Wirkstoffe im Grundwasser kommen. Die Anwendung eines der am häufigsten im Grundwasser gefundenen Herbizide, des Atrazins, das vor allem im Mais- und Zuckerrohranbau eingesetzt wurde, wurde 1990 in der Bundesrepublik Deutschland und in Italien verboten. Die Firma Geigy, die diesen Wirkstoff erstmals herstellte und 1958 in den Markt einführte, vertritt allerdings die Meinung, daß Atrazin bei sachgemäßer Anwendung entsprechend der von der Firma entwickelten Minimierungsstrategie „für Mensch, Tier und Umwelt sicher sei".[12]

Die Pflanzenschutzmittel-Industrie hat sich in den achtziger Jahren von der alten Strategie des prophylaktischen Einsatzes abgewandt. Mit einer neuen Gerneration, den Nachauflaufherbiziden, rückt sie den Unkräutern erst dann zu Leibe, wenn der Unkrautbefall sichtbar und sein Umfang abzusehen ist. In einer Werbeanzeige liest sich das so: „Mit modernen Pflanzenschutzmitteln kann man abwarten. Dort, wo es möglich ist, verzichten bereits viele Landwirte aus ökonomischen Gründen und aus Umweltbewußtsein auf die vorbeugende Anwendung von Pflanzenschutzmitteln. Denn mit der neuen Generation selektiver Herbizide, hat man die Möglichkeit, abzuwarten, bis das Ausmaß der Konkurrenz für die Nutzpflanze sichtbar wird." Das klingt nicht wie eine Aufforderung zum Kauf. Dem Landwirt wird suggeriert, die alten Pflanzenschutzmittel überhaupt nicht zu kaufen, und die modernen erst dann, wenn sie wirklich benötigt werden. Die chemische Industrie möchte offenbar Produkte, die der Umwelt Schaden zufügen können, nicht länger vorbehaltlos anpreisen.

Große Hoffnung setzen die Hersteller von Pflanzenschutzmitteln auf die Gentechnik, mit deren Hilfe gewünschte Eigenschaften in Pflanzen übertragen werden können. Die klassische Methode der Pflanzenzucht wie Kreuzung, Rückkreuzung und Selektion verwandter Sorten oder verwandter Pflanzenarten, die der Verbesserung der Pflanze dient, erfährt durch die Gentechnik eine entscheidende methodische Erweiterung. Hauptziel der neuen gentechnischen Methoden ist die Steigerung der Widerstandskraft von Kulturpflanzen, die gegenüber bestimmten Viruserkrankungen, Pilzkrankheiten oder Schädlingen resistent werden sollen. In den Laboratorien wird weltweit an der Entwicklung gentechnischer und zellbiologischer Methoden gearbeitet. Nur wer die mehrjährige, kostspielige Forschung mit den vorgeschriebenen Tests bis zur Marktakzeptanz durchsteht, wird an dem lukrativen Markt teilhaben. Aber auch nach der erfolgreichen Einführung des alternativen Pflanzenschutzes wird man auf den chemischen Pflanzenschutz nicht ganz verzichten können.

Ein neuer Weg wurde auch für die Bekämpfung von Insekten entwickelt. Mit Hilfe natürlicher Duftstoffe, den Pheromonen, werden Insekten in Fallen gelockt und unschädlich gemacht. Die Methode hat gegenüber der herkömmlichen Schädlingsbekämpfung Vorteile: Pheromone sind ungiftig, sie wirken in winzigen Mengen und in der Regel auch nur auf eine Insektenart. Bewährt haben sich vor allem die von *Butenandt* 1960 entdeckten Sexuallockstoffe, die von weiblichen Insekten abgegeben werden und die Männchen unwiderstehlich anlocken. Auch der Einsatz anderer Pheromone, z. B. des eiablagehemmenden Pheromons, wird erforscht. Ebenso erfolgversprechend bei der Bekämpfung von Insekten sind Insektenwachstumsregulatoren. Und schließlich werden auch natürliche Nervengifte, u. a. von Spinnen und Skorpionen, zur Insektenbekämpfung erforscht.

Alle großen deutschen Hersteller von Pflanzenschutzmitteln und Insektenbekämpfungsmitteln haben diese neuen Entwicklungen vorangetrieben. Hoechst hat gleich mehrere selektiv wirkende Nachauflaufherbizide auf den Markt gebracht, u. a. Depon und Puma. Wegbereiter dieser selektiven Herbizide war Illoxan, das schon in den siebziger Jahren synthetisiert wurde. 1988 erreichte Hoechst mit Gräserherbiziden bei einem Umsatz von 2 Milliarden DM einen Weltmarktanteil von 20 %. Mit Basta bietet Hoechst seit 1984 ein Breitbandherbizid an, das auch geeignet ist, die Einsaat einzubringen, ohne das Land vorher zu pflügen. Dieses bodenschonende Direktsaatverfahren ist vor allem in Ländern von Bedeutung, die eine starke Bodenerosion durch Wind und Wasser aufweisen. Erwähnt seien auch die Fungizide Afugan gegen Mehltaupilze und Derosal gegen Halmbruch und die Insektizide Thiodan und Decis.

Bayer ist u. a. mit dem Rübenherbizid Goltix, dem Reisherbizid Hinochloa und dem Sojaherbizid Sencor, dem Fungizid Folicur und den Insektiziden Disyston, Baythroid und Confidor im Markt moderner Pflanzenschutzmittel und Schädlingsbekämpfungsmittel vertreten. Bayer bekämpft seit langem die Schädlinge auch in den Häusern: Die Haushaltsinsektizide Autan und Baygon haben sich bewährt.

Die BASF hat vor allem Gräserherbizide entwickelt und auf den Markt gebracht: Poast, Blazer (von Rohm & Haas Corp. erworben), Faces und Focus. Von den Fungiziden sind Corbel für Getreide und Ronilan für Gemüse, Obst, Rüben und Raps hervorzuheben. Pheromone wurden erfolgreich in Baumwollkulturen und im Weinbau eingesetzt. Durch die biotechnische Herstellung optisch aktiver Wuchsstoffherbizide, der Duplosan-Marken, gelang der BASF eine bemerkenswerte Verbesserung. Stellt man nämlich diese Substanzen chemisch her, so erhält man nicht nur das wirksame Herbizid, sondern auch sein biologisch unwirksames Spiegelbild. Weil es sich nicht kostengünstig entfernen ließ, wurde es mitverkauft und auf die Felder gestreut. Nach der geglückten biotechnischen Herstellung konnte die BASF zu Recht ihren Kunden mitteilen, daß man von dem neuen Produkt nur noch die Hälfte der Menge benötige, um die gleiche Wirkung zu erzielen.

Für die aufwendige Pflanzenschutzmittel-Forschung haben Bayer und die BASF in jüngster Zeit neue, hochmoderne Forschungszentren geschaffen. Bayer hat 1988 in Monheim für 800 Millionen DM ein Pflanzenschutz- und Veterinär-Forschungszentrum fertiggestellt, das auch von außen durch einen eigenen, interessanten architektonischen Stil besticht. Ein Jahr später konnte Bayer das Pflanzenschutz-Forschungszentrum in Yuki, Japan, seiner Bestimmung übergeben: Hier sollen Pflanzenschutzmittel für Kulturen der

Region Asien, vor allem für den Anbau von Reis, entwickelt werden. Die BASF stellte ihr neues Pflanzenschutzzentrum 1986 nach Research Triangle Park, North Carolina. Die alte, 1914 von *Bosch* gegründete landwirtschaftliche Versuchsstation in Limburgerhof blieb weiter in Betrieb.

Im Gegensatz zu Bayer und Hoechst hat die BASF auf dem Arbeitsgebiet Pflanzenschutz nach den Worten des Vorstandsvorsitzenden Jürgen *Strube* „noch nicht ihre optimale Größe erreicht".[13] Seiner Meinung nach gilt dies auch für die Arbeitsgebiete Informationstechnik und Pharma. Dort sollen daher Übernahmen stattfinden. Die kritische Umsatzgrenze für ein forschendes Unternehmen auf dem Pflanzenschutzgebiet verschob sich wegen der rasch steigenden Kosten für Forschung und Entwicklung deutlich nach oben und lag 1990 bei etwa 2 Milliarden DM. Dieses Kriterium lag auch den Überlegungen eines Zusammengehens von Schering (Umsatz ca. 1,4 Milliarden DM) und Sandoz (Umsatz ca. 1,3 Milliarden DM) auf dem Gebiet der Pflanzenschutzmittel zugrunde. Das neue, fusionierte Unternehmen hätte dann im Weltmarkt für Pflanzenschutzmittel den fünften Platz nach Ciba Geigy, ICI, Bayer und Rhone Poulenc belegt. Doch in letzter Minute, so Scherings Vorstandschef Giuseppe *Vita*, sei der Wunsch der Schweizer nach einer Ausdehnung der Allianz auch auf das Pharmageschäft gekommen. Aber das lehnte Schering ab.

Die Pharmaindustrie

Viele Probleme, die in den achtziger Jahren im Pflanzenschutzmittel-Bereich auftraten, haben auch den Pharmasektor beunruhigt. Strenge Gesetze und Verordnungen haben die Forschungs- und Entwicklungskosten stark ansteigen lassen. Um ein neues Arzneimittel auf den Markt zu bringen, entstanden Kosten von etwa 250 Millionen DM, da sich von etwa 8000 synthetisierten und untersuchten Substanzen schließlich nur eine als Medikament qualifizierte; dabei vergingen neun bis dreizehn Jahre. Der faktische Patentschutz in

Deutschland reduzierte sich deshalb auf sieben bis elf Jahre. In Frankreich und anderen EG-Staaten betrug die Dauer des Patentschutzes, von der Markteinführung des Medikamentes gerechnet, bis zu 17 Jahren.

Diese Probleme setzten in den Jahren 1987 bis 1990 eine gewaltige Fusionswelle in Bewegung. Kleinere Pharmaunternehmen, die ihre Forschungskosten nicht mehr finanzieren konnten, schlossen sich zusammen oder wurden von großen Pharmakonzernen aufgekauft. An die Spitze der Weltrangliste der Pharmaunternehmen setzten sich die durch Fusion entstandenen Giganten Bristol Myers Squibb und Smith Kline Beecham; sie verdrängten Merck & Co und Hoechst vom ersten und zweiten Platz. Merck & Co fiel auf den dritten Platz zurück, Hoechst auf den fünften. Zwischen beide schob sich die britische Firma Glaxo, die mit einem einzigen Produkt fast die Hälfte ihres Umsatzes bestritt: Zentac, ein Präparat zur Bekämpfung von Magen- und Zwölffingerdarmgeschwüren, brachte 1989 einen Umsatz von 4,3 Milliarden DM. Bayer rutschte vom vierten auf den sechsten Platz. Nach Bayer belegte Eli Lilly den siebenten Platz. Es folgten die beiden Schweizer Firmen Ciba Geigy und Sandoz, der japanische „Emporkömmling" Takeda und auf Platz elf wiederum eine Schweizer Firma: Hoffmann-La Roche. Boehringer Ingelheim belegte in der Rangfolge der Pharmaproduzenten Platz 18, Schering Platz 30, BASF Platz 48 und E. Merck Platz 50.

Merck & Co und Du Pont reagierten auf den verschärften Wettbewerb mit der gemeinsamen Gründung einer pharmazeutischen Gesellschaft, die vor allem im europäischen Markt aktiv werden soll. Hoechst, das deutsche Pharma-Flaggschiff, dümpelte zu lange, überfrachtet mit veralteten Präparaten. Mittlerweile hat der „Kapitän" Wolfgang *Hilger* Kurskorrekturen ausgegeben und Konzentration der Forschung auf große Schwerpunkte angeordnet.

Alle großen Pharmafirmen streben eine ausgewogene Präsenz in den drei großen Pharmamärkten Nordamerika, Europa und Japan an. 1989 betrug der Pharma-Weltumsatz 270 Milliarden DM. Davon entfielen auf Nordamerika 68, auf

Westeuropa ebenfalls 68 und auf Japan 60 Milliarden DM. Ein weiteres Ziel sehen fast alle großen Pharmaunternehmen darin, eine starke Stellung auf dem Gebiet der Arzneimittel gegen chronische Erkrankungen zu erringen und zu behaupten. An erster Stelle steht der Bluthochdruck.[14] Das dritte Ziel ist die schnelle nutzbare Anwendung gentechnischer Methoden. „Wer als erster mit einem marktreifen Produkt aufwarten kann, hat einen Milliarden-Markt erobert", sagte Alexander *Krauer* von Ciba Geigy.

Die deutschen forschenden Pharmaunternehmen, die nach dem Zweiten Weltkrieg verspätet in den internationalen Wettbewerb eingetreten sind, haben auf einzelnen Arbeitsgebieten große Erfolge erzielt und mit einigen Präparaten den Weltmarkt erobert. Die späte Verabschiedung des Gentechnikgesetzes, der bürokratische Aufwand bei der Genehmigung gentechnischer Anlagen und die ablehnende Haltung weiter Bevölkerungskreise gegenüber der Gentechnik hat der ausländischen Konkurrenz Vorteile verschafft.

Gentechnologie

Bei der Bekämpfung der Zuckerkrankheit, die durch Insulinmangel ausgelöst wird, hatte Hoechst lange Zeit eine Führungsrolle inne. Insulin, ein Hormon der Bauchspeicheldrüse, das aus zwei Polypeptidketten mit 21 bzw. 30 Aminosäuren besteht, findet sich in allen Wirbeltieren; die Unterschiede in der Aminosäuresequenz sind zum Teil so gering, daß tierisches Insulin therapeutisch beim Menschen verwendet werden kann. Seit 1923 wurde Insulin in größeren Mengen aus Bauchspeicheldrüsen vom Schwein und vom Rind gewonnen. Um 100 000 Diabetiker, die auf Insulin angewiesen sind, ein Jahr lang versorgen zu können, müssen die Bauchspeicheldrüsen von 14 Millionen Schweinen aufgearbeitet werden. Allein in Westdeutschland müssen – ohne die leichteren, durch Tabletten zu behandelnden Fälle – 400 000 Diabetiker versorgt werden. Da manche Diabetiker tierisches Insulin nicht vertragen, hat Hoechst ein enzymatisches Verfahren entwickelt, um aus dem Schweine-Insulin Humaninsulin herzustellen. Fast gleichzeitig gelang in den USA die wesentlich günstigere Herstellung mit Hilfe gentechnisch veränderter E-coli-Bakterien.

Nachdem die amerikanische Firma Eli Lilly sechs Jahre lang Humaninsulin mit einem Jahresumsatz von einer Milliarde Dollar gentechnisch produziert hatte, begann Hoechst im Juli 1988 mit der Errichtung einer Anlage, ebenfalls zur Herstellung von Humaninsulin mit Hilfe der Gentechnik. Ende 1989 wurde jedoch der Weiterbau der Anlage durch den Hessischen Verwaltungsgerichtshof in Kassel verboten.[15]

Vorausgegangen war eine intensive Kampagne, an der sich auch Bundestagsabgeordnete beteiligten. Unter der Überschrift „Hoechst verdächtig und gefährlich" erklärte die Fraktion DIE GRÜNEN im Bundestag in einer Mitteilung an die Presse: „Das ‚moderne' Produkt ist nicht nur teurer als das bisher von Tieren gewonnene Insulin, es ist auch überflüssig, da hier keine Knappheit besteht. Vor allem ist es aber von seiner Verträglichkeit sehr umstritten und hat daher von der Gesundheitsbehörde auch noch keine Zulassung erhalten. Das alles macht deutlich, daß es hier nicht um die Herstellung eines lebenswichtigen Medikaments, sondern um den Einstieg in eine profitversprechende Produktion der Pharma- und Chemiemultis auf Kosten von Mensch und Umwelt geht."[16]

Besorgt äußerte sich Hoechst-Chef *Hilger*: „Ich halte es für außerordentlich wichtig, daß in der Bundesrepublik Deutschland gentechnische Forschung und Produktion nicht noch weiter behindert werden, und wir nicht den Anschluß an die internationale Entwicklung verlieren."[17] *Hilger* forderte die Bundesregierung auf, durch die Verabschiedung des Gentechnikgesetzes endlich klare Rahmenbedingungen zu schaffen. Er sprach dabei nicht nur für sein Unternehmen, sondern für die gesamte deutsche chemische Industrie. Denn betroffen von dem Verbot waren auch andere in der Planung befindliche gentechnische Anlagen, u. a. für Erythropoietin (Behringwerke AG), Saruplase (Grünenthal GmbH) und

TNF (BASF). Während des erbittert geführten „Kulturkampfes" zwischen den Verhinderern (Grüne und andere technikfeindliche Gruppen) und Befürwortern (Unternehmer und Wissenschaftler) entstanden in den Ländern rund um die Bundesrepublik Deutschland gentechnische Anlagen. Die Aversion der Deutschen gegen die neue Technologie wurde im Ausland nur noch schadenfroh kommentiert.

Schon vor dem verhängnisvollen Kasseler Urteil hatten Hoechst, Henkel und Bayer und schließlich auch die BASF ihre gentechnischen Forschungsaktivitäten in die USA verlegt, ohne jedoch die Gentechnik in Deutschland ganz aufzugeben. Die Übersiedlung der deutschen gentechnischen Forschung in die USA wurde von den Amerikanern begrüßt. Schlagzeilen wie „Brain drain" oder „Germany's loss, our gain" charakterisierten die Situation. In einem Leitartikel vom 31. August 1989 stellte das *Wall Street Journal* fest: „Was in Deutschland passiert, ist der Welt-Arzneimittelindustrie schlimmster Alptraum, der zeigt, welche Auswüchse die globale Debatte über die Gentechnologie haben kann." Das Blatt räumt zwar ein, daß es auch in anderen Ländern zu Meinungsverschiedenheiten oder gar zu gerichtlichen Prozessen kommt, aber „Deutschland ist ein Sonderfall mit seinen Aktivisten, dem allgemeinen Aufruhr gegen die Industrie und seinem bürokratischen Durcheinander".

Im März 1990 hat der Bundestag und im Mai 1990 der Bundesrat das seit zehn Jahren diskutierte „Gesetz zur Regelung von Fragen der Gentechnik" gegen den heftigen Widerstand der Sozialdemokraten und Grünen verabschiedet. Am 1. Juli 1990 trat das Gesetz in Kraft. Hermann J. *Strenger* ging auf der Hauptversammlung der Bayer AG im Juni 1990 ausführlich darauf ein: „An dieser Stelle möchte ich noch einmal unterstreichen, daß wir die Verabschiedung des Gentechnik-Gesetzes durch Bundestag und Bundesrat Anfang Mai begrüßen. ... Wir sehen in der Gentechnologie eine Schlüsseltechnologie für die Weiterentwicklung von Wissenschaft und Technik, vor allem im Bereich Gesundheit. ... Unsere Leitlinien für Sicherheit und Umweltschutz gelten selbstverständlich auch für den Umgang mit der Gentechnik. Das heißt, wir tun alles, um Gefährdungen für Mensch und Umwelt auszuschließen. Schließlich haben wir uns selbst verpflichtet, ethische Grenzen zu respektieren. So lehnen wir gentechnische Eingriffe in die Keimbahn ab." Auch die anderen großen Chemieunternehmen und der Verband der Chemischen Industrie (VCI) gaben ähnliche Kommentare und Erklärungen ab.

1989, also noch vor dem Inkrafttreten des Gentechnikgesetzes in Deutschland, befanden sich schon 13 gentechnisch hergestellte Arzneimittel auf dem Weltmarkt, die einen Umsatz von etwa 3 Milliarden DM erzielten; außerdem waren etwa 100 gentechnisch hergestellte Produkte in der klinischen Prüfung. Für das Jahr 2000 prognostizierte das amerikanische Stanford Research Institute einen Weltumsatz mit gentechnisch hergestellten Pharmaprodukten von 16 Milliarden Dollar.

Im August 1990 gab die Bundesregierung das Förderungsprogramm „Biotechnologie 2000" bekannt, das in den Jahren 1990 bis 1994 für die Forschung, Entwicklung und Anwendung von Gentechnologieverfahren 1,5 Milliarden DM bereitstellt. Bedacht werden vor allem die Gentechnikzentren in Köln, München und Heidelberg. Zur Überraschung der Betroffenen erklärte der Bundesforschungsminister, die Bundesregierung halte diese verstärkte staatliche Förderung für notwendig, um die Vorteile von Biotechnologie und Gentechnik für die Pharmaforschung, die Landwirtschaft und den Umweltschutz schnell zu erschließen. Gleichzeitig appellierte er an die chemische Industrie, sich stärker zu engagieren und die gentechnische Forschung nicht ins Ausland zu verlegen.

Bau und Inbetriebnahme der von der Industrie vorgesehenen gentechnischen Anlagen wurden jedoch weiterhin verzögert. Die deutsche Bürokratie und die Aktivitäten der Gentechnikgegner haben die wirtschaftliche Nutzung der neuen Technik so stark eingeengt, daß sie praktisch bedeutungslos geblieben ist. Anders in Amerika und Japan, wo man der Gentechnik wesentlich aufgeschlossener gegenübersteht. Sogar in den Schwellen- und Entwicklungsländern arbeitet man in zahlreichen Labors mit gentechnischen Methoden, in der Regel unter den selben Sicherheitsrichtlinien wie in den USA und Japan.

Die deutsche chemische Industrie hat es sich bei der Bewertung der Gentechnologie nicht leicht gemacht. Mit der Anwendung dieser Technik nahm sie eine zusätzliche ökologische und ethische Verpflichtung auf sich. Auf der Hoechster Jubiläumsfeier 1988 stellte Wolfgang *Hilger* die Frage: „Dürfen wir alles erforschen und entwickeln, wozu naturwissenschaftlich geschulter Geist befähigt ist?"[18] In der Vergangenheit hat man nicht nur alles erforscht, sondern man hat auch alles, was sich rechnete, industriell verwertet. Mehr noch, man hat die in Produkte umgesetzten wissenschaftlichen Erkenntnisse auch in kriegerischen Auseinandersetzungen mißbraucht, und oft haben die Forscher selbst Politiker und Militärs auf die Nutzung aufmerksam gemacht, oder sie haben sie dazu sogar überredet. Zwei große Forscher und Nobelpreisträger sind davor nicht zurückgeschreckt: Fritz *Haber*, der im Ersten Weltkrieg die deutschen Militärs zum Einsatz von Giftgas bewegte, und Albert *Einstein*, der den amerikanischen Präsidenten *Roosevelt* vom Bau und Einsatz der Atombombe überzeugte. Auch für *Einstein* gibt es keine Entschuldigung, denn Deutschland wurde mit gewöhnlichen Spreng- und Brandbomben erledigt, und der Einsatz gegen japanische Frauen und Kinder war durch nichts gerechtfertigt. Heute besitzen ein halbes Dutzend Staaten die Bombe und ein weiteres Dutzend ist auf dem Wege dahin. Immer noch hängt die Atombombe wie ein Damoklesschwert über der Menschheit. Sind wir nun dabei, mit Hilfe der Gentechnik eine neue Bedrohung zu schaffen? Vor dem geschichtlichen Hintergrund ist diese Frage allzu berechtigt. Die Antwort aber lautet: Nein. Die Gentechnik ist der erste Wissenschaftszweig, der von den Forschern auf seine Folgen hin bewertet wurde, bevor irgendein Unfall eingetreten ist. Sie haben sich von Anfang an strengen Sicherheitsrichtlinen und Gesetzen unterworfen, und ein weltoffenes Überwachungssystem muß dafür sorgen, daß ein Mißbrauch niemals stattfinden kann. Ein Verzicht auf die Gentechnik würde beispielsweise bedeuten, daß wir auf wichtige lebensrettende Arzneimittel verzichten wollen; er würde aber auch bedeuten, daß wir am Lebensprozeß der Entwicklung der Wissenschaften nicht mehr teilnehmen wollen.

Pharmazeutika von Bayer und Hoechst

Der Bayer-Konzern erzielte 1989 einen Umsatz von 43,30 Milliarden DM. Davon entfielen auf den Sektor Gesundheit, der die Geschäftsbereiche Pharma, Selbstmedikation, Diagnostika und biochemische Produkte umfaßt, 7,97 Milliarden DM oder 18,4 %; zum Ergebnis des Konzerns steuerte der Sektor Gesundheit 29,5 % bei.

Zu den Ergebnisträgern der Bayer-Arzneimittel in den achtziger Jahren gehörten vor allem das Herz-Kreislauf-Mittel Adalat (Wirkstoff Nifedipin), das Antiinfektivum Ciprobay (Wirkstoff Ciprofloxacin) und Bayotensin (Wirkstoff Nitrendipin), ein Medikament zur Senkung des Bluthochdrucks. Unter den verschreibungsfreien Arzneimitteln ragte der Oldtimer Aspirin heraus. Der weltweite Trend zur Selbstmedikation mit verschreibungsfreien Arzneimitteln hat sich in den achtziger Jahren verstärkt. Neu in die Therapie eingeführte Bayer-Medikamente sind der Calciumantagonist Baymycard (Wirkstoff Nisoldipin), Nimotop (Wirkstoff Nimodipin), ein Medikament gegen Hirnleistungsstörungen, und Glucobay (Wirkstoff Acarbose), ein Medikament zur Behandlung von Diabetes mellitus.

Im Oktober 1989 gab die Bayer AG bekannt, daß sie ihre Aktivitäten im Bereich der Gentechnik, vornehmlich in den USA, erheblich ausweiten wird. Schwerpunkte der Forschung und Entwicklung sind das Medikament Faktor VIII zur Behandlung der Bluterkrankheit, moderne Antikörper zur Abwehr lebensbedrohender Schockzustände sowie Medikamente gegen Aids und die Alzheimersche Krankheit.

Auf dem Gebiet der Diagnostika ist Bayer mit Geräten und Reagenzien breit vertreten. Bei Diagnostik-Systemen für Diabetes- und Harnanalysen ist Bayer weltweit Marktführer.

Neu auf dem Markt sind Diagnostik-Systeme für Blutanalysen. Insgesamt ist Bayer der zweitgrößte Diagnostika-Anbieter der Welt.

Um das weltweite Pharma-Forschungs- und Entwicklungspotential besser zu erschließen, baute Bayer in den achtziger Jahren das „Dreieck" mit den Standorten Europa, Nordamerika und Japan zielstrebig aus. In den USA entstand ein Pharma-Forschungszentrum in West Haven, und in Japan ist ein Forschungszentrum in Kansai bei Osaka geplant; eine enge Zusammenarbeit mit den renommierten Universitäten Kyoto und Osaka soll den Erfolg garantieren.

Der Umsatz des Hoechst-Konzerns im Jahre 1989 betrug 45,90 Milliarden DM. Davon entfielen auf das Geschäftsfeld Gesundheit mit den Bereichen Pharma und Kosmetik 8,29 Milliarden DM oder 18,1 %. Der Anteil am Konzern-Ergebnis, den das Geschäftsfeld Gesundheit lieferte, betrug 22,8 %.

Hoechst ging in die neunziger Jahre mit einem breit gefächerten Produktsortiment. Schwerpunkte sind Antibiotika und Herz-Kreislaufmittel. Das Antibiotikum Claforan war 1990 mit 684 Millionen DM das umsatzstärkste Medikament. Ebenfalls zur Spitzengruppe gehörten Rulid, ein Antibiotikum, Trental, ein Mittel gegen Durchblutungsstörungen, Rythmodan, ein Präparat zur Behandlung von Herzrhythmusstörungen, das Diuretikum Lasix, das Antirheumatikum Surgan, das Analgetikum Novalgin und Humaninsulin gegen Diabetes. Zu den neueingeführten Produkten gehörte das blutdrucksenkende Mittel Delix (Wirkstoff Ramipril). Präparate gegen die Alzheimersche Krankheit befanden sich in der klinischen Erprobung. In der Krebstherapie entwickelte Hoechst neue Wirksubstanzen gegen hormonbedingte Tumore.

Gemeinsam mit Bayer ist Hoechst auf der Suche nach einem Mittel gegen Aids. 1987 wurde in einem Kooperationsvertrag zwischen den beiden größten Pharmaunternehmen Deutschlands das Vorgehen in Forschung, Entwicklung, Produktion und Vermarktung von Chemotherapeutika gegen Retroviren festgelegt, um die Zeit für das Auffinden eines

Medikaments und für die Entwicklung wirksamer therapeutischer Maßnahmen so klein wie möglich zu halten.

Im Rahmen von *Hilgers* „Globalstrategie" setzte Hoechst verstärkt auf die fernöstlichen Märkte. In Japan wurde am Forschungsstandort Kawagoe ein Forschungstechnikum zur Entwicklung biotechnologischer Produktionsverfahren in Betrieb genommen.

Auf dem weiten Feld der Diagnostika hat die Hoechst-Tochter Behring-Werke AG ein geschlossenes, automatisches Testsystem entwickelt, das schnell und sicher Infektionskrankheiten (u. a. Hepatitis, Geschlechtskrankheiten, Aids) diagnostiziert.

Andere Pharma-Unternehmen und ihre Produkte

Die Boehringer Ingelheim GmbH, die drittgrößte deutsche Pharmaherstellerin, erzielte 1989 einen Umsatz von 4,5 Milliarden DM; davon betrug der Auslandsumsatz, mit Schwerpunkten in Japan und den USA, 78 %. Umsatzstärkstes Medikament war das Herzmittel Persantin mit einem Umsatz von 663 Millionen DM. Andere bekannte Produkte sind Mucosolvan und das Antiarrhythmikum Mexitil. Die deutsche Tochter-Gesellschaft, die Dr. Karl Thomae GmbH in Biberach an der Rieß, bekannt u. a. durch Thomapyrin, ein Mittel gegen Kopfschmerzen, und Adumbran, ein Mittel gegen Angst- und Unruhezustände, produziert seit 1987 den Blutgerinnungsfaktor TPA, ein Mittel gegen Herzinfarkt. Während Thomae dieses Präparat auf dem Weg über Zellkulturen herstellt, will die Grünenthal GmbH in Aachen einen dem TPA ähnlichen körpereigenen Stoff unter dem Namen Saruplase mit Hilfe gentechnisch veränderter Bakterien produzieren, und zwar, wie Grünenthal hofft, zu einem Preis, der bis zu 80 % niedriger ist.

Die Schering AG erzielte 1989 bei einem Gesamtumsatz von 5,8 Milliarden DM einen Pharmaumsatz von 3,0 Milliarden DM. Die Pharma-Sparte war auch die wichtigste Ergebnisträgerin: 2/3 des Betriebsergebnisses wurden da verdient.

Dazu beigetragen haben vor allem die oralen Kontrazeptiva (Antibabypille) und die Diagnostika in Form von Konstrastmitteln Iopamiron und Magnevist. Intensive Entwicklungsarbeiten gelten Produkten für die Ultraschalldiagnose sowie Produkten zur Behandlung der Parkinsonschen Krankheit und der Alzheimerschen Krankheit. Neu ist das Injektionspräparat Ilomedin mit dem Wirkstoff Iloprost zur Behandlung peripherer arterieller Durchblutungsstörungen. Schering-Chef Guiseppe *Vita* (* 1935 in Agrigent), der 1989 als erster Ausländer an die Spitze eines großen deutschen Chemieunternehmens berufen wurde, kündigte auf dem Gebiet der Biotechnologie ein stärkeres Engagement an, speziell in den USA. Die Entwicklung gilt neuen Präparaten für die Diagnostik und Mitteln gegen Herz-Kreislauf-Erkrankungen.

Die BASF hat auch in den achtziger Jahren ihr Pharmageschäft, das in der Knoll AG zusammengefaßt ist, nicht wesentlich erweitert. 1989 betrug der Pharmaumsatz 1,8 Milliarden DM, das sind 3,8 % vom Gesamtumsatz. Bei den BASF-Arzneimitteln dominieren das 1981 eingeführte Herz-Kreislauf-Präparat Isoptin und das Antiarrhythmikum Rytmonorm. Die Forschung und Entwicklung konzentriert sich auf die Gebiete Herz-Kreislauf, zentrales Nervensystem und Onkologie. Die BASF ist relativ spät in die Gentechnologie eingestiegen; 1989 erwarb sie in Massachusetts in der Nähe von Boston ein Grundstück für ein gentechnisches Forschungszentrum, das 1992 seine Arbeit aufnehmen wird. Ebenfalls 1989 stellte die BASF den Antrag auf die Genehmigung einer gentechnischen Anlage in Ludwigshafen zur Herstellung des Medikaments Tumor Nekrose Faktor (TNF), das die schmerzhafte, tumorbedingte Bauchwassersucht lindern helfen soll. Mit diesem körpereigenen Eiweißstoff hofft die BASF, den Einstieg in den kleinen Markt mit menschlichen Eiweißstoffen zu schaffen. Die Genehmigung wurde nach lebhaftem Protest der Gentechnik-Kritiker zunächst nicht erteilt, da die Verfahrensbeschreibung zu dürftig war. Die Auseinandersetzung um die Genehmigung der Anlage wurde auch im Ausland mit Interesse verfolgt.[19] Nachdem die BASF eine ausführliche Beschreibung des Verfahrens nachgereicht hatte, hat die Stadt Ludwigshafen nach sorgfältiger Prüfung „keine konkrete Gefährdung von Arbeitnehmern, Lebewesen oder des Naturhaushaltes" erkennen können und die Genehmigung Anfang Januar 1991 erteilt.

Das Pharma-Unternehmen Boehringer Mannheim GmbH, das zur Corange-Gruppe, Bermuda, gehört, erzielte 1989 einen Umsatz von 1,8 Milliarden DM. Das Unternehmen ist in drei Geschäftseinheiten gegliedert: Biochemie, Diagnostika und Therapeutika. Neben Reagenzien werden vor allem Biokatalysatoren und Bioanalytika hergestellt. Erythropoietin (EPO), das die Anregung zur Bildung von roten Blutkörperchen bewirkt, ist das erste gentechnisch hergestellte Medikament der Firma Boehringer Mannheim. Seit Mai 1990 ist es unter dem Markennamen Recormon auf dem Markt. Hohe Erwartungen setzt das Unternehmen auch auf t-PA, das, im Unterschied zur Produktion bei Thomae, in Bakterien produziert wird.

Das Chemie- und Pharmaunternehmen E. Merck, Darmstadt, erzielte 1989 einen Umsatz von 3,47 Milliarden DM; davon betrug der Pharma-Umsatz 1,48 Milliarden DM oder 43%. Zu den Merck-Aktivitäten gehören vor allem die Indikationsgebiete Bluthochdruck, koronare Erkrankungen und zentrales Nervensystem. Auf dem größten Pharmamarkt der Welt, den USA, darf Merck jedoch nicht unter dem eigenen Namen auftreten; der Name Merck ist dort dem gleichnamigen US-Unternehmen, einer ehemaligen Tochtergesellschaft der Darmstädter, der Merck & Co. vorbehalten.

Die Degussa (Deutsche Gold- und Silber-Scheideanstalt) wies 1989 einen Umsatz von 14,4 Milliarden DM aus; davon entfielen auf die Unternehmensbereiche Metall 8,6, Chemie 4,6 und Pharma 1,2 Milliarden DM. Der Chemiebereich wurde in den achtziger Jahren stark ausgebaut. In den USA sorgte die Tochtergesellschaft Degussa Corp. für verstärkte Aktivitäten bei Produktion und Vertrieb von Chemikalien sowie Autoabgaskatalysatoren. Die Ultraform GmbH, ein Gemeinschaftsunternehmen mit der BASF, produziert auf dem BASF-Werksgelände in Ludwigshafen pro Jahr 26 000

Tonnen Ultraform (Polyoxymethylen); in den USA wurde die Produktionsgemeinschaft 1989 mit der Inbetriebnahme einer 11 000-Jahrestonnen-Anlage auf dem Degussa-Gelände in Mobile/Alabama erweitert. Die Ultraform GmbH ist damit nach Hoechst und Du Pont drittgrößter Hersteller von Polyoxymethylen. Zu den Produkten des Pharmabereichs der Degussa zählen vor allem Dental-Legierungen, Dentalgeräte und die Arzneimittel der Degussa-Tochter Asta Pharma AG, u. a. Zytostatika.

Da die Pharmabereiche sowohl von Degussa als auch von Merck nicht groß genug waren, um in Zukunft den steigenden Forschungskosten, den verstärkten Sicherheitsaufwendungen und den erhöhten Anforderungen des Weltmarktes voll gerecht zu werden, wurden Überlegungen über ein Zusammengehen angestellt. Eine Einigung konnte jedoch nicht erzielt werden. Damit sei das Thema Kooperation oder Kapitalzusammenlegung „erledigt", entschied der Vorsitzende der Geschäftsleitung der Firma E. Merck, Hans Joachim *Langmann*. Es sei nicht so, daß Degussa Merck verschmäht habe oder umgekehrt, so *Langmann*, aber die Hoffnungen, die man auf ein mögliches Zusammengehen gesetzt habe, hätten sich nicht realisieren lassen. Die Firma E. Merck, Darmstadt, verlor aber ihr Ziel, ihre Pharmasparte zu stärken, nicht aus den Augen: 1991 erwarb sie von dem französischen Industriegas-Konzern L'Air Liquide S. A. die Mehrheit (52 %) des Pharmaunternehmens Lyonaise Industrielle Pharmaceutique S. A. (Lipha). Um dieses fünftgrößte französische Pharmaunternehmen mit einem Umsatz von 700 Millionen DM und einem jährlichen Forschungsetat von 100 Millionen DM bemühten sich auch die BASF und Boehringer Ingelheim.

Die Fusions- und Übernahmewelle im Pharmasektor geht weiter. Im Hinblick auf das vereinte Europa 1993 versuchen ausländische Firmen auch in Deutschland durch die Übernahme kleinerer Pharmaunternehmen Fuß zu fassen. Als Beispiel sei der Erwerb der Mehrheit beim Münchener Luitpold-Werk (Umsatz 200 Millionen DM) durch den zweitgrößten japanischen Arzneimittelhersteller Sankyo Comp. angeführt.

Das 1989 verabschiedete Gesundheits-Reformgesetz hat auch die deutsche Pharmaindustrie dazu verpflichtet, sich an den Kosteneinsparungen im Gesundheitswesen zu beteiligen.[20] Durch die Einführung von Festbeträgen für Wirkstoffe mußten die Preise für viele Markenpräparate kräftig gesenkt werden. Diese Festbetragsregelung stellt einen wesentlichen Eingriff in die Preis- und Wettbewerbsfähigkeit der Hersteller dar. Ab 1. Juli 1991 waren Festgeldbeträge für insgesamt 79 Wirkstoffe der Klasse 1 (identische Wirkstoffe) und 17 der Klasse 2 (vergleichbare Wirkstoffe) in Kraft.

Die deutschen Pharmaunternehmen sind auch durch die allgemeine Unsicherheit auf dem Gebiet der Gentechnologie und durch die Verzögerungen beim Bau gentechnischer Anlagen stark betroffen. Deutschland wird als Standort für gentechnische Anlagen von ausländischen Firmen gemieden. Zu einem gentechnischen Zentrum scheint sich vielmehr Straßburg in Frankreich zu entwickeln. Mehrere bedeutende Pharmafirmen wollen dort investieren, u. a. Eli Lilly (Humaninsulin), Squibb (gentechnisches Forschungslabor für 400 Wissenschaftler) und Hoffmann-La Roche (internationales Zentrum für klinische Forschung).

Die USA konnte ihre führende Rolle auf dem Gebiet der Gentechnik ausbauen. Von 100 gentechnischen Erfindungen im Zeitraum 1985–1988 kamen auf die USA 42, auf Japan 18, die Bundesrepublik Deutschland 11, Großbritannien 9, Frankreich 6, die übrige EG 5 und andere Länder 9. Der japanische Markt mit dem ansteigenden Arzneimittelverbrauch und einer medizinisch anspruchsvollen Bevölkerung zählt weltweit zu den innovativsten. Staatliche Zuschüsse für die Erforschung neuer Wirkstoffe und lange Laufzeit der Patente bilden die Basis eines günstigen Forschungsklimas, das auch amerikanische und europäische Firmen ins Land lockte. Bayer hatte sich in diesem Markt besonders stark engagiert; seit 1989 belegt das deutsche Unternehmen unter den ausländischen Pharmafirmen den ersten Platz.

Die Deutschen in Amerika und Japan

Mit dem Konjunkturwind im Rücken hat die deutsche chemische Industrie in den achtziger Jahren trotz heftiger Anfeindungen und Hemmnisse im Inland ihre Position weltweit festigen können. Ihr Engagement in den USA war auf lange Sicht vorbereitet und äußerst erfolgreich. Durch Investitionen in großem Maßstab und durch spektakuläre Akquisitionen sind die „großen Drei" jenseits des Atlantiks in die Spitzengruppe der amerikanischen Chemieindustrie hineingewachsen. 1989 erzielten sie zusammen einen Umsatz von fast 17 Milliarden Dollar – das ist mehr als der amerikanische Branchenführer Du Pont im Chemiebereich umsetzte (Tabelle 14). Die Anzahl der Beschäftigten lag jeweils zwischen 22 000 und 26 000. Der deutsche „Vormarsch" in Amerika wurde kritisch beobachtet und entsprechend kommentiert, wie etwa im Börsenblatt *The Wall Street Journal* vom 3. Mai 1988 unter der Überschrift „Germany Beats World in Chemical Sales – Remnants of I. G. Farben Compete Strongly in the U. S.": „Es sind gerade erst vier Dekaden vergangen, seitdem die Alliierten das gigantische I. G.-Farben-Chemiemonopol zerstückelten, das *Hitlers* Kriegsmaschinerie versorgte. Heute haben sich die drei großen Überbleibsel in Westdeutschland – BASF AG, Bayer AG und Hoechst AG – nicht nur von den Verwüstungen des Zweiten Weltkrieges erholt, sondern sie belegen den ersten, zweiten und dritten Platz im Chemieumsatz weltweit. ... Noch 1977 betrug der US-Umsatz von BASF, Bayer und Hoechst

Tabelle 14. US-Geschäft von Hoechst, BASF und Bayer 1989

	Umsatz (Mrd. $)	Gewinn (Mio. $)
Hoechst	6,0	267
BASF	5,5	90
Bayer	5,4	154

zusammen 2,7 Milliarden Dollar und keine dieser Firmen war unter den ersten fünf. Im letzten Jahr erreichte der US-Umsatz der drei Firmen 13 Milliarden Dollar. Alle drei sind unter den ersten fünf des US-Marktes, der jetzt für sie größer ist als der deutsche Markt. ... Die großen Drei benehmen sich wie ein Kartell. Jede Firma ist auf einem spezifischen Gebiet dominant, aber der Wettbewerb ist begrenzt. Kritiker vermuten geheimes Einvernehmen. Zumindest aber gibt es einen wohlwollenden Umgang, den man unter US-Firmen nicht findet. Der BASF-Vorstandsvorsitzende Hans *Albers* behauptet, daß es sehr wohl Wettbewerb unter den drei Unternehmen gibt. Aber er fügte schnell hinzu: „Natürlich sprechen wir alle die gleiche Sprache; somit ist es nicht schwierig, miteinander zu reden."[21]

Der Erfolg der deutschen Chemiefirmen in den USA war nicht so selbstverständlich, wenn man bedenkt, daß der amerikanische Verbraucher immer noch in Spielfilmen und Dokumentationen aus der nationalsozialistischen Vergangenheit mit antideutschen Ressentiments gefüttert wird. Und es gibt keinerlei Anzeichen dafür, daß das amerikanische Publikum dieser Klischees überdrüssig wird.

In Japan, im drittgrößten Chemiemarkt der Welt, ist es gerade umgekehrt. Das Deutschlandbild ist exzellent, die Erfolge der deutschen Chemiefirmen jedoch mäßig. Das liegt zum Teil daran, daß man lange Zeit die Japaner als ernstzunehmende Konkurrenten unterschätzt und den großen japanischen Markt übersehen hat. Erst nachdem die Japaner die deutsche Kameraindustrie beseitigt hatten und in den deutschen Automarkt eingebrochen waren, wurde man in den Vorstandsetagen der großen Chemieunternehmen unruhig. Man versuchte nun auf dem japanischen Chemiemarkt „heimisch" zu werden. Das war in dem fremden Kulturkreis schwierig, oft mußte man sich eines japanischen Partners bedienen. Ende der achtziger Jahre waren jedoch alle großen deutschen Chemieunternehmen von der „Triaden-These" überzeugt. Sie besagt, daß im Wettbewerb auf Dauer nur überleben wird, wer auf allen drei großen Absatzmärkten – in Europa, Nordamerika und Japan – verankert ist, d. h. in allen drei Märkten forscht, produziert und verkauft. Bayer machte den Anfang, Hoechst und BASF folgten. 1989 betrug der Japan-Umsatz von Bayer 2,7, von Hoechst 2,0 und von der BASF 1,8 Milliarden DM.

Der weltweite Wettbewerb konzentrierte sich gegen Ende der achtziger Jahre immer stärker auf Westeuropa, Nordamerika, Japan und die vier kleinen asiatischen Staaten Südkorea, Honkong, Taiwan und Singapur. In diesen Regionen wohnen 800 Millionen Menschen (etwa 15 % der Erdbevölkerung), die fast zwei Drittel des Weltsozialproduktes schaffen und 90 % aller Patente anmelden. Um in diesen Märkten präsent zu sein, haben die multinationalen Konzerne ihre Geschäfte bereinigen und neu ausrichten müssen; oft wurden branchenfremde Tochterunternehmen verkauft und für den Erlös passende Unternehmen des Kerngeschäftes in diesen Ländern erworben.

Die Deutschen führen die Weltrangliste an

1989 war für die chemische Industrie in Deutschland ein Rekordjahr. Der Umsatz erreichte 160 Milliarden DM, die Investitionen betrugen 11,5 Milliarden DM, und für die Forschung wurden 11,0 Milliarden DM ausgegeben. Die Zahl der Beschäftigten betrug 580 000, davon waren 61 000 in der Forschung tätig. Die drei Spitzenplätze belegten BASF, Hoechst und Bayer. Der weltweite Umsatz dieser drei Firmen betrug zusammen 137 Milliarden DM, der Umsatz in der Bundesrepublik Deutschland 35 Milliarden DM (Tabelle 15). Auf den Plätzen vier bis sechs folgten Henkel, Hüls und Schering. Die sechs größten ausländischen Chemieunternehmen in der Bundesrepublik Deutschland waren Akzo auf Platz 8, Solvay auf Platz 11 und die Firmen Shell (Chemie), Procter & Gamble, Dow und ICI auf den Plätzen 14, 15, 19 und 20.

In der Weltrangliste der Unternehmen der chemischen Industrie belegten 1989 BASF, Hoechst und Bayer die drei ersten Plätze, gefolgt von ICI, Du Pont (nur Chemie), Dow Chemical, Ciba Geigy, Rhone Poulenc, Shell (nur Chemie),

Tabelle 15. Die drei größten Chemieunternehmen 1989

	BASF	Hoechst	Bayer
Umsatz weltweit (Mio. DM)	47 617	45 898	43 299
davon Inland	15 211	10 465	9 050
Ausland	32 406	35 433	34 249
Ergebnis vor Steuern	4 384	4 146	4 105
Investitionen Sachanlagen	3 956	3 197	3 447
Forschungsausgaben	1 954	2 621	2 695
Zahl der Mitarbeiter	136 990	169 295	170 200

Enimont, Exxon (nur Chemie), Monsanto. Bemerkenswert ist, daß sich die Japaner auf diesen vorderen Plätzen nicht blicken ließen. In der Rangliste der größten Industrieunternehmen der Welt, die 1989 von General Motors, Ford Motors und Exxon angeführt wurde, belegten BASF, Hoechst und Bayer den 32., 34. und 39. Platz. Vor ihnen lagen noch die deutschen Unternehmen Daimler Benz (13), Volkswagen (21), Siemens (22) und Veba (31).

Im Chemieexport belegte Deutschland vor den USA seit langem den ersten Platz, und auch in der Innovation war Deutschland Spitzenreiter, wenn man einer Patentauswertung des IFO-Instituts vom Februar 1990 glauben darf.[22] In dieser Studie wurden weltweit die Patente aller großen Firmen in ausgesuchten Technologiefeldern, u. a. Informationstechnik, Elektrotechnik/Elektronik, Automobiltechnik und Chemie ausgewertet. Die drei weltweit „innovativsten Unternehmen" sind nach dieser Studie Bayer, Hoechst und BASF. Dieses schmeichelhafte Ergebnis für die „drei Großen" der deutschen Chemie ist jedoch mit großen Unsicherheiten behaftet, vor allem, wenn man die „Sucht" der Chemiker kennt, alle gedanklichen Möglichkeiten für die Herstellung und Anwendung von chemischen Produkten patentieren zu lassen.

Unternehmensgröße und Führungsprobleme

Wenn man sich an den Ausgangszustand nach dem Zweiten Weltkrieg erinnert – 1953 betrug der Umsatz von Du Pont 7,5, von ICI 4,5 und von allen I. G.-Farben-Nachfolgegesellschaften in Westdeutschland zusammen 2,9 Milliarden DM –, so haben es die drei Offspring aus der alten I. G. Farben AG wirklich weit gebracht. Das war nicht die Absicht der Sieger. Schon regen sich bei vielen Deutschen Schuldgefühle, denn wer weiß heute, ob diese „Größe" nicht wieder bei passender Gelegenheit bestraft wird. Wo sind die Japaner? Warum überholen sie uns nicht?

Erleichtert nahm man den Ausspruch Wolfgang *Hilgers* zur Kenntnis: „In einem Unternehmen unserer Größe kann Wachstum kein Ziel mehr sein. Wir müssen uns immer wieder fragen, ob es Synergismen oder gar schon Schäden bringt. Ich wehre mich also gegen undifferenziertes Wachstum."[23] Aber wer macht den Anfang? Als die BASF und Hoechst durch die aufsehenerregenden Einkäufe in den USA (Inmont und Celanese) einen gewaltigen Wachtumsschub vollführten, antwortete Hermann J. *Strenger* auf die Frage, wann denn Bayer als „buyer" auftreten werde: „Ich kann Ihnen versichern, daß es zum gegenwärtigen Zeitpunkt keine spektakulären Akquisitionen geben wird." Bei Bayer gelte Tradition etwas. Und sie verlangt, „aufgrund eigener Stärke und Mittel zu wachsen".[24] Die Forschung, nicht eine Unternehmensübernahme, sei von höchster Priorität. Aber schon bald waren diese Grundsätze vergessen, sie mußten außer Kraft gesetzt werden, um im Gleichschritt mitmarschieren zu können, und zwar durch den Erwerb der Polysar Rubber Division für 1,7 Milliarden DM. Auf der Hauptversammlung im Juni 1990 rechtfertigte *Strenger* diesen Kauf: „Wir erwerben Unternehmen dann, wenn sie unsere eigenen Aktivitäten ergänzen, wenn sie damit zusätzlich Innovationspotential für unseren Konzern schaffen können und nicht zuletzt, um unsere regionale Diversifikation zu optimieren. Die Polysar-Übernahme liegt somit genau auf der Linie unserer Akquisitionspolitik."

Die schiere Unternehmensgröße birgt große Gefahren. Wenn die Organisation nicht beständig dem Wachstum und den Strukturveränderungen angepaßt wird, erstarrt ein Unternehmen zu einem handlungsunfähigen Monster. Besondere Probleme entstehen oft durch größere Neuerwerbungen. *Strenger* meinte dazu: „Größere Akquisitionen bringen Integrationsprobleme mit sich, und die können von den eigentlichen Aufgaben ablenken. Wenn ich mir anschaue, was in Amerika und auch weltweit auf diesem Feld in den letzten zehn, zwanzig Jahren passiert ist, insbesondere, wenn Unternehmen versucht haben, in neue Geschäftsfelder hinein zu diversifizieren, dann haben sich nur sehr wenige Übernahmen als erfolgreich erwiesen."[25]

Ein anderes Problem der großen Chemieunternehmen, das in den späten achtziger Jahren sichtbar wurde, betraf den qualifizierten Nachwuchs. Die geburtenschwachen Jahrgänge und die allgemeinen Bestrebungen der jungen Leute, lieber an einem Schreibtisch zu sitzen als an einer Drehbank zu stehen, ließen den Ansturm der Lehrlinge in die Produktionsberufe verebben. Auch die akademischen Berufsgruppen gaben Anlaß zur Sorge, vor allem die Chemiker. *Strenger* bemerkte dazu: „Sie sind zu alt, wenn sie bei uns anfangen. Wir bekommen sie mit einem Durchschnittsalter von 30,2 Jahren von der Universität. Mit der Freizügigkeit innerhalb der EG kommt für sie jetzt eine Konkurrenz auf, die sich in Zukunft noch stärker bemerkbar machen wird. Franzosen, Engländer und Holländer machen schon mit 25 bis 26 Jahren ihr Examen. Vielleicht haben sie keine so breite Ausbildung, wie die Deutschen, aber gut und solide ausgebildet sind sie auch. Weil wir eine internationale Firma sind, haben wir jetzt bei Einstellungen schon öfter auf Ausländer zurückgegriffen."[26] In den großen Unternehmen versucht man durch unternehmensspezifische Weiterbildung das Beste aus den „Alten Herren" zu machen. Man lehrt sie vor allem Teamarbeit und zeigt ihnen, wie ein Unternehmen funktioniert. Die Hochschulabsolventen besuchen Standard- und Aufbauseminare und schließlich, wenn sie sich schon ihre ersten Sporen verdient haben, Führungsseminare.

Auch der Fonds der Chemischen Industrie, der Forschungsstipendien an qualifizierte Wissenschaftler an den Hochschulen vergibt, machte sich in einer Diskussionsrunde anläßlich seines 40jährigen Bestehens im Oktober 1990 Gedanken über den „Chemiker von morgen". Neben seinen Fachkenntnissen müsse er auch Flexibilität und Mobilität mitbringen, er müsse Managementfähigkeiten und – angesichts der zunehmenden Internationalisierung der Chemie – Fremdsprachenkenntnisse haben. Vor allem müsse er aber auch gesellschaftlich aktiv sein. Nicht genug. Karl Heinz *Büchel*, Chemiker und Forschungschef bei Bayer, forderte eine Studentenausbildung, in die „Themen wie Umweltschutz, Arbeitssicherheit, aber auch Vermittlung von Basiswissen in gesetzlichen Bestimmungen, EDV-Anwendungskenntnisse und das Wissen über die Leistungen der Chemie für die Gesellschaft zum normalen Ausbildungsrepertoir" gehören müßten.[27] Diese Forderungen sind jedoch schwerlich mit einer Verkürzung des Chemiestudiums in Einklang zu bringen.

Das intensive, befruchtende Zusammenspiel der Forschung in den Industrieunternehmen und der Forschung an den Hochschulen und Forschungsinstituten erreichte nach dem Zweiten Weltkrieg nicht die Effizienz wie in den Jahrzehnten vor dem Ersten Weltkrieg und in den zwanziger Jahren. Nur einmal in den achtziger Jahren wurde der Nobelpreis für Chemie an deutsche Forscher verliehen: 1988 an die drei Chemiker vom Max-Planck-Institut für Biochemie in München Johann *Deisenhofer* (* 1943), Robert *Huber* (* 1937) und Hartmut *Michel* (* 1948) für die Strukturaufklärung der an der Photosynthese beteiligten membrangebundenen Proteine und die Grundlagen der bei der Photosynthese ablaufenden Lichtreaktionen.

Bhopal und Basel

Die achtziger Jahre bescherten der deutschen chemischen Industrie ihre größte Prosperität. Einen großen Prozentsatz ihrer Gewinne investierten sie in den Umweltschutz. Auch die Aufklärungs- und Informationsarbeit für die Bürger ließ sie sich etwas kosten. Insgesamt konnte sie in dieser Periode etwas Vertrauen zurückgewinnen, aber einige Fegefeuer-Erlebnisse blieben ihr nicht erspart.

Das Schlüsselerlebnis für die Umweltschützer war der Seveso-Unfall im Jahre 1976. Damals steckte die Chemie in einer Identitätskrise. Sie bot viele Angriffsflächen und heizte durch ungeschicktes Taktieren die Stimmung gegen sich auf. Als sich die chemische Industrie wirtschaftlich aus der Talsohle erhob, bekam sie einen neuen, schmerzenden Hieb: Bhopal. Am 3. Dezember 1984 waren in einem Werk der US-Firma Union Carbide Corporation im indischen Bhopal aus einem Lagertank 24 Tonnen gasförmiges und flüssiges Methylisocyanat (MIC) sowie 12 Tonnen flüssige und feste, aus MIC gebildete Reaktionsprodukte entwichen. Durch die sich ausbreitende Gaswolke starben etwa 3000 Menschen; 200 000 wurden im umliegenden Gebiet geschädigt. Diese Katastrophe lenkte die Aufmerksamkeit der deutschen Umweltschützer wieder auf die chemische Industrie im eigenen Lande. Die Hinweise auf Schwachstellen und die zum Teil massiven Vorwürfe veranlaßten die Unternehmen zu Richtigstellungen und Versicherungen, etwa nach der Art, wie sie Hans *Albers* am 10. Dezember 1984 abgab: „Für die BASF möchte ich dazu sagen, daß Methylisocyanat bei uns weder hergestellt noch verwendet wird. Allerdings stellen wir das Vorprodukt Phosgen seit vielen Jahrzehnten für den internen Bedarf her. Dabei ist unser Prinzip, das Phosgen jeweils nach Bedarf zu produzieren und sofort zur Herstellung der Folgeprodukte zu verwenden. Unsere Zwischenlagerung, die unter Einhaltung aller mit der Behörde abzustimmenden Sicherheitsbestimmungen erfolgt, ist klein. Nach unserer Auffassung ist wegen unseren vielfältigen Sicherheitsmaßnahmen ein Unglück wie in Indien absolut auszuschließen."[28]

Die Verantwortlichen der chemischen Industrie haben damals – gestärkt durch die konjunkturelle Aufwärtsbewegung – hart gekontert. 1986, auf der Mitgliederversammlung des Verbandes der Chemischen Industrie, hat der Präsident Hans *Albers* in einem politisch scharf akzentuierten Vortrag gegen den Umweltaktionismus gewettert und die Grünen abgekanzelt: „Was ich Ihnen und mir an dieser Stelle ersparen möchte, ist eine inhaltliche Auseinandersetzung mit den politischen Forderungen der Grünen. Nicht weil es in dieser Partei nicht genug Ideen zur Demontage unseres Wirtschafts- und Gesellschaftssystems gibt. Ich glaube, wir können auf eine intensive Diskussion vor allem deshalb verzichten, weil die Grünen spätestens seit ihrem Parteitag in Hannover und dann erneut Ende September in Nürnberg bei der Verabschiedung des Programms zum ‚Umbau der Industriegesellschaft' deutlich gemacht haben, daß sie nicht ernsthaft bereit und in der Lage sind, die Entwicklung in der Bundesrepublik verantwortlich und verantwortbar mitzugestalten." Er wandte sich auch gegen das „ganze Füllhorn von Verboten und Geboten, Reglementierungen und Diskriminierungen", das die SPD zur „ökologischen Modernisierung der Industriegesellschaft" bereit hielt. „Ausgangspunkt einer derartigen politischen Konzeption für die Chemie – und das sage ich in aller Deutlichkeit – ist die Unterstellung, in dieser Branche seien gewissen- und verantwortungslose Menschen tätig, die – wenn schon nicht vorsätzlich, so doch zumindest leichtfertig und ganz gewiß aus Profitgier – die Gesundheit ihrer Mitarbeiter und der Bevölkerung aufs Spiel setzen und der Umwelt großen Schaden zufügen. Im Klartext heißt das: Die chemische Industrie wird kriminalisiert, indem man ihr Verantwortung und rechtsstaatliches Verhalten abspricht."[29]

Am 1. November 1986 – die deutschen Umweltschützer hatten noch alle Hände voll zu tun mit Messungen der Radioaktivität, die der Wind aus dem fernen Tschernobyl im deutschen Obst und Gemüse und in der Molke angelandet hatte – brach in einer Lagerhalle der Basler Firma Sandoz Feuer aus: 1351 Tonnen Agrarchemikalien verbrannten, darunter hochgiftige Insektizide. Der größte Teil des Löschwassers mit den Giftstoffen gelangte in den Rhein, färbte in blutrot und vernichtete auf viele Kilometer alles Leben in ihm.

Wiederum versicherte die chemische Industrie, daß so

etwas in der Bundesrepublik nicht passieren könne, obwohl kurze Zeit darauf Störfälle von Ludwigshafen bis Leverkusen am laufenden Band produziert wurden. Ungewollt bewiesen die Deutschen kollegiale Solidarität. Die Chemie hatte ihr Vertrauen bei der Bevölkerung verspielt. In der *Frankfurter Allgemeinen Zeitung* erschien am 29. Dezember 1986 ein Leitartikel unter der Überschrift „Uneinsichtige Chemie?". Darin hieß es u. a.: „Die Katastrophe von Basel hat diesen schon lange schwelenden gesellschaftlichen Konflikt nur zugespitzt. ... Die Chemie versuchte in der Öffentlichkeit stets ihre Verdienste um die Menschheit, im Kampf um Hunger und Krankheit etwa, herauszustreichen. ... Doch in den Vorstandsetagen und in den Chemieverbänden ist nur selten etwas vom Dienen, von Achtung vor der Gesellschaft zu spüren. Ob der Wohltaten, die sie erweist, fühlt sich die Chemie sakrosankt; sie ignoriert die politischen Strömungen und den gesellschaftlichen Wandel. Kritik, so meint sie, komme mehr oder weniger gelenkt aus der linken Ecke. Kann der fehlen, der so viel Gutes tut?"

Alexander *Krauer*, Präsident der Ciba Geigy AG, gestand am 29. Dezember 1986 in der Tageszeitung *Die Welt*: „Heute könnte hier in Basel niemand mehr auch nur ein einziges Dioxin-Faß aus Seveso verbrennen. Dazu war das hundertprozentige Vertrauen der Bevölkerung in die technische Kompetenz der Chemie nötig. Dieses Vertrauen ist jetzt angeschlagen. ... Wenn die Bürger uns den Leitsatz abnehmen sollen, daß Wirtschaftlichkeit bei uns wirklich nicht zu Lasten der Sicherheit geht, dann müssen wir auch vorzeigen, was wir – besonders seit Bhopal – alles getan haben." Und Herr *Schärli*, ehemaliger Werksleiter bei Ciba Geigy, stellte fest: „Es reicht alles nicht, was wir tun, obschon wir sehr viel tun. Es muß gehandelt werden, sonst ‚chollabiert dieser Planät'."

Durch den Brand in Basel sahen sich die Umweltschützer und Gegner der chemischen Industrie in ihren Forderungen bestätigt. Im Deutschen Bundestag kam es zu lebhaften Debatten: Die Grünen verlangten eine sofortige „Entgiftung" der Chemie und die SPD forderte eine vorsorgende Chemiepolitik zur Umorientierung der chemischen Industrie und ihrer Produktionsprogramme; alle 90 000 im Handel befindlichen Stoffe müßten daraufhin überprüft werden. Darüber hinaus verlangte die SPD eine unverzügliche Einstellung der Anzeigenserie, in der die Chemische Industrie mit dem Spruch „Lieber Fisch, es wird dir gut tun, daß die organischen Belastungen gesenkt worden sind" auf ihre erfolgreichen Bemühungen bei der Verbesserung der Wasserqualität des Rheins hinwies.

Letzten Endes bescherte der Brand in Basel der deutschen chemischen Industrie eine umfassende Verschärfung des Chemikalien-Gesetzes[30] und eine neue Störfallverordnung: die Gruppe der störfallrelevanten Betriebe wurde von bisher 500 auf 2500 ausgedehnt, obwohl schon lange vordem die Sicherheit der Chemieanlagen von verschiedenen Institutionen gründlich überwacht wurde: von den Genehmigungsbehörden, von der Berufsgenossenschaft der Chemischen Industrie, von der staatlichen Gewerbeaufsicht und vom Technischen Überwachungsverein. Dazu kommt noch die Kontrolle und Überwachung in Eigenverantwortung der Unternehmen. So gesehen dürfte eigentlich nichts passieren. Aber es gibt eben noch ein „Restrisiko", auf das sich Umweltschützer und Chemiegegner immer berufen können.

Drei Jahre nach der Umwelt-Katastrophe von Basel äußerte sich Helmut *Sihler*, Präsident des Verbandes der Chemischen Industrie, über die Ergebnisse der Wiederbelebung des Rheins: „Er (der Lagerhausbrand von Basel) hat keine Todesopfer oder Verletzten verursacht. Die Schäden, die durch ihn im Rhein in der Tierwelt entstanden sind, sind längst überwunden. Mit einem Aufwand von drei Milliarden Mark hat die am Rhein anliegende Chemie Vorsorge getroffen, daß es sich so nicht wiederholen kann. Zwei Jahre nach Basel haben die Umweltminister von Baden-Württemberg und Nordrhein-Westfalen berichtet, daß der Rhein die Folgen der Katastrophe nicht nur ganz überwunden hat, sondern in einem besseren Zustand ist als je in den letzten 20 bis 30 Jahren. Das war allerdings kein berichtenswerter Gegenstand für das nationale oder regionale Fernsehen, und natürlich weiß auch niemand, daß die Artenzahl der Kleinlebewesen sich in den letzten Jahren verdoppelt hat, daß der Sauerstoffgehalt im Rhein inzwischen wieder die natürliche Sättigungsgrenze erreicht hat. Die Gesellschaft nimmt diese positiven Veränderungen nicht wahr, und deshalb hält sie sie auch nicht für wahr."[31]

In jener Zeit hatten die Öko-Gruppen großen Zuspruch, Greenpeace und der BUND (Bund für Umwelt und Naturschutz Deutschland e. V.) wurden die mächtigsten. Besonders Greenpeace erfreute das Publikum mit akrobatischen Akten auf Schornsteinen, Brücken oder Abwasserrohren. Daneben festigten sich örtlich agierende Gruppen wie die „kritischen Bayer-Aktionäre" in Leverkusen und die „Meengucker" in Hoechst. Das Nachrichtenmagazin *Der Spiegel* und die Illustrierte *Stern* deckten immer neue „Untaten" auf. Die Chemieunternehmen standen mit dem Rücken an der Wand und wehrten sich, so gut es ging. Sie dementierten, wiesen auf ihre Verdienste hin und erfanden neuartige Anzeigen. Bayer verkündete: „Bei jeder Produktion gibt es ein Restrisiko. Unsere Verantwortung ist, daß es beherrschbar bleibt." Hoechst ließ wissen: „Alles was wirkt, hat auch Nebenwirkungen." Und die BASF stellte in Anzeigenserien Mitarbeiter vor, die zum Dialog einluden. Außerdem verfaßte die BASF 1988 einen Umweltbericht, den ersten in der chemischen Industrie.

Umweltbelastungen durch Chemikalien

Die chemische Industrie kann in doppelter Hinsicht zur Belastung der Umwelt beitragen: durch schädliche Produkte, die bei den Produktionsverfahren anfallen, und durch gewisse Erzeugerprodukte, die sich nach der Einführung in den Markt als umweltschädlich erweisen.

Zu den verfahrensbedingten Schadstoffen zählen vor allem Chemikalien, die im Prozeß als Nebenprodukte anfallen oder bei der Herstellung der für den Prozeß notwendigen Energie

(Strom, Dampf) entstehen. Sie müssen aus der Abluft und dem Abwasser abgetrennt und unschädlich gemacht werden. Hierfür hat die chemische Industrie Techniken entwickelt, die auch in anderen Industriezweigen Anwendung gefunden haben. Erwähnt seien hier Verfahren und Katalysatoren für die Entschwefelung und Entstickung von Rauchgasen der Kohle- und Ölkraftwerke sowie Katalysatoren zur Schadstoffreduzierung bei Kraftfahrzeugen (s. auch Kapitel 6).

Die Luftschadstoffe Schwefeldioxid und Stickoxide verursachen sowohl als trockene als auch als nasse Deposition (saurer Regen) neuartige Waldschäden, die unter dem Schlagwort „Waldsterben" der breiten Öffentlichkeit vorgeführt wurden. Heute ist man sich in Fachkreisen einig, daß die auftretenden Waldschäden mehrere Ursachen haben. Der „Forschungsbeirat Waldschäden/Luftverunreinigungen der Bundesregierung und der Länder" kam in seinem letzten Bericht zu folgender Erkenntnis: „Neuartige Waldschäden gehen auf einen Ursachenkomplex aus abiotischen und biotischen Faktoren zurück. Anthropogene Luftverunreinigungen aus Industrieanlagen, Kraftwerken, Verkehr, Haushalt und Landwirtschaft spielen dabei eine Schlüsselrolle."[32] Nachdem Wissenschaftler auch chlorierte Kohlenwasserstoffe als Ursache des Baumsterbens festgestellt hatten, wurde die Chlordiskussion wieder angefacht. Die Chlorchemie befand sich schon lange im Visier der Grünen.

Chlor ist ein Element, das in der Natur nur in anorganischer Form, vor allem als Natriumchlorid, vorkommt. Alle chlorhaltigen organischen Produkte in unserer Umwelt sind synthetisch hergestellt. Dazu gehören u. a. Trichlorethylen (TRI) und Perchlorethylen (PER), die zur Metallentfettung und Textilreinigung und als Lösungsmittel verwendet werden, polychlorierte Biphenyle (PCB), die vor allem als Isolierflüssigkeit in Kondensatoren und Transformatoren eingesetzt werden, das Holzschutzmittel Pentachlorphenol (PCP) und das Herbizid Trichlorphenoxyessigsäure (2,4,5-T). Diese chlororganischen Stoffe sind toxisch und wegen ihrer Fettlöslichkeit zur Bioakkumulation fähig, d. h. sie können sich in der Nahrungskette anreichern. Die Produktion von PCB,

2,4,5-T und PCP wurde daher in der Bundesrepublik Deutschland schon Mitte der achtziger Jahre eingestellt.

Die Chlordiskussion beschränkt sich aber nicht allein auf die Anwendung einzelner gefährlicher organischer Chlorverbindungen, sondern sie ist auch geprägt von der Angst vor der Gefährdung der Gesundheit und der Umwelt durch Dioxine, die bei der Herstellung, Anwendung und Entsorgung aller chlororganischen Produkte entstehen können. Zur Diskussion steht auch das größte chlororganische Produkt: PVC. 1990 hatte das Forschungszentrum Jülich in einer Studie gefordert, Folien und Verpackungsmaterial aus PVC vom Markt zu nehmen, „weil durch diesen Stoff in der Müllverbrennung Dioxine entstehen können. Die These der Industrie, PVC sei nicht an der Dioxinbildung beteiligt, ist nach neuesten Laborversuchen unhaltbar."[33] 1989 waren in der PVC-Branche 50 000 Mitarbeiter beschäftigt; der Umsatz betrug 2,5 Milliarden DM. Etwa ein Zehntel der gesamten Kunststoffabfälle waren PVC.

Auch das Ozonloch und der Treibhauseffekt beunruhigt die Menschen in zunehmendem Maße. An beiden Umweltproblemen ist die Chemie mit der Produktion von Fluorchlorkohlenwasserstoffen (FCKW), die als Treibmittel, Kühlmittel und Aufschäummittel vielfache Verwendung finden, beteiligt. Selbst wenn mit dem Verbot der FCKW-Produktion in den nächsten Jahren das Ozonproblem in der Stratosphäre entschärft wird, bleibt der Treibhauseffekt bestehen, denn neben FCKW sind hier CO_2 und Methan, aber auch Lachgas und troposphärisches Ozon beteiligt. Der Treibhauseffekt wird daher als Umweltschutzthema noch lange Zeit Diskussionsstoff liefern.

Die Umweltschützer haben zweifellos bei der Auffindung von umweltschädigenden Stoffen ihre Verdienste, auch wenn sie mit unkonventionellen Methoden arbeiten und ihre Behauptungen nicht immer zutreffen. Vor allem haben sie es mit ihren hartnäckigen Forderungen fertiggebracht, daß der Umweltschutz zu einer deutschen Domäne wurde. Wie vor hundert Jahren in der Chemie, so dominieren heute die Deutschen in der Umwelttechnologie; wieder stellt Deutschland

Europa und der Welt Ideen und Pioniertechnik zur Verfügung. Nach einer Aussage des Bundesforschungsministers Heinz *Riesenhuber* kamen im Zeitraum von 1984 bis 1989 die meisten Patentanmeldungen auf dem Gebiet der Umwelttechnologie aus Deutschland (29 %); es folgten die USA und Japan (22 bzw. 12 %). Bemerkenswert ist, daß die deutschen Anmeldungen vor allem aus mittelständischen Firmen unterschiedlicher Branchen kommen. Der Umweltschutz ist zu einem Wirtschaftsfaktor geworden. 1989 betrug der Umsatz in der Bundesrepublik Deutschland 25 Milliarden DM.

Die Partei DIE GRÜNEN, 1980 aus der ökologischen Bewegung heraus gegründet, hatte als erste politische Partei den Umweltschutz zu einem fundamentalen Anliegen gemacht. Seitdem hat sich der Umweltschutzgedanke von einer nachsichtig belächelten Marotte zum beherrschenden Thema der Politik entwickelt.

Chemikalien für C-Waffen und Drogen

Die deutsche chemische Industrie wurde in den zurückliegenden Jahren nicht nur mit Umweltproblemen konfrontiert; in zunehmendem Maße mußte sie sich auch mit den Anschuldigungen auseinandersetzen, deutsche Chemiefirmen verhülfen der Dritten Welt zu gefährlichen Waffen. Aufsehen erregte vor allem der Bau einer Fabrik für chemische Kampfstoffe in Rabta in Libyen, für die die Imhausen Chemie GmbH in Lahr Fertigpläne, technische Anlagen und Basischemikalien für die Herstellung von Kampfstoffen wie Lost, Sarin und Soman geliefert hatte. Die bisher seriöse Firma Imhausen Chemie wurde daraufhin aus der Gemeinschaft des Verbandes der Chemischen Industrie ausgestoßen, und die Bundesregierung verschärfte die Exportkontrollmaßnahmen: Zusätzlich zu den 17 Chemikalien, die schon bisher der Ausfuhrkontrolle unterworfen waren, wurden weitere 25 in die Embargo-Liste aufgenommen.

Unter diesen 42 Substanzen befindet sich auch Thionylchlorid, das u. a. zur Herstellung von Kunststoffen, Pflanzenschutzmitteln und Pharmazeutika, aber auch zur Herstellung von chemischen Kampfstoffen verwendet werden kann. Die amerikanische Bayer-Tochter Mobay Corporation in Pittsburgh hatte im Frühjahr 1990 die Lieferung diese Produktes an die US-Armee für die Herstellung von chemischen Kampfstoffen verweigert, um nicht als Tochter eines deutschen Unternehmens in den Verdacht zu kommen, an der Produktion von Giftgas beteiligt gewesen zu sein. Die US-Armee drohte daraufhin, die Lieferung mit juristischen Mitteln zu erzwingen.

Schon 1907 hatten sich die Kulturnationen verpflichtet, in kriegerischen Auseinandersetzungen kein Giftgas zu verwenden. Nach den verheerenden Folgen des Gaskrieges im Ersten Weltkrieg wurden chemische Kampfstoffe bzw. chemische Waffen im Genfer Protokoll des Jahres 1925 erneut völkerrechtlich geächtet. Dennoch wurden sie nachher wiederholt in kriegerischen Auseinandersetzungen eingesetzt, z. B. von Italien im Abessinienkrieg 1935, von Japan in den China-Kriegen 1937–1945, von den USA (als Entlaubungsmittel und Napalm) im Vietnamkrieg und vom Irak im Krieg gegen den Iran. Dabei soll der Irak bei der Herstellung von Chemiewaffen von deutschen Unternehmen unterstützt worden sein. Die Deutschen wurden jedoch erst an den Pranger gestellt, als der Irak nicht mehr gegen den Iran kämpfte, sondern gegen die internationale Streitmacht im Kuwait-Krieg. Wirtschaftsminister Jürgen *Möllemann* rief die Wirtschaft zu einer Kampagne der Ächtung von Unternehmen und Mitarbeitern auf, die dem Ansehen Deutschlands, aber auch der deutschen Exportwirtschaft schadeten.[34]

Die Bundesrepublik Deutschland hat als einziger Staat der Welt schon 1954 eine freiwillige Verzichtserklärung auf die Erforschung, Herstellung, Lagerung und Anwendung von chemischen Kampfstoffen abgegeben und einer regelmäßigen Kontrolle der deutschen Chemiefirmen durch das Rüstungskontrollamt der WEU zugestimmt. Die seit 1968 laufenden Verhandlungen um eine weltweite Ächtung der C-Waffen gerieten immer wieder ins Stocken. Im Januar 1989 haben schließlich 149 Staaten auf einer Konferenz in Paris die Unterhändler der Genfer Abrüstungskonferenz aufgefordert, ein Verbot der Entwicklung, Herstellung, Lagerung und Anwendung aller chemischen Waffen durchzusetzen und endlich mit der Vernichtung der chemischen Waffen weltweit zu beginnen. Nachdem US-Präsident George *Bush* im Mai 1991 erklärt hatte, die USA werde auf den Einsatz chemischer Waffen aus jedem Grund und gegen jeden Staat verzichten und alle Chemiewaffenvorräte zehn Jahre nach Inkrafttreten eines internationalen Abkommens vernichten, besteht Hoffnung auf eine baldige Ratifizierung.

1989 umfaßten die Arsenale für chemische Waffen in den USA und in der UdSSR etwa je 500 000 Tonnen. Beide Länder hatten nach dem Zweiten Weltkrieg für die in der I. G. Farben AG entdeckten Nervenkampfstoffe Tabun, Sarin und Soman neue Synthesewege entwickelt. Höhepunkt dieser Entwicklung waren die binären Kampfstoffe, bei denen aus zwei nicht oder nur wenig toxischen Substanzen erst beim Abschuß der Granate oder deren Einschlag der eigentliche Kampfstoff entsteht, z. B. Sarin aus Methylphosphonyldifluorid und Isopropanol. Die binären Kampfstoffe sind gegenüber den Einkomponentenkampfstoffen einfacher und gefahrloser zu handhaben, zu transportieren, zu lagern und gegebenenfalls zu vernichten.

Aus geeigneten Chemikalien lassen sich nicht nur Giftgase, sondern auch Drogen herstellen. Im Mai 1990 behaupteten staatliche Stellen in den USA, deutsche Chemiefirmen gehörten zu den Hauptlieferanten der Kokainhersteller Kolumbiens. Der Verband der Chemischen Industrie ging diesen Anschuldigungen nach und stellte nach sorgfältiger Prüfung fest, daß diese Behauptungen unzutreffend sind.

Vorwürfe, die deutsche Chemie liefere Chemikalien zur Herstellung von Chemiewaffen und Drogen, werden immer wieder erhoben. Mit Hilfe eines ausgeklügelten Überwachungssystems, das der Verband der Chemischen Industrie entwickelt hat, können nun Anschuldigungen leicht überprüft werden. Im übrigen weist der Verband darauf hin, daß die Herstellung von Chemiewaffen und Drogen und der Verkauf von Produkten für deren Herstellung für die deutsche chemische Industrie tabu sind. Schon 1989 hat der Präsident des VCI, Helmut *Sihler*, die Grenzen der chemisch-industriellen Tätigkeit abgesteckt: „Man kann diese Grenzen als die drei Tabus der deutschen Chemie beschreiben: keine Herstellung von Drogen, keinen Eingriff in die menschliche Keimbahn, keine Entwicklung und Herstellung von Chemiewaffen."[35]

Die Glaubwürdigkeitslücke

Die chemische Industrie Deutschlands, die bisher in großer Freiheit forschte, produzierte und verkaufte, sich jedoch da und dort eine Selbstbeschränkung auferlegte, wurde in den achtziger Jahren vom Staat streng reglementiert. Sie hielt diese Gesetzesflut für wenig sinnvoll und kämpfte energisch weiter für mehr Freiraum in Forschung und Produktion. Sie wies auf Wettbewerbsnachteile gegenüber ausländischen Konkurrenten hin und behauptete, durch freiwillige Selbstverpflichtung die Produkte und Produktionsverfahren den Anforderungen der ökologischen Verträglichkeit besser anpassen zu können.

Ungeachtet dieser Bestrebungen hat die deutsche chemische Industrie die ökologische Herausforderung voll angenommen und sich uneingeschränkt zu ihren gesellschaftlichen Verpflichtungen bekannt. Die großen chemischen Unternehmen stellen ihr Handeln zunehmend in einen ethischen Rahmen. Sie laden Philosophen, Kirchenmänner und Wissenschaftstheoretiker ein, ihre oberen Führungskräfte in Ethik zu unterweisen. Dabei nehmen sie in Kauf, daß ihr eigenes Unternehmen vom „Bazillus der Menschenliebe" befallen wird und die ökonomische Ausrichtung darunter leidet. Die „großen Drei" nahmen die Gelegenheit wahr, aus Anlaß ihres 125jährigen Bestehens (Bayer und Hoechst 1988, BASF 1990) ihr Bild in der Öffentlichkeit aufzupolieren. In Broschüren, Ausstellungen und bei Werksbesichtigungen wurde verstärkt auf die Sicherheit der Betriebe und die Aufwendungen und Erfolge im Umweltschutz hingewiesen.

Bei allen Bemühungen, das Vertrauen der Bürger zu gewinnen, blieb eine Glaubwürdigkeitslücke bestehen. Die Bevölkerung bewertete die unbestreitbar großen Anstrengungen der chemischen Industrie zu Sicherheit und Umweltschutz mehr als Ausdruck des schlechten Gewissens denn des echten Willens. Die Chemie, eine der letzten deutschen Industrien von unbestrittenem Weltrang, blieb das ungeliebte Kind. Aber auch ungeliebte Kinder können sich durch artiges Benehmen Achtung verschaffen.

Die Zeiten, in denen die Menschen an eine bessere Zukunft durch die Errungenschaften der Chemie glaubten, sind vorbei. Die diffusen Ängste vor giftigen oder krebserregenden Chemikalien in der Nahrung, im Trinkwasser und in der Atemluft, die das eigene Leben verkürzen könnten, sowie die Sorgen um die irreversiblen Schäden, die die Lebensgrundlage der Nachkommen zerstören könnten, haben ein Gefühl anhaltender Bedrohung entstehen lassen, das durch Anbiederungen und Beteuerungen praktisch nicht mehr aus der Welt zu schaffen ist. Die chemische Industrie wird permanent durch Fakten beweisen müssen, daß sie die Welt nicht schädigt, sondern heilt und gesund erhält.

Anmerkungen

Kapitel 1

1 Zitiert bei Helmolt, S. 243

2 Zitiert bei Diem A., Krätz, O., *Chemie in unserer Zeit* 1973, S. 110

3 „Wenn man die Summe dessen ins Auge faßt, was Liebig für das Wohlergehen des Menschen auf dem Gebiete der Industrie und des Ackerbaus oder der Pflege der Gesundheit geleistet hat, so darf man kühn behaupten, daß kein anderer Gelehrter in seinem Dahinschreiten durch die Jahrhunderte der Menschheit ein größeres Vermächtnis hinterlassen hat." August Wilhelm Hofmann. Zitiert bei Helmholt, S. 237

4 Zitiert in *Frankfurter Allgemeine Zeitung*, 4. Oktober 1990

5 Die Freude über den Erfolg war groß. Heinrich Brunck, Leiter der BASF, wies aber auch auf die Bedrohung der Kulturen des Pflanzenindigos in Indien hin: „Der erste Eindruck mag wohl sein, daß die Fabrikation des Indigos über jenes Land eine schwere Katastrophe heraufbeschwören werde; vielleicht aber doch nicht. Wenn man sich erinnert, wie Indien periodisch von Hungersnot heimgesucht wird, so darf man nicht ohne weiteres die Hoffnung ablehnen, es könnte auch zum Glück für jenes Land sich wenden, wenn immense Flächen ... zur Gewinnung von Brotfrüchten und sonstigen Stoffen der Ernährung Verwendung finden". Ber. d. D. Chem. Ges. 33, Sonderheft LXXI (1900)

6 Die neuen synthetischen Farbstoffe wurden nicht überall vorbehaltlos akzeptiert. Anläßlich der Hauptversammlung des Deutschen Museums in München am 5. Oktober 1911 beklagte Carl Duisberg die Ablehnung der Anilinfarbstoffe, „die den natürlichen Produkten in der Lichtechtheit nicht nur gleich sind, son-

dern sie darin sogar erheblich übertreffen. Dennoch eifert man gegen ihre Verwendung, und Künstler und Kunsthandwerker führen geradezu Krieg gegen die Teerfarbenindustrie und Färbereien, welche sie benutzen. Man verlangt Rückkehr zur Natur, obgleich die guten, lichtechten Naturfarbstoffe längst auf künstlichem Wege hergestellt werden". Duisberg, Abhandlungen 1892-1921, S. 871

7 Zitiert bei P. A. Zimmermann, Über die Grenzen hinaus, S. 10

8 Zitiert bei P. A. Zimmermann, Über die Grenzen hinaus, S. 45 Drei Jahre später, aus Anlaß der Perkin-Feier in London, beklagte Sir Henry Roscoe den Weggang A. W. Hofmanns aus England. Dadurch habe England seine führende Rolle auf dem Teerfarbengebiet verloren. Duisberg teilte diese Meinung nicht. In seiner anschließenden Festrede sagte er: „Der Herr Kriegsminister hat uns vorhin gesagt, daß, wenn A. W. Hofmann in England geblieben wäre, die Farbenindustrie, die unter seinem Schutz und seiner Mitwirkung in England entstanden ist, dann wahrscheinlich nicht nach Deutschland hinübergewandert wäre. Ich glaube, auch dies ist ein Irrtum. Selbst wenn Hofmann in England geblieben wäre, würde die Kohlenteerindustrie sicherlich auch in Deutschland Boden gefaßt haben und dort groß und mächtig geworden sein. Stammen doch die meisten Erfindungen auf diesem Gebiete nicht aus der Hofmann'schen Schule, sondern, wie wir heute früh gehört haben, wie das synthetische Alizarin, der Indigo usw., aus der Schule Adolf von Baeyers, unseres deutschen Altmeisters". Seine Festrede beendete Duisberg mit dem Ruf: „Die chemische Industrie Englands Hurra! Hurra! Hurra!" Duisberg, Abhandlungen 1892-1923, S. 369-375

9 Zitiert bei P. A. Zimmermann, Über die Grenzen hinaus, S. 18

10 Zitiert bei von Nagel, Stickstoff, S. 10
Sir William Crookes war von 1850 bis 1854 Assistent bei A. W. Hofmann in London.

11 Zitiert bei von Nagel, Stickstoff, S. 18

12 Winnacker K., Biener H., S. 82

13 Ernst Haeckel (1834-1919) begründete eine monistische Weltanschauung. Er war Anhänger der Evolutionslehre und Verfechter der Vererbung erworbener Eigenschaften. Mit den neuen Erkenntnissen der Genetik um 1900 waren viele seiner Thesen überholt.

14 Anläßlich der Ehrenpromotion zum Doktor der Staatswissenschaften im Jahre 1919 sagte Duisberg: „Das hat mein damaliger

alter Lehrer der Chemie in Jena, Geheimrat Genther, nicht gern gesehen, aber geduldet. Der bald darauf nach seinem Tode berufene Nachfolger, mein jetziger Freund, Geheimrat Ludwig Knorr, hat das Studium der Nationalökonomie aber als Verbrechen an der chemischen Ausbildung angesehen. Jeden Chemiker, der, meinem Beispiel folgend, Nationalökonomie statt Physik oder Mineralogie als Nebenfach bei der Promotion wählte, wollte er durchfallen lassen; daß mir aber diese Vereinigung von Naturwissenschaften und Volkswirtschaft in der Technik viel genutzt hat, das werden Sie mir glauben". Duisberg, Abhandlungen 1882-1921, S. 933

15 Zitiert bei Flechtner, S. 68

16 Nach Flechtner, S. 72-75

17 Eine detaillierte Beschreibung gab Duisberg in der *Chemiker Zeitung* 1893, S. 191 f.

18 Zitiert bei Flechtner, S. 129
Das von Duisberg beschriebene Verwaltungsgebäude ist der Bau D 100, auch Direktionsgebäude genannt, damals allerdings erst mit zwei Obergeschossen.

19 Zitiert aus *Denkschrift über den Aufbau und die Organisation der Farbenfabriken zu Leverkusen* von Carl Duisberg. Enthalten in Duisberg, Abhandlungen 1882-1921, S. 387-409

20 Zitiert bei Flechtner, S. 164

21 Zitiert bei Flechtner, S. 156

22 Zitiert bei Flechtner, S. 154
Siehe auch Duisberg, Abhandlungen 1882-1921, S. 141 f. The Education of Chemists

23 Zitiert bei Flechtner, S. 185

24 Die Society of Chemical Industry und die American Chemical Society lehnten es ab, den Vortrag abzudrucken

25 Zitiert bei Flechtner, S. 187/188

26 Duisberg, Abhandlungen 1882-1921, S. 343 f.

27 Zitiert bei Flechtner, S. 208

28 Ebenda

29 Duisberg und auch andere Zeitgenossen führten den Erfolg der deutschen chemischen Industrie vor allem auf die gründliche Ausbildung der Chemiker an den Hochschulen zurück. In zahl-

reichen Vorträgen und Denkschriften befaßte sich Duisberg mit dem Chemiestudium und machte Verbesserungsvorschläge. Siehe Duisberg, Abhandlungen 1882-1921, S. 119-237. Gelegentlich sieht er die Ursache dieses Erfolges auch im „Deutschen Wesen" begründet.

30 Eine recht originelle Schilderung über den Aufbau und die Arbeitsweise einer chemischen Fabrik vor dem Ersten Weltkrieg gab Duisberg in seinem Festvortrag auf der Hauptversammlung des Deutschen Museums in München am 5. 10. 1911, aufgenommen in Duisberg, Abhandlungen 1882-1921, S. 858-880

31 Zitiert bei Flechtner, S. 159

32 „Als Chemiker bin ich schon seit 25 Jahren im Laboratorium und im Betrieb in dieser ‚Giftindustrie' tätig und daher gezwungen, täglich und stündlich mit solchen Giften umzugehen. Ja noch mehr, meine Herren, ich präsentiere mich hier als ein ‚vergifteter Giftarbeiter', denn wer von uns Chemikern hat nicht bereits eine Chlor- oder Bromvergiftung, eine Phosgenvergiftung oder Gott weiß was für eine Vergiftung durchgemacht! Als junger Doktor habe ich im Straßburger Laboratorium eine Blausäurevergiftung überstanden, bin bewußtlos am Boden liegend, von Blausäure vergiftet, aufgefunden worden. ... Kurz, zahlreiche Vergiftungen, wie sie bei einem Chemiker vorkommen können, habe ich durchgemacht und stehe dennoch gesund vor Ihnen. Ich will hierbei gleich bemerken, daß mir alle diese Vergiftungen nicht so schlecht bekommen und unangenehm gewesen sind wie die Alkoholvergiftungen, die ich als Student mehrfach durchzumachen hatte, und wie vor allem die Nikotinvergiftungen, an denen ich wegen starken Rauchens fürchterlich gelitten habe und deren Folgen ich trotz vieljähriger Abstinenz noch immer fühle." Duisberg, Abhandlungen 1882-1921, S. 326

33 Duisberg, Abhandlungen 1882-1921, S. 330/331

34 Zitiert in *Ludwigshafener Chemiker* I, S. 28

Kapitel 2

1 Darüber klagte auch die Mutter des Kaisers in einem Brief an ihre Mutter, die Königin Victoria von England: „Wenn ich den Schatten eines Einflusses hätte, würde ich Wilhelm anflehen, keine öffentlichen Reden mehr zu halten, denn sie sind zu schrecklich." Zitiert bei von Krockow, S. 346

2 Zitiert bei Diwald, S. 263

3 Anläßlich der Einführung des Promotionsrechts an den Technischen Hochschulen im Jahre 1900 sagte der Kaiser: „Ich wollte die Technischen Hochschulen in den Vordergrund bringen, denn sie haben große Aufgaben zu lösen. ... Das Ansehen der deutschen Technik ist schon sehr groß. Die besten Familien, die sich sonst anscheinend ferngehalten haben, wenden ihre Söhne der Technik zu, und ich hoffe, daß das zunehmen wird. Die Ausländer sprechen mit größter Begeisterung von der Bildung, die sie an ihrer Hochschule erhalten haben. Es ist gut, daß Sie auch Ausländer heranziehen; das schafft Achtung vor unserer Arbeit. Auch in England habe Ich überall die größte Hochachtung vor der deutschen Technik gefunden." *Reden des Kaisers,* S. 84

4 Hahn, S. 108

5 Auch in Duisbergs Reden findet man immer häufiger Passagen, in denen die Überlegenheit des „Deutschen Wesens" gefeiert wird. Vergleicht man entsprechende Stellen in den Jubilarfestreden der Jahre 1910, 1912 und 1913, so erkennt man eine deutliche Steigerung. Seine Rede am letzten Jubilarfest vor dem Krieg beschloß er: „Des Reiches fester Bau ist von Feinden dicht umdrängt. Sturm weht ringsum und Neid bedroht unsere Erfolge. Da heißt es, fest zusammenzustehen, eingedenk des Wortes: ‚Wir wollen sein ein einzig Volk von Brüdern, in keiner Not uns trennen und Gefahr.' Die Erinnerung an ernste Zeit richtet an unser Volk die Mahnung, nicht falschen Sirenengesängen zu lauschen, sondern Mann für Mann sich hinter den zu stellen, der an des Deutschen Reiches Spitze steht. Ziehen wir die Bilanz der 100 Jahre, so muß uns der Gedanke an das Reich mit Freude erfüllen. In 40jährigem Frieden sind die Früchte unserer Arbeit gereift. Wilhelm II. will den Frieden, der aber doch nur erhalten werden kann, wenn Deutschland so stark ist, daß jedem die Lust vergeht, es anzugreifen. In dieser Zeit blicken wir auf ihn, der seines Volkes Wohlfahrt will, und rufen: Seine Majestät Kaiser Wilhelm II. lebe hoch!" Duisberg, *Abhandlungen 1882–1921,* S. 458

6 Zitiert bei Diwald, S. 280

7 Zitiert bei Diwald, S. 279

8 Michael Stürmer charakterisierte die Anfangsphase des Krieges so: „Binnen Wochen wurde der Krieg zum technisch-industriellen Großunternehmen, dessen Produktionsziel nicht Gewinnmaximierung war, sondern der militärische Sieg." Stürmer, S. 91

9 Holdermann, S. 139

10 Holdermann, S. 140

11 Holdermann, S. 142

12 Zitiert bei Holdermann, S. 143

13 Zitiert bei Holdermann, S. 145

14 Zitiert bei Holdermann, S. 147

15 Schon 0,5 % Chlorgas in der Luft wirken auf Säugetiere und Menschen rasch tödlich, da die Luftwege und Lungenbläschen verätzt werden. Selbst Luft mit nur 0,01 % Chlor kann bei stundenlangem Einatmen tödlich wirken.

16 Phosgen (Kohlenoxidchlorid) wurde erstmals am 19. Dezember 1915, ebenfalls von den Deutschen bei Ypern eingesetzt. Ab Juni 1916 setzten es auch die Briten ein; das Giftgas wurde vorzugsweise mit den neuerfundenen Granatwerfern verschossen. Senfgas (Dichlordiethylsulfid) wurde erstmals am 12. Juli 1917, ebenfalls von den Deutschen bei Ypern eingesetzt. Die Franzosen nannten diesen Kampfstoff Yperite, die Briten HS (Hunnenstoff). Nach Harris/Paxman, S. 47, konnte die I. G. monatlich 1000 Tonnen Senfgas herstellen.

17 Zitiert bei Borkin, S. 23

18 Lefebure, S. 84

19 Zitiert bei Flechtner, S. 278

20 Zitiert bei Flechtner, S. 281

21 Vgl. auch Taylor/Sudnik, S. 66 f.

22 Duisberg, *Abhandlungen* 1882-1921, S. 815, 816, 817

23 Zitiert bei Gebhardt, S. 60

24 Vgl. dazu Flechtner, S. 284/285

25 „... Unter diesen Umständen ist es geboten, den Kampf abzubrechen und dem deutschen Volke und seinen Verbündeten nutzlose Opfer zu ersparen. Jeder versäumte Tag kostet Tausenden von tapferen Soldaten das Leben." Zitiert bei von Krockow, S. 118

26 Duisberg, Abhandlungen 1882-1921, S. 559

27 Zitiert bei Flechtner, S. 273

28 Zitiert bei Holdermann, S. 169

29 Vgl. auch von Krockow, S. 129. Der Friedensvertrag von Versailles sei das Bestreben, „durch die Art von Präventivkrieg, nur mit anderen als den direkt militärischen Mitteln, den Rivalen niederzuhalten".

30 Zitiert nach *Frankfurter Allgemeine Zeitung,* Bilder und Zeiten, 24.6.1989

31 Zitiert bei Holdermann, S. 170/171

32 Zitiert bei Holdermann, S. 176

33 Haber war der einzige Wissenschaftler, den die Alliierten auf ihre Kriegsverbrecherliste setzten; Angehörige der chemischen Industrie standen diesmal noch nicht auf der Liste.

34 Zitiert bei Borkin, S. 38

35 Zitiert nach Hans Sachsse in *Chemie in unserer Zeit,* 1968, S. 148

36 Ebenda

37 Zitiert bei Holdermann, S. 279

38 Holdermann, S. 185

39 Zitiert bei Holdermann, S. 185-188

40 Zitiert bei Borkin, S. 40

41 Zitiert bei Flechtner, S. 297

42 Duisberg, Abhandlungen 1882-1921, S. 568

43 Duisberg, Abhandlungen 1882-1921, S. 601

44 Duisberg, Abhandlungen 1882-1921, S. 599

45 Zitiert bei Flechtner, S. 304/305

46 Zitiert bei Flechtner, S. 305

47 Zitiert bei Flechtner, S. 320

48 Zitiert bei Flechtner, S. 321

49 Zitiert bei Flechtner, S. 316

50 Aus einem Beitrag in einer englischen Tageszeitung vom 31.12.1923, zitiert in *Streifzug aus der Bayer-Geschichte,* 1988, S. 49

51 Holdermann, S. 196

52 Zitiert bei Diwald, H., *Mut zur Geschichte,* Bergisch Gladbach, 1983, S. 144/145

53 In den Locarno-Verträgen vom 15. Oktober 1925 erkannte Deutschland die in Versailles gezogenen Westgrenzen an, behielt sich aber ausdrücklich den Anspruch auf Revision im Osten vor.

54 Zitiert in *Frankfurter Allgemeine Zeitung*, 26.7.1989

Kapitel 3

1 Zitiert bei Flechtner, S. 347

2 Zitiert bei Flechtner, S. 348/349

3 Zitiert bei Borkin, S. 47

4 Detaillierte Angaben über die Organisation bei Tammen, ter Meer, Plumpe und Haynes

5 Beide Zitate bei Bäumler, E., *Ein Jahrhundert Chemie,* Düsseldorf, 1963, S. 94

6 Das Schlagwort „Kartelle sind Kinder der Not" hat Duisberg schon 1904 nicht gelten lassen. Vgl. Flechtner, S. 191

7 Plumpe, S. 191

8 Näheres über den wissenschaftlichen Streit zwischen Hermann Staudinger auf der einen Seite und Hermann Franz Mark und Kurt H. Meyer auf der anderen Seite in *Chemie in unserer Zeit,* 1979, S. 43-50. Dort auch weitere Literaturhinweise.

9 Zitiert in *Chemie in unserer Zeit,* 1987, S. 153

10 Ebenda

11 Zitiert in *Chemie in unserer Zeit,* 1987, S. 154

12 Zitiert bei Holdermann, S. 231/232

13 Zitiert bei von Nagel, Methanol Treibstoffe, S. 48
Das Zitat ist Howards Buch *Buna Rubber, The Birth of an Industry* entnommen

14 Zitiert bei von Nagel, Methanol Treibstoffe, S. 49

15 Zitiert bei Plumpe, S. 262

16 Zitiert bei Holdermann, S. 246/247

17 Zitiert bei Flechtner, S. 371
Nach dem Young-Plan sollte das Reparationsproblem durch Herabsetzung der Zahlungsverpflichtungen und Begrenzung der Zahlungsdauer auf 59 Jahre gelöst werden. Der vorher gültige Dawes-Plan sah eine unbegrenzte Zahlungsdauer vor.

18 Zitiert bei Flechtner, S. 378
19 Zitiert bei Flechtner, S. 384
20 Ebenda
21 Zitiert bei Holdermann, S. 273 f.
22 Henry A. Turner, *Die Großunternehmer und der Aufstieg Hitlers*, Berlin, 1985. Titel der Orginalausgabe: *German Big Business and the Rise of Hitler*, Oxford, 1985. In dieser minutiös dokumentierten Untersuchung über die Finanzquellen der NSDAP belegt Turner, daß die Bewegung Hitlers im wesentlichen von der Gläubigkeit und Opferbereitschaft der eigenen Anhänger getragen wurde.
23 Turner, S. 304/305
24 Heidegger schrieb dem deutschen Volk eine besondere geschichtliche Rolle zu und leitete sie aus dem überragenden Vermögen der mit der griechischen engverwandten Sprache ab. Hitler erschien ihm als Vollstrecker der welthistorischen Mission des deutschen Volkes. In einem Aufruf an die Studenten am 3. März 1933 sagte er: „Der Führer selbst und allein *ist* die heutige und künftige deutsche Wirklichkeit und ihr Gesetz." Heidegger hat sich erst 1936 von der Bewegung des Nationalsozialismus gelöst.
25 Benn feierte den Nationalsozialismus als eine moderne Staatsidee, „die den unfruchtbar gewordenen marxistischen Gegensatz von Arbeitnehmer und Arbeitgeber auflösen will in eine höhere Gemeinsamkeit". Schon 1934, nach dem Röhm-Putsch, wandte sich Benn vom Nationalsozialismus ab.
26 Nach der Besetzung Norwegens durch die deutsche Wehrmacht rief Knut Hamsun seine Landsleute zum Kampf gegen den Bolschewismus und das Amerika des Franklin Roosevelt, des „Juden im jüdischen Solde", auf. Nach Hitlers Selbstmord verfaßte Hamsun einen Nekrolog auf ihn: „... Er war eine reformatorische Gestalt von höchstem Rang, und es war sein historisches Schicksal, in einer Zeit der beispiellosen Roheit wirken zu müssen, die ihn schließlich gefällt hat." (Zitiert nach *Der Spiegel*, 6/1991)
27 Im Punkt 4 des Programms der NSDAP, das insgesamt 25 Punkte umfaßte, heißt es: „Staatsbürger kann nur sein, wer Volksgenosse ist. Volksgenosse kann nur sein, wer deutschen Blutes ist, ohne Rücksichtnahme auf Konfession. Kein Jude kann daher Volksgenosse sein." Feder, S. 19

28 Auch die Führungskräfte der Wirtschaft forderten eine Revision des Versailler Vertrages, gerade während der Wirtschaftskrise, wie z. B. Bosch auf der Hauptversammlung der I.G. am 10. Mai 1932: „Nur die endgültige Liquidierung der Reparations- und Kriegslasten kann wieder die feste Basis schaffen, auf der Industrie, Handel und Landwirtschaft überhaupt beginnen können, wieder einen vernünftigen wirtschaftlichen Kreislauf aufzubauen."

29 Ohne Wirtschaftskrise hätte die NSDAP keine Chance gehabt. Das belegen die Wahlergebnisse. Von 6,5 Prozent im Jahr 1924 rutschte die Partei im wirtschaftlich guten Jahr 1928 auf 2,6 Prozent ab und stieg dann bis Juli 1932 auf 37,4 Prozent an. Es bestand also ein Zusammenhang zwischen Wirtschaftskrise und Nationalsozialismus. „Hitler hat die massenpsychologischen Möglichkeiten, die sich aus der wirtschaftlichen Krisensituation im Zusammenhang mit den nationalen Ressentiments gegen Versailles und der Unzufriedenheit mit dem ‚System' ergaben, meisterhaft auzunutzen verstanden." (Gebhardt, S. 183)

30 Hitler hob in seiner Rede den Hausbau und den Bau von Autobahnen hervor. Als zweiter Redner nach Hitler trat Bosch auf. Auszüge daraus bei Plumpe, S.699

31 Zitiert bei Holdermann, S. 278

32 Die in der Wirtschaft beschäftigten Juden hatten in Hjalmar Schacht, der von 1934 bis 1937 Reichswirtschaftsminister war, einen starken Rückhalt. Als er das Ministerium übernahm, ließ er sich von Hitler bestätigen, daß sich die Juden in der Wirtschaft genauso wie bisher betätigen könnten. Im Nürnberger Prozeß sagte er: „Auf wirtschaftlichem Gebiet habe ich allen Juden, die sich an mich wandten, zu ihrem Recht verholfen und habe mich in jedem einzelnen Fall, wo ich allerdings manchmal mit meinem Rücktritt drohen mußte, bei Hitler gegen die Gauleiter und Parteifunktionäre durchgesetzt." Zitiert bei Genschel, S. 106

33 Heine, S. 49

34 Holdermann, S. 281/282

35 Beyerchen, S. 70
Diese Einstellung Hitlers führte zu einem für Deutschland verhängnisvollem Aderlaß. Nach einer Schätzung von Edward Hartshorne sollen 1145 Wissenschaftler Deutschland verlassen haben, darunter die Nobelpreisträger Albert Einstein, Fritz Haber, Erwin Schrödinger und James Franck. Beyerchen, S. 71

36 Zitiert bei Holdermann, S. 287

37 Der Beitritt erfolgte in der Regel nach Aufforderung des für den Wohnsitz zuständigen Gauleiters. Krauch hat über seinen Parteieintritt in seinen Lebenserinnerungen folgendes angemerkt: „Einem Wunsch von Bosch folgend, habe ich mich nicht um eine Mitgliedschaft in der NSDAP bemüht. Mitte 1937 erschien in meiner Wohnung in Heidelberg ein Vertreter der dortigen Dienststelle und teilte mir mit, daß der Gauleiter Badens mich auf die Liste der in die Partei Aufzunehmenden gesetzt habe und ich nun Beitrag leisten müsse. Eine Mitgliedskarte habe ich nie erhalten."

38 Nachdem die jüdischen Aufsichtsratsmitglieder aus dem Unternehmen ausgeschieden waren, wurde der I. G. am 11. August 1938 von der Industrie- und Handelskammer für das Rhein-Mainische Wirtschaftsgebiet bescheinigt, daß sie ein „deutsches Unternehmen" sei.

39 Die I. G. befand sich in einer ähnlichen Situation wie 1914, als das Salpeterproblem gelöst werden mußte. Die Regierung verlangte in kürzester Zeit den Bau einer Großanlage, obwohl das Herstellungsverfahren noch gar nicht ausgearbeitet war. Auf der Kautschukkonferenz im Februar 1935 drängte Keppler die I. G. zum schnellen Handeln, denn „die Kautschuk-Fabrik sei ein Lieblingswerk des Führers, und er getraue sich nicht, vor ihn hinzutreten und zu sagen, daß die Großanlage nicht zustande käme." Zitiert nach Plumpe, S. 362

40 „Maßgeblich für Krauch war Boschs Einstellung, der durch sein Gespräch mit Göring bereits im Bilde war und Krauch empfahl, auf das Angebot Löbs einzugehen. Infolgedessen erklärte sich Krauch bereit, in Löbs Stab mitzuarbeiten. Da man zunächst davon ausging, daß es sich dabei nur um eine vorübergehende Beratertätigkeit handeln würde, behielt Krauch zunächst seine Funktionen in der I. G." Plumpe, S. 711

41 *Von Werk zu Werk,* Oktober 1936

42 *Anatomie des Krieges,* S. 144/145

43 Nach dem Krieg wurde immer wieder versucht, den Vierjahresplan als I. G.-Plan hinzustellen, z. B. von Borkin und insbesondere von Eichholtz. Aufgrund der fundierten Arbeiten Hayes und Plumpes ist diese These nicht haltbar.

44 Zitiert bei Birkenfeld, S. 38

45 Zitiert bei Birkenfeld, S. 73

46 „Der sachliche Gegensatz zwischen Schacht und Göring bestand vor allem darin, daß Schacht an einer klassischen Wirtschafts- und Währungspolitik mit starker Außenhandelsorientierung festhalten wollte, während Göring im Auftrage Hitlers aus machtpolitischen und weltanschaulichen Gründen eine möglichst weitgehende Autarkie anstrebte, was nach Schachts Ansicht zum Raubbau an der deutschen Wirtschaftskraft und zur Untergrabung der Währung führte." Genschel, S. 141

47 Zitiert bei Birkenfeld, S. 115

48 Zitiert bei Birkenfeld, S. 116

49 Zitiert bei Birkenfeld, S. 118

50 Plumpe, S. 738/739

51 Zitiert bei Birkenfeld, S. 140

52 Diese Leistungen wurden von einigen mit Deutschland im Wettbewerb stehenden Wirtschaftsmächten mißbilligt. In den Vereinigten Staaten erfuhren die Schüler aus dem Standard-Lehrbuch „Our World Today", warum die Deutsche Chemie andere Völker schädigt: „Was befähigte Deutschland, sich (nach dem Ersten Weltkrieg) so schnell zu erholen? Die Antwort findet man in den drei C's: Coal, Cartels and Chemistry (Kohle, Kartelle und Chemie). Die deutsche Nation besitzt die besten Chemiker. Den Mangel an Rohstoffen ersetzen sie durch die Fähigkeit, bestimmte Grundbestandteile, die sie aus einigen Produkten isolieren, zu neuen synthetischen Produkten zusammenzusetzen. Auf diese Weise machen sich die Deutschen unabhängig von anderen Völkern, die die Welt mit bestimmten Produkten versorgen. Eben erst hat der deutsche synthetische Kampfer das japanische Kampfermonopol gebrochen und schon bedroht das neue von den Deutschen synthetisch hergestellte Chinin das Monopol der Dutch East Indies. Schon früher zerstörte der deutsche synthetische Indigo das Indigomonopol der British Indian und der deutsche Synthesedünger ist dabei, die Vorherrschaft des Chilesalpeters in der ganzen Welt zu brechen. Auch unsere Holzgeist-Industrie wurde durch den deutschen synthetischen Alkohol, genannt Methanol, fast zerstört. Man erkennt also, daß der deutsche Forscher durch seine Arbeit im Labor nicht nur den Aufbau von Industrien im eigenen Lande fördert, sondern er beeinträchtigt auch das Wohlergehen der Völker in der ganzen Welt." Zitiert aus dem Lehrbuch von De Forest Stull und Roy W. Hatch: *Our World To-Day*, Copyright 1941 by Allyn and Bacon, S. 254

53 Als 1936 der Sohn des amerikanischen Präsidenten Franklin D. Roosevelt an einer schweren eitrigen Lymphknoten-Entzündung erkrankte, besorgte einer der Ärzte sich das aus der medizinischen Literatur bekannte Prontosil, das bereits in einigen amerikanischen Kliniken versuchsweise angewendet wurde. Der Patient konnte damit erfolgreich behandelt werden. *(Streifzug durch die Bayer-Geschichte, S. 59)*

54 Auszüge bei Holdermann, S. 299

55 Zitiert bei Beyerchen, S. 82

56 Zitiert bei Beyerchen, S. 84

57 Zitiert bei Flechtner, S. 405

58 Zitiert bei Beyerchen, S. 190

59 Zitiert bei Beyerchen, S. 174

60 Zitiert bei Beyerchen, S. 183/184

61 Zitiert bei Beyerchen, S. 186

62 Zitiert bei Beyerchen, S. 198

63 Zitiert bei Beyerchen, S. 202

64 Bosch hat den Gedanken der Übernationalität der Wissenschaft weit ins Dritte Reich hineingetragen. Darüber hinaus hat er auch die Technik aus ihrer nationalen Enge zu befreien versucht. Mehrere gemeinsame technische Entwicklungen mit Standard Oil und ICI beweisen dies.

65 Zitiert in *BASF-Information*, 5. Juli 1989 siehe auch Holdermann, S. 315

Kapitel 4

1 Zitiert bei Gebhardt, S. 227

2 Zitiert in *Chronik des 20. Jahrhunderts*, S. 506

3 Zitiert bei Gebhardt, S. 227

4 Vgl. Jaksch, *Europas Weg nach Potsdam*. Wenzel Jaksch, der Vorsitzende der deutschen Sozialdemokratie in der Tschechoslowakei, trat für einen Ausgleich zwischen Sudetendeutschen und Tschechen ein. Während des Krieges war er in London im Exil und versuchte die tschechische Exilregierung für seine Vorstellungen über eine Autonomie der sudetendeutschen Gebiete in

einer erneuerten Tschechoslowakei zu gewinnen. Jaksch ist Kronzeuge der tragischen Verwicklungen, die seit dem Zusammenbruch der Donaumonarchie die Deutschen und Tschechen einander entfremdeten.

5 Die große Arbeitslosigkeit unter den Deutschen hatte im wesentlichen zwei Gründe: Die tschechische Regierung förderte Industrieansiedlungen bevorzugt in tschechischen Wohngebieten und sie entließ, auch im deutschen Sprachgebiet, alle Deutschen aus dem Staatsdienst (Verwaltung, Post, Eisenbahn u.s.w.), die der tschechischen Sprache nicht mächtig waren. Durch diese und ähnliche Maßnahmen trieb man die Sudetendeutschen in Hitlers Arme, dem es eigentlich nur um die Zerschlagung der Tschechoslowakei ging.

6 Zitiert in *Anatomie des Krieges,* S. 190

7 Über die Beteiligung des Aussiger Vereins an internationalen Kartellen ausführlich bei Teichova, S. 150 f

8 Zitiert in *Anatomie des Krieges,* S. 191
Es ist bemerkenswert, wie deutlich und respektlos van Heyden die übermächtige Position der I. G. schildert.

9 Zitiert in Anatomie des Krieges, S. 201

10 Die im dritten Punkt des Programms der Nationalsozialistischen Deutschen Arbeiterpartei festgeschriebene Forderung nach Lebensraum war im 20. Jahrhundert keine Voraussetzung mehr für Einfluß und Macht. Die materielle Sicherung der Bevölkerung in einem Industriestaat basierte vielmehr auf Wissen, Können und wirtschaftlichem Erfolg und immer weniger auf der Größe eines Gebietes. Gerade Deutschland und Japan demonstrierten nach 1945 die Richtigkeit dieser These.

11 Zitiert in *Anatomie des Krieges,* S. 131

12 Zitiert in *Anatomie des Krieges,* S. 213/214

13 Siehe dazu Burckhardt, *Meine Danziger Mission*
Der Schweizer Historiker und Diplomat Carl Jakob Burckhardt war der letzte Hohe Kommissar des Völkerbundes für die Freie Stadt Danzig

14 Am gleichen Tag gab Premierminister Chamberlain vor dem britischen Unterhaus eine Erklärung ab, in der er betonte, daß Hitler die Welt ins Unglück gestürzt habe, um seinen „sinnlosen Ambitionen zu frönen". Er beschloß seine Rede mit den Worten: „Wir haben keinen Konflikt und keinen Kampf mit dem deutschen Volk, sondern nur mit seinen Machthabern. Solange diese

Regierung am Ruder ist und sich der Methoden bedient, die sie unaufhörlich in den letzten Jahren angewendet hat, gibt es keinen Frieden in Europa. Wir sind fest entschlossen, dazu beizutragen, daß diesen Methoden ein Ende gemacht werde. Wenn wir durch unseren Kampf das internationale Vertrauen und den Glauben ans Recht wiederherstellen können, wenn wir dadurch erreichen können, daß man der Gewaltanwendung entsagt, dann werden auch die größten Opfer, die wir vielleicht bringen müssen, nicht umsonst gebracht sein." Zitiert bei Schickel, S. 287

15 Zitiert in *Anatomie des Krieges,* S. 224

16 Die Chemische Industrie im Deutschen Reich in den Grenzen von 1938 hatte fast 600 000 Beschäftigte

17 Zitiert in *Anatomie des Krieges,* S. 226

18 Zitiert in *Anatomie des Krieges,* S. 227
Die I. G. überstellte Hermann Schwab, I. G.-Verkaufschef Farbstoffe für Osteuropa, und Bernhard Schoener, Technischer Direktor der I. G.-Wolfen, der Haupt-Treuhandstelle-Ost, die die beiden Manager als kommissarische Verwalter der Unternehmen Winnica, Boruta und Wola einsetzte.

19 Zitiert in *Anatomie des Krieges,* S. 225

20 Borkin, S. 85/86

21 Zitiert bei Borkin, S. 89

22 Zitiert bei Holdermann, S. 317

23 Zitiert bei Holdermann, S. 319

24 Ebenda

25 Zitiert in *Anatomie des Krieges,* S. 307

26 Detaillierte Informationen über Abkommen und Verträge der I. G. mit französischen Firmen bei Hayes, S. 278-290. Dort auch eingehende Informationen über das Vorgehen der I. G. in Norwegen und anderen europäischen Ländern.

27 Zitiert in *Anatomie des Krieges,* S. 277

28 Zitiert in *Anatomie des Krieges,* S. 276

29 Dieser Neuordnungsplan der I. G. wurde von einigen Autoren, vor allem von marxistisch geprägten, als Beweis dafür angesehen, daß die I. G. im Verein mit dem nationalsozialistischen Regime ihr Weltmonopol wieder aufrichten wollte. „Es handelte sich um einen ebenso aberwitzigen wie pedantisch-exakten

Generalplan der Konzernchefs für eine Neuordnung der Reichtümer der Welt, hier insbesondere der Profitquellen für die chemische Industrie, zugunsten der deutschen Imperialisten, zugunsten der Weltherrschaft des I. G.-Farben-Konzerns."
Eichholtz, *Kriegswirtschaft*, Bd.1, S. 172

30 Plumpe, S. 590/591

31 Das Schreiben der I. G.-Leverkusen vom 2. Februar 1943 an das Reichsarbeitsministerium zitiert bei Plumpe, S. 633

32 Herbert, *Fremdarbeiter*, S. 310

33 Plumpe, S. 631

34 Plumpe, S. 632

35 Zitiert bei Plumpe, S. 383

36 Plumpe, S. 381/382
Hayes kommt zu einer ähnlichen Aussage: „Farben's selection of Auschwitz may not have hinged on the presence of the concentration camp. The surviving records suggest that the regime's insistance on an eastern location and specific geographic assets won Ambros over before the possibility of employing inmates emerged." S. 350/351

37 Zitiert in *Anatomie des Krieges*, S. 324

38 Zitiert bei Schreiber, S. 123

39 Zitiert in *Anatomie des Krieges*, S. 401
Unter FFF-System verstand man Freiheit, Fressen, Frauen, d. h. Bewegungsfreiheit innerhalb einer Postenkette, Verpflegungszulagen für hohe Arbeitsleistungen, Bordellbesuch für gute Antreiberdienste der Kapos. Mit „Kapo" wurde ein Häftling bezeichnet, der als Aufsicht über andere Häftlinge eingesetzt wurde. Die aus jüdischen Häftlingen bestehenden Arbeitskommandos wurden in der Regel von deutschen Häftlingen, die wegen krimineller Straftaten verurteilt worden waren, beaufsichtigt.

40 Zitiert bei Schreiber, S. 137

41 Der Lagerarzt Friedrich Entress gab im Nürnberger Prozeß zu Protokoll, daß die I. G. bei einer Besprechung im Frühjahr 1943 darauf gedrungen hatte, „den Krankenbau in Monowitz möglichst klein zu halten, da die I. G. besonderen Wert darauf legte, möglichst viel arbeitsfähige Häftlinge in Monowitz zu haben."
Langbein, S. 507

42 „Sie kennen uns als diebisch, unzuverlässig, verdreckt, zerlumpt, ausgehungert und meinen, die Wirkung mit der Ursache verwechselnd, daß wir dieses Verworfensein verdient haben. Wer könnte unsere Gesichter unterscheiden? Wir sind für sie ‚Kazet', Neutrum und Einzahl. Das ist freilich für viele von ihnen kein Hinderungsgrund, uns bisweilen ein Stück Brot oder eine Kartoffel hinzuwerfen und uns nach der Ausgabe der Zivilsuppe auf dem Bau ihre Eßnäpfe zum Auskratzen zu geben, die wir ihnen dann gesäubert wieder abzuliefern haben. Sie lassen sich dazu herbei, um einen aufdringlichen, gierigen Blick loszuwerden, oder sie tun es in einer augenblicklichen Aufwallung von Menschlichkeit, oder sie wollen ganz einfach sehen, wie wir von allen Seiten herbeirennen und einander den Bissen streitig machen, tierisch und hemmungslos, bis ihn der Stärkste verschlingt und die anderen wie begossene Pudel hinkend das Weite sucht." Levi: *Ist das ein Mensch?*

43 Zitiert bei Langbein, S. 510

44 Zitiert in *Anatomie des Krieges,* S. 439

45 Langbein, S. 72/73
Zehn Tage bevor die Rote Armee Auschwitz einnahm, wurden die Konzentrationslager evakuiert. Einige Tausend kranke, nicht marschfähige Häftlinge blieben in den Lagern zurück; in Monowitz waren es 850. Einer von ihnen war Primo Levi.

46 1944 arbeiteten in der deutschen Kriegswirtschaft etwa 500 000 Konzentrationslagerhäftlinge, davon knapp 5000 in drei Werken der I. G. (Auschwitz, Wolfen-Film und München), das sind 1 %.

47 Zyklon B war der Handelsname für die von Diatomit (hartgebrannte Kieselgur) als Träger aufgenommene Blausäure. Das Gas wird aufgrund der besonderen Art des Trägers nur langsam freigesetzt. In den „Richtlinien für die Anwendung von Blausäure (Zyklon) zur Ungeziefervertilgung" wird darauf hingewiesen, daß die benötigte Zeit, bis das Produkt die Schädlinge vernichtet, von der Temperatur abhängt: von sechs Stunden bei warmem Wetter bis zu 32 Stunden bei kaltem Wetter. Die Dauer der Entlüftung wird mit mindestens 21 Stunden angegeben (Nürnberger Dokument NI-9912). Schon am 20. Juni 1922 wurde Zyklon B für die DEGESCH patentiert.

48 Über die Informationskanäle berichtet Hayes, S. 365: „IG's Martin Müller-Cunradi informed Georg von Schnitzler that Ambros and other I. G. directors knew of the murders, and Ernst Struss later claimed to have told Ambros and ter Meer of them in 1943, after talking with Dürrfeld. Carl Lautenschläger

heard of the killings from personnel at faraway Ludwigshafen, Auschwitz's parent plant."

49 Vgl. Hayes, S. 370 und Langbein, S. 393

50 Der Reichsführer SS Heinrich Himmler hat am 4. Oktober 1943 vor SS-Führern in Posen eine Rede gehalten, in der er darauf hinwies, daß die Vernichtungsaktion durchgestanden werden müsse, auch wenn jeder Deutsche „seinen anständigen Juden" vorweisen könne. Auszüge aus dieser Rede bei von Krockow, S. 263

51 Es lagen Pläne vor, neben den schon vorhandenen staatlichen Unternehmen (Hermann-Göring-Werke, Kontinental Öl, Kunstfaserwerke u. a.) weitere staatliche Unternehmen aufzubauen, um die wirtschaftliche Macht der I. G. zu schwächen. Darüber hinaus hatte Hitler gefordert, daß die Verantwortlichkeit für Erprobung und Herstellung der Kampfstoffe auf die SS übertragen werden solle. Speer überzeugte Hitler, daß die Entwicklung und Herstellung bei der I. G. bleiben müsse; der SS wurde nur die Erprobung der Kampfstoffe überlassen. In diesem Zusammenhang bedauerte Speer, daß man versäumt habe, rechtzeitig eine Konkurrenz zur I. G. aufzubauen. Vgl. auch Hayes, S. 371-373

52 „Die wirtschaftliche Entwicklung der Vereinigten Staaten von Amerika seit 1943". Bericht der Volkswirtschaftlichen Abteilung der I. G. vom 30. Mai 1944. Erwähnt sei hier auch der „Vierteljahresbericht zur Entwicklung der Wirtschaft in der Welt" vom 25. Mai 1944, ebenfalls von der Volkswirtschaftlichen Abteilung der I. G.

53 Über die Aktivitäten der Gauleiter s. Hayes, S. 370/371. Hinweise auf ihre Wirtschaftspläne bei Speer, S. 369: „Tatsächlich schien in der Vorstellung zahlreicher Parteifunktionäre eine Art Staatssozialismus immer mehr an Boden zu gewinnen. Bestrebungen, alle in Staatsbesitz befindlichen Werke auf die Gaue aufzuteilen und eigenen Gauunternehmen zuzuordnen, hatten bereits teilweise Erfolg gehabt."

54 Hayes, S. 376

55 Zitiert bei Wolf, S. 16

56 Zitiert bei Birkenfeld, S. 186

57 Hermann Göring, Reichsmarschall, Oberbefehlshaber der Luftwaffe, Beauftragter des Vierjahresplanes; Albert Speer, Reichsminister für Rüstung und Kriegsproduktion; Ehrhard

Milch, Generalfeldmarschall, Generalinspekteur der Luftwaffe und Generalflugzeugmeister, hatte als führendes Mitglied des Ausschusses für Zentrale Planung großen Anteil an der Umstellung der Industrie für die Kriegsproduktion; Hans Kehrl, Leiter des Rohstoff- und des Planungsamtes im Reichsministerium für Rüstung und Kriegsproduktion; Carl Krauch, Aufsichtsratsvorsitzender der I. G., Generalbevollmächtigter für Sonderfragen der Chemischen Erzeugung und Leiter der Reichsstelle für Wirtschaftsausbau, ab 1943 dem Reichswirtschaftsministerium für Rüstung und Kriegsproduktion unter Speer zugeordnet, Leiter der Reichsgruppe für Chemische Industrie; Paul Pleiger, Generaldirektor der Hermann-Göring-Werke, Aufsichtsratsvorsitzender der Sudetendeutschen Treibstoffwerke Brüx, Reichsbeauftragter für die Kohle; Heinrich Bütefisch, Vorstandsmitglied der I. G., Werksleiter von Leuna; Ernst R. Fischer, Abteilungsleiter II / Mineralölwirtschaft.

58 Birkenfeld, S. 186/187

59 Ebenda

60 Zitiert bei Birkenfeld, S. 191

61 Nun ging es Schlag auf Schlag. Nach der Eröffnung der Schlacht um Leuna am 12. Mai 1944 und der Invasion in Frankreich am 6. Juni begann am 22. Juni eine großangelegte Offensive der Roten Armee, die bald zu einem Verlust von fünfundzwanzig deutschen Divisionen führen sollte. Im Angesicht dieser sich anbahnenden militärischen Katastrophen versammelte Hitler am 26. Juni auf dem Berghof etwa hundert Vertreter der Rüstungsindustrie, die er durch Versprechungen anzuspornen versuchte: „Wenn dieser Krieg mit unserem Sieg entschieden ist, dann wird die Privatinitiative der deutschen Wirtschaft ihre größte Epoche erleben! ... Ich bin Ihnen dankbar, daß Sie es mir überhaupt ermöglichten, die (Kriegs-)Aufgaben zu erfüllen. Sie müssen aber als meinen höchsten Dank etwas entgegennehmen, nämlich das Versprechen, daß meine Dankbarkeit sich auch später immer wieder zeigen wird und daß keiner auftreten kann im deutschen Volk, der mir sagen kann, ich hätte mein Programm je verletzt." Zitiert bei Speer, S. 370.

62 Birkenfeld, S. 238 ff

63 Kehrl, S. 376

64 Zitiert bei Birkenfeld, S. 208

65 Zitiert bei Birkenfeld, S. 209

66 Zitiert in *Anatomie des Krieges*, S. 186 ff

67 Otto Hahn berichtete über einen besonders erfolgreichen Einsatz im Jahr 1917: „Die Isonzofront war erstarrt, sie sollte durch Gas wieder in Bewegung gebracht werden. ... In österreichischen Uniformen gingen wir, in Begleitung eines kroatischen und eines ungarischen Hauptmanns, die Fronten ab. Die Italiener saßen hier in einer so guten Position, daß sie mit normalen Mitteln nicht zu vertreiben gewesen wären. Nach dem Beschuß aus unseren Gaswerfern am 24. Oktober stießen die deutschen und österreichischen Truppen auf keine Gegenwehr. Der Vormarsch ging bis zur Save. Die Niederlage der Italiener wäre noch vollständiger gewesen, wenn nicht eilig herangeführte amerikanische und englische Truppen ausgeholfen hätten." Hahn, S. 126

68 Zitiert in *Anatomie des Krieges*, S. 202

69 Tabun und andere Nervengase, über die Luftwege und Schleimhäute aufgenommen, unterbinden die Wirksamkeit von Acetylcholinesterase. Die Vergiftung äußert sich in Lähmungen und Muskelkrämpfen und führt schließlich durch Atemlähmung zum Tode.

70 Biologische Waffen oder Kampfstoffe sind Viren, Bakterien, pathogene Pilze und Parasiten, oder deren Stoffwechselprodukte, die Menschen, aber auch Tiere und Pflanzen verseuchen oder vernichten können. Sie wirken entweder direkt auf den Menschen (durch Infektionskrankheiten wie Typhus, Cholera, Milzbrand, Pest, Pocken, Botulismus) oder indirekt, indem sie Tiere und Pflanzen befallen. Obwohl 1925 im Genfer Protokoll neben chemischen auch bakteriologische Kampfmittel verboten wurden, setzte in den dreißiger Jahren auf dem Gebiet der biologischen Kampfmittel eine intensive Forschung ein, zunächst in Japan, aber bald auch in Rußland und Großbritanien. Bei den Versuchen der Briten wurde die westlich von Schottland gelegene Insel Gruinard so stark verseucht, daß sie bis heute nicht betreten werden darf. Die USA begannen mit der Produktion biologischer Kampfmittel erst 1942; sie brauchten nur acht Monate, um einen Vorrat von 4,25 Millionen 1,8 Kilogramm schweren Milzbrandbomben aufzubauen. Es existierte auch ein Plan, diese Bomben auf sechs deutsche Großstädte abzuwerfen. Dafür ausgewählt waren Berlin, Hamburg, Wilhelmshaven, Aachen, Frankfurt und Stuttgart. (Harris/Paxman, S. 129/130)

71 Detaillierte Angaben über Vorbereitung und Durchführung des Attentats auf Reinhard Heydrich bei Harris/Paxman, S. 115-120

72 Zitiert in *DIE ZEIT,* Nr. 43, 20. Oktober 1989

73 Ambros' Behauptung war nicht richtig. Die Alliierten besaßen keine Nervengase wie Tabun oder Sarin. Vgl. Borkin, S. 122/123 und Hayes S. 375

74 England und die USA haben nicht nur mit dem Einsatz von B- und C-Waffen gedroht, sondern ihn auch ernsthaft erwogen. In einer geheimen Notiz Churchills an die General-Stabschefs vom 6. Juli 1944 heißt es: „... es kann einige Wochen oder Monate dauern, bis ich Sie bitten werde, Deutschland mit Giftgas zu durchtränken; und wenn wir es tun sollten, dann sollte es hundertprozentig sein...." Zitiert bei Harris/Paxman, S. 132

75 „Hitlers technischer Horizont schloß, ebenso wie sein Weltbild, seine Kunstauffassung und sein Lebensstil, mit dem Ersten Weltkrieg ab. Seine technischen Interessen waren einseitig auf die traditionellen Waffen des Heeres und der Marine ausgerichtet. Auf diesen Gebieten hatte er sich weitergebildet und seine Kenntnisse ständig vermehrt; hier schlug er des öfteren überzeugende und brauchbare Neuerungen vor. Jedoch hatte er wenig Sinn für Entwicklungen wie beispielsweise das Radarverfahren, die Konstruktion einer Atombombe, für Düsenjäger und Raketen." Speer, S. 246

76 Hahn, S. 154

77 Eine zusammenfassende Veröffentlichung über die Uranmaschine erschien im September 1939 in der Zeitschrift *Die Chemische Industrie* unter der Überschrift „Uranmaschine zur Kraftgewinnung aus Atomkernen". Der Artikel schließt mit der Bemerkung: „Vorerst ist eine solche Uranmaschine noch nicht gebaut. Immerhin zeigen aber die Überlegungen, die an die neuentdeckte Erscheinung einer Atomzertrümmerung anknüpfen, daß die Kernphysik bzw. Kernchemie im Jahre 1939 dabei ist, ein wissenschaftliches und technisches Neuland von unübersehbaren Möglichkeiten zu betreten."

78 Das Manhatten Project kostete 2 Milliarden Mark; für die Uranmaschine wurden nur 7,5 Millionen Mark ausgegeben.

79 Zitiert bei Beyerchen, S. 262-264

80 Hahn, S. 190

Kapitel 5

1 Über die Entlassung der Werksleitung im I. G.-Werk Hoechst berichtete Karl Winnacker: „Die Werksleitung wurde am 5. Juli in einen Sitzungssaal beordert. Der Eingang war von amerikanischen Wachposten flankiert. Der Saal war mit dem Sternenbanner geschmückt. In der Mitte saß ein amerikanischer Oberst. Als wir versammelt waren, erhob er sich und verlas ein Schriftstück: das Gesetz zur Sperre und Beaufsichtigung von Vermögen. In der Allgemeinen Vorschrift Nr. 2 zu diesem Gesetz Nr. 52 der Militärregierung hieß es: ‚Die gesamte Leitung der I. G. Farbenindustrie auch einschließlich des Aufsichtsrates, Vorstandes, des Direktoriums und sonstiger beamteter und nicht beamteter Personen, die allein oder in Gemeinschaft mit anderen ermächtigt sind, für die I. G. Farbenindustrie Verbindlichkeiten einzugehen oder für sie in deren Namen zu zeichnen, wird hiermit abgesetzt, aus ihren Stellungen entlassen und ihrer gesamten Befugnisse hinsichtlich der Gesellschaft oder deren Vermögen enthoben.' Die ganze Zeremonie dauerte nicht länger als zwanzig Minuten. Die Anordnungen traten sofort in Kraft. Die Militärregierung übernahm Leitung und Kontrolle der I. G. Farbenindustrie."
Winnacker, S. 137

2 John Gimbel: Sience, Technology and Reparations, Exploitation and Plunder in Postwar Gemany. *Stanford University Press,* Stanford 1990

3 Gimbel. S.61

4 Gimbel, S. 95

5 Gimbel, S. 174/175
Die Schatzsuche erstreckte sich nicht nur auf wissenschaftliche und industrielle Schätze, sondern auch auf Kunstschätze aller Art. Neben den von Truman und Eisenhower eingesetzten „Kunstschutzoffizieren", die die Kunstschätze offiziell sicherstellten, betätigten sich auch zahlreiche Soldaten und Offiziere, die auf eigene Faust Kunstwerke in „Gewahrsam" nahmen.

6 Auf der Konferenz in Jalta hatte Churchill vorgeschlagen, eine Liste der Hauptkriegsverbrecher aufzustellen, die sofort erschossen werden sollten, sobald man sie gefangengenommen hätte.

7 Das Gesetz erregte in Deutschland die Gemüter, da bisher eine Tat nur dann bestraft werden konnte, wenn Strafbarkeit und Strafe gesetzlich bestimmt waren, bevor die Tat begangen wurde. Der alte Grundsatz im Strafrecht, nulla poena sine lege (keine

Strafe ohne Gesetz), wurde in Nürnberg außer Kraft gesetzt. Vgl. Knieriem, S. 11-36

8 Heintzeler, S. 86

9 Zitiert in *DIE ZEIT,* Nr. 23, 1. Juni 1990

10 Zitiert bei Borkin, S. 129

11 Zitiert bei Borkin, S. 128

12 Zitiert bei Borkin, S. 129

13 Heintzeler, S. 90/91

14 Zitiert bei Borkin, S. 130

15 *Das Urteil,* S. 37

16 Zitiert bei Borkin, S. 137

17 *Das Urteil,* S. 127

18 *Das Urteil,* S. 116. Weiter heißt es da: „Es ist sogar glaubhaft bewiesen, daß Hitler die Gelegenheit, an einer führenden Persönlichkeit der I. G. ein Exempel zu statuieren, freudig begrüßt hätte."

19 *Das Urteil,* S. 108

20 *Das Urteil,* S. 112

21 *Der Deutsche Imperialismus,* S. 227. Vgl. auch Knieriem, S. 540/541

22 Knieriem, S. 543. August von Knieriem, von 1932 bis 1945 Mitglied des Vorstandes und Chefjurist der I. G. Farbenindustrie AG, beschäftigte sich vor allem mit Gesellschaftsrecht, Patentrecht und Kartellrecht. 1948 in Nürnberg in allen Anklagepunkten für nicht schuldig befunden, freigesprochen und entlassen. 1950 Berater beim Wiederaufbau der BASF. 1955 Aufsichtsratsvorsitzender der I. G. Farbenindustrie AG i. L.

23 Zitiert bei Borkin, S. 136

24 Ebenda

25 „Die französische Seite empfand diese Explosion, bei der auch drei Angehörige der Administration ums Leben kamen, als eine ernste Warnung. Es kam hinzu, daß die französische Administration wenige Tage vor der Explosion einen folgenschweren Fehler begangen hatte, indem sie aus Gründen der Ergebnisverbesserung die Gebäudebrandversicherung auf achtzig Prozent reduzierte, was nach der Explosion einen Ausfall an Versiche-

rungsleistungen in Höhe von ca. 24 Mio DM (nicht RM) für das Werk bedeutete. So hat die Explosion mittelbar dazu beigetragen, daß die deutsche Position im Werk allmählich stärker wurde." Heintzeler, S. 107

26 In den ersten drei Friedensjahren, in denen man in Nürnberg der Welt Gerechtigkeit vorführte, erreigneten sich Verbrechen, die, weil an den Besiegten begangen, nie gesühnt werden mußten. Aus den von Polen und Rußland annektierten deutschen Ostgebieten, aus Polen, der Tschechoslowakei und aus Jugoslawien wurden 15 Millionen Deutsche vertrieben; dabei sind 2,4 Millionen umgekommen. In den Lagern in Rußland starben fast 2 Millionen deutsche Gefangene, und in den amerikanischen Kriegsgefangenenlagern auf den Rheinwiesen ließ man Hunderttausende verhungern.

27 Heintzeler, S. 96

28 Heintzeler, S. 111/112

29 Zitiert bei Reichelt, S. 86. Dort auch detaillierte Angaben über die Abwicklung und das Ergebnis der Entflechtung.

30 Heintzeler, S. 118

31 „Er war nicht eine der Zentralfiguren des Prozesses, da er ja nur unter dem Gesichtspunkt der Gesamtverantwortung des Vorstandes angeklagt wurde. Aber er war vorbildlich in Haltung und Würde – von allen Verteidigern anerkannt – und eine der bedeutendsten Persönlichkeiten unter den Angeklagten des I. G.-Prozesses." Heintzeler, S. 105

32 Zitiert bei Borkin, S. 146

33 Einzelheiten über die Entwicklungsgeschichte von Hüls bei Kränzlein

Kapitel 6

1 Das Hoechster HTP-Verfahren war von 1960 bis 1975 in Betrieb; eine Anlage nach dem BASF-Tauchflammenverfahren war einige Jahre bei der Firma SISAS in Italien in Betrieb, in der BASF selbst wurde dieses Verfahren großtechnisch nicht angewandt.

2 „Viele junge Chemiker und Ingenieure haben sich an dieser Erdölspaltanlage, der ersten großen Entwicklungsarbeit in Hoechst, ihre Sporen verdient. In gemeinsamer Anstrengung wurden die Kinderkrankheiten beseitigt, und alle Beteiligten hatten zum

ersten Mal wieder das Gefühl, etwas weitgehend Neues geschaffen zu haben." Winnacker, S. 241

3 Die Entwicklung auf dem weiten Feld der Kunststoffdispersionen, Kunststofflösungen und Kunstharzen wird hier nicht dargelegt.

4 Presseinformation Nr. 22/72 des Bundeskartellamtes vom 4. April 1972

5 Zitiert bei Bäumler, S. 307

6 Infolge der zunehmenden Schwierigkeiten durch Schaumbildung in Kläranlagen und Flüssen wurde 1961 ein Detergentiengesetz erlassen, das 1964 in Kraft trat. Es schreibt für die Aniontenside in Haushaltswaschmitteln vor, daß mindestens 80 Prozent biologisch abgebaut werden müssen.

7 Wurster, S. 41

8 Die erste brauchbare Druckplatte nach diesem Prinzip wurde von der Firma Du Pont entwickelt, die jedoch keine Lizenzen vergab. Um patentfrei zu sein, mußte die BASF die Komponenten der Kunststoffschicht entsprechend abändern.

9 Die Raffineriekapazität in der Bundesrepublik Deutschland erreichte 1975 den Höchstwert von 154 Millionen Tonnen (Destillationskapazität). Die drastische Ölpreiserhöhung durch die OPEC in der Zeit der weltweiten Wirtschaftskrise 1973/74 führte zu nachhaltigen Einsparungen beim Erdölverbrauch. Da die Erdölraffinerien nur noch zur Hälfte ausgelastet waren, mußten Kapazitäten abgebaut bzw. ganze Raffinerien stillgelegt werden. 1986 betrug die Raffineriekapazität in Westdeutschland 85 Millionen Tonnen. Dieser radikale Kapazitätsabbau („Raffineriesterben") wurde auch in anderen westeuropäischen Ländern vorgenommen.

10 Winnacker, S. 307

11 Die Unterzeichner der Göttinger Erklärung, zu denen die Nobelpreisträger Born, Hahn, Heisenberg und von Laue gehörten, erklärten für ihre Person, daß sie nicht bereit seien, sich an der Herstellung, Erprobung und dem Einsatz von Atomwaffen jeder Art in irgendeiner Weise zu beteiligen. Treibende politische Kraft dieser Gruppe war Carl Friedrich von Weizsäcker.

12 Zitiert bei Schreiber, S. 192

13 Winnacker, S. 327

14 Zitiert bei Räuschel, S. 240

15 *Mannheimer Morgen,* 24./25. November 1973

16 *Chemische Industrie,* Düsseldorf, Dezember 1973, S. 777

17 *Bundesanzeiger,* Köln, 28. Juni 1974, S. 2

18 Zitiert bei Räuschel, S. 241

19 Warenumschlag in einigen Seehäfen 1974 in Millionen Tonnen: Rotterdam 280, Amsterdam 189, Antwerpen 104, Hamburg 52, Bremen 26.

20 Die I. G. Farbenindustrie Aktiengesellschaft und ihre Nachfolgegesellschaften. Sonderdruck aus: *Handbuch der deutschen Aktiengesellschaften,* Jg. 1952/53, Darmstadt 1953, S. 5

21 Wurster, Carl: *Entwicklungslinien der chemischen Industrie.* In: Beilage zu *Der Volkswirt,* Nr. 14/1954

22 Wurster, S. 6

23 Wurster, S. 7

24 Mößbauer, Rudolf L., in Maier-Leibnitz, S. 306

25 Seit 1988 läuft in Nordrhein-Westfalen ein langfristiger Methadon-Versuch, an dem etwa 200 Rauschgiftsüchtige teilnehmen. Die bisherigen Ergebnisse seien „ermutigend", sagte im April 1991 der Gesundheitsminister Hermann Heinemann.

26 Handelsblatt, Düsseldorf, 9. Januar 1970

Kapitel 7

1 VCI-Schriftenreihe *Chemie + Fortschritt,* Heft 3/1975 und Heft 1/1981

2 Zitiert in *Westdeutsche Allgemeine Zeitung,* Essen, 2. Juni 1977

3 *Handelsblatt,* Düsseldorf, 28. Dezember 1977

4 *Handelsblatt,* Düsseldorf, 18. Juli 1978

5 Asinger, Friedrich: *Perspektiven der künftigen Energiesituation und der Rohstoffversorgung für die chemische Industrie;* Sonderdruck eines Vortrags, gehalten am 30. Mai 1979 in Ludwigshafen, S. 11

6 Ebenda, S. 14

7 *Industriemagazin,* Juni 1982, S. 22

8 *Industriemagazin,* Juni 1982, S. 23

9 Ebenda

10 VCI-Schriftenreihe *Chemie + Fortschritt,* Heft 1/1982

11 Schreiber, S. 231, 238 und 241

12 Koch/Vahrenholt, S. 13

13 Ebenda

14 Bezeichnend für den Stimmungsumschwung in den siebziger Jahren ist das Ergebnis einer Befragung weiblicher Bundesbürger, welchen Beruf ihr Traummann haben solle. 1968 stand an erster Stelle der Atomphysiker, 1979 der Förster.

15 *Chemie in unserer Zeit,* Weinheim, Juni 1983, S. 69-76

16 Über den Seveso-Unfall und seine Folgen gibt es zahlreiche Darstellungen und Untersuchungen. Auf drei sei hier hingewiesen: Der Seveso-Unfall, Nachr. Chem. Techn. Lab. 30 (1982) Nr. 5 S. 367-371
Mackwitz/Köszegi, S. 175-179; dort auch genaue Einzelheiten über die Odyssee der Dioxin-Fässer.
Fakten zur Chemie-Diskussion, Nr. 24, Herausgeber: Bundesarbeitgeberverband Chemie e. V. (Wiesbaden) und Verband der Chemischen Industrie e. V. (Frankfurt), September 1984

17 *International Archives of Occupational and Environmental Health,* 1990, S. 139. Siehe auch *BASF information,* Nr. 22, 20. Dezember 1989, S. 2

18 *Bild der Wissenschaft,* Stuttgart, September 1990, S. 150-152. Über den Sanierungsvertrag mit der Stadt Hamburg: *Frankfurter Allgemeine Zeitung,* Frankfurt, 25. September 1990

19 *Bild der Wissenschaft,* Stuttgart, Juni 1990, S. 110-112

20 *DIE ZEIT,* Hamburg, Nr. 36, 30. August 1991

21 Schon 1989 kam Christian Schlatter von der ETH Zürich nach eingehenden Untersuchungen zu dem Schluß, daß „die chlorierten Dioxine beim Menschen ein wesentlich höheres Akkumulationspotential haben als aufgrund von tierexperimentellen Ergebnissen angenommen werden könnte". (*Europa Chemie,* 25/1989, S. 394)
Die frühere Annahme, Dioxin sei ein potenter Krebserreger, wurde in der Zwischenzeit von mehreren amerikanischen Forschungsgruppen widergelegt. So konnte in einer sehr umfassenden Fallkontrollstudie mit über 116 748 Personaljahren bei 5172 Arbeitern in zwölf dioxinbelasteten Unternehmen nicht der Nachweis erbracht werden, daß das als kanzerogen eingestufte

Dioxin mit einer erhöhten Krebssterblichkeit belastet ist. (*New England Journal of Medicine*, Bd. 324, 14. Februar 1991) Das Ergebnis einer anderen Untersuchung wurde in *Chemical and Engineering News* vom 12. August 1991 dargelegt: Dioxin wirkt ähnlich wie ein Hormon auf indirektem Wege als Tumorpromotor. Alkohol ist beispielsweise ein Tumorpromotor, auch er fördert Mißbildungen. Würde man den DTA-Grenzwert für Alkohol ebenso streng bemessen wie den für Dioxin, „so dürfte man nur alle zwölf Jahre ein Bier trinken". Auch in Deutschland beginnen führende Forscher das Gefahrenbild des Dioxins zu korrigieren. Helmut Greim und Heidrun Sterzl von der Gesellschaft für Strahlen- und Umweltforschung sind der Meinung, daß „die Gesundheitsgefährlichkeit der Dibenzodioxine und Dibenzofurane sehr wahrscheinlich erheblich überschätzt wurde". (*DIE ZEIT,* Nr. 36, 30. August 1991)

22 Dietrich Henschler, Hans-Günther Neumann (beide Würzburg), Lars Ehrenberg (Stockholm) und Werner K. Lutz (Zürich) fanden folgende prozentuale Aufteilung auf die einzelnen Krebsverursacher: Nahrung 35, Tabak 30, Sexualverhalten 7, Beruf 4, Alkohol 3, Luft- und Wasserverunreinigung 2, Sonnenlicht UV 1,5, Natürliche Strahlenbelastung 1,5, Medikamente 1, Nahrungsmittelzusätze 1, Medizinische Strahlenbelastung 0,5 und Kernkraftwerke (Normalbetrieb) 0,0001. *DIE ZEIT,* Nr. 38, 12. September 1991

23 *Chemical and Engineering News,* 3. September 1990, S. 6
Science, Bd. 249, S. 970
DIE ZEIT, Hamburg, Nr. 40, 28. September 1990

24 BASF Broschüre *Werk und Umwelt,* 1972, S. 37

25 Bei Luftmangel ($\lambda < 1$) liegt unvollständige Verbrennung vor (hohe CO und HC Emission), bei optimaler Luftmenge ($\lambda = 1$) ist die Emission von CO und HC gering, die von NO_x hoch, bei Luftüberschuß ($\lambda > 1$) enthält das Abgas Sauerstoff und NO_x. Bei geregeltem Katalysator wird der Motor bei genau ($\lambda = 1$) betrieben, die Einstellung erfolgt mit Hilfe der Lambda-Sonde.

26 *Chemische Industrie,* 10/1977, 100. Jahrgang (Jubiläumsband aus Anlaß des 100jährigen Bestehens des Verbandes der Chemischen Industrie)

27 Vortrag vor dem Verein Österreichischer Chemiker und der Gesellschaft für Chemiewirtschaft, abgedruckt in *Die BASF,* Oktober 1974, S. 51-58

28 Festvortrag am dies academicus der Universität Fribourg, Schweiz, abgedruckt in *Die BASF,* Oktober 1975, S. 47-56

29 Der Verband der Chemischen Industrie e. V. dient der „Wahrnehmung und Förderung der allgemeinen, ideellen und wirtschaftlichen Interessen der chemischen Industrie." Zu den Serviceleistungen gegenüber den Mitgliedern gehören: Informationen, Publikationen (VCI-Jahresberichte, Chemiewirtschaft in Zahlen, Chemie + Fortschritt, Chemische Industrie, Europa-Chemie), Dokumentationen, Schulungen und Tagungen. Ein wesentlicher Anteil der Arbeit des VCI wird von den Ausschüssen und Arbeitskreisen in Zusammenarbeit mit der Geschäftsstelle und den Fachverbänden und Fachvereinigungen geleistet.

30 Matthias Seefelder, zitiert in *Chemische Industrie,* 11/1978, S. 610

31 *Chemische Industrie,* 8/1981, S. A 388

32 *Chemie + Fortschritt,* VCI Schriftenreihe, 2/1983, S. 30

33 Aus dem Interview Prof. Dr. Seefelder / Herr Bernhard, SDR, gesendet am 23. Mai 1983

Kapitel 8

1 *Chemie + Fortschritt,* VCI Schriftenreihe, 2/1983, S. 23

2 *Frankfurter Allgemeine Zeitung,* 13. November 1989

3 *Chemische Industrie,* Düsseldorf, 1/1990, S. 8

4 *Handelsblatt,* Düsseldorf, 26. Juli 1989

5 *Financial Times,* London, 18. Dezember 1989

6 *Hoechst Presse-Information,* 125 Jahre Hoechst, Wissenschaftliches Symposium, 19./20. Mai 1988, S. 9

7 Zitiert in *Jahrbuch Chemiewirtschaft* 1991, S. 44

8 Ab 1. 12. 1991 müssen Erzeuger und Vertreiber Transportverpackungen zurücknehmen und verwerten. Ab 1. 4. 1992 hat der Käufer das Recht, Umverpackungen im Laden zurückzulassen. Ab 1. 1. 1993 muß der Handel gebrauchte Verkaufspackungen im Laden oder in dessen unmittelbarer Nähe zurücknehmen. Die zurückgenommenen Verpackungen sind zu verwerten.

9 *BASF information,* Nr. 12, 4. Juli 1990

10 *Chemische Rundschau,* Solothurn, 20. September 1989

11 Für die Aufklärung der Ordnung in Flüssigkristallen erhielt der französische Physiker Pierre-Gilles de Gennes den Nobelpreis für Physik 1991.

12 *Frankfurter Allgemeine Zeitung,* 22. März 1991

13 *Frankfurter Allgemeine Zeitung,* 25. Juli 1990

14 Im Jahr 1989 betrugen die Kosten der von den Ärzten verschriebenen Arzneimittel in der Bundesrepublik Deutschland 20,7 Milliarden Mark. Die zehn am häufigsten verordneten Arzneimittel-Gruppen an die Versicherten der Gesetzlichen Krankenversicherung waren (Umsatz in Millionen Mark): Magen- und Darmmittel (1482), Schmerzmittel (1455), Blutdrucksenker (1234), Beta-Blocker (1227), Durchblutungsmittel (1195), Psychopharmaka (1045), Bronchienmittel (923), Hustenmittel (817), Herzmittel (759) und Antibiotika (693). Entnommen aus *DIE ZEIT,* Nr. 41, 5. Oktober 1990

15 Die Begründung lautete: „Solange der Gesetzgeber die Nutzung der Gentechnologie nicht ausdrücklich zuläßt – bisher liegen lediglich Gesetzentwürfe vor – dürfen gentechnische Anlagen, unabhängig von der Bewertung ihrer Gefährlichkeit im Einzelfall, nicht errichtet und betrieben werden."

16 DIE GRÜNEN im Bundestag, Pressedienst, Pressemitteilung Nr. 669/88, vom 13. Juli 1988

17 *Europa Chemie,* 34/1989, S. 557

18 *Hoechst Presse-Information,* 125 Jahre Hoechst, Wissenschaftliches Symposium, 19./20. Mai 1988, S. 10. In der gleichen Broschüre der Festvortrag von Franz E. Weinert: Der Laie als Chemieexperte. Darin zeigt er die Gründe für die skeptische Haltung der Bürger gegenüber der Chemie auf.

19 Die Europa-Ausgabe des *Wall Street Journal* berichtete darüber am 31. August 1989 unter dem Titel „Biotech Battle" wie folgt: „... In der Stadt (Ludwigshafen) wurde zum Angriff gegen dieses Vorhaben geblasen. Grüne und Kommunisten vereinigten sich. ... Flugblätter warnten vor ‚entsetzlichen Folgen für Mensch und Natur', falls mutierte Bakterien aus der Anlage entweichen sollten. ... Die BASF, oft geheimnistuerisch und hochmütig, legte in ihrem Antrag auf Genehmigung des Verfahrens wenig offen – nicht einmal den Namen des Produktes, noch viel weniger detaillierte Angaben zur Betriebssicherheit. Grüne Rechtsanwälte aus Frankfurt stürzten sich auf diesen Fall. Sie stellten juristische Mängel und Informationslücken fest, und die Anhörung endete in einem Durcheinander. ..."

20 Der starke Anstieg der Ausgaben im Gesundheitswesen wurde u. a. verursacht durch die Zunahme des Anteils der älteren Bevölkerungsgruppen, den zunehmenden Einsatz medizinisch-technischer Anlagen bei Diagnose und Therapie, die vermehrte Nachfrage nach Gesundheitsleistungen, einen unwirtschaftlichen Krankenhausbetrieb und die steigenden Arzneimittelpreise.

21 In den USA hat man ein ganz anderes Verhältnis zur Konkurenz: „Für sie (die US-Firmen) ist ein harter, notfalls sogar unerbittlicher Wettbewerb, die selbstverständlichste Sache der Welt, keine Ursache, dem anderen, der einem eine wirtschaftliche Auseinandersetzung auf Tod und Leben liefert, gram zu sein." Winnacker, S. 230

22 *Wirtschaftswoche* Nr. 9, 23. Februar 1990, S. 144-146

23 *Die Welt*, Hamburg, 27. Juni 1989

24 *Welt am Sonntag*, Hamburg, 25. August 1988

25 Ebenda

26 *VAA Nachrichten*, Zeitung für Führungskräfte in der Chemischen Industrie, Essen, Nr. 7, Juli 1990

27 Ebenda, Nr. 11, November 1990

28 *BASF Orientierung*, Nr. 62, 10. Dezember 1984

29 *Chemische Industrie*, 12/1986, S. 1109/1110

30 Das Chemikaliengesetz (Bundesgesetz zum Schutz vor gefährlichen Stoffen vom 16. September 1980) ist ein Rahmengesetz, das nur allgemeine Regelungen enthält. Spezielle Ausführungsbestimmungen sind in ergänzenden Verordnungen erlassen: Verordnung über die Gefährlichkeitsmerkmale von Stoffen und Zubereitungen, Verordnung über Anmeldeunterlagen und Prüfnachweise, Verordnung über gefährliche Stoffe.

31 *Basler Zeitung*, 23. Januar 1990

32 Forschungsbeirat Waldschäden/Luftverunreinigungen, Dritter Bericht. KfA Jülich, Karlsruhe, 1989

33 *Bild der Wissenschaft*, Stuttgart, September 1990, S. 124

34 In den USA verabschiedete der Senat ein Gesetz, das schwere Strafen für ausländische Hersteller oder Lieferanten biologischer oder chemischer Waffen vorsieht, wenn durch ihre Produkte amerikanische Bürger verwundet oder getötet werden.

35 *Europa Chemie*, 29/1989, S. 457

Anhang

Die Entstehung der I.G. Farbenindustrie AG

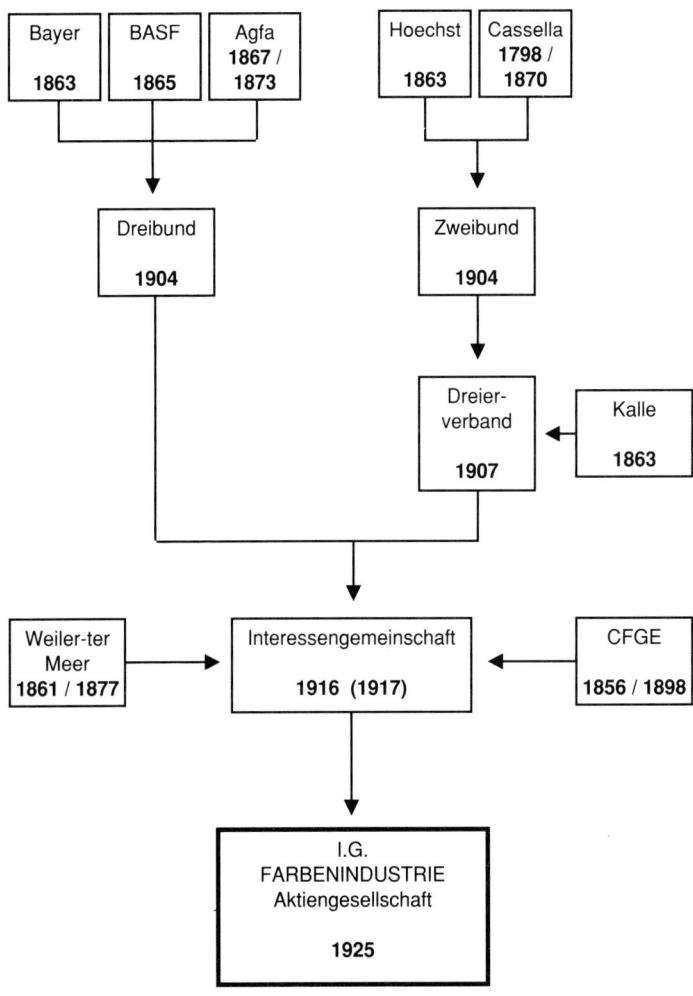

Basischemikalien aus Erdöl und Kohle

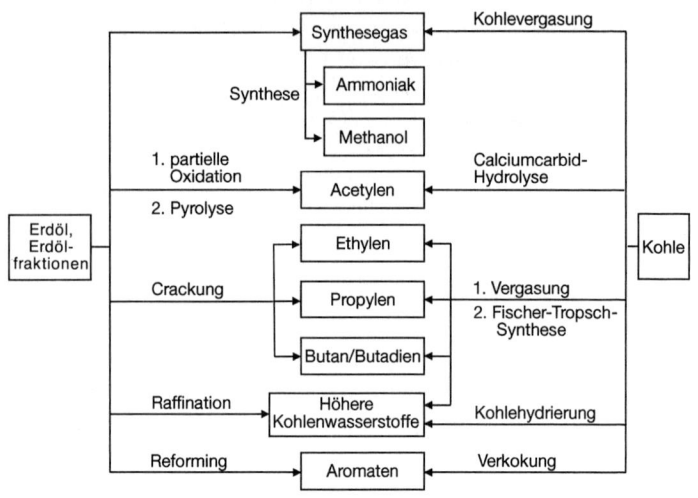

Raffinerie und Chemiewerk

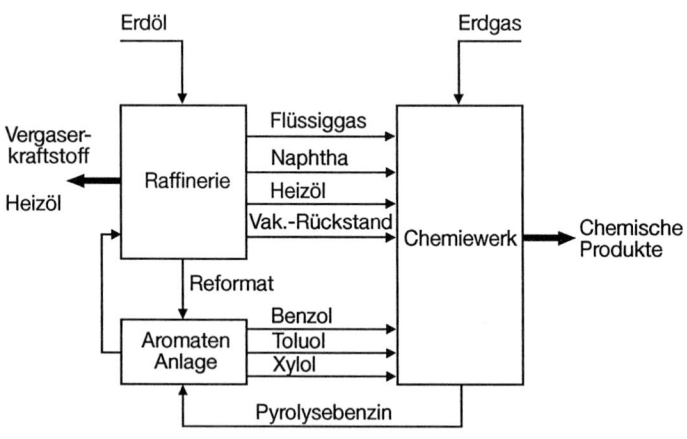

Die Veränderung der Umsatzstruktur der deutschen Großchemie

1913	Interessengemeinschaft
1929, 1943	I. G. Farbenindustrie AG
1974, 1989	BASF, Bayer, Hoechst (weltweit)

Arbeitsgebiet	Anteile (in Prozent vom Umsatz)				
	1913	1929	1943	1974	1989
Farbstoffe, Lacke	63	28	11	14	13
Chemikalien	26	18	25	19	17
Pharma	6	5	9	9	13
Stickstoff, Agrochemikalien	–	29	3	12	9
Foto, Repro-Technik	3	7	6	4	8
Fasern	–	4	7	8	8
Kunststoffe	–	–	4	20	19
Kautschuk	–	–	9	3	2
Mineralöl	–	1	11	4	4
Metalle	–	1	8	1	1
Sonstige	2	7	7	6	6
Umsatz (Mrd. Mark)	0,6	1,5	3,2	59	137
davon Inland (%)	25	47	85	40	25
Ausland (%)	75	53	15	60	75
Gewinn n. St. (Mrd. Mark)	0,03	0,1	0,3	3	6
Anlagevermögen (Mrd. Mark)	0,23	0,9	1,4	15	42
Mitarbeiter (in Tausend)	40	110	187	459	476

Die größten Chemieunternehmen in Deutschland (West), 1990
Umsatz in Milliarden DM

1. BASF	46,623
2. Hoechst	44,862
3. Bayer	41,643
4. Henkel	12,017
5. Hüls	10,206
6. Schering	5,923
7. Degussa (nur Chemie)	5,813
8. Boehringer Ingelheim	4,830
9. Rütgers	4,798
10. Akzo (Enka)	4,305
11. Freudenberg	4,273
12. Solvay Deutschland	4,185
13. Procter & Gamble Deutschland	4,094
14. Beiersdorf	3,953
15. E. Merck	3,563
16. Wacker	3,241
17. Benckiser	3,220
18. DOW Deutschland-Gruppe	3,200
19. Deutsche Shell Chemie	3,100
20. Deutsche ICI	2,993

Die größten europäischen Chemieunternehmen 1990
Umsatz in Milliarden DM

1. BASF	D	46,623	
2. Hoechst	D	44,862	
3. Bayer	D	41,643	
4. ICI	GB	37,131	
5. Rhone Poulenc	F	23,388	
6. Ciba Geigy	CH	22,954	
7. Enimont	I	19,942[1]	
8. Shell (nur Chemie)	NL	18,759[1]	
9. Akzo	NL	15,307	
10. Sandoz	CH	14,408	
11. Solvay	B	12,346	
12. Henkel	D	12,017	
13. Hoffmann-La Roche	CH	11,266	
14. Hüls	D	10,206	
15. DSM	NL	9,100	

[1] Umsatz 1989

Chemieumsatz in ausgewählten Ländern 1990

	Mrd. DM	%	
EG	607,0	30,6	
davon Deutschland	162,5		8,2
Frankreich	103,8		5,2
Großbritannien	81,8		4,1
Italien	83,4		4,2
Übrige EG-Staaten	166,2		8,9
USA	461,6	23,2	
Japan	263,9	13,3	
Übrige Staaten	654,8	32,9	
Welt	1988,0	100,0	

Die größten Chemieunternehmen weltweit 1989

Firma	Land	Umsatz Mrd. $	Änderung geg. Vorj. %	Spezialitäten : Commodities[1]
1. BASF	D	28,2	+ 9	35 : 65
2. Hoechst	D	27,2	+ 12	50 : 50
3. Bayer	D	25,6	+ 7	60 : 40
4. Du Pont (Chemie)	USA	21,4	+ 9	40 : 60
5. ICI	GB	21,2	+ 12	40 : 60
6. Dow	USA	17,6	+ 6	30 : 70
7. Ciba Geigy	CH	13,4	+ 17	85 : 15
8. Rhone Poulenc	F	12,6	+ 12	55 : 45
9. Enimont	I	11,8	–	40 : 60
10. Shell (Chemie)	NL / GB	11,1	+ 6	10 : 90

[1] In Anlehnung an eine Veröffentlichung in *Financial Times*, London, 14. November 1989

Entwicklung der Chemieumsätze ausgewählter Länder (Mrd. DM)

	1982	1990	Zunahme (%)
Bundesrepublik Deutschland	117	162	38
Frankreich	74	104	40
Großbritannien	69	90	30
Italien	55	82	49
USA	410	462	13
Japan	178	264	48

Umsatz und Ergebnis von BASF, Hoechst und Bayer 1990
(Entnommen aus den Geschäftsberichten)

BASF
Umsatz nach Arbeitsgebieten

	Umsatz Mio DM	%	Ergebnis* Mio DM	%
Rohstoffe und Energie	6 973	15		
Chemikalien	8 653	19		
Produkte für die Landwirtschaft	5 005	11		
Kunststoffe	8 162	17		
Farbstoffe u. Veredlungsprodukte	8 182	17		
Verbraucherprodukte	9 648	21		
	46 623	100		
Gewinn vor Ertragssteuern			2 747	

* Keine Angaben im Geschäftsbericht

Hoechst
Umsatz und Betriebsergebnis nach Geschäftsfeldern

	Umsatz Mio DM	%	Ergebnis Mio DM	%
Chemikalien und Farben	10 658	24	730	13
Fasern und Folien	7 911	17	489	15
Polymere	7 657	17	606	19
Gesundheit	9 333	21	934	29
Technik	6 687	15	246	8
Landwirtschaft	2 616	6	172	6
	44 862	100	3 177	100
Gewinn vor Ertragssteuern			3 215	

Bayer
Umsatz und Ergebnis der betrieblichen Tätigkeit nach Sektoren

	Umsatz Mio DM	%	Ergebnis Mio DM	%
Polymere	7 239	17	130	4
Organica	5 837	14	324	9
Industrieprodukte	8 134	20	744	21
Gesundheit	8 007	19	1 561	44
Landwirtschaft	5 215	13	403	11
Informationstechnik	7 211	17	390	11
	41 643	100	3 552	100
Gewinn vor Ertragssteuern			3 366	

Umsatz und Ergebnis von BASF, Hoechst und Bayer 1991
(Entnommen aus den Geschäftsberichten)

BASF
Umsatz und Ergebnis der Betriebstätigkeit nach
Arbeitsgebieten

	Umsatz Mio DM	%	Ergebnis Mio DM
Öl und Gas	6 715	14	307
Produkte für die Landwirtschaft	5 157	11	127
Kunststoffe und Fasern	9 564	21	−52
Chemikalien	6 991	15	1 030
Farbstoffe u. Veredlungsprodukte	8 020	17	690
Verbraucherprodukte	9 185	20	−345
Sonstige	994	2	423
	46 626	100	2 180
Gewinn vor Ertragssteuern			2 110

Hoechst
Umsatz und Betriebsergebnis nach Geschäftsfeldern

	Umsatz Mio DM	%	Ergebnis Mio DM	%
Chemikalien und Farben	11 120	24	506	18
Fasern	7 161	15	432	16
Polymere	8 594	18	238	9
Gesundheit	10 395	22	1 236	44
Technik	7 201	15	193	7
Landwirtschaft	2 715	6	176	6
	47 186	100	2 781	100
Gewinn vor Ertragssteuern			2 562	

Bayer
Umsatz und Ergebnis der betrieblichen Tätigkeit nach Sektoren

	Umsatz Mio DM	%	Ergebnis Mio DM	%
Polymere	7 778	18	103	3
Organica	5 766	14	142	5
Industrieprodukte	7 783	18	421	13
Gesundheit	8 806	21	1 736	55
Landwirtschaft	5 342	13	480	15
Informationstecknik	6 926	16	296	9
	42 401	100	3 178	100
Gewinn vor Ertragssteuern			3 206	

Umsatz, Investitionen und Beschäftigte der vier größten Industriezweige in Deutschland 1990 (alte Länder)

	Umsatz Mrd. DM	Investitionen Mrd. DM	Beschäftigte
Straßenfahrzeuge	216	14,3	890
Maschinenbau	195	9,7	1069
Elektrotechnik	176	11,7	1009
Chemie	162[1]	12,5	592

[1] Zusätzlich erwirtschafteten deutsche Chemieunternehmen mit ihrer Produktion im Ausland einen Umsatz von 76 Milliarden DM.

Umsatzentwicklung der vier größten Industriezweige in Deutschland (alte Länder)

	1982 Mrd. DM	1990 Mrd. DM	Zunahme (%)
Straßenfahrzeuge	128	216	69
Maschinenbau	119	195	64
Elektrotechnik	108	176	63
Chemie	117	162	38

In der Hochkonjunkturphase 1982–1990 war das Wachstum der chemischen Industrie deutlich geringer als das Wachstum der drei anderen Industriezweige. Die drei Größten der Chemiebranche, BASF, Hoechst und Bayer, hatten in diesem Zeitraum sogar nur ein Umsatzwachstum weltweit von etwa 30 Prozent aufzuweisen.

Nobelpreisträger, die Deutschland 1933–45 verließen

Name	Geburtsland	Nobelpreis	Institut	Ausreise
Physik				
Albert Einstein	D	1921	Preuß. Akademie	1933
James Frank	D	1925	Göttingen	1933
Erwin Schrödinger	A	1933	Graz	1938
Viktor Hess[1]	A	1936	Graz	1938
Otto Stern	D	1943	Hamburg	1933
Felix Bloch	CH	1952	Leipzig	1933
Max Born	D	1954	Göttingen	1933
Eugene Wigner	H	1963	TH Berlin	1933
Hans Bethe	D	1967	Tübingen	1933
Dennis Gábor	H	1971	Siemens, Berlin	1933
Chemie				
Fritz Haber	D	1918	KWI, Berlin	1933
Peter Debye[1]	NL	1936	KWI, Berlin	1940
George de Hevesy	H	1943	Freiburg	1934
Gerhard Herzberg[1]	D	1971	TH Darmstadt	1935
Medizin				
Otto Meyerdorf	D	1922	KWI, Heidelberg	1938
Otto Loewi	D	1936	Graz	1938
Boris Chain	D	1945	Charité Berlin	1933
Hans A. Krebs	D	1953	Freiburg	1933
Konrad Bloch	D	1964		1936
Max Delbrück[1]	D	1969	KWI, Berlin	1937

[1] Keine Juden, Hess und Herzberg hatten jüdische Frauen

Der jüdische Wissenschaftler Gustav Hertz (Nobelpreis für Physik 1925), Professor an der TH Berlin, blieb in Deutschland. Ab 1935 leitete er ein Forschungslaboratorium bei der Firma Siemens in Berlin. 1945 wurde er von den Sowjets nach Rußland gebracht, wo er ein Institut bei Suchumi aufbauen mußte.

Nobelpreisträger für Physik, Chemie und Medizin

	Anzahl der Preisträger				
	Physik	Chemie	Medizin	Summe	(%)
1901 bis 1945					
Deutschland	14	19	8	41	(29)
Frankreich	6	6	2	14	(10)
Großbritannien	10	6	9	25	(18)
USA	7	3	9	19	(13)
Andere Länder	12	9	21	42	(30)
Summe	49	43	49	141	(100)
1946 bis 1990					
Deutschland	10	10	4	24	(9)
Frankreich	2	1	4	7	(3)
Großbritannien	10	16	14	40	(15)
USA	43	31	59	133	(51)
Andere Länder	24	13	21	58	(22)
Summe	89	71	102	262	(100)
1901 bis 1990					
Deutschland	24	29	12	65	(16)
Frankreich	8	7	6	21	(5)
Großbritannien	20	22	23	65	(16)
USA	50	34	68	152	(38)
Andere Länder	36	22	21	100	(25)
Summe	138	114	151	403	(100)

Der Nobelpreis wird seit 1901 verliehen. In den ersten 45 Jahren kamen die meisten Laureaten aus Deutschland (29 %). In den zweiten 45 Jahren änderte sich das Bild drastisch: nur 9 % der Laureaten kamen aus Deutschland, aus den USA dagegen 51 %. Im gesamten Zeitraum von 90 Jahren stellte die USA von den 403 Preisträgern 152 (38 %), an zweiter Stelle liegen Deutschland und Großbritannien mit je 65

Preisträgern (16 %). Bis 1945 wurde in der Regel nur ein Wissenschaftler mit dem Preis bedacht, nach 1945 mußten sich immer öfter zwei oder drei Wissenschaftler den Preis teilen; die Zahl der Preisträger stieg von 141 in den ersten 45 Jahren auf 262 in den zweiten 45 Jahren. Die amerikanische Soziologin Harriet Zuckerman hat die Karrieren von Nobelpreisträgern verfolgt und entdeckte verblüffende Gesetzmäßigkeiten auf dem Weg zum Erfolg (*Bild der Wissenschaft*, 10/1990).

Literatur

Verwendet und ausgewertet wurden in- und ausländische Zeitungen, Zeitschriften, Wirtschaftsjournale, chemische Fachzeitschriften (u. a. *Chemie Report, Europa Chemie, Chemische Industrie, Chemie in unserer Zeit, Nachrichten aus Chemie, Technik und Laboratorium, Chemische Rundschau, European Chemical News, Chemical Age, Chemical Week*), Geschäftsberichte, Firmenschriften und Werkzeitschriften, Jahresberichte des VCI, *Chemiewirtschaft in Zahlen, Chemie + Fortschritt*.

Von den verwendeten Monographien seien erwähnt:

Anatomie des Krieges, Hrsg.: Eichholtz, D., Schumann, W., Berlin 1969

Asinger, F., *Die Petrolchemische Industrie*, Bd. 1 und 2, Berlin 1971

Aftalion, F., *A History of the International Chemical Industry*, Philadelphia PA 1991

Bäumler, E., *Farben, Formeln, Forscher*, München 1989

Barkei, A., *Das Wirtschaftssystem des Nationalsozialismus*, Köln 1977

Bauer, H., *Geschichte der Chemie*, Bd. 1 und 2, Leipzig 1915

Berghahn, V., *Unternehmer und Politik in der Bundesrepublik*, Frankfurt am Main 1985

Beyerchen, A. D., *Wissenschaftler unter Hitler*, Köln 1980

Birgersson, B., u.a., *Chemie und Gesundheit*, Weinheim 1988

Birkenfeld, W., *Der synthetische Treibstoff 1933–1945*, Berlin-Frankfurt 1964

Böhme, K., *Aufruf und Reden deutscher Professoren im Ersten Weltkrieg*, Stuttgart 1971

Borkin, J., *Die unheilige Allianz der I.G.-Farben*, Frankfurt-New York 1986

Burckhardt, C. J., *Meine Danziger Mission 1937–1939*, München 1960

Chargaff, E., *Unbegreifliches Geheimnis – Wissenschaft als Kampf für und gegen die Natur*, Frankfurt 1989

Chemiepolitik – Gespräche über eine neue Kontroverse, Beiträge und Ergebnisse einer Tagung der Evangelischen Akademie Tutzing, 4.–6. Mai 1987. Hrsg. Held, M., Weinheim 1988

Die chemische Industrie in der Bundesrepublik Deutschland, Hrsg. Verband der Chemischen Industrie, Sonderheft der Zeitschrift *Chemische Industrie*, Oktober 1977

Czichon, E., *Wer verhalf Hitler zur Macht? Zum Anteil der deutschen Industrie an der Zerstörung der Weimarer Republik*, Köln 1967

Diwald, H., *Geschichte der Deutschen*, Frankfurt a. M., Berlin, Wien 1978

DuBois, J. E., *The Devil's Chemists*, Boston 1952

Duisberg, C., *Meine Lebenserinnerungen*, Leipzig 1933

– Abhandlungen, Vorträge und Reden aus den Jahren 1882–1921, Berlin-Leipzig 1923

– Abhandlungen, Vorträge und Reden aus den Jahren 1922–1933, Berlin 1933

– *Die Arbeiterschaft der chemischen Großindustrie*, Berlin 1921

Duisberg, Curt, *Nur ein Sohn. Ein Leben mit der Großchemie*, Stuttgart 1981

Eichholtz, D., *Zum Anteil des I.G.-Farben-Konzerns an der Vorbereitung des Zweiten Weltkrieges*, in Jahrbuch für Wirtschaftsgeschichte II/1969

Eigen, M., *Perspektiven der Wissenschaft*, Stuttgart 1988

Elkington, J., Burke, T., *Die Umweltkrise als Chance*, Zürich, Wiesbaden 1989

Europa und der „Reichseinsatz". Ausländische Zivilarbeiter, Kriegsgefangene und KZ-Häftlinge in Deutschland 1938–1945, Hrsg. Herbert, U., Essen 1991

Faulstich, M, Lorber, K.E., *Ganzheitlicher Umweltschutz,* Stuttgart 1990

Feder, G., *Das Programm der NSDAP und seine weltanschaulichen Grundlagen,* München 1932

Flechtner, H.J., *Carl Duisberg,* Düsseldorf 1960

Franck, H.G., Knop, A., *Kohleveredlung. Chemie und Technologie,* Berlin, Heidelberg, New York 1979

Gebhardt, B., *Handbuch der Deutschen Geschichte,* Bd. 4, Stuttgart 1959

Genschel, H., *Die Verdrängung der Juden aus der Wirtschaft im Dritten Reich,* Göttingen 1966

Gimbel, J., *Science, Technology and Reparations. Exploitation and Plunder in Postwar Germany,* Stanford 1990

Haber, F., *Aus Leben und Beruf,* Berlin 1927

Hahn, O., *Mein Leben,* München 1968

Hardie, D.W.F., Pratt, J.D., *A History of the modern British Chemical Industry,* Oxford, 1966

Harris, R., Paxman, J., *Eine höhere Form des Tötens. Die unbekannte Geschichte der B- und C-Waffen,* München 1985

Hart, H., *Organische Chemie,* Weinheim 1989

Hayes, P., *Industry and Ideology. I.G. Farben in the Nazi Era,* Cambridge 1987

Hecker G., *Walther Rathenau und sein Verhältnis zu Militär und Krieg,* Boppard 1983

Heine, J.U., *Verstand & Schicksal. Die Männer der I.G. Farbenindustrie AG,* Weinheim 1990

Heintz, A., Reinhardt, G., *Chemie und Umwelt,* Braunschweig 1991

Heintzeler, W., *Der rote Faden,* Stuttgart 1983

Heisenberg, W., *Das Naturgesetz und die Struktur der Materie,* Rede, gehalten auf dem Hügel Pnyx in Athen, am 3. Juni 1964, Stuttgart, 1967

Helmholt, H. F., *Das Ehrenbuch des Deutschen Volkes*, Berlin, Leipzig 1925

Herbert, U., *Fremdarbeiter. Politik und Praxis des ‚Ausländer-Einsatzes' in der Kriegswirtschaft des Dritten Reiches*, Berlin-Bonn, 1985

Hölscher, F., *Kunststoffe, Kautschuk, Fasern*, Ludwigshafen, 1972

Hoffmann, W.G., *Das Wachstum der deutschen Wirtschaft seit der Mitte des neunzehnten Jahrhunderts*, Berlin-Heidelberg-New York, 1965

Holdermann, K., *Im Banne der Chemie. Carl Bosch, Leben und Werk*, Düsseldorf 1953

Howard, F. A., *Buna Rubber. The Birth of an Industry*, New York 1947

Irving, D., *Der Traum von der deutschen Atombombe*, Gütersloh 1967

Jahrbuch Chemiewirtschaft 1990, Hrsg. Kersten, M., Düsseldorf – Weinheim 1990

Jahrbuch Chemiewirtschaft 1991, Hrsg. Kersten, M., Düsseldorf – Weinheim 1991

Jaksch, W., *Europas Weg nach Potsdam*, Stuttgart 1958

Janda, R., *Kunststoffverbundsysteme*, Weinheim 1990

Reden des Kaisers. Ansprachen, Predigten und Trinksprüche Wilhelms II., Hrsg. Johann, E., München 1966

Kehrl, H., *Krisenmanager im Dritten Reich*, Düsseldorf 1973

Keim, W., u. a., *Grundlagen der industriellen Chemie*, Frankfurt am Main, 1986

Knapp, M., u. a., *Die USA und Deutschland 1918–1975*, München 1978

Knieriem, A. v., *Nürnberg. Rechtliche und menschliche Probleme*, Stuttgart 1953

Koch, E. R., Vahrenholt, F., *Seveso ist überall. Die tödlichen Risiken der Chemie*, Köln 1978

Koch, R., *Umweltchemikalien*, Weinheim 1989

Kogon, E., *Der SS-Staat. Das System der deutschen Konzentrationslager*, München 1974

Kränzlein, P., *Chemie im Revier. Hüls,* Düsseldorf – Wien 1980

Krauch, C., *Die chemische Industrie im europäischen Wirtschaftsraum,* in: Der Vierjahresplan, 5. Jg., 1941

Kreikebaum, H., *Kehrtwende zur Zukunft. Ökologische Ethik aus der Sicht eines Betriebswirts,* Stuttgart 1988

Krockow, C. v., *Die Deutschen in ihrem Jahrhundert,* Hamburg 1990

Küffner, G., *Spitzentechnik in Deutschland,* Frankfurt am Main 1987

Langbein, H., *Menschen in Auschwitz,* Frankfurt am Main – Berlin – Wien 1980

Lefebure, V., *The Riddle of the Rhine,* London 1921

Levi, P., *Ist das ein Mensch? Erinnerungen an Auschwitz,* Frankfurt am Main, 1979

Ludwig, K. H., *Technik und Ingenieure im Dritten Reich,* Düsseldorf 1974

Ludwigshafener Chemiker, Band 1 und 2, Düsseldorf 1958 und 1960

Lundgreen, P., *Bildung und Wirtschaftswachstum im Industrialisierungsprozeß des 19. Jahrhunderts,* Berlin 1973

Mackwitz, H., Köszegi, B., *Zeitbombe Chemie. Strategien zur Entgiftung unserer Umwelt,* Wien 1983

Marcus, A., *Die großen Chemiekonzerne,* Leipzig 1929

Meadows, D., u. a., *Die Grenzen des Wachstums,* Stuttgart 1972

ter Meer, F., *Die I.G. Farben,* Düsseldorf 1953

Meicher, H., *Die Politik und das Öl im Nahen Osten. Der Kampf der Mächte und Konzerne vor dem Zweiten Weltkrieg,* Stuttgart 1980

Menges, G., *Kunststoffe. Bilanz und Aussicht,* in: Maier-Leibnitz (Hrsg.), *Zeugen des Wissens,* Mainz 1986

Metzner, A., *Die chemische Industrie der Welt, 2 Bde,* Düsseldorf 1955

Mittasch, A., *Geschichte der Ammoniaksynthese,* Weinheim 1951

Mössbauer, R. L., *Universität im Umbruch,* in: Maier–Leibnitz (Hrsg.), *Zeugen des Wissens,* Mainz 1986

Nagel, A. v., *Stickstoff,* Ludwigshafen 1970

- *Methanol, Treibstoffe,* Ludwigshafen 1970
- *Äthylen, Acetylen,* Ludwigshafen 1971

Neufeldt, S., *Chronologische Chemie 1800–1980,* Weinheim 1987

OMGUS. Ermittlungen gegen die I.G. Farben AG, Hrsg. Enzensberger, H. M., Nördlingen 1986

Philip, B., Stevens, P., *Grundzüge der industriellen Chemie,* Weinheim 1987

Plumpe, G., *Die I.G. Farbenindustrie AG. Wirtschaft, Technik und Politik,* Berlin 1990

Räuschel, J., *Die BASF. Zur Anatomie eines multinationalen Konzerns,* Köln 1975

Rassow, B., *Die deutsche Industrie und ihre Führer,* Bd. 1, *Die chemische Industrie,* Gotha 1925

Rathenau, W., *Tagebuch 1907–1922.* Düsseldorf 1967

Reichelt, W. O., *Das Erbe der I.G. Farben,* Düsseldorf 1956

Reppe, W., *Chemie und Technik der Acetylen–Druckreaktionen,* Weinheim 1951

Riedel, E., *Anorganische Chemie,* Berlin – New York 1990

Rochow, E. G., *Silizium und Silikone,* Berlin 1991

Rohstoff Kohle. Eigenschaften, Gewinnung, Veredelung, Weinheim 1978

Römpp Chemie Lexikon, 8. und 9. Auflage, 1985–1991

Rühl, W., *Energiefaktor Erdöl,* Zürich 1989

Salusy, R., *I.G.–Farben,* Berlin 1952

Schall, H., *Die chemische Industrie Deutschlands unter besonderer Berücksichtigung der Standortfrage,* Nürnberg 1959

Schickel, A., *1939 – Deutsches Schicksalsjahr,* Asendorf 1989

Schiffmann, D., *Von der Revolution zum Neunstundentag. Arbeit und Konflikte der BASF 1918–1924,* Frankfurt am Main 1983

Schreiber, P. W., *I.G. Farben. Die unschuldigen Kriegsplaner,* Stuttgart 1978

Speer, A., *Erinnerungen,* Berlin 1969

Strathmann, F., *Chemische Industrie unter Zwang?* Wiesbaden 1985

Streck, W. R., *Chemische Industrie, Strukturwandlungen und Entwicklungsperspektiven*, Berlin 1984

Streit, B., *Lexikon Ökotoxikologie*, Weinheim 1991

Strubelt, O., *Gifte in unserer Umwelt*, Stuttgart 1989

Stürmer, M., *Das ruhelose Reich – Deutschland 1966–1918*, Berlin 1983

Tammen, H., *Die I. G. Farbenindustrie AG 1925–1933*, Berlin 1978

Taylor, A. J. P., *Die Ursprünge des Zweiten Weltkrieges*, Gütersloh 1962

Taylor, G. D., Sudnik, P. E., *Du Pont and the International Chemical Industry*, Boston 1984

Teichova, A., *Internationale Kartelle und die chemische Industrie der Vormünchner CSR*, in: Tradition, 1972

Turner, H. A., *Die Großunternehmer und der Aufstieg Hitlers*, Berlin 1985

Umweltkrise – Eine Herausforderung an die Forschung, Hrgb. Huber, M. G., Darmstadt 1991

Das Urteil im I. G.-Farben-Prozeß, Offenbach 1948

Wagenführ, R., *Die deutsche Industrie im Kriege 1939–1945*, Berlin 1963

Walker, M., *Die Uranmaschine. Mythos und Wirklichkeit der deutschen Atombombe*, Berlin, 1990

Weissermel, K., Arpe, H.-J., *Industrielle Organische Chemie. Bedeutende Vor- und Zwischenprodukte*, Weinheim 1988

Winnacker, E.-L., *Gene und Klone*, Weinheim 1985

Winnacker, K., *Nie den Mut verlieren*, Düsseldorf 1981

–, Biener, H., *Grundzüge der chemischen Technik*, München – Wien 1974

Wolf, W., *Luftangriffe auf die deutsche Industrie 1942–1945*, München 1985

Wurster, C., *Chemie und Lebensstandard*, Ludwigshafen 1960

Zill, R. A., *Das Genzeitalter – Menschen, Mächte, Moleküle*, Stuttgart 1990

Zimmermann, M., *Machtfaktor Chemische Industrie. Analyse einer Branche*, Karlsruhe 1982

Zimmermann, P. A., *Magnetpulver, Magnetbänder, Elektroden,* Ludwigshafen, 1969

- *Über die Grenzen hinaus. Notizen zur industriellen Entwicklung im 19. Jahrhundert,* Ludwigshafen 1971

Personenregister

Abs 203
Albers 288 f, 294, 332, 338 f
Albert, Prinz zu Sachsen-Coburg-Gotha 5 f
Ambros 107, 110, 150, 158 f, 165, 178, 180, 197, 367, 371
Améry 161 f
Asinger 259
Asmis 257

Baekeland 70
Baeyer 9 f, 13 f, 16, 22, 352
Baillet-Latour 134
Balke 234
Bauer, M. 44
– W. 88
Baumann 122, 210, 219
Bayer, F. jun. 23 f, 26
– F. sen. 8, 22
– O. 204, 219
Bebel 12
Becker 237
Bednorz 299
Bell 53
Beneš 136
Benn 102, 359
von Bennigsen-Förder 311
Bergius 90, 93
Bertheim 15
Bethe 181
Bismarck 10, 12, 35, 99
Bloch 181
Bock 83

Böhme 204
Bohn 10
Bohr 88, 181
Bonhoeffer 127
Borgwardt 204
Born 375
Bosch 19 ff, 26, 39 ff, 46, 50 ff, 54 f, 57 ff, 62, 69 ff, 75 ff, 78, 80 f, 83, 89 f, 96 f, 99 ff, 103 f, 106, 108, 110, 127 ff, 131 f, 147 f, 150, 248 f, 282, 360 f, 363
Bothe 89, 212
Brandenberger 68
Brandt 266
Brodie 182
de Broglie 88
von Brunck 29, 33, 351
von Brüning, G. 28
Brüning, H. 129
Brunner 7
Büchel 337
Bunsen 12, 14
Bürgin 107, 196
Bush 347
Bütefisch 101, 107, 158, 167 f, 193, 197, 369
Butenandt 88, 125, 315

Caro 8 f, 14
Carothers 123
Castner 18

Chamberlain, A. N.   364
– H. S.   130
Churchill   167, 180, 183, 186, 371 f
Clavel   8
Clemenceau   52
Clemm   282
McCloy   198
Conrad   16
Crookes   19, 352

Deisenhofer   337
Deismann   143
Delbrück   127
Diels   88
Disraeli   6
Doll   273
Domagk   125, 211 f
Dondero   192
Dressel   67
Drucker   204
DuBois   192, 197
Duisberg, C.   15, 21 ff, 31 f, 39, 44 ff, 48 ff, 62 ff, 70 f, 75 ff, 98 f, 106 f, 128, 282, 351 ff, 358
– W.   145
Dürrfeld   158 ff, 165, 197, 367

Ebert, F.   59
– G.   83
Eckell   112, 158
Eduard VII.   37 f
Ehrenberg   378
Ehrhart   247
Ehrlich   15
Eigen   211 f
Einstein   88, 131, 181, 323, 360
Eisenhower   186, 234, 372
Eisenhut   122
Eisleb   125
Engelhorn   8 f
Engler   85
Entress   366
Erhard   200, 242

Erlenbach   208

Falkenhayn   48
Farish   147
Faust   162
Feder   108
Fischer, E.   24, 29, 43, 64
– E. O.   211 f, 280
– E. R.   168, 369
– F.   87
– H.   88
Fleming   88
Flügge   181
Franck   178, 181, 360
Freiensehner   203
Fresenius   5
Frisch   181
Frossard   54 f, 150, 154

Gajewski   79, 107, 197, 210
Gallifet   37
Garvan   63
Gattineau   101, 127, 197
Gaus   42
Gay-Lussac   4
Geiger   89
de Gennes   380
Genther   353
Gerlach   182
Gierke   208
Gorbatschow   98
Göring   110 f, 116 ff, 120, 157 f, 166, 168, 361 f, 368
Götte   236
Graebe   8 f
Grey   36
Grieß   5
Grimm   4
Groth   237
Grünewald   258, 264, 284 f, 287 f

Haas   67
Haber   20, 26, 43 f, 56 ff, 61, 64 f, 85, 127, 323, 357, 360

Haberland 199, 204 f, 248, 283
Haeckel 22, 352
Haeflinger 196
Haeuser 46
Hahn 36, 127, 178, 181 ff, 370, 375
Haldane 12
Halifax 133
Hamsun 102, 359
Hansen 248 f, 285
Hardane 36
Harnack 64
Harris 167
Harteck 183
Hartshorne 360
Hebert 192
Heidegger 86 f, 102, 359
Heintzeler 193, 199, 203
Heisel 208
Heisenberg 88 f, 131, 180, 183, 236, 375
Heitler 89
Helmholtz 73
Henderson 134
Henkel 303
Henschler 378
Hertz 178
Heß 282
Heumann 10
von der Heyde 193, 197
Heydrich 179, 370
Hilger 289, 318, 320, 323, 326, 335
Himmler 107, 157 f, 165, 368
Hindenburg 48 ff, 53, 101 f, 105
Hinsberg 15
Hitler 45, 57, 90, 100 ff, 108 ff, 113, 120, 128, 130 ff, 139, 141, 144, 151, 166, 168 f, 176, 179 ff, 183, 193, 198, 266, 359 f, 362, 364, 368 f, 371

Hochschwender 116
van't Hoff 26
Hoffmann 16
Hofmann, A. 247
– A. W. 5 ff, 73, 351
– F. 29
– R. 204
Hörlein 164, 196 f
Höss 159, 165
Howard 90, 145 f
Huber 337
Huxley 67

Ilgner 107 f, 196

Jähne 107, 196, 207
Jakobi 204
Jensen 212
Jungel 137

Kalle 282
Kaufmann 200, 208
Kehrl 166, 168, 175, 369
Keitel 176
Kekulé 5, 8, 14
Kellner 18
Keppler 110, 361
Klatte 83
Klebert 204
Köhler 204
von Knieriem 197, 373
Knietsch 17, 20
Knorr 353
Koch 15
Kohl 287
Köhler 204
Kotke 67
Koziol 204
Krauch C. 60, 79, 89, 107 f, 110, 112, 116, 118 ff, 140, 147 f, 154, 157 f, 166 ff, 176, 178, 190, 194 f, 197 f, 361, 369
– C. H. 310 f
Krauer 319, 340
Krüger 141

Krupp von Bohlen und Halbach 48, 129, 131
Kugler 138, 196
Kuhn 125
Kühne 107, 197

Langmann 329
von Laue 131, 180, 182, 375
Lautenschläger 107, 197, 367
Lavoisier 3
Leblanc 17
Lefebure 44
Lenard 26, 130 ff
Lersner 51, 54
Levi 161 f, 367
Levinstein 7
Ley 100
Liebermann 9, 20
Liebig 3 ff, 14, 18, 26, 351
Löb 112, 361
Loehr 204
London 89
Lucius 8
Ludendorff 48 ff, 53
Ludewig 203
Lutz 378

Mann, A. 208
– T. 71
– W. R. 164 f, 196 f
Marcuse 244
Mark 85, 358
Marshall 189
Martius 5
Masaryk 136
Matthöfer 239
Meadows 255
ter Meer 79, 107, 139, 150, 158 f, 196 f, 205, 367
Meister 8
Meitner 127, 180 f
Melchett 7
Menne 282 f
Merck 67
Mering 16

Mertens 204
Merton 129
Meyer 84 f, 358
Michel 337
Mietzsch 125
Milch 108, 168, 369
Mittasch 20, 40, 69
Möllemann 346
Molotow 188
Mond 7, 81, 94
Morris 192
Mößbauer 212
Müller, H. 52
– K. A. 299
– P. 225
Müller-Cunradi 367

Natta 217
Nernst 26, 43, 49, 65
Neumann 378

Oster 196
Ostwald 19, 26, 40
Otto 107
Overhoff 203

Paolozzi di Calboli 107
Patard 55, 61
Pauli 88
Pearce 42
Pell 191
Perkin 6, 8 f, 12 ff
Peters 165
Peterson 178
Petzow 293
Pfleumer 231
Pier 69 f, 89 ff
Planck 57, 88, 106, 127, 129, 131
Pleiger 168, 369
Poelzig 96
Pollak 135
Polo 273
Pommer 227, 280
Poulson 231

Prenzel 138
Pétain 149

Rankin 192
Rathenau 38, 72 f, 129
Rein 220
Reppe 83, 88, 123, 203
Riesenhuber 345
Rieß 204
Ringer 145
Ritter, F. 208
– G. 112
Rittner 182
Robespierre 3
Röhm 67
Rökk 125
Roosevelt 181, 186, 323, 359, 363
Roscoe 12, 352
Rosenberg 127, 131 f
Rösler 204
Rumpff 23
Runge 5
Rust 127, 131 f

Sachsse 213
Sammet 249, 280, 285, 289, 295
Schacht 66, 113, 117, 360, 362
Schärli 340
Scheidemann 50, 52
Schlack 124
Schleicher 102
Schlenk 65
Schlosser 282
Schmitz 77, 107 f, 128 f, 136, 147 f, 190, 196
Schneider 107, 193, 197
Schnell, B. 203
– H. 211
von Schnitzler 107, 141 f, 150, 196, 367
Schoener 143, 365
Schrader 178, 211

Schrödinger 89, 360
Schuschnigg 134
Schwab 142 f, 365
Graf Schwerin von Krosigk 108
Seefelder 263, 283 ff, 288
Shake 192, 198
Sihler 304, 341, 348
Silcher 199, 204
Solvay 17
Sommerfeld 89
Spaatz 169
Speer 120, 166 ff, 176, 368 f
Sprecher 192
Stalin 141, 179, 186
Stark 130 f
Stastny 211
Staudinger 84 ff, 358
Steinheil 4
Steinhofer 123
Stephan 189
Stinnes 48
Strasser 126
Straßmann 127, 180 f
Strauß 234
Strenger 287 ff, 321, 335 f
Strube 289, 317
Struss 367
Szpilfogel 144

Taylor 192 f, 197
Teagle 91, 147
Teller 181
Thiel 208
Thommen 142
Timm 203, 223, 233, 237 f, 248 ff, 267, 283, 285
Tirpitz 36
Töpfer 301 f
Trieschmann 123
Tropsch 87
Truman 188, 372
Tschunkur 83
Tucholsky 71

Ungewitter 282

Verguin 8
Vetter 165
Victoria, Königin von England 5, 354
Vita 317, 327
Volhard 5

Wacker 308
Waibel 150
Warburg 100
von Weinberg, A. 106 f
– C. 107
Weise 208
von Weizsäcker 180, 238, 375
Wescott 8
Westrich 201

Wieland 85 f
Wilhelm II. 37 f
Willstätter 43
Wilson 48, 53
Winkler 68
Winnacker 200, 206 ff, 234, 236, 242, 248 f, 372
Wirth 73
Wislicenus 20
Wittig 211 f
Wittwer 178
Wöhler 5
Wurster 107, 138, 145, 148, 164, 194, 196 f, 199, 203, 241, 243, 248
Wurtz 14

Ziegler 211 f, 217

Firmen- und Standortregister

Aceta 83, 124
AEG 73
Agfa 7, 23, 28 f, 46, 54, 76, 125, 143, 204, 230, 264
Agfa-Ansco 144
Agfa-Camerawerk AG 200
Agfa-Gevaert 230, 307
Akzo 221, 333
Aluminiumwerk Bitterfeld 77
American Enka 296
American Hoechst Corporation (AHC) 295
American Home Products 223
American I. G. Chemical Corp. 144
Ammoniakwerk Merseburg 42, 77, 108, 115
– – *s. auch* Leuna
Anic 117, 265
Asta Pharma 329
Astor/Lancaster 306
Auergesellschaft 178
Auschwitz 84, 119, 121, 156 ff, 163, 165, 193 f, 366 ff
Aussiger Verein 135, 137 f, 142, 364
Avon 306

Badische Anilin- & Sodafabrik *s.* BASF
BASF 7 ff, 13 f, 16 f, 19 ff, 24, 28 f, 31, 33, 39, 42, 46, 54 f, 60 f, 66, 68, 70 f, 76, 90 f, 110, 123, 129, 200, 202 f, 205 f, 209 ff, 213 f, 218, 221 ff, 227, 229 ff, 233 f, 237 ff, 248 ff, 257 f, 263 ff, 271 f, 275 f, 280, 283 ff, 288 f, 294 ff, 301, 303, 307, 309, 311 ff, 316 ff, 321, 327 ff, 331 ff, 342, 348, 373 ff, 374 f, 380
– *s. auch* Ludwigshafen, Oppau
Bayer 7, 9, 15 f, 21, 23, 25, 29, 31, 42, 46 f, 54, 66 f, 76, 83, 137, 187, 200, 204 ff, 209 ff, 218 ff, 222 ff, 229 f, 235 ff, 240 ff, 248 f, 251, 263 f, 275 f, 279, 283, 285, 288, 294, 296 f, 301, 303, 306 f, 309, 316 ff, 321, 324 f, 330 f, 333 ff, 342, 348
– *s. auch* Brunsbüttel, Dormagen, Elberfeld, Leverkusen, Uerdingen
Beck 223
Beecham 223
Behringwerke 206, 320, 326
Beiersdorf 229 f, 306
Benckiser 228 f, 303, 306
Benckiser-Knapsack 229
Berg- und Metallbank 129
Berger, Jenson & Nicholson 223

Bitterfeld 83
Blechhammer 120, 173 f
Bobingen 77, 206, 220
Boehringer Ingelheim 7, 82, 210, 223, 271, 318, 326, 329
Boehringer Mannheim 7, 82, 210, 223, 328
Böhlen 114, 116, 120, 167
Boruta 141, 143 f, 365
BP 219, 234, 265
Brabag 113, 120 f
Bristol Myers Squibb 318
British Dyestuffs Corporation 7
Brunner, Mond & Co. 7, 81
Brunsbüttel 241
Brüx 120, 167, 171, 173 f
Bunawerke GmbH 219
Burghausen 232

Caltex-Raffinerie 232
Carbidwerke Deutsch-Matrei 135
Cassella 7, 28, 46, 54, 62, 76, 200, 207 ff, 220, 249
Celanese 294 f, 335
Ch. H. Boehringer Sohn 271
Chemie Linz 135
Ciba 96, 122, 141, 252
– Geigy 317 ff, 333, 340, 224, 252, 285
Cochimé 218
Compagnie Nationale des Matières Colorantes et des Produits Chimiques 54
Continental Oil Company (Conoco) 265
Creations Aromatiques 307

Daimler-Benz 299, 334
Dainippon Ink 303
Dalli Werke 229
Danubia Olefinwerke 218

DEGESCH 164 f, 196, 203, 367
Degussa 81, 164, 196, 250, 278 f, 282, 328 f
– Corp. 328
Dessauer Werke 164
Deutsche Gasolin 93
Deutsche Shell-AG 202
Deutsche Solvay Werke AG 82
Donau-Chemie 135
Dormagen 83, 204, 220, 297
Dow 221, 240, 246, 251 f, 265, 333
– Badische 240
Dragoco Gerberding & Co 230
Dralle 230
Du Pont 47, 66, 82, 107, 123 f, 194, 220, 251 f, 265, 318, 329, 331, 333, 335, 375
Duisburger Kupferhütte 77, 200, 202, 206, 249
Düneburg 77
Dynamit Nobel 77, 200, 208 ff, 310

Eastman-Kodak 231
EC-Dormagen 219
Elastomer 249
Elberfeld 23, 25, 32, 125, 204
Elektrochemische Werke GmbH, Bitterfeld 73
Eli Lilly 318, 320, 330
Enimont 334
Enka 221
Enka-Glanzstoff 221
Erdöl- und Kohleverflüssigungs AG 90
Erdölraffinerie Mannheim 233
Essener-Steinkohle 121

Ethyl Gasoline Corporation 115
– GmbH 115
Exxon 234, 265, 334

Farbenfabriken Bayer, s. Bayer
Farbwerke Hoechst AG, s. Hoechst
FARDIP 200
Flick 190, 210
Ford Motors 334
Francolor 150
Freudenberg 250
Fritzsche, Dodge & Olcott (FDO) 307
Frose 115

Gambro Lundia AB 296
Gapel 115
GAW 144
Gebrüder Gutbrod 143
Geigy 96, 225, 252, 314
Gelsenberg 116, 120, 174, 258
General Aniline and Film (GAF) 144
General Motors 334
Gersthofen 206
Gevaert 230
Gewerkschaft Auguste Viktoria 77, 202
Gewerkschaft Victor 121
Glanzstoff 82, 221
Glasurit 223
Glaxo 223, 318
Griesheim 206
Griesheim-Elektron 7, 18, 46 f, 62, 76, 83
Grünenthal 224, 320, 326

Haarmann & Reimer 306
Heerdt-Lingler 164
Henkel 81, 210, 227 ff, 303 ff, 311, 321, 333

Herberts 223
Herbol 223
Hercules 240
Hermann-Göring-Werke, 368 f, s. *auch* Reichswerke H. G.
Heydebreck 121
van Heyden 82, 119, 137 f, 364
Hibernia 114, 120, 210
Hoechst 7 ff, 15 f, 28, 31, 46, 54, 61, 68, 76, 83, 122, 137, 186, 200, 205 ff, 214, 217 f, 220 ff, 228 ff, 232 f, 235 ff, 240 ff, 247 ff, 251, 263, 265, 276, 283 ff, 289, 294 f, 298 f, 301, 303, 306 ff, 315, 317 ff, 321, 324 ff, 329, 331, 333 ff, 342, 348, 372, 374
– Celanese 295, 298
– CeramTec 295, 298
Hoesch-Benzin 121
Hoffmann-La Roche 248, 252, 270, 312, 318, 330
Holten 202
Holzverkohler-Industrie Aktiengesellschaft (HIAG) 70
Hüls 84, 122 f, 187, 200, 205, 207 ff, 214, 219 f, 228 f, 249, 264, 303, 309 ff, 333, 374

ICI 7, 81 f, 93 ff, 114, 117, 122 f, 126, 194, 218, 220, 224, 251 f, 302, 312 f, 317, 333, 335, 363
ICMESA 270
I. G. 28, 75 ff, 82, 85, 91, 93 ff, 100 f, 103 ff, 107 f, 112 f, 115 f, 118 ff, 124 ff, 135 ff, 141 ff, 148, 150, 153 ff, 157, 159, 161, 164 ff, 178, 185 f, 188, 190 ff, 198 ff,

203, 205 ff, 209 f, 223, 231, 241, 261, 267, 310, 331, 335, 347, 361, 364 ff, 372 f
- Chemie 144
- Farben AG s. I. G.
- Farbenindustrie 210
- Farbenindustrie AG s. I. G.
- in Liquidation 210, 373
- Berlin (Wolfen/Film) 79
- Mitteldeutschland (Bitterfeld und Wolfen/Farben) 79
- Mittelrhein (Hoechst) 79
- Niederrhein (Leverkusen, Elberfeld, Dormagen) 79
- Oberrhein (Ludwigshafen und Oppau) 79

Imhausen Chemie 345
Imperial Chemical Industries s. ICI
Inmont 289, 303, 335
International Hydrogen Patents Co (IHP) 94

Jade 230, 306
Joint American Study Company (JASCO) 93, 123, 145

Kali-Chemie 81, 119, 282
Kali-Werke Kolin 164
Kalle 7, 28, 46, 68, 76, 201, 206, 217, 231
Kellog 258
Knapsack-Griesheim (ab 1965 Knapsack) 46, 77, 206, 232
Knoll 224, 327
Kohleverwertungs GmbH 210
Kokswerke und Chemische Fabriken AG 81
Kopp 62
Kraftwerk Union AG 238
Krupp 32, 155, 160, 163, 190

Krupp-Treibstoff 121
Kuhlmann 77 f, 96, 142, 150
Kuhnheim 62

L'Air Liquide 329
Landsberg a. d. Warthe 124
Leonar-Werke 230
Leuna 41, 51, 54 ff, 60 f, 69 f, 92 ff, 97, 101, 109 f, 113 f, 116, 120 f, 123, 153, 167 f, 171 ff, 186, 261, 369
Leuna-Werk 109
Lever Sunlicht GmbH 229, 303
Leverkusen 24 f, 44, 62, 83, 100, 106 f, 123, 125, 143, 155, 178, 186, 199 f, 204, 207, 219, 230, 234, 248, 288 f, 340, 366
Lingner 230
L'Orèal 306
Ludwigshafen 39 f, 42, 54 ff, 61 f, 69 ff, 83 f, 88, 90 f, 93 f, 114, 116, 122 ff, 148, 155, 162, 172, 186 f, 198, 200, 207, 209, 213, 218, 224, 226, 231 f, 234, 237 ff, 272, 307, 340, 368
Ludwigshafen-Oppau 173, 249
Luitpold-Werk 329
Lurgi-Ruhrchemie 258
Lutravil Spinnvlies 250
Lützkendorf 120, 167 f
Lyonaise Industrielle Pharmaceutique (Lipha). 329

Magdeburg 114, 116, 120, 168
Mainkur 122
Mannheimer Anilinfabrik 8
Marathon 232 f
Marbert 230, 306
Mäurer und Wirtz 230

MEMC Electronic Materials Inc. 310
Merck (E. Merck) 67, 211, 227, 308, 310, 312, 318, 328 f
Merck & Co 67, 223, 318, 328
Miles Inc. 67
Mimosa 230
Minden 224
Mobay 219, 240, 346
Mobiloil 261
Monsanto 219, 240, 310, 334

National Lead Co 204
Norddeutsche Hydrierwerke AG 116
Nordmark-Werke 224
Norsk Hydro 95, 182, 312 f
Nova Corporation of Alberta 297
Novo Nordisk 306
Nukem GmbH 237

Offenbach 206
Office National Industrial de l'Azote (ONIA) 55
Oppau 21, 46, 58 ff, 110, 122, 148
Orgacid 178
Österreichische Dynamit AG 135
Oxo-Gesellschaft m. b. H. 202

Pabjanckie Towarzystwo Akcyjne Przemyslu Chemicznego 142
Pechiney 150
Perutz 230
Philips Petroleum 265
Phrix 221
Pölitz 116 f, 120 f, 153, 168, 171, 173 f

Polysar Rubber Division 297, 335
Premnitz 77, 124
Procter & Gamble 229, 303, 306, 333

Reichhold 223
Reichswerke HG 120
Resart 309
Revlon 306
Rheinbraun 120, 261
Rheinische Olefinwerke Wesseling (ROW) 202, 214, 218, 263
Rheinische Stahlwerke 77, 210
Rheinisch-Westfälische Sprengstoff AG 77
Rheinpreußen 121
Rhone Poulenc 150, 317, 333
Riedel de Haen 82, 209
Rohm & Haas 67, 316
Röhm und Haas (ab 1970 Röhm) 67, 88, 122, 211, 309 f
Rosenthal Technik 295
Rottweil 77
Roussel-Uclaf 224
Ruhland 114, 168
Ruhrchemie 88, 121
Ruhröl/Stinnes 120
Rütgers 81, 119, 138, 211

Saarbergwerk AG 258
Sandoz 96, 247, 252, 317 f, 339
Sankyo Comp. 329
Schaffgotsch 121
Schering 7, 211, 224, 257, 317 f, 326 f, 333
Schering-Kahlbaum 81, 126
Schkopau 84, 110, 172
Schlesien-Benzin 120

Scholven 114, 116, 120f, 174
Schwarzkopf 230, 306
Shell 93, 116, 153, 234, 265, 333
Shiseida 306
Siegle 250
Siemens 163, 299, 334
Sigri 236, 295
SISAS 374
Skoda-Wetzler 135
Smith Kline Beecham 306, 318
Société des Matières Colorantes de St. Denis 96
Sodafabrik zu Wyhlen 62
Solvay 137, 142, 333
Squibb 330
St. Gobain 150
Standard IG Co 93, 145
Standard Oil (Standard Oil Company of New Jersey) 90f, 93f, 112, 116f, 145ff, 153, 192, 363
–– Development Co 90
–– of Indiana 265
Standard/Shell/I. G. 120
Hermann C. Starck 297
Stauffer Chemicals 240
Stereokautschuk 220
Sterling-Drug 66
Sudetendeutsche Treibstoffwerke Brüx 369
Synthesekautschuk-Beteiligungs-GmbH 249

Takeda 224, 318
Teerfarbenwerke Litzmannstadt 143
Tesch & Stabenow 164
Th. Goldschmidt 178, 164
Thomae 326, 328

Titangesellschaft Leverkusen 77, 201, 204
Trafford Chemical Company 126
TRIFCO (Tripartite I. G. Farben Control Group) 200

Uerdingen 204
UK-Wesseling 232
Ultraform 250, 328f
Unilever 306
Union Carbide Corporation (UCC) 251f, 338
United Technologies 303

Veba 210, 237, 309f, 334
Verein chemischer Fabriken 62
Vereinigte Stahlwerke 120
Vereinigte Stickstoffwerke Moscice/Chorzow 142
Volkswagen 334

Wacker 77, 122, 201, 206, 263, 282, 308
WASAG-Chemie 201
Weiler-ter Meer 46, 54, 76
Welcome 224
Welheim 116, 120, 174
Wella 306
Wesseling 116, 120, 174
Winnica 142f, 365
Wintershall 81, 119ff, 138, 233
Wola 141, 143f, 365
Wolfen 29, 124, 220
Wyandotte 240

Zeitz 114, 116, 120, 167f
Zellulosefabrik Waldhof 62

Produkt- und Verfahrensregister

ABS s. Acrylnitril-Butadien-Styrol-Werkstoffe
Acarbose 324
Acetaldehyd 308
Acetanilid 15 f
Acetat 222
Acetatseide 83, 294
Aceton 308
Acetylen 83, 88, 122 f, 189, 209, 213 ff, 219, 238, 257
Acetylsalicylsäure 16
Acrylnitril-Butadien-Styrol-Werkstoffe (ABS) 290
Adalat 324
Adipinsäure 124
Adumbran 326
Afugan 316
Agent Orange 245, 272
Agrochemikalien 224 ff
AH-Salz 221
Aldolkondensation 123
Alizarin 8 f, 352
Alkydharze 222
Alkylbenzolsulfonate (LAS) 228, 304
Aluminium 117
Aminoplaste 216
Ammoniak 19 ff, 40 f, 46, 54 ff, 69, 92, 260 f, 265, 279
Ammonsulfatsalpeter 58
Anilin 5 f
Anthracen 9
Anthrachinon 9

Anthrachinon-2-Sulfonsäure 9
Antipyrin 15
Apec 296
Aramidfasern 292
Arelon 225
Arge-Verfahren 258
Aromen 306
Asbest 273
Aspirin 16, 26, 324
Atebrin 125
Atrazin 314
Audiobänder 232
Autan 316

Barbitursäure 16
Basacryl 222
Basagran 225
Basotect 296
Basta 315
Bayblend 296
Baydur 297
Bayflex 297
Baygon 225, 316
Bayleton 225
Bayluscide 223
Baymycard 324
Bayotensin 324
Baypren 297
Baythroid 316
Benzin 87, 89 ff, 101, 108, 114 f, 136
– s. auch Flugbenzin

Benzol 8, 300
Benzopurpurin 23
Biopol 302
Birkeland-Eyde-Verfahren 19
Blausäure 367
Blazer 316
Bleikammerverfahren 17
Bleitetraethyl 115
Bosch-Haber-Verfahren 20
Brestan 225
Builder s. Gerüststoffe
Buna 83, 110, 117, 123, 140, 145 f, 158, 172, 177, 189
Buna S 83
Buna S1 84
Butadien 83, 123, 209, 219
Butadienkautschuk 84
Butan 219
Butandiol 123
Butindiol 123
Butylkautschuk 216, 297

Calgon 228
Caprolactam 124, 221
Carbamate 225
Carbaryl 225
Carotinoide 125
Cellophan 67 f, 217
Celluloid 79
Cellulose 79
Chemiewaffen s. Kampfstoffe
Chemische Kampfstoffe s. Kampfstoffe
Chilesalpeter 18, 38 f, 42, 362
Chinin 125, 362
Chlor 18, 44, 343, 356
Chloralkalielektrolyse 18
Chlorierte Kohlenwasserstoffe 343
Chloroprenkautschuk (Baypren) 297
Ciprobay 324
Ciprofloxacin 324
Claforan 325

Computer- und Videobänder 232
Confidor 316
Contergan 224, 242
Corbel 316
Cord-Nylon 221
Cottestron-Farbstoffe 222
Cyclohexan 124
Cyclohexanol 124
Cyclohexanon 124
Cyclohexanonoxim 124

Dash 229
DD-Lacke 223
DDT 225, 242, 268
Decis 316
Delix 325
Dental-Legierungen 329
Depon 315
Derosal 316
Desmopan 297
Dia-Farbfilm 125
Diazepam 248
Diazepoxid 248
Dibenzodioxine 378
Dibenzofurane 378
Dichlordiphenyltrichlorethan s. DDT
2,4-Dichlorphenoxyessigsäure (2,4-D) 245
Diensynthese 88
Dieselöl 91, 114
Diethylbarbitursäure 16
Diethylethylthioethylthiophosphat 211
Dimethylether 60
Diolen 221
Dioxin 245, 270 ff, 344, 377 f
Disyston 316
Dorlastan 297
Dralon 220 f, 296
Drogen 246 f, 347 f
Dulgon 228
Düngemittel 18 f, 41, 51, 56, 69, 203, 226, 265, 312

Dunova 296
Duplosan 316
Duroplaste 300 f

E 605 225
Elastomere 87, 218 f
Elektrisch leitfähige Polymere (E. l. P.) 290 ff
Entlaubungsmittel 245, 346
EPDM s. Ethylen-Propylen-Dien-Terpolymere
EPO s. Erythropoietin
Epoxidharze 216
Erythropoietin (EPO) 320, 328
Essigsäure 308
Ethylen 122, 206, 213 ff, 263
Ethylen-Propylen-Dien-Terpolymere (EPDM) 297
Eucerit 230

Faces 316
Faktor VIII (antihämophiler Faktor) 324
Farbstoffe 5 f, 8 ff, 14, 23, 47, 79, 126, 222
Fasern (Synthesefasern) 83, 87, 124, 126, 189, 215, 220 ff, 295 f
FCKW s. Fluorchlorkohlenwasserstoffe
Fewa 227
Fischer-Tropsch-Verfahren (F.-T.-Synthese) 68, 88, 121, 189, 257 f, 261
Flugbenzin 108, 113 ff, 120 f, 146, 158, 170, 175
Fluorchlorkohlenwasserstoffe (FCKW) 344
Fluorpolymerisate 216
Flüssigkristalle 309, 311 f
Flüssigkristalline Polymere (LCP) 290 f, 295, 301

Focus 316
Folicur 316
Formaldehyd 70, 273 f
Frank-Caro-Verfahren 19
Fuchsin 8
Fungizide 225, 316

Gaszentrifugenverfahren 236 f
Gelbkreuz 44
Gentechnik 320 ff, 327, 330
Germanin 67 f
Gerüststoffe (builder) 304
Giftgase 43 ff s. auch Kampfstoffe
Glucobay 324
Goltix 316
Graphit 236
Grünkreuz 44

Haber-Bosch-Verfahren 21, 56, 69, 81
Hämin 88
Harnstoff 5, 69
Harnstoff-Formaldehydharz 70
Heizöl 158
Herbizide 225, 314 f
Heroin 246
Hexamethylendiamin 124
Hinochloa 316
Hochdruckpolyethylen 218
Hochtemperaturpolymere 290, 293
Hoechster Koker 214
Holzgeist 69
Hostaflon 298
Hostaflon C 122
Hostaflon ET 298
Hostaform 218
Hostalen 298
Hostalen G 217
Hostalen GUR 298
Hostalen PP 217 f
Hostapermpigmente 222

Hostaphan 218, 298
Hostatec 298
HTP (Hochtemperaturpyrolyse)-Verfahren 214
Humaninsulin 320, 325
Hydrocracker 259 f
Hydroxylamin 124

Igamid 125
Illoxan 225, 315
Ilomedin 327
Iloprost 327
Indanthren 10
Indanthrensynthese 33
Indigo 8, 10, 22, 351 f, 362
Insektizide 225, 316
Insulin 319
Invenol 223
Iopamiron 327
Isatin 22
Isobutanol 116
Isobuten 115
Isobutylen 122
Isooctan 113, 115 f, 121
Isopren 29, 83
Isoprenkautschuk 83
Isopropanol 347
Isoptin 327

Kaliumbichromat 6
Kalkstickstoff 19
Kampfstoffe 45, 118, 140, 153, 178, 345 f, 368, 370
– binäre 347
Katalytische Entstickung 279
Kauritleim 70, 172
Kautschuk 29, 40, 42 f, 56, 79, 83 f, 87, 108 f, 118, 122, 124, 153, 216, 297
Keramik 290
Keramische Supraleiter 293
– Werkstoffe 293
Kläranlagen 276 f
Kohlehydrierung 89 f, 92 f, 95, 108, 189, 258

Kohlenstoffaserverstärkte Kunststoffe 292, 295
Kohleverflüssigung 68, 87 f, 260 f
– s. auch Fischer-Tropsch-Verfahren
Kohlevergasung 68, 260 f
Kokain 246
Kongorot 23
Kontaktverfahren 17, 33
Kopper-Totzek-Verfahren 261
Korosin 91
Kosmetika 227, 306
Kunstfasern 79, 109, 153
– s. auch Fasern
Kunstharze 87, 172, 209 f
Kunstseide 77, 79, 83, 153
Kunststoffe 79, 84, 87, 122, 124, 126, 172, 210, 215 ff, 262 f, 290 f, 295 f, 300, 302

Lacke 87, 222, 303
Lackharze 222
LAS s. Alkylbenzolsulfonate
Lasix 223, 325
LCP s. Flüssigkristalline Polymere
Leblanc-Verfahren 17
Leichtmetalle 118, 140, 153
Leinöl 222
Lenor 229
Librium 248
Lichtbogenverfahren 214
Lindan 225, 271
Linoleum 77
Lipase 305
Lost 345
– s. auch Senfgas
Lösungsmittel 79, 222, 265
LSD (Lysergsäurediethylamid) 247
Lupolen 218
Luranyl 296

Lurgi-Druckvergasung 261
Lux 229

Magnesium 136
Magnetbänder 189, 307
Magnetophonband 232
Magnettonverfahren 231
Magnevist 327
Makrolon 211, 219, 296
MARLON A 229
Mauvein 6, 8
Melamin-Formaldehydharze 122
Methacrylsäuremethylester 88
Methadon 247, 376
Methan 122
Methanol 56, 61, 67, 69 f, 78, 92, 171, 260 f, 362
Methanolsynthese 69
Methylenblau 14 f
Methylisocyanat (MIC) 338
Methylisopren 29
Methylkautschuk 29, 42 f, 83
Methylmethacrylat 122
Methylphosphonyldifluorid 347
Mexitil 326
MIC s. Methylisocyanat
Mineralöl 118, 126, 140, 177
Mischpolymerisate 218
Morphin 246
Mößbauer-Effekt 212
Mucosolvan 326

Nachauflaufherbizide 314 f
Napalm 245 f, 346
Naphtha (Leichtbenzin) 214, 260
Naphthalin 15
Naphthene 115
Natronlauge 18
Naturkautschuk 29, 43, 84, 145, 216

Neoteben 211
Niederdruck-Polyethylen 217
Nifedipin 324
Nimodipin 324
Nimotop 324
Niotenside 228
Nisoldipin 324
Nitrendipin 324
Nitrilkautschuk 216, 297
Nitrilotriacetat (NTA) 305
Nitrophoska 226
Nivea-Creme 230
Novalgin 325
Novocain 15, 43
NTA s. Nitrilotriacetat
Nylon 122 ff, 220, 222
nyloprint-Platte 231

Oestron 88
Olefine 211, 214, 265
Omo 229
Oppanol 122, 218
Orlon 220

PA s. Polyamide
Palanil 222
Palapreg 295
Palatal 218
Parathion 225
Parfümöle 306
Partielle Oxidation 123, 213
PBI s. Polybenzimidazol
PBT s. Polybutylenterephthalat
PC s. Polycarbonate
PCA s. Polycarboxylate
PCB s. Polychlorierte Biphenyle
PCP s. Pentachlorphenol
PEEK s. Polyetheretherketon
PEK s. Polyetherketon
Penicillin 88
Pentachlorphenol (PCP) 343 f
Pentamidin 68

Pentanatriumtriphosphat 304
PER s. Perchlorethylen
Perchlorethylen (PER) 273, 343
Perlon 122, 124, 220 ff
Persantin 326
Persil 227
PES s. Polyethersulfon
PET s. Polyethylenterephthalat
Petrochemie 206, 215, 232
Pflanzenschutzmittel 189, 203, 205, 225 f, 265, 312 ff
Pharmazeutika 79, 126, 189, 223 ff, 324 ff
Phenacetin 15, 26
Phenol 5, 124
Phenol-Formaldehydharz 70
Phenollackharze 222
Phenoplaste 216
Pheromone 315 f
Phosgen 44, 338, 356
Phosphatdünger 18
Phosphate 227 f, 304 f
Phosphorsäureester 225
Photo 126
Photoresists 308
Plasmochin 83, 125
Plexiglas 88, 122, 309
Polyvinylether 123
Poast 316
Pocan 296
Polamidon 247
Polyacetal 216
Polyacetylen 296
Polyacrylatdispersion 123
Polyacrylnitril 216
Polyacrylnitrilfasern 209, 220
Polyacrylsäureester 216
Polyaddukte 216
Polyamide (PA) 216, 222, 290, 299 f
Polyamidfasern 220
– s. auch Nylon und Perlon

Polybenzimidazol (PBI) 295, 298
Polybutadien 216
Polybutylenterephthalat (PBT) 290
Polycarbonate (PC) 211, 216, 219, 290, 296
Polycarboxylate 305
Polychlorierte Biphenyle (PCB) 273, 343
Polychloropren 216
Polyester 216, 295, 298, 300
Polyesterfasern 220 f
Polyetheretherketon (PEEK) 291
Polyetherimid 291
Polyetherketon (PEK) 291
Polyethersulfon (PES) 291
Polyethylen (PE) 216, 218, 265, 291, 298 f
Polyethylenterephthalat (PET) 290
Polyformaldehyd 218
Polyimide 216
Polyisobutylen 216
Polykondensate 216
Polymere Lichtwellenleiter 290, 292, 309
– Werkstoffe 290
Polymerlegierungen 290 f
Polymethacrylsäuremethylester 216
Polymethylmethacrylat 309
Polyolefine 218
Polyoxymethylen 329
Polyphenylenoxid (PPO) 290
Polyphenylensulfid (PPS) 290
Polypropylen (PP) 216, 218, 291, 298 f, 302
Polypropylen-Mischungen 290
Polypyrrol 296

Polystyrol (PS) 122, 216, 218, 291, 295, 299, 309
Polysulfon (PSU) 290
Polyterephthalsäureester 218
Polyurethane (PU) 123, 216, 218 f, 250, 290 f, 296 f, 299 f
Polyvinylacetat 83, 122, 216, 301
Polyvinylalkohol 216
Polyvinylcarbazol 216
Polyvinylchlorid (PVC) 83, 216, 218, 265, 291, 308, 344
Polyvinylidenchlorid 216
PPO s. Polyphenylenoxid
PPS s. Polyphenylensulfid
Prontosil 125, 212, 363
Propylen 213 ff, 217
Proteine 265
Prozeßchemikalien 308
PSU s. Polysulfon
Psychopharmaka 246 f
PU s. Polyurethane
Pulvermetallurgie 290, 293
Puma 315
PVC s. Polyvinylchlorid
Pyramidon 15
Pyramin 225

Ramipril 325
Rastinon 223
Rauchgasreinigung 279
Recormon 328
Rei 229
Reinstsilizium 308, 310
Remazol 222
Reverin 223
Reyon 221
Riechstoffe 265, 307
Rohölspaltung 68
Ronilan 316
Rulid 325
Rythmodan 325
Rytmonorm 327

Salpetersäure 39 ff, 124, 153
Salvarsan 15, 43
Sarin 178, 180, 345, 347, 371
Saruplase 320, 326
Schädlingsbekämpfungsmittel 79, 316
Schmieröle 189
Schwefeldioxid 17, 343
Schwefelsäure 16 f, 153
Schweres Wasser 182, 236
Segontin 223
Sencor 225, 316
Senfgas 44, 356
– s. auch Lost
Siziliumcarbid 295
Soda 16 ff
Solvay-Verfahren 18
Soman 178, 345, 347
Sprengstoffe 47, 117 f, 153, 210
Steamcracking 214
Steinkohlenteerderivate 14
Steroidhormone 125
Stickoxide 17, 40, 278 f, 343
Stickstoff 19 f, 172
Stickstoffdünger s. Düngemittel
Styrol 4, 84, 122, 265
Styrol-Butadien-Kautschuk 216
Styrolux 295
Styropor 211
Sulfonamide 122, 125
Sunil 229
Superphosphat 18
Suramin-Natrium 67
Surgan 325
Suspensionspolymerisation 308
Suspensionspolymerisationsverfahren 122
Synthesegas 213, 215, 260 f
Synthol 258
Systemische Insektizide 211

Tabun 179f, 347, 370f
Tauchflammenverfahren 214f, 374
TCP s. 2,4,5-Trichlorphenol
Technische Keramik 298
Tenndüsenverfahren 236
Tenside 227, 304
Terblend S 295
Terephthalsäure 220
2,3,7,8-Tetrachlordibenzo-1,4-Dioxin (2,3,7,8-TCDD) s. Dioxin
Tetrapropylenbenzolsulfonat 228
Textil-Reyon 222
Thalidomid 224
Therban 297
Thermoplaste 290, 301
Thiodan 225, 316
Thionylchlorid 345
Thomapyrin 326
Thomasmehl 18
TNF s. Tumor-Nekrose-Faktor
Toluol 300
TPA (tissue plasminogen activator) 328
TPS s. Tetrapropylenbenzolsulfonat
Treibstoffe 117, 121, 153
Trenndüsenverfahren 237
Trennwanddiffusionsverfahren 236f
Trental 325
Trespaphan 298
Trevira 220f
– Finesse 298
Trichlorethylen (TRI) 343
2,4,5-Trichlorphenol 270f
2,4,5-Trichlorphenoxyessigsäure (2,4,5-T) 245, 272, 343
Trifluormonochlorethylen 122
Tuberkulin 15

Tumor-Nekrose-Faktor (TNF) 321, 327

Ultraform (Polyoxymethylen) 329
Ultramide 218
Ultrapek 296
Ultrason 296
Ultrax 296
Uranisotop U 235 236

Valium 248
VC s. Vinylchlorid
Vectra 298
Verbundwerkstoffe 290, 292f
Veronal 16
VESTOLEN A 220
VESTOLEN P 220
Vigantol 83
Vim 229
Vinnol 308
Vinylchlorid (VC) 122, 265, 273, 308
Vitamin A 227
Vitamine 125, 224, 226, 230
Vulkanfiber 77, 79

Wafer 308
Wasch- und Reinigungsmittel 29, 227, 303ff
Wasserlacke 303
Wasserstoff 18, 95, 213
Weichmacher 79, 222, 265
Wirbelschichtverfahren (Winkler-Verfahren) 68, 94, 261
Wittig-Reaktion 211, 227

Zellulose 153
Zellwolle 83, 221f
Zentac 318
Zeolith 4 A 228, 305
Zeolith ZSM-5 261
Zyklon B 164f, 196, 367
Zytostatika 329